FRIEDRICH SCHLEGEL

SCHRIFTEN ZUR KRITISCHEN PHILOSOPHIE
1795 – 1805

Mit einer Einleitung und Anmerkungen
herausgegeben von

ANDREAS ARNDT

und

JURE ZOVKO

FELIX MEINER VERLAG
HAMBURG

PHILOSOPHISCHE BIBLIOTHEK BAND 591

Im Digitaldruck »on demand« hergestelltes, inhaltlich mit der ursprünglichen Ausgabe identisches Exemplar. Wir bitten um Verständnis für unvermeidliche Abweichungen in der Ausstattung, die der Einzelfertigung geschuldet sind. Weitere Informationen unter: www.meiner.de/bod.

Bibliographische Information der Deutschen Nationalbibliothek
Die Deutsche Nationalbibliothek verzeichnet diese Publikation in der Deutschen Nationalbibliographie; detaillierte bibliographische Daten sind im Internet abrufbar über ‹http://portal.dnb.de›.
ISBN 978-3-7873-3175-8
ISBN eBook: 978-3-7873-2105-6

© Felix Meiner Verlag GmbH, Hamburg 2007. Alle Rechte vorbehalten. Dies gilt auch für Vervielfältigungen, Übertragungen, Mikroverfilmungen und die Einspeicherung und Verarbeitung in elektronischen Systemen, soweit es nicht §§ 53 und 54 UrhG ausdrücklich gestatten. Gesamtherstellung: BoD, Norderstedt. Gedruckt auf alterungsbeständigem Werkdruckpapier, hergestellt aus 100 % chlorfrei gebleichtem Zellstoff. Printed in Germany.   www.meiner.de

INHALT

Einleitung VII
I. Entwicklung und Umriß der Kritischen Philosophie
   Friedrich Schlegels VII
II. Grundbegriffe der Kritischen Philosophie XVII
III. Zu den einzelnen Texten XXXIX
IV. Editorische Notiz LXI
V. Auswahlbibliographie LXI

FRIEDRICH SCHLEGEL
Schriften zur Kritischen Philosophie

[Über die Fortschritte des menschlichen Geistes.
Condorçet-Rezension] 3
Versuch über den Begriff des Republikanismus veranlasst
durch die Kantische Schrift zum ewigen Frieden 12
[Woldemar-Rezension] 31
[Philosophische Fragmente 1796] 54
[Progressive Universalpoesie. Athenaeum-Fragment 116] 69
Ueber die Philosophie. An Dorothea 71
Rede über die Mythologie 96
Ueber die Unverständlichkeit 104
[Abschluss des Lessing-Aufsatzes] 117
Lessings Gedanken und Meinungen aus dessen Schriften
zusammengestellt und erläutert
  An Fichte 144
  Allgemeine Einleitung. Vom Wesen der Kritik 151
  Bruchstücke aus Briefen. Vorerinnerung 162

Inhalt

Vom combinatorischen Geist 173
Vom Charakter der Protestanten 181
Ernst und Falk, Bruchstücke eines dritten Gesprächs
über Freimaurerei 191
Philosophie des Plato 201

Anmerkungen der Herausgeber 225
Personenregister 240

EINLEITUNG

I. Entwicklung und Umriß der Kritischen Philosophie Friedrich Schlegels

Karl Wilhelm Friedrich Schlegel (seit 1815 von Schlegel; 1772–1829) war der jüngste Sohn des Generalsuperintendenten und Dichters Johann Adolf Schlegel. Obwohl er schon früh als Sprachgenie galt, wurde er vom Vater zu einer Kaufmannslehre bestimmt, die er jedoch bald abbrach, um sich auf ein Studium vorzubereiten. 1790 begann er ein Jurastudium in Göttingen, wo er jedoch zusammen mit seinem Bruder August Wilhelm vor allem die Vorlesungen des Altphilologen Christian Gottlob Heyne besuchte, der seine Studien zum klassischen Altertum und seine philologische Methode maßgeblich beeinflußte. 1791 setzte Schlegel das Studium in Leipzig fort, wo er sich 1792 mit Friedrich von Hardenberg (Novalis) befreundete. Nach dem Abbruch des Studiums lebte er seit Anfang 1794 bei seiner Schwester Charlotte Ernst in Dresden, wo er sich intensiv mit dem griechischen Altertum befaßte und mit ersten Publikationen hervortrat. Nachdem Schiller ihn schon 1795 eingeladen hatte, als Mitarbeiter der *Horen* nach Jena zu kommen, zog Friedrich Schlegel 1796 zu seinem Bruder August Wilhelm nach Jena, wo er u. a. mit Fichte, Goethe, Herder und Wieland bekannt wurde, sich aber bald mit Schiller überwarf. Schlegel wurde Mitarbeiter an den von dem Demokraten Johann Friedrich Reichardt herausgegebenen Zeitschriften *Deutschland* und *Lyceum* sowie an dem von Niethammer (und Fichte) herausgegebenen *Philosophischen Journal*. 1797 erschien der erste (und einzige) Band seines Buches *Die Griechen und Römer*; im Juli dieses Jahres siedelte er nach Berlin über, wo er seine Lebensgefährtin und spätere Frau Dorothea Veit, eine Tochter Moses Mendelssohns, kennenlernte und mit Friedrich Schleiermacher Freundschaft schloß, mit dem er von Ende Dezember 1797 bis zum Herbst 1799 in dessen Wohnung in einer »literarischen Ehe« zusammenlebte und zusammenarbeitete. In Berlin begründete Friedrich Schlegel zusammen mit seinem Bruder August Wilhelm die Programmzeitschrift der Frühromantik, das *Athenaeum* (1798–1800) und veröffentlichte sein Werk *Geschichte der Poesie der Griechen und Römer*. Im Herbst 1799 zog Schlegel wieder nach Jena, das damit zum Zentrum der Frühromantik wurde. Hier lebte er zusammen mit Dorothea Veit, seinem Bruder August Wilhelm und dessen Frau Caroline sowie mit Schelling. 1800 habilitierte er sich an der dortigen Universität für Philosophie und hielt im Wintersemester 1800/1801 Vorlesungen über die Transzendentalphilosophie, in denen er seine philosophische Konzeption erstmals umfassend darlegte.[1] Nachdem der Zerfall des Jenaer Romantikerkreises – sinnfällig durch den Tod Novalis' (1801) dokumentiert – offenkundig geworden war, ging Schlegel, auch getrieben von Schulden, 1802 nach Paris, um eine neue Existenzgrundlage zu finden. Hier gründete er die Zeitschrift *Europa* (1803–1805) und begann mit seinen Sanskritstudien. Im April 1804 heiratete er Dorothea und ging auf Einladung der Brüder Boisserée nach Köln, wo er Privatvorlesungen über Geschichte, Literatur und Philosophie hielt. Er näherte sich immer mehr dem Katholizismus an, zu dem er 1808, zusammen mit seiner Frau, konvertierte. Im selben Jahr veröffent-

---

[1] Friedrich Schlegel: *Transcendentalphilosophie*. Eingeleitet und mit Erläuterungen versehen von Michael Elsässer, Hamburg 1991 (Philosophische Bibliothek 416). – Vgl. Ernst Behler: »Friedrich Schlegels Vorlesungen über Transzendentalphilosophie Jena 1800–1801«, in: *Transzendentalphilosophie und Spekulation. Der Streit um die Gestalt einer Ersten Philosophie (1799–1807)*, hg. v. Walter Jaeschke, Hamburg 1993, S. 52–71. Ein weiterer, von der Forschung bisher nicht zur Kenntnis genommener Bericht zu Schlegels Vorlesungen im Wintersemester 1800/01 findet sich in Stephan August Winkelmanns Brief an Friedrich Carl von Savigny vom November 1800; Winkelmann gibt darin eine prägnante Zusammenfassung sowohl der bis dahin gehaltenen Vorlesungen über *Transzendentalphilosophie* als auch der gleichzeitig *publice* (also ohne Kolleggelder) gehaltenen Vorlesungen *Über die Bestimmung des Gelehrten*, von denen wir überhaupt nur aus diesem Brief sicher wissen, daß sie auch gehalten wurden. Vgl. Friedrich Carl von Savigny und Stephan August Winkelmann: *Briefwechsel*, hg. v. Ingeborg Schnack, Marburg 1984, S. 104 f. Für den Hinweis auf diese Publikation sind die Herausgeber Hermann Patsch zu Dank verpflichtet.

lichte er sein Buch *Über die Sprache und Weisheit der Indier*, in dem er der zeitgenössischen Philosophie Pantheismus vorwarf und damit indirekt auch mit seiner eigenen Vergangenheit abrechnete; dies war der Übergang zu einem Denken, das an die Stelle der historischen Kritik die Offenbarung setzte, auch wenn Schlegel bemüht war, die Kontinuität seiner Bestrebungen hervorzuheben.[2] Schlegel trat in österreichische Dienste und wurde als Sekretär der Hof- und Staatskanzlei sowie als Legationsrat am Frankfurter Bundestag (1815) in die Restaurationspolitik gezogen. In Wien gab er die Zeitschrift *Concordia* (1820–23) heraus und vollendete 1827–1829 seine »positive« Philosophie mit den Vorlesungen zur *Philosophie des Lebens*, *Philosophie der Geschichte* und zur *Philosophie der Sprache und des Wortes*.

In einer auf 1818 datierten Notiz zur Theologie und Philosophie schreibt Schlegel: »Wenn ich in der ersten Epoche meiner Philosophie davon durchdrungen war, die *Philosophie müsse kritisch seyn*, – aber in einem ganz anderen und viel höheren Sinne als bei Kant, nach einer *lebendigen* Kritik des *Geistes*, so war dieses ganz richtig, diese unsere neue, geistige Kritik ist überall siegreich durchgedrungen und anerkannt worden. Was darin einzig fehlte, ist der *geistige Mittelpunkt der Erleuchtung und des Glaubens*, den ich jedoch frühzeitig anfing zu suchen.«[3] In Übereinstimmung mit diesem Selbstzeugnis läßt sich die erste Phase des Schlegelschen Denkweges, ungeachtet aller sonst noch möglichen Differenzierungen, als *Kritische Philosophie* bezeichnen, die sich in der Auseinandersetzung mit Kant herausbildet. Tatsächlich war, soweit es sich aus den spärlichen Zeugnissen rekonstruieren läßt, Kant für den jungen Schlegel der entscheidende philosophische Bezugspunkt.[4] Rückblickend schreibt Schlegel über seine Jugendjahre:

---

[2] Zur Problematik vgl. Matthias Schöning: *Ironieverzicht. Friedrich Schlegels theoretische Konzepte zwischen Athenäum und Philosophie des Lebens*, Paderborn u. a. 2002; dagegen vertritt Sanna Elisa Grunnet eine starke Kontinuitätsthese (*Die Bewußtseinstheorie Friedrich Schlegels*, Paderborn u. a. 1994).
[3] KFSA 19, S. 346, Nr. 296.
[4] Zur Entwicklung des Verhältnisses zu Kant vgl. die Einleitung von Ernst Behler zu KFSA 8, S. XXII–XXX.

»Aus dem gänzlichen absoluten Skeptizismus (theoretisch und moralisch) – war das einzige, woran ich mich damals festhielt, die intellektuelle Begeisterung, als das göttlich Positive des geistigen Lebens, was demselben allein einen positiven Wert verleihen könnte; und welches ich in der Kunst und dem klassischen Altertum besonders noch in dem Ideal einer intellektuellen Freundschaft erblickte. – Diese intellektuelle Begeisterung schloß sich theils an den Enthusiasmus der Platonischen Philosophie im Wesen an; in der Form aber an die Kantische Philosophie, in Hinsicht auf die Imperative, Fiktionen.«[5] Dies kann durchaus so verstanden werden, daß die Kantische Philosophie es ermöglichte, Skepsis und Enthusiasmus (ein Begriffspaar, das in der Frühphase von Schlegels Werk immer wieder auftaucht[6]) in einer strengen methodischen Form aufeinander zu beziehen: die Beziehung auf das Unbedingte, für die der »Enthusiasmus« steht, ist der transzendentalen Dialektik Kants eingeschrieben, die aber zugleich auch die Möglichkeit einer objektiv gültigen Erkenntnis bestreitet und insofern auch skeptisch verfährt. »Kants Lehre«, so hatte Schlegel schon 1793 an den Bruder August Wilhelm geschrieben, »war die erste so ich etwas verstand, und ist die einzige, aus der ich noch viel zu lernen hoffe«;[7] im Winter 1793/94 plante er, mit Vorlesungen über Kant aufzutreten,[8] und kündigte dem Bruder Anfang 1795 eine »Ergänzung, Berichtigung und Vollendung der Kantischen Philosophie« an.[9]

Friedrich Schlegels Auseinandersetzung mit der Transzendentalphilosophie war in historische Studien eingebettet, die sich nicht nur auf die Geschichte der Poesie beschränkten und zunehmend mit dem transzendentalphilosophischen Ansatz in Verbindung gebracht wurden. Dabei standen zunächst das Verhältnis von Antike und Moderne und die Möglichkeit ihrer Vereinigung

---

5 Aus einem noch unveröffentlichten Heft *Studien des Altertums*; zitiert in Ernst Behlers *Einleitung* zu KFSA I, S. XCI.
6 Vgl. Birgit Rehme-Iffert: *Skepsis und Enthusiasmus. Friedrich Schlegels philosophischer Grundgedanke zwischen 1796 und 1805*, Würzburg 2001.
7 KFSA 23, S. 140.
8 Vgl. KFSA 23, S. 188.
9 Ebd., S. 226.

auf dem Boden der Moderne im Vordergrund: »Das Problem unsrer Poesie scheint mir die Vereinigung des Wesentlich-Modernen mit dem Wesentlich-Antiken«.[10] Schlegels Ziel dabei ist die Begründung einer »Aesthetik. Diese ist bisher noch nicht erfunden, sie ist das philosophische Resultat der Geschichte der Aesthetik und auch der einzige Schlüßel derselben«.[11] Hier deutet sich an, daß Schlegel die Philosophie selbst als in ihrem Wesen geschichtlich konstituiert versteht, ein Gedanke, der später zu der Konzeption einer »Historisierung des Transzendentalen« führt.[12] Auf dieser Linie unternahm Schlegel in dem zu Lebzeiten ungedruckten Aufsatz *Vom Wert des Studiums der Griechen und Römer* (1795/96) den Versuch, das wissenschaftliche Erkennen selbst als Wechselwirkung zweier Gesetzmäßigkeiten, der Selbstgesetzgebung der Vernunft auf der einen Seite und der Gesetzlichkeit der Natur auf der anderen Seite, darzustellen. Theoretische und praktische Vernunft, Natur und Freiheit sollen *historisch*, durch die historische Konstitution der Vernunft selbst, vermittelt werden. In diesem Prozeß, der auch der Ablösung der Antike durch die Moderne zugrunde liegt, wird die Natur nicht aufgehoben;[13] sie ist vielmehr Voraussetzung und Moment eines Bildungsprozesses im weitesten Sinne von *poiesis*, in dem sich die Vernunft realisiert. Zentralpunkte der modernen Bildung sind daher auch Philosophie und Politik.[14]

Schlegels Konzeption war Bestandteil seiner Auseinandersetzung mit Kant, die er 1796 auch öffentlich führte, indem er in seinem Aufsatz *Versuch über den Begriff des Republikanismus* Kants Auffassung der Geschichte in der Schrift *Zum ewigen Frieden*

---

[10] An A.W. Schlegel, 27. 2. 1794; KFSA 23, S. 185.
[11] 5. April 1794, KFSA 23, S. 188.
[12] Vgl. die Notiz von 1797: »Alle Transc[endental]φ[philosophie] ist *zugleich* theoretisch und practisch. Dieß übersehen zu haben, ist wohl ein Hauptfehler von Kant. – Auch in d[er] φ[Philosophie] soll nur d[as] Classische kritisirt werden, das Transcendentale aber historisirt.« (KFSA 18, S. 92, Nr. 756)
[13] Vgl. KFSA 1, S. 631, wo es heißt, daß die Natur von der Freiheit nicht »vertilgt« werden könne.
[14] Ebd., S. 642.

(1795) kritisierte. Darin hatte Kant das Verhältnis von Natur auf der einen und Vernunft und Freiheit auf der anderen Seite so bestimmt, daß die »große Künstlerin *Natur*«[15] der Vernunft zu Hilfe kommen müsse, um den Rechtszustand des ewigen Friedens zu gewährleisten. Hierbei handle es sich um eine theoretisch »überschwengliche«, nur praktisch zu begründende Idee einer Naturabsicht, die auch praktischen Erfolg nicht verbürgen könne, es aber zur Pflicht mache, auf diesen Endzweck hinzuarbeiten. Schlegel hält dagegen, daß Vernunft und Natur sich nur auf jeweils historisch bestimmte Weise vermitteln lassen: »Die (gedachte) *Zweckmäßigkeit der Natur* [...] ist hier völlig gleichgültig: nur die (wirklichen) *nothwendigen Gesetze der Erfahrung* können für einen künftigen Erfolg Gewähr leisten. *Die Gesetze der politischen Geschichte,* und die *Prinzipien der politischen Bildung* sind die einzigen Data« für den Erweis eines Fortschritts zum ewigen Frieden.[16] Kant hat hierauf – ohne Schlegel zu nennen – in dem zweiten Abschnitt des *Streits der Fakultäten* (1797) reagiert, indem er nach empirischen »Zeichen« für die Idee des Naturzwecks suchte und auf die moralische Anteilnahme an der Französischen Revolution als »Geschichtszeichen« verwies.

Mit seinem Beharren auf empirisch überprüfbaren Gesetzen der Geschichte verfolgt Schlegel ein an Herder anknüpfendes Programm, nämlich zum Newton der »Geschichte der Menschheit« zu werden, der in ihr »Licht, Uebereinstimmung, Zusammenhang und Ordnung findet«.[17] Hierbei denkt Schlegel keineswegs an das Modell eines einlinigen Fortschritts, denn das »eigentliche *Problem* der Geschichte«, so heißt es 1795 in der *Condorçet-Rezension,* sei vielmehr »die Ungleichheit der Fortschritte in den verschiedenen Bestandtheilen der gesammten menschlichen Bildung«.[18] Tatsächlich sah der junge Schlegel seine eigentliche

---

15 Kant: *Werke.* Akademie-Ausgabe, Bd. 8, S. 360 f.
16 Unten S. 26; vgl. KFSA 7, S. 23.
17 Unten S. 7; vgl. KFSA 7, S. 6. Vgl. Andreas Arndt: »Naturgesetze der menschlichen Bildung. Zum geschichtsphilosophischen Programm der Frühromantik bei Friedrich Schlegel«, in: *Deutsche Zeitschrift für Philosophie* 48 (2000), S. 97–105.
18 Unten, S. 8; vgl. KFSA 7, S. 7.

Leistung auf dem Gebiet der Geschichte; so notiert er 1800, er sei für die »Historie, was Goethe und Fichte für π[Poesie] und φσ[Philosophie]«.[19] Auch wenn dieser Anspruch sicher übertrieben ist, so bleibt es doch Schlegels Leistung, auf den Spuren Herders die Bildungen des menschlichen Geistes als *Vermittlung* mit unverfügbaren Naturbedingungen thematisiert und damit einen Weg zwischen der Kantischen Geschichte in weltbürgerlicher Absicht einerseits und der Hegelschen Geistesgeschichte andererseits bezeichnet zu haben. Vor allem aber entwickelt Schlegel mit seiner »Philosophie der Philologie« seit 1797 das methodische Instrumentarium einer Geschichtsphilosophie in praktischer Absicht.[20] Die Philosophie der Philologie sei »Theorie der historischen Kritik«[21], und die »ganze Philosophie der Historie« müsse aus ihr »postulirt und *deducirt* werden können«.[22] Das philologische Verfahren wird näher als ein hermeneutisch-kritischer Prozeß vorgestellt, der beim historisch bedingten Einzelnen einsetzt und von ihm aus das geschichtliche Ganze erfaßt;[23] er ist daher »wie eine Totalisazion von unten herauf«.[24] Dieser Prozeß ist *poietisch* in einem ausgezeichneten Sinne; er vollzieht sich als eine progressive, »antithetische Synthesis« in einer fortgehenden »Kette der ungeheuersten Revoluzionen«.[25] Schlegel stellt diesen Prozeß unter den Begriff der *Bildung,* die als das wahrhafte Seiende, »οντως ον«, der Historie gilt.[26] Der Bildungsprozeß

---

[19] KFSA, 16, S. 323 (Nr. 819).
[20] KFSA 16, S. 35–81 (Zur Philologie I und II); Friedrich Schlegel: »Philosophie der Philologie«, hg. v. J. Körner, in: Logos 17 (1928), S. 1–72., Berlin und New York 1994; Andreas Arndt: »Philosophie der Philologie«, in: *Editio* 11 (1997), 1–19.
[21] KFSA, 16, S. 35, Nr. 9.
[22] Ebd., S. 47, Nr. 143.
[23] »Die Wissenschaft die aus der φλ[Philologie] entspringt heißt *Historie*« (ebd., S. 67, Nr. 75); »*Der Zweck der Philologie ist die Historie*« (ebd., S. 37, Nr. 27).
[24] Ebd., S. 68, Nr. 84.
[25] KFSA 18, S. 82 f., Nr. 637.
[26] Zum Bildungsbegriff vgl. KFSA 12, S. 33.38–43.57 f.; KFSA 18, S. 376 (Nr. 673) und S. 293 (Nr. 1174).

beschreibt eine zyklische Bewegung: im Rückgang auf das bereits Gebildete werden dessen innere Potentiale für ein sich daran anschließendes Fortbilden freigesetzt. Diese Figur betrifft nicht nur den kulturellen Überlieferungszusammenhang durch Rede oder Schrift, wie er traditionell Gegenstand der Hermeneutik ist, sondern hat paradigmatische Bedeutung für alle menschlichen »Bildungen«. Das menschliche Weltverhältnis ist für Schlegel – der ontologischen Bedeutung der Bildung, d. h. des geschichtlichen Prozesses entsprechend – ein in diesem Sinne hermeneutisch-kritisches: das unendliche Nach- und Fortbilden an und in einer vorgebildeten, aber nie vollendeten Welt.

Schlegel denkt radikal geschichtlich. Indem der hermeneutisch-kritische Prozeß zugleich der Prozeß der historischen *Bildung* selbst, d. h. des »Herstellens« (*poiesis*) von Geschichte, und der Prozeß der *historischen* Bildung, d. h. der Selbstreflexion des historisch konstituierten menschlichen Geistes ist, erfolgt in ihm auch die Konstitution der historisch bestimmten Wahrheit. Er vollendet sich dort, wo er nicht mehr nur einzelne »Dinge«, Werke oder Epochen zum Gegenstand hat, sondern die Totalität der »Welt« als Geschichte und damit den Gegenstand der transzendentalphilosophischen Dialektik. In der Kritik, so notiert Schlegel 1798, »ist die Hochzeit der φλ[Philologie] und φσ[Philosophie] zur Constitution der Wahrheit«.[27] Dies bedeutet, daß sich die Beziehung auf die »Welt« als die (immer vorläufige, weil geschichtlich sich verändernde) Totalität des Bedingten und damit auf das Bedingende unseres Erkennens und Handelns erst in der praktischen Unendlichkeit einer progressiven geschichtlichen Bildung realisiert. Dies ist gemeint, wenn Schlegel davon spricht, daß in der Philosophie das Transzendentale historisiert werden müsse.[28]

Der Gedanke der geschichtlichen Konstitution der Philosophie in einem umfassenden Bildungsprozeß des menschlichen Geistes

---

[27] KFSA 18, S. 272, Nr. 925. Eine Anspielung auf die für das Mittelalter einflußreiche, um 430 entstandene Schrift des Martianus Capella ›Über die Hochzeit der Philologie mit Merkur‹ (*De nuptiis Philologiae et Mercurii*), die den sieben freien Künsten gewidmet ist.
[28] Vgl. KFSA 18, S. 92, Nr. 756.

rückt Schlegels Philosophie in die Nähe der späteren Hegelschen Konzeption[29] und markiert zugleich eine Trennlinie gegenüber der Fichteschen Philosophie. Obwohl Friedrich Schlegels Philosophie immer wieder auf Fichte zurückgerechnet wurde,[30] trat dieser erst seit dem Sommer 1795[31] in das Blickfeld Schlegels, nachdem Schlegel in der Auseinandersetzung vor allem mit Kant die Grundlagen seines historischen Ansatzes auch in der Philosophie bereits ausgearbeitet hatte.[32] Fichte wurde für Schlegel vor allem im Zuge der Überwindung der »revolutionären Objektivitätswut« seiner »frühern philosophischen Musikalien«[33] wichtig; seine Philosophie steht für die tätige und produzierende Subjektivität als Prinzip der Moderne gegen den naturhaften Objektivismus der Antike. Fichte fehlte jedoch aus der Sicht Schlegels umgekehrt die geschichtliche Objektivität: »*Fichte* sehe ich ziemlich oft [...]. Es ist merkwürdig, wie er von allem, was er nicht ist, so

---

[29] Franz Norbert Mennemeier hat 1988 der künftigen Schlegel-Forschung die Aufgabe gestellt: »Im Denken des jungen Schlegel Vorspuren des Hegelschen Geists entdecken!« (»Friedrich Schlegels frühromantisches Literatur-Programm«, in: *Idealismus und Aufklärung*, hg. v. Ch. Jamme und G. Kurz, Stuttgart 1988, S. 287).

[30] Vgl. z. B. Otto Rothermel: *Friedrich Schlegel und Fichte*, Gießen 1934; als einer der ersten Forscher hat Josef Körner dieses Bild korrigiert (vgl. »Friedrich Schlegels philosophische Lehrjahre«, in: F. Schlegel: *Neue Philosophische Schriften*. Hg. v. J. Körner, Frankfurt/M. 1935, S. 12 ff.). Vgl. jetzt Bärbel Frischmann: *Vom transzendentalen zum frühromantischen Idealismus. J. G. Fichte und Fr. Schlegel*, Paderborn u. a. 2005 (ein Überblick über die faktischen Beziehungen dort S. 109 ff.).

[31] Vgl. an A.W. Schlegel, 17. 8. 1795, KFSA 23, S. 248. – Fichte wird dabei zunächst ganz auf die Kantische Problematik bezogen; so heißt es in dem Aufsatz *Über das Studium der Griechischen Poesie* (1795/96): »seit durch Fichte das Fundament der kritischen Philosophie entdeckt worden ist, gibt es ein sichres Prinzip, den Kantischen Grundriß der praktischen Philosophie zu berichtigen, zu ergänzen und auszuführen« (KFSA 1, S. 357 f.). Fichte wird hier in das frühere Programm der »Ergänzung, Berichtigung und Vollendung« der Kantischen Philosophie eingestellt (an A.W. Schlegel, 20. 11. 1795, KFSA 23, S. 226).

[32] Vgl. KFSA 16, S. 66, Nr. 62.

[33] KFSA 2, S. 155, *Lyceum*-Fragment Nr. 66.

ganz und gar keine Ahndung hat. – Das erstemahl, da ich ein Gespräch mit ihm hatte, sagte er mir: er wolle lieber Erbsen zählen, als Geschichte studieren. Ueberhaupt ist er wohl in jeder Wissenschaft schwach und fremd, die ein Objekt hat.«[34] Tatsächlich ist es das geschichtliche Verfahren der »Totalisazion von unten herauf«, das Schlegel in einen prinzipiellen Gegensatz zu Fichte bringt. In der 1796 geschriebenen und erschienenen Rezension von Jacobis Roman »Woldemar« findet sich die Formel, es sei ein »von außen unbedingter, gegenseitig aber bedingter und sich bedingender *Wechselerweis* der Grund der Philosophie«.[35] Wie immer dies auch im einzelnen zu interpretieren sein mag, in jedem Falle verabschiedet Schlegel sich von der Grundsatzphilosophie Reinhold-Fichtescher Prägung ausdrücklich, indem er das Unbedingte nicht als Prinzip und *telos* außerhalb des Bedingten denkt, sondern als Totalität des Sich-Bedingenden.[36] In seinen Notizen zur *Philosophie der Philologie* spricht Schlegel den Gegensatz zu Fichte klar aus: »Die Cyklisazion ist wie eine Totalisazion von unten herauf. Bey Fichte doch ein Herabsteigen.«[37]

---

34 An Christian Gottfried Körner, 21.9.1796; KFSA 23, S. 333.
35 Unten S. 47; vgl. KFSA 2, S. 74.
36 Zum Theorem des Wechselerweises vgl. Manfred Frank: »›Wechselgrundsatz‹. Friedrich Schlegels philosophischer Ausgangspunkt«, in: *Zeitschrift für philosophische Forschung* 50 (1996), S. 26–50; ders.: ›Unendliche Annäherung‹. *Die Anfänge der philosophischen Frühromantik*, Frankfurt/M. 1997, S. 858–882; Guido Naschert: »Friedrich Schlegel über Wechselerweis und Ironie«, in: *Athenaeum. Jahrbuch für Romantik* 6 (1996), S. 47–91 und 7 (1997), S. 11–37; Birgit Rehme-Iffert: *Skepsis und Enthusiasmus. Friedrich Schlegels philosophischer Grundgedanke zwischen 1796 und 1805*, Würzburg 2001, S. 31 ff.
37 KFSA 16, 68, Nr. 84. Die »Cyclisazion« ist offenkundig nichts anderes als der Wechselerweis der Elemente einer historischen Totalität. Diese Methode nimmt Schlegel unabhängig von Fichte in Anspruch: »Auch die Methode der materialen Alterthumslehre erkannte ich selbst, lange ehe ich von Fichte wußte, für *cyklisch*« (KFSA 16, S. 66, Nr. 62).

II. Grundbegriffe der Kritischen Philosophie

Das essayistisch-aphoristische Frühwerk Friedrich Schlegels besteht aus scheinbar disparaten Fragmenten, Gedankensplittern und unausgeführten Projekten, die nie ausdrücklich zu einer Einheit synthetisiert wurden. Angesichts dessen befindet sich der Interpret immer in der Gefahr, daß die systematisch gerichtete Rekonstruktion, mit Schlegel zu sprechen, eher »ein Einlegen des Erwünschten«[38] als ein sachgerechtes Auslegen sei. Erschwert wird die Interpretation auch dadurch, daß die frühromantische Theorie in ihrem totalisierenden Verfahren bewußt Grenzen nivelliert und voneinander traditionell geschiedene Bereiche zueinander in Beziehung setzt. Ein Beispiel hierfür ist das bekannte *Athenaeum*-Fragment 116 über die »Universalpoesie«,[39] in dem das Poetisieren alle Äußerungen des Lebens umgreift und durchzieht. Daß alles Poesie ist bzw. poetisiert werden kann, verweist aber wiederum auch auf die philosophisch-begrifflich ausgewiesene These Schlegels, daß Bildung das wahrhaft Seiende sei: Poesie und *poiesis* (Bildung, herstellendes Tun) substituieren sich wechselseitig in dem Maße, wie auch Poesie und Philosophie sich durchdringen: »Die ganze Geschichte der modernen Poesie ist ein fortlaufender Kommentar zu dem kurzen Text der Philosophie: Alle Kunst soll Wissenschaft, und alle Wissenschaft soll Kunst werden; Poesie und Philosophie sollen vereinigt sein.«[40] Eine *philosophische* Rekonstruktion der Kritischen Philosophie Friedrich Schlegels hat daher auch diejenigen Äußerungen mit einzubeziehen, die scheinbar nur auf die Poesie bezogen sind, und sie kann diese Äußerungen im Rahmen derjenigen Begrifflichkeit interpretieren, welche Schlegels Philosophie bereitstellt; das Überschreiten der Grenzen zwischen Poesie und Philosophie ist, wie gerade das Konzept der Ironie deutlich macht, nicht notwendig von vornherein ein Preisgeben des Begriffs zugunsten einer eigenen, nur poetisch erfahrbaren Wirklichkeit. Im folgenden sollen

---

[38] KFSA 2, S. 169, Nr. 25.
[39] Unten S. 69 f.
[40] *Lyceum*-Fragment 115; KFSA 2, S. 161.

zentrale Grundbegriffe der Kritischen Philosophie vom philosophischen Standpunkt aus in diesem Sinne betracht werden: Ironie, Dialektik, Kritik sowie Individuum und »Welt«.

1. Ironie

Schlegel versucht, die zentralen Paradoxien und Widersprüche des modernen Zeitgeistes vermittels seiner eigenartigen Konzeption der Ironie zur Sprache zu bringen. Durch den unmittelbaren Rekurs auf die »erhabene Urbanität der sokratische Muse« im *Lyceum*-Fragment 42 wird mit Nachdruck auf zwei wesentliche Punkte hingewiesen: erstens, »Philosophie ist die eigentliche Heimat der Ironie« und zweitens, »überall wo in mündlichen oder geschriebenen Gesprächen, und nur nicht ganz systematisch philosophiert wird, soll man Ironie leisten und fordern«.[41] Die neue Positionierung der Ironie besagt freilich, daß die Ironie nicht mehr tropologisch oder als ein Signum der urbanen Gesprächskultur fungiert, sondern das Medium eines in gewisser Hinsicht unsystematischen Philosophierens ist. Die paradoxe Bestimmung der Ironie als »logische Schönheit« verweist auf ihre Wahlverwandtschaft mit der Sokratischen Dialektik, was *expressis verbis* in den Vorlesungen über Transzendentalphilosophie formuliert wird: »*die Methode der Philosophie soll sokratisch seyn*«; die Philosophie könne sich nicht zu ihrer Blüte entfalten, bevor nicht »die Kunst, ein wissenschaftliches Gespräch zu führen«, wieder aktualisiert wird.[42]

Die Ironie hat dabei die genau umrissene Aufgabe, als »logische Schönheit« eine Einheit der entgegengesetzten Sachverhalte und Ansichten dialektisch auf den Begriff zu bringen und sie in ihrer Widersprüchlichkeit qua *coincidentia oppositorum* gelten zu lassen. Die Sokratische Ironie als »die einzige durchaus unwillkürliche, und doch durchaus besonnene Verstellung«[43] ist ein dialektisches Unterfangen, bei dem der Verstehende weiß, daß das ei-

---

[41] KFSA 2, S. 152, Nr. 42.
[42] KFSA 12, S. 103.
[43] KFSA 2, S. 160, Nr. 108.

gentlich Gemeinte im Gegenteil des Gesagten intendiert ist.[44] Die Ironie wird zur Methode des Denkens, indem ihr die philosophische Aufgabe zugeschrieben wird, den »unauflöslichen Widerstreit des Unbedingten und des Bedingten«[45] auf den Begriff zu bringen. In diesem antinomischen Verhältnis sieht Schlegel das von Kant in der transzendentalen Dialektik herausgestellte Kernproblem der Philosophie; die Antinomie ist aber nicht als Schein, sondern als ein durch die Ironie erfaßter und anerkannter paradoxer Sachverhalt zu verstehen und in ihrer Widersprüchlichkeit gelten zu lassen. Die Ironie ermöglicht es, »sich über alles Bedingte unendlich« zu erheben[46] und den Eindruck des Unendlichen im Menschen zu erwecken. Diese enthusiastische Tätigkeit aktiviert aber wiederum die Skepsis, die analog der sokratischen Ironie die Zerstörung aller Illusionen und alles Scheinwissens intendiert, so daß die »Sehnsucht nach dem Unendlichen« zur Ernüchterung gebracht wird. Das im Gleichgewicht gehaltene ironische Wechselspiel vom Enthusiasmus und Skepsis bleibt Schlegels Antwort auf den antinomischen »Widerstreit des Unbedingten und des Bedingten«. Der Sinn der Ironie besteht darin, daß sie die Endlichkeit der menschlichen Existenz artikuliert und die Menschen motiviert, in ihrem Denken und Handeln ihre Endlichkeit zu überwinden, indem sie sich vermittels der Ironie über sich selbst hinwegsetzen. Sie erregt dabei in uns, wie es im Lyceum-Fragment Nr. 108 heißt, ein Gefühl von der »Unmöglichkeit und Notwendigkeit einer vollständigen Mitteilung«.[47] Lediglich dort, wo eine »Vereinigung von Lebenskunstsinn und wissenschaftlichem Geiste« besteht oder zustandegebracht wird, ergibt sich auch die Möglichkeit, daß unsere widersprüchliche Alltäglichkeit zum ironischen Spiel der »poetischen Reflexion« erhoben wird.

Während in den *Lyceums*-Fragmenten besonders die existentielle Dimension der Ironie betont wird, verlagert sich der Akzent

---

[44] Vgl. die Definition der Ironie bei Cicero: »alia dicentis ac significantis dissimulatio« (*De oratore* III, iii, 203).
[45] KFSA 2, S. 160, Nr. 108.
[46] Ebd., S. 152, Nr. 42.
[47] Ebd., S. 160.

in den *Athenaeum*-Fragmenten auf die universelle Bedeutung der Ironie.[48] In Anlehnung an Fichtes Konzept der Einbildungskraft als eines Vermögens, »das zwischen Bestimmung und Nicht-Bestimmung, zwischen Endlichen und Unendlichen in der Mitte schwebt«,[49] bestimmt Schlegel die der Ironie affine »progressive Universalpoesie«: sie könne »frei von allem realen und idealen Interesse, auf den Flügeln der poetischen Reflexion in der Mitte schweben, diese Reflexion immer wieder potenzieren und wie in einer endlosen Reihe von Spiegeln vervielfachen«.[50] Da diese unendlich progressive Offenheit oder Unabschließbarkeit der Ironie wiederum von der Skepsis begleitet wird, die die illusionäre Sehnsucht nach dem Unendlichen einschränkt, wird jede Möglichkeit eines ironischen *regressus ad infinitum* ausgeschlossen.[51] Die ironische Prozessualität »als steter Wechsel von Selbstschöpfung und Selbstvernichtung«[52] bezieht sich im besonderen auf die literarisch-künstlerische Kreativität, im allgemeinen aber impliziert sie einen Austrag der unaufhebbaren Differenz der dialektischen Oppositionen im Denken und in der Welt. Eine »Idee« nämlich ist für Schlegel »ein bis zur Ironie vollendeter Begriff, eine absolute Synthesis absoluter Antithesen, der stete sich selbst erzeugende Wechsel zwei streitender Gedanken«.[53]

---

[48] Peter L. Oesterreich spricht von der »Bereichserweiterung der Ironie ausgehend von der ironia verbis über die ironia vitae bis hin zur ironia entis«; ders.: »Ironie«, in: Helmut Schanze: *Romantik-Handbuch*, Tübingen 1994, S. 356.

[49] J. G. Fichte, *Grundlage der Wissenschaftslehre* (1794), in: *Gesamtausgabe der Bayerischen Akademie der Wissenschaften*, Stuttgart-Bad Cannstatt 1964 f., Bd. 1, 2, S. 360.

[50] KFSA 2, S. 182 f. Nr. 116. Ernst Behler meint, daß sich hier »die Poesie nicht zur Höhe der Philosophie des Sokrates, sondern der Transzendentalphilosophie Fichtes« erhebt; E. Behler: *Ironie und die literarische Moderne*, Paderborn 1997, S. 99. Vgl. Lore Hühn: »Das Schweben der Einbildungskraft. Zur frühromantischen Überbietung Fichtes«, in: DVjS 1996, S. 569–599.

[51] Zur einseitigen Auffassung der frühromantischen Ironie in Hegels Solger-Rezension und ihre Wirkungsgeschichte vgl. J. Zovko: »Hegels Kritik der Schlegelschen Ironie«. In: *Hegel-Jahrbuch* 2007, S. 148–154.

[52] KFSA 2, S. 172, Nr. 51.

[53] Ebd., S. 184, Nr. 121.

Im Bereich der Kunst dient die Ironie als poetische und künstlerische Reflexion dazu, Werke hervorzubringen, die »ein Spiegel der ganzen umgebenden Welt, ein Bild des Zeitalters werden«.[54] Da die literarische Form des Romans das Ziel der »progressiven Universalpoesie« bleibt, kann Schlegel die Romane auch »die sokratischen Dialoge unserer Zeit« nennen, in die sich »die Lebensweisheit vor der Schulweisheit geflüchtet« hat.[55] Für Goethes *Wilhelm Meister* wird beispielsweise behauptet, daß »die Ironie, die über dem ganzen Werk schwebt«,[56] der eigentliche Schlüssel zur Erschließung des Sinnes ist. In den *Ideen*-Fragmenten wird die Ironie in Zusammenhang mit dem Ideal einer universellen Bildung gebracht: »Denke dir ein Endliches ins Unendliche gebildet, so denkst du einen Menschen«.[57] Wenn Schlegel im *Athenaeum* seinen Leser vor den Imperativ stellt »Schaffe die Ironie und bilde dich zur Urbanität«,[58] dann versucht er, nach dem Paradigma des Sokratischen *eirôneuomenos bios*,[59] ein »bis zur Ironie« gebildetes Existenzideal präsent zu halten. Das nichtverstandene Spezifikum der Zeitschrift *Athenaeum* bestand darin, daß sich in ihr die Ironie »mehr oder minder überall« geäußert hat.[60] In dem *Gespräch über die Poesie* erweist sich die Ironie als »das Spiel des Lebens« bzw. als das Medium, in dem alles erscheint, »was den Sinn, das Herz, den Verstand, die Einbildungskraft einzeln reizt, beschäftigt, ergötzt«.[61] Die paradoxe Bestimmung der Ironie in den *Ideen*-Fragmenten als »klares Bewußtsein der ewigen Agilität, des unendlich vollen Chaos«[62] weist darauf hin, daß die ironische Reflexion von einem jenseits der Subjektivität liegenden Anlaß her bestimmt wird. Indem die Ironie als »επιδειξις d[er] Unendlichkeit«[63] auf-

---

[54] Ebd., S. 182. Nr. 116.
[55] Ebd., S. 149, Nr. 26.
[56] Ebd., 137.
[57] Ebd., S. 266, Nr. 266.
[58] Ebd. S. 251. Nr. 431.
[59] Vgl. Platon: *Symposion* 216 e4.
[60] Unten S. 110; vgl. KFSA 2, S. 368.
[61] Ebd., S. 323.
[62] Ebd., S. 263, Nr. 69.
[63] KFSA 18, S. 128, Nr. 76.

tritt, bringt sie diese auch in den endlichen, sich widersprechenden Formen des künstlerischen Schaffens zur Darstellung: »Ja, diese künstlich geordnete Verwirrung, diese reizende Symmetrie von Widersprüchen, dieser wunderbare ewige Wechsel von Enthusiasmus und Ironie, der selbst in den kleinsten Gliedern des Ganzen lebt, scheinen mir schon selbst eine indirekte Mythologie zu seyn«.[64] Die ironische Reflexion intendiert, »den Gang und die Gesetze der vernünftig denkenden Vernunft aufzuheben und uns in die schöne Verwirrung der Fantasie, in das ursprüngliche Chaos der menschlichen Natur zu versetzen«.[65] Sie macht explizit, wie das Chaos des Unendlichen künstlerisch dargestellt wird. Der Gedanke der »Potenzierung«, der Steigerung der Mitteilungs- und Darstellungsmöglichkeiten, drückt die Quintessenz der frühromantischen Theorie der Ironie aus, das Ideal einer vollständigen Mitteilung und das Bewußtsein von der Grenze der Sprache und des Erkennens. Dementsprechend heißt es im *Gespräch über die Poesie*: »[A]lle Schönheit ist Allegorie. Das Höchste kann man eben weil es unaussprechlich ist, nur allegorisch sagen«.[66]

Mittels der ironischen Reflexion als der »Form des Paradoxen« werden die Antinomien auf den Begriff gebracht, in denen wir uns als endliche Wesen bewegen. Schlegels Satz: »Jede nicht paradoxe φ[Philosophie] ist sophistisch«,[67] bringt zum Ausdruck, daß wir – nach dem Vorgang der transzendentalen Dialektik Kants – nicht umhin können, uns auf das Unendliche zu beziehen und dabei notwendig in Paradoxien geraten. Dies verbindet, aus Schlegels Sicht, die transzendentalphilosophische Dialektik notwendig mit der Ironie: »Das eigentlich *Dialektische* hat s[ein] Spiel noch da wo von jeher, um Freyheit und Nothwendigk.[eit], das höchste Gut u.s.w. Hier ist *Ironie* Eins und Alles.«[68] Wenn Schlegel ein »dialektisches Werk« schreiben möchte, »das durchgängig Ironie wäre«,[69]

---

[64] Unten S. 101; vgl. KFSA 2, S. 318 f.
[65] Unten S. 101; vgl. KFSA 2, S. 319.
[66] KFSA 2, S. 324.
[67] KFSA 18, S. 123, Nr. 3.
[68] Ebd., S. 393, Nr. 878.
[69] Ebd., S. 394, Nr. 881.

so ist dies ein Indiz dafür, daß Dialektik und Ironie nicht zu trennen sind.

2. Dialektik

Schlegels Konzeption transzendentalphilosophischer Dialektik knüpft an die transzendentale Dialektik in der *Kritik der reinen Vernunft* an, die zugleich im Rückgriff auf eine dialogisch interpretierte Platonische Dialektik kritisiert wird. In einer Aufzeichnung von 1796 heißt es: »Sehr bedeutend ist der Griechische Nahme *Dialektik*. Die *ächte* Kunst (nicht der Schein wie bey Kant), sondern die Wahrheit mitzuteilen, zu reden, gemeinschaftlich die Wahrheit zu suchen, zu *widerlegen* und zu *erreichen* (so bei Plato Gorgias – cfr. Aristoteles); ist ein Theil der Philosophie oder Logik und notwendiges Organ der Philosophen«.[70]

Für Kant war der dialektische Schein das Ergebnis einer »*natürlichen* und unvermeidlichen *Illusion*« der Vernunft, die sich bei dem Versuch, die Totalität der Bedingungen des Erkennens zu bestimmen, notwendig auf das Unbedingte richtet.[71] Sie verwickelt sich dabei in dialektische Oppositionen, welche die Form des Widerspruchs haben, aber nur zum Schein bestehen, da ihnen keine objektiv gültige Erkenntnis zugrunde liegt. In der Kritik dieses Scheins wird die Vernunft auf die endlichen Mittel des Verstandes zurückverwiesen, der allein zu einem objektiv gültigen Wissen fähig sei. Daß die Dialektik nicht nur der Schein sei, wie bei Kant, bedeutet für Schlegel in Abgrenzung davon, daß der notwendige dialektische Schein, wiewohl er der Endlichkeit der Vernunft als subjektivem Erkenntnisvermögen geschuldet ist, objektive Bedeutung hat. Er ist Erscheinung des Unbedingten für uns, in dem sich Endliches und Unendliches berühren. Eine solche Konstellation hat Schlegel in seinem *Abschluß des Lessing-Aufsatzes* (1801) im Auge. Der Wunsch nach dem Ganzen, der ungeteilten Einheit

---

[70] Unten S. 60; vgl. KFSA 18, S. 509, Nr. 50. Vgl. Andreas Arndt, »Zum Begriff der Dialektik bei Friedrich Schlegel 1796–1801«, in: *Archiv für Begriffsgeschichte* 35 (1992) S. 257–274.
[71] KrV B 346.

(bei Kant: der Totalität der Bedingungen), sei, so heißt es dort, »erreichbar, denn er ist schon oft erreicht worden, durch dasselbe, wodurch überall der Schein des Endlichen mit der Wahrheit des Ewigen in Beziehung gesetzt und eben dadurch in sie aufgelöst wird: durch Allegorie, durch Symbole, durch die an die Stelle der Täuschung die *Bedeutung* tritt, das einzige Wirkliche im Dasein, weil nur der Sinn, der Geist des Daseins entspringt und zurückgeht aus dem, was über alle Täuschung und über alles Dasein erhaben ist.«[72] Der ›Schein des Endlichen‹ ist hier ebenso nicht nur als ein täuschender Schein zu verstehen, der aus der Endlichkeit des Endlichen resultiert, sondern das Endliche selbst als Endliches ist Schein, sofern es in Wahrheit über sich hinaus ist und das Unendliche *bedeutet* oder selbst Erscheinung des Unendlichen ist.

Für Schlegel ist die transzendentale Dialektik die Schnittstelle, wo Endliches und Unendliches aufeinander bezogen werden und die Philosophie an das heranreicht, was in Wahrheit ist. Ihr kommt deshalb systematischer Vorrang vor der Analytik zu, weil sie die Begründungsfunktion einer *ersten Philosophie* übernimmt.[73] Die Philosophie »im engern Sinn«[74] oder die »reine Philosophie«[75] ist für Schlegel überhaupt *dialektisch,* indem sie die Frage nach der Wahrheit stellt und im Suchen der Wahrheit bis auf die Grenze des Erkennens getrieben wird. Die höchste Erkenntnis ist die Erkenntnis der Grenze selbst, aber wir können sie – so betont Schlegel in Vorwegnahme eines später von Hegel gebrauchten Arguments – *als Grenze* nur erkennen, indem wir »auf irgend eine Weise (wenn gleich nicht erkennend)« schon immer über sie hinaus sind.[76]

Dieses »Darüber-hinaus-Sein« ist die Leistung der »divinatorischen Kritik«, wie Schlegel sie nennt, die mit dem Vermögen der produktiven Einbildungskraft bei Fichte auch darin übereinkommt,

---

72 Unten S. 141; vgl. KFSA 2, S. 414.
73 Vgl. die Notiz in dem Heft »Form der Kantischen Philosophie« (KFSA 18, S. 67, Heft II, Nr. 468): »Offenbar müßte (in der Diaskeuase) die Dialektik der Analytik vorangehn; so würde alles viel deutlicher werden.«
74 KFSA 12, S. 97.
75 Ebd., S. 103.
76 KFSA 18, S. 521, Nr. 23.

daß sie einander ausschließende Gegensätze spielerisch vereinigt und in der Schwebe hält. Dieser Zustand ist der der Ironie; in ihr ist die Grenze des Erkennens als Grenze des Begriffs erreicht. Sie ist, so ist nun im Blick auf die transzendentalphilosophische Dialektik zu ergänzen, über die Grenze des Begriffs symbolisch, allegorisch und bildlich hinaus, indem sie zugleich den Begriff so befestigt, daß sie ihm auch in seiner paradoxalen, antinomischen Form objektive Gültigkeit zuerkennt. In der Ironie vereinigen sich somit eine logische und eine poetisch-allegorische Auslegung der Beziehung des Endlichen auf das Absolute, und dies verleiht ihr den bereits zitierten Charakter »logische[r] Schönheit«.

Während die transzendentale Dialektik bei Kant darin verläuft, immer wieder kritisch den Schein aufzudecken, in den die Vernunft notwendig verfällt, setzt die Dialektik im Schlegelschen Verständnis einen kritischen Prozeß anderer Art in Gang, den des »gemeinschaftlichen Ausbildens«[77] der Wahrheit. Die dialektische Figur der Ironie, welche die Grenze des (endlichen) Wissens zugleich transzendiert und markiert, bedeutet jedoch keine fortschreitende, lineare Annäherung des Endlichen an ein jenseitiges Absolutes. In Schlegels Terminologie vollzieht sie eine absolut widersprüchliche und damit unhaltbare Synthesis, in der das Endliche als Schein, d. h. als Erscheinung des Unendlichen gesetzt wird. Sie totalisiert das Endliche, indem sie es zugleich wieder begrenzt und damit das Ganze als wiederum endlich, als eine provisorische Totalität setzt. In der Beziehung des Endlichen auf das Unendliche vollzieht sich somit eine Inversion: Statt auf die Annäherung an ein jenseitiges Absolutes orientiert zu werden, wird das Erkennen auf das Endliche zurückverwiesen, um es weiter zu durchdringen und fortzubilden und schließlich erneut zu totalisieren. Hieraus resultiert die eigentümliche Bewegung einer unendlich zyklischen Progressivität, die Schlegel vielfach in Anspruch nimmt.[78]

In diesem Prozeß eines gemeinschaftlichen Suchens und Ausbildens der Wahrheit werden nach dem Modell des Sokratischen

---

[77] KFSA 12, S. 97.
[78] Vgl. z. B. KFSA 18, S,. 31, Nr. 133.

Elenchos die falschen Meinungen und Irrtümer in der Form einer Verdachtshermeneutik widerlegt. Als Orientierungspunkt wird dabei der Dialog *Gorgias* genommen,[79] in dem die Suche nach der Wahrheit in korrigierenden, dialogischen Gedankengängen nachvollzogen wird, bis die Gesprächspartner zur Übereinstimmung (*homologia*) gelangen.[80] In der *Transzendentalphilosophie* wird darauf hingewiesen, daß die Philosophie im »engeren Sinne« dialektisch sei: »Sie soll es nur mit der Ausbildung des Verstandes zu thun haben, sie soll die Irrthümer widerlegen [...] Dialektisch ist, was sich bezieht auf die Kunst des gemeinschaftlichen Ausbildens des Verstandes und Vernichtung des Irrthums. Wegen dieses *gemeinschaftlichen* Ausbildens ist die Philosophie *dialektisch* und nicht *logisch*«.[81] Dies bedeutet, daß die Philosophie sich nicht logisch-deduktiv aus feststehenden Prinzipien entwickeln läßt, sondern sich gemäß der »Totalisazion von unten herauf« in Wechselerweisen vollzieht. Schlegel überträgt das Modell des Wechselerweises auf das Platonische dialektische Modell des Philosophierens: »Platon geht in seinen Gesprächen nie von einem bestimmten Lehrsatz aus, meistens fängt er mit einer indirekten Behauptung oder mit dem Widerspruch gegen einen angenommenen Satz an, den er zu heben sucht, und nun geht es fort von Kette zu Kette, von Glied zu Glied bis zur unbestimmten Hindeutung auf das, was seiner Meinung nach das Höchste ist. Dieser Gang seiner philosophischen Untersuchung ist ganz dem Geiste der Philosophie gemäß«.[82] Diesen »Gang« des Gedankens im Dialog als Medium des philosophischen Gedankens versteht Schlegel als einen Versuch, sich »über die engen Grenzen des menschlichen Verstandes« und seine »beschränkte Fassungskraft« zu erheben.[83] Die Intention der »höheren«, »philosophischen Skepsis« ist es nun, aufzuzeigen, daß es dem sterblichen Menschen nicht möglich ist, sich durch relative Überwindung von Irrtümern

---

[79] Unten S. 60; vgl. KFSA 18, S. 509, Nr. 50.
[80] Platon: *Gorgias* 486 e5.
[81] KFSA 12, S. 97.
[82] KFSA 11, S. 118 f.
[83] KFSA 13, S. 205.

»ganz zur Erkenntnis der unendlichen Wahrheit zu erheben und diese vollkommen zu erschöpfen; nur ahnen erraten und andeuten lasse sie sich, nur annähern könne man sich ihr immer und mehr durch ein rastlos fortschreitendes Streben und eine steigend sich vervollkommnende Bildung und Veredlung aller Geisteskräfte und Tätigkeiten«.[84]

Schlegel interpretiert die aporetische Struktur vieler Dialoge im Sinne seiner an Kant orientierten Theorie der Grenzen des Erkennens. Die ganze Form des Platonischen Philosophierens beruhe »auf dem Prinzip der relativen Undarstellbarkeit des Höchsten«. Die Idee des Guten als das Höchste des Denkens läßt sich nur metaphorisch darstellen, indem man sie in ein »andres Gewand einkleidet« und so der »menschlichen Fassungskraft« verstehbar macht.[85] Schlegels Deutung kann sich vor allem auf den skeptischen Dialog *Theaitetos* stützen, wo die Philosophie als Annäherung an die Wahrheit und an Gott definiert wird, und zwar »soweit einem Menschen möglich ist« (*kata to dynaton*).[86] Über das Höchste läßt sich auch für Schlegel nach dem Platonischen Vorbild »nur in Sinnbildern und Mythen« reden.[87] Schlegels Proklamation, eine »neue Mythologie« »aus der tiefsten Tiefe des Geistes« herauszubilden,[88] hängt unmittelbar mit seiner Überzeugung zusammen, daß unser fragmentarisches Bewußtsein nicht imstande ist, »die höchste Schönheit« des »unendlich vollen Chaos« adäquat zur Sprache zu bringen.

---

[84] Ebd., S. 205 f.
[85] KFSA 12, S. 214; Bd. 11, S. 124. – Schlegel bezieht sich offensichtlich auf die vieldiskutierte Stelle im sechsten Buch der *Politeia* 506 d/e, wo sich Sokrates weigert, »die Frage, was das Gute selbst eigentlich ist«, zu beantworten, und nur über einen Abkömmling des Guten (*ekgonos tou agathou*) sprechen will.
[86] Platon: *Theaitetos* 176 b.
[87] KFSA 6, S. 91.
[88] Unten S. 96 f.; vgl. KFSA 2, S. 312.

3. Kritik

Schlegels Selbstaussage von 1818, daß er in der ersten Epoche seiner Philosophie »davon durchdrungen war, die *Philosophie müsse kritisch seyn* – aber in einem ganz anderen und viel höheren Sinne als bei Kant, nach einer *lebendigen* Kritik des *Geistes*«,[89] stellt seine Philosophie auf den Boden des von Kant proklamierten »Zeitalters der Kritik«. Die Kritik ist für Schlegel der Inbegriff des Philosophierens und bildet als solche zusammen mit der Ironie und der Dialektik ein Triptychon seiner Philosophie. Bereits im *Athenaeum*-Fragment 116 wird behauptet, daß der ironisch-dialektische Grundzug des Philosophierens unter künstlerischem Aspekt nur durch eine »divinatorische Kritik« angemessen charakterisiert werden kann. In einem nachgelassenen Fragment aus dem Heft »Zur Philosophie« von 1797 versucht Schlegel seine Grundbegriffe zu vereinheitlichen: »Die κρ[Kritik] ist nicht bloß absolut. Ohne συστ[Systematik] gelangt sie nicht zur Charakt[eristik]. Es ist eine Universalφ[philosophische] Kunst. Es ist pragmatische Dialektik«.[90] Schlegel gibt zu, daß Kant der Stifter der kritischen Philosophie sei, der allerdings überall nur »*auf halbem Weg stehen geblieben*« sei.[91] Schlegels Gegenvorschlag zur Kantschen abstrakten Konzeption der Kritik ist eine universal-philosophische Kunst des Verstehens, die auch als »Philosophie der Charakteristik« genannt wird. In der Auseinandersetzung mit dem Kantischen Konzept der Kritik entwickelt Schlegel den Gedanken einer Historisierung des Transzendentalen.[92] Die Transformation des Transzendentalen wird namentlich am Beispiel der Explikation des produktiven Verhältnisses des Verfassers zu seinem Kunstwerk mittels »künstlerischen Reflexion« evident. Im *Athenaeum*-Fragment 238 wird in diesem Zusammenhang festgestellt, daß man »wenig Wert auf eine Transzendentalphilosophie legen würde, die nicht kritisch wäre, nicht auch das Produzierende mit dem

---

[89] KFSA 19, S. 346, Nr. 296.
[90] KFSA 18, S. 117, Nr. 1063.
[91] Ebd., S. 59, Nr. 398; S. 7, Nr. 31.
[92] KFSA 18, S. 92, Nr. 756; Vgl. auch die Behauptung: »*Elementar* ist das Hist[orisch] *Transzendentale*«; ebd., S. 101, Nr. 863.

Produkt darstellte, und im System der transzendentalen Gedanken zugleich eine Charakteristik des transzendentalen Denkens enthielte«.[93] Im *Athenaeum*-Fragment 116 wird die transzendentale Wechselbestimmung »zwischen dem Dargestellten und dem Darstellenden« der »poetischen Reflexion« bzw. der »divinatorischen Kritik« anvertraut, die nicht bloß abstrakt, oder wie Schlegel sagt »von innen heraus« verfährt, »sondern auch von außen hinein« das Andere verstehend integriert und die potentielle Entwicklungsaussicht der künstlerischen Produktion im Hinblick auf die Möglichkeit, ein klassisches Werk zu schaffen, analysiert. Schlegel hatte den Plan, in Anlehnung an Kants transzendentalphilosophische Ableitung der reinen Verstandesbegriffe für die hermeneutische Kritik eine »*Deduktion der kritischen Kategorien*« zu vollziehen, um vor allem die Bedingungen des Verstehens von Kunstwerken explizit zu machen. Im Vordergrund dieser Deduktion stehen die Kategorien »Sinn«, »Geist«, »Buchstabe«, »Einheit«, »Beziehung« und »Zusammenhang«. Besonders hervorgehoben wird die Kategorie des Sinnes, die »in der Mitte zwischen Geist und Buchstabe« angesetzt wird.[94]

Der primäre Zweck der hermeneutischen Kritik ist es, bei einem Werk das Verhältnis von Geist und Buchstaben zu bestimmen. Kritik ist »Vergleichung des Geistes und d[es] Buchstabens eines Werkes, welches als Unendliches als Absolutum und Individuum behandelt wird. *Kritisiren* heißt, einen Autor besser verstehen als er s.[ich] selbst verstanden hat.«[95]

Dieses Fragment enthält *in nuce* die Quintessenz des Schlegelschen Kritikbegriffs. Kritik, Kritisieren und »Besserverstehen« werden hier nicht im Sinne der Fichteschen Erklärung der Kantischen Schriften »nach dem *Geiste*«, sondern als das »symphilosophierende« Gespräch mit dem Werk verstanden, in welchem das Unvollständige gemäß seinem individuellem Ideal zur Vollendung gebracht wird.[96] In seiner Rezension *Über Goethes Wilhelm Mei-*

---

[93] KFSA 2, S. 204.
[94] KFSA 16, S. 132, Nr. 567.
[95] Ebd. S. 168, Nr. 992.
[96] Mit Schlegels Worten gesagt: ein »Kunsturteil« müßte »selbst ein Kunstwerk« sein (KFSA 2, S 162, Fr. 117).

ster beschreibt Schlegel das Anliegen seiner Kritik: »Jene poetische Kritik [...] wird die Darstellung von neuem darstellen, das schon Gebildete noch einmal bilden wollen [...] das Werk ergänzen, verjüngen, neugestalten«.[97] Schlegel hat sein Verständnis von ›Kritik‹ aus der traditionellen *ars critica*, der Hilfsdisziplin der klassischen Philologie, entwickelt und ihm einen neuen, universal-hermeneutischen Sinn gegeben; ausschlaggebend für seine Auffassung, Kritik sei die Kunst der Vollendung eines Kunstwerks, war die von Friedrich August Wolf in der Schrift *Prolegomena ad Homerum* (1795) vertretene These, daß die antiken Kritiker, die sich »Diaskeuasten« nannten, aus den mündlich tradierten Homerischen Rhapsodien die *Ilias* und *Odyssee* hervorgebracht hätten. Die klassische Diaskeuastik bleibt für Schlegel das Vorbild zur Ausarbeitung einer universal-hermeneutischen Kritik, deren Aufgabe es sei, »Werke zu bilden, freil[ich] auch umzubilden, zu behandeln, zu diaskeuasiren, zu kritisiren«.[98]

Wie aus Schlegels Heft *Zur Philologie* ersichtlich ist, wurde auch das Begriffpaar »Geist« und »Buchstabe« der philologischen Altertumswissenschaft entlehnt, wie sie namentlich von seinen Zeitgenossen und Lehrern, Christian G. Heyne und Friedrich A. Wolf vertreten wurde. Schlegel gibt beiden Termini einen neuen, philosophisch-ästhetischen Sinn, um den schöpferischen Vorgang bei der Entstehung eines Kunstwerkes zur Sprache zu bringen. »Geist« bedeutet dabei die allgemeine und unbestimmte Tätigkeit des »chaotischen« Unendlichen, die sich in uns als schöpferischer Trieb äußert, in der das unbestimmte Unendliche nach seiner Individuierung, d.h. nach seiner Bestimmung im Kunstwerk bzw. nach seiner Vermittlung durch die Sprache strebt. Den ›Geist‹ eines Werkes bezeichnet Schlegel als »immer etwas *Unbestimmtes* also Unbedingtes«.[99] In der *Lucinde* (1799) wird »der Geist des Menschen« proteusartig gefaßt; er »verwandelt sich und will nicht

---

[97] KFSA 2, S. 140.
[98] KFSA 18, S. 125, Nr. 24. vgl. Jure Zovko: *Verstehen und Nichtverstehen bei Friedrich Schlegel. Zur Entstehung und Bedeutung seiner hermeneutischen Kritik*, Stuttgart-Bad Cannstatt 1990, S. 23–36.
[99] KFSA 16, S. 122, Nr. 441.

Rede stehen vor sich selbst«.[100] In der *Transzendentalphilosophie*-Vorlesung wird die Methode der Philosophie als der Geist und das System als der Buchstabe gekennzeichnet.[101] »Buchstabe« ist die vorübergehende, individuelle Formbestimmung des Geistes. Im *Gespräch über die Poesie* heißt es: »Wo irgend lebendiger Geist in einem gebildeten Buchstaben gebunden erscheint, da ist Kunst, da ist Absonderung«.[102] Der Vergleich von Geist und Buchstabe eines Kunstwerkes als Postulat der hermeneutischen Reflexion bedeutet für Schlegel den Einstieg in den künstlerischen Vermittlungsprozeß, oder mit Schlegels Terminologie gesagt, den Beginn des »Symphilosophierens« mit dem Kunstwerk, wobei der Verstehende »symproduktiv« an dem Entfaltungsprozeß desselben beteiligt bleibt. Bereits beim Schreiben trete jeder »synthetische Schriftsteller« mit seinem potentiellen Leser »in das heilige Verhältnis der innigsten Symphilosophie«, wie es im *Lyceum*-Fragment 112 heißt.[103] Gesprächspartner sind vor allem klassische Werke, die Bedeutung über ihre eigene Epoche hinaus haben. Die zu verstehende Interaktion von Geist und Buchstabe bleibt bei solchen Werken unerschöpflich, sie können »ewig wieder kritisirt und interpretirt«, aber »nie ganz verstanden« werden.[104] Die Bezugnahme der Kritik auf klassische Werke ist nicht eine bloße »Compilation der Meinungen und Systeme«,[105] sondern impliziert die behutsame und feinsinnige Erschließung der ursprünglichen Intentionen des Verfassers und der Absicht des Werkes: »Es ist nichts schwerer, als das Denken eines andern bis in die feinere Eigenthümlichkeit seines Ganzen nachconstruiren, wahrnehmen und charakterisiren zu können. [...] Und doch kann man nur dann sagen, daß man ein Werk, einen Geist verstehe, wenn man den Gang und Gliederbau nachconstruiren kann. Dieses gründliche Verstehen nun, welches [...] Charakte-

---

[100] KFSA 5, S. 59.
[101] KFSA 12, S. 18
[102] KFSA 2, S. 290.
[103] Ebd., S. 161.
[104] KFSA 16, S. 141, Nr. 671.
[105] Unten S. 160 f.; vgl. KFSA 3, S. 60.

risiren heißt, ist das eigentliche Geschäft und innere Wesen der Kritik«.[106]

Schlegel ist sich bewußt, daß die Erforschung und Auswertung der philosophischen und kulturellen Überlieferung Kompetenz und kultivierte Urteilskraft des Interpreten voraussetzt. Demgemäß heißt es in einem nachgelassenen Notat: »Freilich wird alles, was man von der Kunst erfahren hat, erst durch φσ[Philosophie] zum Wissen«.[107] Erst wenn man nach der langen hermeneutischen Erfahrung gelernt hat, »*das Verstehen zu verstehen*«, so Schlegel im Abschluß des Lessing-Aufsatzes, kann die Kritik mit ihrem Destruktionseinsatz beginnen und als Verdachtshermeneutik uns von den »confusen Begriffen und leeren Fantomen« befreien.[108] Dabei ist das Verstehen keine abstrakte, sondern eine integrative Tätigkeit. Die hermeneutische Kritik impliziert »eine freimüthige und sorgfältige Prüfung« des vom menschlichen Geist Geschaffenen, »so weit sich überhaupt [...] die redenden Künste und die Sprache erstrecken«.[109] Im *Gespräch über die Poesie* heißt es, daß nur »hohe Wissenschaft echter Kritik« jemanden zu lehren vermag, »wie er sich selbst bilden muß in sich selbst, und vor allem soll sie ihn lehren, auch jede andre selbständige Gestalt der Poesie in ihrer klassischen Kraft und Fülle zu fassen, daß die Blüte und der Kern fremder Geister Nahrung und Same werde für seine eigene Fantasie«.[110] Demgemäß ist auch Schlegels Notiz zu verstehen: »κρ[Kritik] ist das allgemeine Bildungsmittel«.[111]

Dieser Begriff der Bildung geht indessen weit über die (Aus-) Bildung eines individuellen Geistes hinaus. Zwar ist auch »das Leben eines denkenden Menschen [...] als eine stete innere Symphilosophie« zu bestimmen,[112] jedoch ist die »Symphilosophie« auch eine »Philosophie der Philosophie«,[113] die unterschiedliche

---

106 Unten S. 161; vgl. KFSA 3, S. 60.
107 KFSA 16, S. 101, Nr. 193.
108 Unten S. 139; vgl. KFSA 2, S. 412.
109 Unten S. 151; vgl. KFSA 3, S. 52.
110 KFSA 2, S. 284.
111 KFSA 18, S. 374, Nr. 646.
112 KFSA 2, S. 164.
113 KFSA 18, S. 314, Nr. 1454.

Epochen der Geistesgeschichte miteinander ins Gespräch bringt. Bildung ist schließlich auch eine »συμφ [*Symphilosophie*] *mit dem Zeitalter*«, die als »ein sich Verständlich machen« verstanden wird,[114] weil die Lebensformen, mit denen das Individuum bei der Ausbildung seiner eigenen Welt »symphilosophiert«, die geschichtlichen Objektivationen und Artikulationen des menschlichen Geistes in verschiedenen Epochen sind. Kritik bzw. Bildung durch Kritik ist somit Charakteristikum der menschlichen, geschichtlichen *Poiesis* überhaupt.

4. Individuum und »Welt«

Schlegel entwirft schon in seiner Abhandlung *Über das Studium der Griechischen Poesie* (1795/96) sowie in seiner Rezension von Schillers *Musenalmanach für das Jahr 1796* seine Grundauffassung der modernen Poesie. Im Gegensatz zu Schiller, der das Allgemeingültige, das Notwendige, das Zeitlos-Gesetzliche und das Objektive als wesentliche Bestimmungen des Kunstwerks hervorhebt, behauptet Schlegel, daß das »Besondere, Individuelle, Eigenartige« – was er unter den Oberbegriff des »Interessanten« subsumiert – das Spezifikum der modernen Dichtung sei. Das »Schöne« gilt nicht mehr als Ideal des künstlerischen Schaffens, sondern das »Interessante«. Dieser Streit endet nach E. Staigers Urteil mit »Schlegels Sieg über Schiller«;[115] das »Interessante« wurde maßgebend für die Entwicklung der Literatur bis auf die Gegenwart. August Wilhelm Schlegel hat die Ideen seines Bruders in den Wiener Vorlesungen als die Botschaft der deutschen Romantik an Europa verbreitet. Friedrich Schlegel wollte seine kritische Reflexion jedoch nicht auf die Literatur beschränken, sondern hat sich zeitlebens mit der Philosophie seiner Zeit auseinandergesetzt. Seine »hermeneutische Kritik« soll ein Verstehen entfalten, das sich ausdrücklich auf die Individualität und das vom Individuum in der Geschichte Geschaffene und Verstandene be-

---

[114] Ebd., S. 141, Nr. 222.
[115] Emil Staiger: *Friedrich Schlegels Sieg über Schiller*, Heidelberg 1981, S. 8 ff. Vgl. auch Emil Staiger: *Friedrich Schiller*, Zürich 1967, S. 415 ff.

zieht. »Kritik« wird in philosophischer Hinsicht als die verstehende Selbstverwirklichung des Individuums bzw. als der individuell-geschichtliche Existenz- und Weltvollzug aufgefaßt. Philosophieren heißt dabei, nach dem »Sinn der Welt« zu fragen, inwiefern diese im Verstehen als »Bild« zeitlich und geschichtlich dargestellt wird. Jedes Kunstwerk widerspiegelt als Individuum das Unendliche und dient so der geschichtlichen Konstitution der Wahrheit. Die fragmentarische Darstellungsart gilt Schlegel als das vorzüglichste Ausdruckmittel für die individuelle Widerspiegelung des Unendlichen. Das Fragment nennt er die eigentliche Form der »Universalphilosophie«; nur ein »System von Fragmenten« als Verflechtung der »formlosen Formen« kann uns eine Einsicht in das differenzlose Spiel des chaotisch Unendlichen geben und es angemessen ausdrücken. Es ist zu fragen, ob auch Schlegels kritische Philosophie für die nachklassische Philosophie ebenso bestimmend war, wie seine Hervorhebung des Interessanten und Individuellen für die Entwicklung der modernen Literatur. In dieser Hinsicht ist besonders der Gedanke einer Individualisierung und zugleich radikalen Geschichtlichkeit hervorzuheben, der in Schlegels Theorie des hermeneutisch-kritischen, dialektischen Prozesses liegt.

Daß Schlegels Begriff der hermeneutischen Kritik unmittelbar mit seiner philosophischen Explikation des Individualitätsgedankens und des Weltbegriffs zusammenhängt, bezeugt das bereits zitierte Fragment, nach dem Kritik nichts anderes ist als »Vergleichung des Geistes und d[es] Buchstabens eines Werkes, welches als Unendliches als Absolutum und Individuum, behandelt wird«.[116] Der durch Geist und Buchstaben ausgedrückte schöpferische Vermittlungs- und Explikationsprozeß des Kunstwerkes findet im Verhältnis zwischen dem »Unendlichen« und dem »Individuum« eine Entsprechung in Schlegels Transzendentalphilosophie.

Schlegel entfaltet seine Transzendentalphilosophie als eine Synthese der auf der *substantia infinita* beharrenden Spekulation Spinozas und der im Selbstbewußtsein kreisenden Reflexion

---

[116] KFSA 16, S. 168, Nr. 992.

Fichtes.[117] Dabei geht es ihm in erster Linie um eine Historisierung dieser zwei gegensätzlichen, seiner Ansicht nach jedoch komplementären Denktypen, nämlich des Realismus und des Idealismus. Dies versucht Schlegel, indem er einerseits an die Stelle der *substantia infinita* die »werdende Gottheit« setzt – die er zuerst das »unendlich volle Chaos« und später, unter Einfluß von J. Böhme, »unendliche Fülle« nennt –, und andererseits die reflexive Tätigkeit des Fichteschen Ich als Resultat der bewußtlosen »Agilität« des chaotischen »Unendlichen« betrachtet. Die Grundfrage der Philosophie, »*Warum ist das Unendliche aus sich herausgegangen und hat sich endlich gemacht?*«, erörtert Schlegel mit Hilfe des Philosophems »Individuum«, das als »Bild« bzw. bildhaftes Bewußtmachen des bewußtlosen Unendlichen verstanden wird.[118] Das bewußtlose Unendliche, das ironisch-poetisch auch als »Chaos« gefaßt wird, kann nach Schlegels Ansicht nicht umhin, in der Bewußtseinstätigkeit des Individuums *aktuell* zu werden, d. h. eine bestimmte Form anzunehmen. Die bildhafte, bewußtmachende Darstellung des form- und differenzlosen Unendlichen faßt Schlegel terminologisch als »*Verstehen*«. Der verstehende Prozeß des Bewußtwerdens des Unendlichen mittels der Individua wird aber mit der geschichtlichen Ausbildung der *Welt* gleichgesetzt, die als Gesamtheit der Abbildungen des Unendlichen bzw. als »Inbegriff [aller] Individua« verstanden wird.[119]

Im Unterschied zu Spinoza, bei dem die Welt ausschließlich *sub specie aeternitatis*, d. h. im Hinblick auf ihre überzeitliche Vollkommenheit in Denken und Ausdehnung thematisiert wird, ist das menschliche Weltverhältnis bei Schlegel ein hermeneutisch-kritisches, *poietisches*, weil die »historisierte« Welt noch »unvollendet« ist. Die Unvollendetheit der Welt erweist sich freilich als Bedingung des Philosophierens überhaupt: »Wissen wir aber daß die Welt noch unvollendet ist, so ist unsere Bestimmung wohl, an der Vollendung derselben mitzuarbeiten«.[120] Jeder Akt des Verstehens

---

[117] KFSA 12, S. 32.
[118] Ebd., S. 39.
[119] Ebd., S. 42 f.
[120] Ebd., S. 42.

als »Bestimmung« des chaotischen Unendlichen im Individuum ist im Grunde genommen nichts anderes als ein individueller Beitrag zur Konstitution der geschichtlichen Welt. Dementsprechend sollte man zwei berühmte, aufeinander verweisende *Ideen*-Fragmente verstehen, durch die auch die paradoxe Definition der Ironie deutlicher wird: »Ironie ist klares Bewußtsein der ewigen Agilität, des unendlich vollen Chaos«; »Nur diejenige Verworrenheit ist ein *Chaos* aus der eine *Welt* entspringen kann.«[121] Das »Entspringen« der Welt besagt hier sowohl den »verstehenden« Existenzvollzug im Individuum als auch die schöpferische Produktion eines Kunstwerkes mittels der ironisch-poetischen Reflexion und darüber hinaus die Bildung im oben erörterten weitesten Sinne.

In einem der nachgelassenen Fragmente zu den Vorlesungen über die *Transzendentalphilosophie* wird der zentrale Stellenwert des Begriffs »Welt« angesprochen: »Nach d[em] *Sinn* d[er] Welt fragen, heißt gerade Philosophiren«.[122] Der Sinn fungiert in Schlegels *Transzendentalphilosophie* als Bindeglied zwischen dem Endlichen und dem Unendlichen und bezeichnet sowohl das produktive Tätigsein des »Verstehens« als auch den Verweis alles Bestimmten auf seinen Ursprung, welcher sich der begrifflichen Reflexion entzieht, jedoch geschichtlich als Welt und mithin als das Individuum schlechthin widergespiegelt wird. Diese geschichtliche Ausbildung der Welt findet bei Schlegel ihr *telos* im Unbestimmten selbst: »Die Bestimmung des Menschen ist, sich selbst zur Rückkehr ins Unbestimmte zu bestimmen. Das Ziel d[es] Bestimmens ist d[as] Unbestimmte«.[123]

Jeder Akt des »Verstehens« als Existenz- und Weltvollzug erweist sich ferner als eine Zeitigung der Zeit, denn nur aufgrund der Tatsache, daß »das Spiel der Natur«, d.h. der Ausgang des Unendlichen aus sich selbst, »nicht in einem Nu«, sondern zeitlich »abläuft«, läßt sich nach Schlegel erklären, daß und wie etwas »existirt«.[124] Die Zeit wird in Schlegels Transzendentalphiloso-

---

[121] KFSA 2, S. 263. Nr: 69, Nr. 71.
[122] KFSA 18, S. 421, Nr. 1215.
[123] Ebd., S. 417, Nr. 1161.
[124] KFSA 12, S. 39; 59.

phie deswegen nicht als abstrakte Form gesetzt, sie ist vielmehr das Medium der Reflexion selbst: wir verstehen »nur in der Zeit«[125] und »jedes Individuum« als Konstituens des Verstehens »hat seine eigene Zeit«.[126]

Dieses sich zeitlich vollziehende »Verstehen« des chaotischen Unendlichen mittels der Individua kennzeichnet Schlegel ebenfalls als geschichtliche Konstitution der Wahrheit. Dementsprechend hebt er nachdrücklich hervor, daß es »keine absolute Wahrheit« und eigentlich gar keinen schlechthinigen Irrtum gibt.[127] Das »Verstehen« im Schlegelschen Sinne als geschichtliches Bewußtmachen des »Unendlichen« ist zugleich auch ein Nichtverstehen, denn der wahre Aufschluß über das Unendliche wird niemals lediglich im positiven Verstehen erbracht. Das »Nichtverstehen« ist ein ebenso wesentlicher Bestandteil und Konstituens der Vermittlung des chaotischen Unendlichen wie das Verstehen und leitet sich von der bewußtlosen »Agilität« des Unendlichen selbst her.[128] Es bedeutet in letzter Konsequenz, daß die »Welt« offen bleibt für das Weiterbilden im Handeln und Erkennen. »Es giebt keine absolute Wahrheit«, heißt es in der *Transzendentalphilophie*, »dies spornet den Geist an, und treibt ihn zur Thätigkeit«.[129] Indem Schlegel sich im Blick auf die geschichtliche Konstitution der Wahrheit von der Vorstellung einer absoluten Wahrheit verabschiedet, orientiert er auf die dialektische Erkenntnispraxis des Hervorbringens (relativer) Wahrheiten durch Widerlegung der (relativen, d.h. auch notwendigen) Irrtümer. Zu dieser Erkenntnispraxis wie zur historischen Praxis überhaupt gehört es, das geschichtlich Gewordene zum Werdenden im Augenblick der Gegenwart in Beziehung zu setzen. Dies meint Schlegels bekanntes Fragment, der Historiker sei »ein rückwärts gekehrter Prophet«.[130] Die Wendung zur Vergangenheit erfolgt, wie im her-

---

[125] KFSA 18, S. 410, Nr. 1075.
[126] KFSA 19, S. 68, Nr. 265.
[127] KFSA 12, S. 95.
[128] Dazu vgl. J. Zovko (1990), S. 140 ff.
[129] KFSA 12, S. 95.
[130] KFSA 2, S. 176, Nr. 80. Vgl. Andreas Arndt: »Prophet und Engel der Geschichte. Historische Dialektik bei Schlegel und Benjamin«, in: *Geschichts-*

meneutisch-kritischen Prozeß, auf das Vorgebildete als dasjenige, was Material und Mittel des Fortbildens bereitstellt; der Bezug zur Geschichte folgt einem praktischen Interesse: »Der Gegenstand der Historie ist das Wirklichwerden alles dessen, was praktisch notwendig ist«.[131] In diesem praktischen Horizont ist »Prophetie« oder »Divinationskraft« erforderlich, um im Jetzt aufgrund des Vergangenen das Künftige, erst zu Bildende, antizipieren zu können.

Vor diesem Hintergrund erschließt sich auch erst Schlegels Behauptung im *Gespräch über die Poesie* »Alles Denken ist ein Divinieren, aber der Mensch fängt erst eben an, sich seiner divinatorischen Kraft bewußt zu werden«.[132] In der praktischen, *poietischen* Perspektive erhält daher auch die Wahrheit ein neues Bestimmungselement, sofern sie immer aus einer gelingenden Umformung des Gegebenen hervorgeht, d.h. im Resultat nicht nur Denken und Sein bzw. Subjektives und Objektives, sondern auch Form und Materie in eine Entsprechung bringt. Wahrheit hat somit auch ein ästhetisches Moment, denn Schönheit ist die Übereinstimmung von Form und Materie.[133] Dies bedeutet jedoch keine Ästhetisierung der Wahrheit schlechthin, denn das Moment der Schönheit kommt zu dem der Realität nur hinzu und ersetzt es nicht: »Schönheit mit Bewußtseyn und Realität gedacht, ist Wahrheit.«[134] Aufgrund des ästhetischen Momentes ist Wahrheit aber vollgültig auch erst in einer poetischen Reflexion zu erschließen, denn dem Gebildeten kommt überall Schönheit zu.

Hiermit transformiert sich auch das im Anschluß an die Aristotelische Poetik formulierte und für die philosophische Tradition bisher gültige »mimetische« Konzept der Kunst (*ars imitatur naturam*), indem ihr schöpferischer, poietischer Charakter in den Vordergrund tritt. Alles, was mittels der produktiven Einbildungskraft des Künstlers poetisch reflektiert wird, ist ein Moment im

philosophie und Kulturkritik. Historische und systematische Studien, hg. v. Johannes Rohbeck und Herta Nagl-Docekal, Darmstadt 2003, S. 75–88.
[131] KFSA 2, S. 178, Nr. 90.
[132] Ebd., S. 322.
[133] Vgl. KFSA 12, S. 95.
[134] Ebd.

bildhaft-allegorischen Darstellungsprozeß des Unendlichen. Jedes Kunstwerk stellt sich als »Repräsentant« bzw. als »Hieroglyphe« des unbestimmten Unendlichen heraus, es ist nämlich »weit mehr als ein Factum«;[135] es ist »Allegorie«, die *be-deutende* »Anspielung aufs Unendliche«.[136] Was für die künstlerische Tätigkeit im Speziellen gilt, gilt gleichermaßen für das menschliche Bilden überhaupt. Der Mensch als Individuum vollzieht nach Schlegel sein Dasein als eine je eigene poetische Hervorbringung der Welt: »Der Mensch dichtet gleichsam die Welt, nur weiß er es nicht gleich«, schreibt Schlegel zum Schluß der Vorlesungen zu Transzendentalphilosophie.[137] Das »Dichten« der Welt, der Gedanke einer universellen *Poiesis*, erweist sich als konsequente Überwindung jedes ahistorischen, verdinglichenden Denkens. In jedem Wort und jeder Tat wird die »Welt« als geschichtliche Widerspiegelung des Unendlichen aufgeschlossen und fortgebildet. Wenn Schlegel in den Vorlesungen zur Transzendentalphilosophie sagt, daß »jedes Individuum [...] ein neues Wort fürs Universum« sei, dann fügt er damit die künstlerische und existentielle Tätigkeit ineinander, deren endgültiges Ziel und Ergebnis die schöpferische Welterschließung und die geschichtliche Konstitution der Wahrheit ist.[138]

III. Zu den einzelnen Texten

Friedrich Schlegel hat in seiner frühromantischen Periode einer »kritischen Philosophie« – mit Ausnahme der Jenaer Transzendentalphilosophie-Vorlesung 1800/01, die nur in einer Nachschrift überliefert ist[139] – keine zusammenhängende Darstellung seiner Philosophie gegeben. Sie wird, seiner eigenen Theorie gemäß, in einem »System von Fragmenten« und in verschiedenen literari-

---

[135] KFSA 18, S. 155, Nr. 380.
[136] Ebd., S. 416, Nr. 1140.
[137] KFSA 12, S. 105.
[138] KFSA 12, S. 101.
[139] KFSA 12 ; Friedrich Schlegel: *Transcendentalphilosophie*, Hamburg 1991.

schen Gattungen – vom Notizheft[140] bis zum Essay – dargestellt; besondere Bedeutung kommt hierbei, vor allem am Beginn der literarischen Laufbahn Schlegels, auch Rezensionen zu, in denen er seine Theorie der Kritik und Charakteristik entwickelt und erprobt.

Diese Auswahl vereinigt Texte von den literarischen Anfängen bis zum Ausklang der frühromantischen Periode 1804/05; sie orientiert sich daran, das Spektrum des Schlegelschen philosophischen Denkens und seiner Darstellungsmittel in dieser Zeit in seiner Vielfalt deutlich zu machen und wesentliche Themen und Entwicklungslinien aufzuzeigen. Der Schwerpunkt liegt dabei auf Rezensionen und Essays, die – im Unterschied zu den Notizheften – diskursiven Charakter haben.

ÜBER DIE FORTSCHRITTE DES MENSCHLICHEN GEISTES
(CONDORÇET-REZENSION, 1795)

Schlegels Rezension von Condorçets *Esquisse d'un tableau historique des progrès de l'esprit humain* erschien 1795 in der von Friedrich Niethammer bei Michaelis in Neustrelitz herausgegebenen Zeitschrift *Philosophisches Journal einer Gesellschaft Teutscher Gelehrten* (Bd. 3, Heft 2, S. 161–172). Über die Entstehung dieser Rezension ist wenig bekannt. Ein Anstoß zur Beschäftigung mit dem während der Verfolgung Condorçets entstandenen und nach seinem Tod 1795 publizierten Buch[141] scheint von Caroline Böhmer, der nachmaligen Frau A.W. Schlegels und Schellings, ausgegangen zu sein; sie schrieb im Juni 1795: »Friz, es giebt 2 Bücher, die Sie lesen müßen, und das Eine derselben knüpft sich in meiner Erinnerung an die Materie vom Wißen an. Das ist Condorçet. Er gehört in Ihr Fach – indem Sie die Stuffe der Cultur eines Volkes, und den Werth dieser Cultur, gegen den Begriff, den wir von frühster menschlicher Vollkommenheit haben können, gehalten,

---

140 Vgl. die »Philosophischen Lehrjahre« (KFSA 18 und 19) sowie die Notizen zur »Philosophie der Philologie« (KFSA 16).
141 Condorçet: *Esquisse d'un tableau historique des progrès de l'esprit humain. Ouvrage posthume*, Paris 1795; die Seitenangaben in der Rezension beziehen sich auf diese Ausgabe.

bestimmen wollen.«[142] Am 29. November 1795 schickte Friedrich Schlegel das Manuskript seiner Rezension – zusammen mit dem Aufsatz *Versuch über den Begriff des Republikanismus* – an den Herausgeber des *Journals*, Friedrich Immanuel Niethammer.[143] Dieser kürzte offenbar das Schlegelsche Manuskript und fügte überdies eine Anmerkung hinzu, die Schlegels Konzeption einer Philosophie der Geschichte Mißverständnissen aussetzen mußte.[144] Friedrich wußte zunächst nicht, daß auch sein Bruder August Wilhelm einen Aufsatz über Condorçet für Schillers *Horen* schreiben wollte;[145] seine eigene Rezension beurteilte er dem Bruder gegenüber als »dürftig, weil ich bloß urtheilen und durchaus nicht selbst dociren wollte«.[146]

Die Rezension formuliert gleichwohl das Programm und grundlegende Probleme der Schlegelschen Geschichtsphilosophie. Die Einteilung der Geschichte in notwendige Epochen, die dennoch die Empirie integrieren sollen, stellt die Aufgabe für einen von Schlegel hier erstmals beschworenen Newton der Geschichte dar. Condorçets Fortschrittstheorie ist dabei für Schlegel deshalb von besonderer Bedeutung, weil sie nach seiner Auffassung das Grundcharakteristikum der Moderne, die Progressivität, thematisiert. Bemerkenswert ist, daß Schlegel den Fortschritt nicht einlinigsynchron, sondern ungleichzeitig (und mit Rückfällen) denkt.[147]

VERSUCH ÜBER DEN BEGRIFF DES REPUBLIKANISMUS (1796)
Schlegels Aufsatz *Versuch über den Begriff des Republikanismus veranlaßt durch die Kantische Schrift zum ewigen Frieden* erschien

---

[142] KFSA 23, S. 235.
[143] Ebd., S. 258.
[144] Vgl. an Niethammer, 16. 3. 1796, KFSA 23, S. 292.
[145] Vgl. die Einleitung von Ernst Behler in KFSA 7, S. XXVI f.
[146] An A.W. Schlegel, 30. 1. 1796, KFSA 23, S. 279.
[147] »Das eigentliche *Problem* der Geschichte ist die Ungleichheit der Fortschritte in den verschiedenen Bestandtheilen der gesammten menschlichen Bildung, besonders die große Divergenz in dem Grade der intellectuellen und der moralischen Bildung; die Rückfälle und Stillstände der Bildung, auch die kleinern partiellen; besonders aber der große totale Rückfall der gesammten Bildung der Griechen und Römer« (unten S. 8).

1796 in der von Johann Friedrich Reichardt[148] bei Unger in Berlin herausgegebenen Zeitschrift *Deutschland* (Bd. 3, 7. Stück, Nr. 2, S. 10–41). Wie die *Condorçet-Rezension* war er ursprünglich für das *Philosophische Journal* bestimmt und wurde zusammen mit dieser an Niethammer verschickt.[149] Dieser schlug – offenbar erst sehr spät – Änderungen vor, worauf Schlegel fast vier Monate später, am 16.3.1796, eine umgearbeitete Fassung einreichte.[150] Auch diese scheint Niethammer zurückgewiesen zu haben, denn bereits am 27.3.1796 erklärte Schlegel sich bereit, Kürzungen zu dulden und ggf. weitere Änderungen vorzunehmen, ohne den Aufsatz zu verlängern.[151] Am 22. April konnte Schlegel dann an Niethammer schreiben: »Den Versuch über den Republikanism erhalten Sie hiebey mit *beträchtlichen* Änderungen zurück. [...] Mit Dank nehme ich Ihr Versprechen an denselben in seiner ietzigen Gestalt aufzunehmen, und füge nur noch die Bitte hinzu, daß es *bald* geschehen möge.«[152] Am 27. Mai klagte Friedrich dem Bruder August Wilhelm, daß er noch keine Antwort habe; zugleich erkundigte er sich – noch ohne Bezug auf den *Republikanismus*-Aufsatz –, wie Reichardt über ihn denke und ob er in der Zeitschrift *Deutschland* publiziren solle.[153] Mit Reichardt scheint Schlegel bald in Kontakt gekommen zu sein, denn schon am 15. Juni bat er August Wilhelm, die Übersendung des Manuskripts an diesen zu veranlassen.[154] Am 11. Juli schrieb er Reichardt und erklärte sich mit einer Veröffentlichung in Reichardts *Deutschland* einverstanden, auch wenn er kein Honorar zu

---

148 Johann Friedrich Reichardt (1752–1814) war Komponist und zunächst Hofkapellmeister in Potsdam und Berlin, bevor er 1793 wegen demokratischer und republikanischer Gesinnungen entlassen und als Salineninspektor nach Halle versetzt wurde.
149 An Niethammer, 29.11.1795, KFSA 23, S. 258.
150 Vgl. an Niethammer, 16.3.1796, KFSA 23, S. 291 f.; Schlegel beklagt sich hier auch, daß er nicht gleich nach dem Eingang seiner Rezension über die Nichtaufnahme in das *Journal* informiert worden sei.
151 KFSA 23, S. 292.
152 Ebd., S. 295.
153 Ebd., S. 302.
154 Ebd., S. 311.

erwarten habe.[155] Am 2. August konnte Schlegel berichten, daß sein Aufsatz die Zensur passiert habe.[156] Da Niethammers Briefe an Schlegel nicht überliefert sind, kann nur vermutet werden, weshalb der Abdruck im *Journal* nicht zustande kam; es ist möglich, daß Schlegels Aufsatz als zu kritisch gegenüber Kant erschien.

Schlegel setzt sich in seinem Text mit Kants 1795 erschienener Schrift *Zum ewigen Frieden. Ein philosophischer Entwurf* auseinander,[157] wobei er die Grenzen einer Rezension weit überschreitet. Im Unterschied zu Kant bindet Schlegel den Republikanismus an die Demokratie, wobei er sich von der rousseauistischen Konzeption eines allgemeinen Willens löst und an dessen Stelle durch eine »Fiktion« (die als verfassungsrechtliche *fictio iuris* anzusehen ist) einen empirischen Willen als »Surrogat« setzt, wonach der Wille der Mehrheit gelten und man sich mit der Approximation an die Einheit des Einzelnen und Allgemeinen als Lösung des politischen Problems begnügen müsse. Der systematische Schwerpunkt der Schlegelschen Kritik an Kant betrifft jedoch die Frage, wieweit die Realisierung solcher republikanischen Verhältnisse in weltbürgerlicher Absicht auf der Linie eines empirisch konstatierbaren Fortschritts herbeigeführt werden kann oder ob ihre Gewährleistung der (regulativen) Annahme eines Naturzwecks anvertraut werden muß. – Kant hat hierauf – ohne Schlegel zu nennen – im zweiten Abschnitt des *Streits der Fakultäten* (1797) reagiert, wo er nach empirischen »Zeichen« für den Fortschritt der Menschheit zum Besseren sucht und dabei auf die nahezu enthusiastische Teilnahme der Beobachter an der Französischen Revolution verweist; dies sei ein «Geschichtszeichen«, da diese »Teilnehmung am Guten mit *Affekt*« ganz »aufs *Idealische* und zwar rein moralische geht«.[158]

---

[155] Ebd., S. 320.
[156] An Caroline Schlegel, KFSA 23, S. 328.
[157] Königsberg: Nicolovius 1795 (die Seitenangaben in Schlegels Aufsatz beziehen sich auf diese Ausgabe); Kant: *Werke*. Akademie-Ausgabe, Bd. 8, S. 343–386.
[158] Kant: *Werke*. Akademie-Ausgabe, Bd. 7, S. 86.

REZENSION VON JACOBIS »WOLDEMAR« (1796)
Schlegels Rezension von Friedrich Heinrich Jacobis Roman *Woldemar* erschien 1796 in der von Johann Friedrich Reichardt bei Unger in Berlin herausgegebenen Zeitschrift *Deutschland* (Bd. 3, 8. Stück, Nr. 9, S. 185–213). Reichardt hatte Schlegel Ende Juli 1796 in Leipzig angetragen, Jacobis soeben in einer revidierten Neuausgabe erschienen Roman zu rezensieren.[159] Während eines unmittelbar anschließenden Besuchs bei seinem Freund Friedrich von Hardenberg (Novalis) in Weißenfels (29.7.–6.8.1796) vertiefte sich Schlegel zur Vorbereitung in Jacobis Werke, nach einem späteren Bericht Novalis' habe er sie alle »auf einmal studirt, verschlungen, gepriesen, gesagt, er werde in seinem Leben keine solche Zeile machen können; darauf sich immer tiefer hineingearbeitet und endlich sei ihm Licht über den Woldemarschen Egoismus aufgegangen«.[160]

Schlegels Rezension[161] machte bereits unmittelbar nach dem Erscheinen Skandal;[162] Jacobi selbst hatte sich durch diese Rezension nicht nur mißverstanden, sondern auch böswillig verleumdet gefühlt,[163] und noch in der zweiten Hälfte des 20. Jahrhunderts galt sie manchem als berüchtigtes Dokument mutwilliger Frech-

---

[159] An A.W. Schlegel, 28.7.1796, KFSA 23, S. 325.
[160] Jean Paul an Jacobi, 27.1.1800, in: Novalis: *Schriften*. Bd. 4, hg. v. Richard Samuel in Zusammenarbeit mit Hans-Joachim Mähl und Gerhard Schulz, Darmstadt 1975, S. 653; Jean Paul zitiert aus einem Gespräch mit Novalis, das Anfang 1799 in Leipzig stattgefunden hatte.
[161] Vgl. zum folgenden Andreas Arndt: »Mystizismus, Spinozismus und Grenzen der Philosophie. Jacobi im Spannungsfeld von F. Schlegel und Schleiermacher«, in: *Friedrich Heinrich Jacobi. Ein Wendepunkt der geistigen Bildung der Zeit*, hg. v. Birgit Sandkaulen und Walter Jaeschke. Hamburg 2004, S. 126–141.
[162] Vgl. Oscar Fambach: *Ein Jahrhundert deutscher Literaturkritik (1750–1850). Ein Lesebuch und Studienwerk*. Bd. 4: *Das große Jahrzehnt in der Kritik seiner Zeit. Die wesentlichen und die umstrittenen Rezensionen aus der periodischen Literatur des Überganges von der Klassik zur Frühromantik, begleitet von den Stimmen der Umwelt. In Einzeldarstellungen*, Berlin 1958, S. 68–75.
[163] Vgl. *Jacobi an Fichte*, Hamburg 1799, S. 8f.

heit.[164] Hierzu hat wohl erheblich beigetragen, daß Schlegel den üblichen Rahmen einer Rezension weit überschritten und eine für das Publikum ungewohnte, umfassende Charakteristik des Jacobischen Denkens vorgelegt hatte, die als persönlicher Angriff mißverstanden werden konnte. Dabei ist Schlegels Urteil durchaus zwiespältig. Er sieht Jacobi einerseits als Mystiker im positiven Sinn, d. h. in seiner Terminologie: als Vertreter der »Urwissenschaft des Absoluten«,[165] andererseits wirft er ihm vor, dieses Absolute aus der Philosophie äußerlichen, persönlichen religiösen Interessen an personale christliche Gottesvorstellungen anzupassen. Jacobis Glaube an »eine verständige persönliche Ursache der Welt«,[166] der ihn nach seinem eigenen Bekunden zum salto mortale und »Kopf-unter« veranlaßt, gibt Schlegel daher den Grund zur Personalisierung seiner Jacobi-Kritik: Sie ist aus Schlegels Sicht nur die notwendige Folge einer Bindung der Philosophie an das subjektiv Gewollte bei Jacobi selbst.[167] Die vielzitierte und mißverstandene polemische Rede vom Salto mortale in den Abgrund der göttlichen Barmherzigkeit geht auf Jacobis Gespräch mit Lessing zurück[168] und verweist ebenso auf Kants Kritik des Mystizismus in seinem im Mai 1796 erschienenen Aufsatz *Von einem neuerdings erhobenen vornehmen Ton in der Philosophie*, worin es heißt, der mystische Takt sei »ein Übersprung (salto mortale) von Begriffen zum Undenkbaren« in »Erwartung von

---

[164] Vgl. Reinhard Lauth: »Fichtes Verhältnis zu Jacobi unter besonderer Berücksichtigung der Rolle Friedrich Schlegels in dieser Sache«, in: *Friedrich Heinrich Jacobi. Philosoph und Literat der Goethezeit*, hg. v. Klaus Hammacher, Frankfurt/M. 1971, S. 165–208.
[165] KFSA 18, S. 7, Nr. 39.
[166] Friedrich Heinrich Jacobi: *Ueber die Lehre des Spinoza*, in: *Schriften zum Spinozastreit*. Hg. v. Klaus Hammacher und Irmgard-Maria Piske, Hamburg 1998 (*Werke* 1, 1), S. 20.
[167] Die wichtigsten Thesen und auch Mißverständnisse der Schlegelschen Kritik an Jacobi hat Hegel in seiner Schrift *Glauben und Wissen* aufgenommen und noch radikalisiert; dazu vgl. auch Jure Zovko: »Glauben und Philosophie: Friedrich Schlegels und Hegels Jacobi-Kritik«, in: *Hegel-Jahrbuch* 2005, S. 221–227.
[168] Jacobi: *Ueber die Lehre des Spinoza* (Anm. 166), S. 20.

Geheimnissen, oder vielmehr Hinhaltung mit solchen.«[169] Jacobi gilt Schlegel als »ein empirischer Mystiker«[170] bzw. mystischer Sophist,[171] weil er den »*mystischen Gott*« – das Absolute – durchaus durch »einen empirischen« – einen personalen Gott – ersetzen will.[172]

Die in der Rezension zum Ausdruck kommende Ambivalenz ist bezeichnend für Schlegels Verhältnis zu Jacobi überhaupt. Schon 1792/93 lobte er Jacobis Roman *Allwill* dafür, daß sein »einziger Inhalt« die Vernunft sei, verstanden als »Grundtrieb [...] nach dem Ewigen.«[173] Zugleich kritisierte er, daß Jacobi den Trieb »nach deutlichen Begriffen, nach klarer Einsicht« des Verstandes vermissen lasse und deshalb auch ein »Feind der Vernunft« genannt werden könne.[174] Wie auch Kant[175] gelinge ihm nicht die Vermittlung von Verstand und spekulativer Vernunft, an der Schlegel vor allem gelegen ist und die er schließlich mit dem Konzept des »Totalisazion« von unten herauf zu leisten versucht. Ein wichtiger Schritt hierzu ist das Konzept des »Wechselerweises«, das er in der Jacobi-Rezension erstmals klar formuliert.[176] Dem im Bedingten verstrickten Verstandesdenken ist nicht, wie bei Jacobi, durch ein außerhalb der Reihe des Bedingten liegendes unmittelbares Prinzip Halt zu geben, sondern Schlegel greift den spinozistischen Gedanken der Inhärenz des Bedingten bzw. Endlichen im Unbedingten so auf, daß die Totalität des Bedingten das Unbedingte selbst ist. Im dialektischen Prozeß ist diese Totalität aber

---

[169] Kant: *Werke*, Akademie-Ausgabe, Bd. 8, S. 398.
[170] KFSA 18, S. 3, Nr. 3.
[171] Ebd., S. 6, Nr. 26.
[172] KFSA 18, S. 7 f., Nr. 41.
[173] An A.W. Schlegel, 16.10.1793, KFSA 23, S. 143. – Zur Entwicklung des Verhältnisses Schlegels zu Jacobi vgl. zusammenfassend die *Einleitung* von Ernst Behler in KFSA 8, S. XXX–XXXVII.
[174] An A.W. Schlegel, 17.11.1793, KFSA 23, S. 158.
[175] »Kant hat mehr Verstand als Vernunft, versteht mehr d[ie] Vernunft, als daß er s[ie] selbst schöpferisch hätte.« (KFSA 18, S. 60, Nr. 400).
[176] »Wie wenn nun aber ein von außen unbedingter, gegenseitig aber bedingter und sich bedingender *Wechselerweis* der Grund der Philosophie wäre?« (Unten S. 47)

nur näherungsweise erreichbar durch das Totalisieren aller (endlichen) Gegensätze zu einer Einheit, was nur in der paradoxen Form der Ironie möglich ist, also durch einen Sprung aus dem gewöhnlichen Verstandesdenken. Dieser Sprung unterscheidet sich nach Schlegel von Jacobis Salto mortale jedoch dadurch, daß er nur Moment eines Prozesses ist und auch wieder auf die begriffliche Durchdringung der Totalität zurückführen muß: »Jacobi kennt d[en] Id[ealismus] nicht, weil er nicht einsieht, daß der willkühr[liche] Sprung zugl.[eich] ein nothwendiges Aus sich herausgehn der φσ [Philosophie] ist, was allemal ein In sich zurück gehen zur Folge haben muß.«[177] Der Sprung aus der Verstandesrationalität ist nur legitim, wenn er als Orientierung für den Verstand vollzogen wird und die Rückkehr zu den Verstandesbegriffen einschließt. Im Unterschied zu Jacobis »glaubenstrunkenen« Sprung, der in der mystischen Sophisterei endet, geht Schlegel von einem »*logischen Enthusiasmus*« aus, worunter vornehmlich ein »uneigennütziges, reines Interesse an Erkenntnis und Wahrheit« im Sinne eines »bis zur Ironie« sich vollendenden Bildungsprozesses verstanden wird.[178]

PHILOSOPHISCHE FRAGMENTE 1796

Bei diesem Manuskript handelt es sich um das Fragment eines Heftes, dessen erste Seiten fehlen; das Manuskript, das sich im Besitz der Görres-Gesellschaft befindet, wurde von Ernst Behler 1963 als »Beilage I« zu den Notizheften der *Philosophischen Lehrjahre* erstmals ediert und aufgrund inhaltlicher Erwägungen mit großer Wahrscheinlichkeit auf 1796 datiert.[179] Das Manuskript skizziert ein Tableau philosophischer Positionen, die Schlegel sonst auch in dem ersten, von ihm selbst auf 1796 datierten Heft der *Philosophischen Lehrjahre* behandelt:[180] Mystizismus, Empi-

---

[177] KFSA 18, S. 358, Nr. 459.
[178] KFSA 2, S. 69.
[179] KFSA 18, S. 505–516; vgl. die *Einleitung* ebd., S. LXIII. – Der Abdruck im vorliegenden Band folgt dem Erstdruck, wobei die Hervorhebungen vereinheitlicht und diakritische Zeichen weggelassen wurden.
[180] Ebd., S. 3 ff.

rismus und Skeptizismus. Hierbei handelt es sich nach Schlegel um drei »Abarten der Philosophie«;[181] der Mystizismus steht für die spekulative Wissenschaft des Absoluten, die sich – isoliert – im Gegensatz gegen die »Welt« befindet, obwohl sie auf absolute Einheit und damit auch auf die Einheit des Spekulativen und Empirischen zielt, wie sie in der Geschichte fortschreitend realisiert wird.[182] Eine entsprechende Tendenz zur Allheit des Wissens auf dem Weg seiner unendlichen Vervollständigung ist auch dem Empirismus immanent, dem aber – isoliert – wiederum die Einheit des Absoluten fehlt. Der Skeptizismus schließlich, der mit der Polemik konnotiert wird,[183] realisiert diese Allheit *negativ*, indem er »eine unendliche Menge, eine *Allheit* von Widersprüchen«[184] setzt. Der Skeptizismus reicht daher negativ an diejenige Paradoxie heran, in der das Absolute uns erscheint. Diese »drei Abarten vernichten sich nicht nur gegenseitig sondern auch jede selbst«,[185] sofern die Einseitigkeit ihres Prinzips im Widerspruch zur Allheit des Wissens steht, indem entweder die Allheit (Mystizismus) oder die Einheit (Empirismus) bzw. das Wissen selbst (Skeptizismus) negiert wird. Die Überwindung und Aufhebung dieser Einseitigkeiten erfolgt in dem dialektischen Prozeß, den Schlegel in dem Manuskript von 1796 erstmals in der nachkantischen Philosophie als Prozeß der Wahrheitsfindung charakterisiert.[186] Seine Definition der Dialektik weist bemerkenswerte Ähnlichkeiten mit denen Schellings und Schleiermachers auf, wobei beide Kenntnisse von Schlegels Konzeption gehabt haben dürften.[187] Schlegel ist damit als einer der Urheber der modernen Dialektik um 1800 anzusehen.

---

[181] Vgl. ebd., S. 4, Nr. 6.
[182] Vgl. ebd., S. 6, Nr. 22.23.
[183] Vgl. ebd., S. 9, Nr. 57.
[184] Ebd., S. 4, Nr. 9.
[185] Ebd., S. 4, Nr. 6.
[186] Vgl. Andreas Arndt: »Zum Begriff der Dialektik bei Friedrich Schlegel 1796–1801«, in: *Archiv für Begriffsgeschichte* 35 (1992), S. 257–274.
[187] Vgl. ders.: »Zur Vorgeschichte des Schleiermacherschen Begriffs von Dialektik«, in: *Schleiermacher und die wissenschaftliche Kultur des Christentums. Festschrift für Hans-Joachim Birkner zum 60. Geburtstag*, hg. v. G. Meckenstock in Verb. m. J. Ringleben, Berlin / New York 1991, S. 313–333.

PROGRESSIVE UNIVERSALPOESIE. ATHENAEUM-FRAGMENT 116 (1798)

Friedrich Schlegels programmatisches Fragment, das auch unter dem Titel «Universalpoesie« bekannt ist, erschien im 2. Stück des 1. Bandes (1798) des *Athenaeum*, S. 28–30.[188] In diesem Fragment gibt Schlegel seine Definition der romantischen Poesie, die alle traditionellen Gattungseinteilungen und Grenzen zur Philosophie und Rhetorik sprengt und in dem Streben, ein Spiegel des Zeitalters zu werden, nicht nur universell auf alle poetischen Formen zurückgreift, sondern ebenso in ihren Gehalten totalisierend bzw. universalisierend verfährt. Die Universalpoesie steht damit in deutlicher Parallele zu dem totalisierenden Verfahren der transzendentalphilosophischen Dialektik; wie bei dieser ist auch ihr Totalisieren immer nur provisorisch und nie vollendet und bedarf des Schwebens der Einbildungskraft bzw. der Ironie, um die heterogenen Momente zu einer Einheit bringen zu können. – Die universalisierende Tendenz des Fragments ist wohl auch als Nachhall einer Passage in Goethes Roman *Wilhelm Meisters Lehrjahre* zu verstehen, der in den Augen Schlegels Vorbildcharakter für die romantische Poesie hatte.[189]

[188] KFSA 2, S. 182 f. – Vgl. dort auch den Kommentar von Hans Eichner S. LIX–LXIV.
[189] Vgl. Henry Hatfield: »Wilhelm Meisters Lehrjahre and ›Progressive Universalpoesie‹«, in: *The Germanic Review* 36 (1961), S. 221–229. – Hierzu vgl. z. B. folgendes Zitat: »Nur alle Menschen machen die Menschheit aus, nur alle Kräfte zusammengenommen die Welt. Diese sind unter sich oft im Widerstreit, und indem sie sich zu zerstören suchen, hält sie die Natur zusammen und bringt sie wieder hervor. Von dem geringsten tierischen Handwerkstriebe bis zur höchsten Ausübung der geistigsten Kunst, vom Lallen und Jauchzen des Kindes bis zur trefflichsten Äußerung des Redners und Sängers, vom ersten Balgen der Knaben bis zu den ungeheuren Anstalten, wodurch Länder erhalten und erobert werden, vom leichtesten Wohlwollen und der flüchtigstenLiebe bis zur heftigsten Leidenschaft und zum ernstesten Bunde, von dem reinsten Gefühl der sinnlichen Gegenwart bis zu den leisesten Ahnungen und Hoffnungen der entferntesten geistigen Zukunft, alles das und weit mehr liegt im Menschen und muß ausgebildet werden« (Goethe: *Wilhelm Meisters Lehrjahre*, Buch 8, Kap. 5; Hamburger Ausgabe, Bd. 7, S. 552).

ÜBER DIE PHILOSOPHIE. AN DOROTHEA (1799)

Schlegels Briefessay *Über die Philosophie. An Dorothea* erschien 1799 im 1. Band des 2. Stücks der von August Wilhelm und Friedrich Schlegel bei Heinrich Frölich in Berlin herausgegebenen Zeitschrift *Athenaeum* (S. 1–38), der Programmzeitschrift der Frühromantik. Begonnen wurde der an seine Lebensgefährtin Dorothea Veit, geb. Mendelssohn gerichtete »Brief« im Sommer 1798;[190] er geriet dann länger, als ursprünglich geplant[191] und wurde noch im August fertiggestellt. In einem Brief Schlegels an Schleiermacher heißt es dazu: »Etwas so Populäres habe ich noch nie geschrieben [...]. Wenn Du ihn siehst, diesen Brief, so wirst Du wissen, wie ich ihn geschrieben habe. Ohne Materialien und Geräth, außer ein Octavblättchen Chiffern, und bis auf wenige Worte gleich so wie er bleibt. Du wirst dann errathen, warum ich so viel neue Zuversicht habe, Du wirst selbst die besten Hoffnungen von meinen Essays oder Moral bekommen. In der That ist damit eine neue Epoche in meiner Schriftstellerey angefangen, und mir ist ein Felsen von der Brust genommen.«[192] Der Brief *Über die Philosophie* sollte eine Serie von moralischen Essays, u. a. zu den Themen Scham und Treue,[193] eröffnen, die aber Projekt blieben.

Der Essay greift das Thema der Weiblichkeit auf, das im frühromantischen Denken auch deshalb eine große Rolle spielte, weil die Geschlechterdifferenz im Blick auf die Einheit aller Gegensätze im Absoluten zu relativieren oder zu überwinden war.[194] Bereits in seinen frühen Studien zum klassischen Altertum hatte Schlegel sich diesem Thema angenähert[195] und war in seinem *Diotima-*

---

[190] Vgl. F. Schlegel an Schleiermacher, Juli 1798, in: Friedrich Daniel Ernst Schleiermacher: *Briefwechsel 1796–1798*, hg. v. A. Arndt und W. Virmond (Kritische Gesamtausgabe V/2), Berlin und New York 1988, S. 375.

[191] Vgl. an Schleiermacher, um Mitte August, in: ebd., S. 391.

[192] An Schleiermacher, vor dem 17.8.1798, in: ebd., S. 394.

[193] An Schleiermacher, nach dem 4.9.1798, in: ebd., S. 406.

[194] Vgl. dazu unter den Athenaeum-Fragmenten Schleiermachers »Katechismus der Vernunft für edle Frauen« (Athenaeum, Bd. 1, 2. Stück, Berlin 1798, S. 153 f.). – Kurt Lüthi: *Feminismus und Romantik*, Wien 1985.

[195] »Über die weiblichen Charaktere in den griechischen Dichtern« (1794); KFSA 1, S. 45–69.

Aufsatz auch auf das Verhältnis der Frauen zur Philosophie eingegangen.[196] Der Briefessay an Dorothea ist Bestandteil der von Schlegel entwickelten »Theorie der Weiblichkeit«,[197] die schließlich in dem Roman *Lucinde* (1799) literarisch gestaltet wurde. Hierbei geht es nicht um die Gleichheit, sondern um die Ergänzung und Vermittlung der Geschlechter, wobei den Frauen mit der »Häuslichkeit« zugleich die zweckfreie Sphäre der höheren geistigen Bildung und Kommunikation zugewiesen ist. Modell hierfür ist das Salonleben, das Schleiermacher in seinem *Versuch einer Theorie des geselligen Betragens* in ähnlicher Weise theoretisierte.[198] Als das Ziel der weiblichen Bildung bestimmt Schlegel die Religion, womit er sich in die Wendung der Frühromantik zur Religion einreiht.[199] Schlegel hatte dieses Thema schon vorher angesprochen,[200] wobei er – im Unterschied zu Novalis[201] und auch zu Schleiermachers *Reden über die Religion* (1799) – keine spezifisch christliche Religiosität meinte, sondern den Gedanken der Humanität, einer universellen menschlichen Bildung (im Sinne des *Poiesis*-Konzeptes) in den Mittelpunkt stellte. Dieses Konzept der Religion verweist auf das Konzept der «neuen Mythologie« als Ausdruck der Einheit in der zerrissenen Welt der Moderne: Wie diese Mythologie *Mythopoiesis* ist, so ist auch Schlegels Religion

---

[196] »Über die Diotima« (1795), KFSA 1, S. 70–115.
[197] Vgl. die von Winfried Menninghaus herausgegebene Sammlung Friedrich Schlegel: *Theorie der Weiblichkeit*, Frankfurt/M. 1983 und darin bes. das Nachwort, S. 185–223.
[198] Der erste Teil des Essays erschien anonym Anfang 1799 (Friedrich Schleiermacher: *Schriften aus der Berliner Zeit 1796–1799*, hg. v. Günter Mekkenstock, Kritische Gesamtausgabe I/2, Berlin und New York 1984, S. 165–184). – Vgl. *Salons der Romantik. Beiträge eines Wiepersdorfer Kolloquiums zur Theorie und Geschichte des Salons*, hg. v. Hartwig Schultz, Berlin und New York 1997.
[199] Vgl. Kurt Nowak: *Schleiermacher und die Frühromantik*, Weimar 1986, S. 119 ff.
[200] Vgl. die Athenaeum-Fragmente KFSA 2, S. 201 (Nr. 221 f.), 202–204 (Nr. 230–235) sowie die Notizen von 1798 in KFSA 18, S. 319–321.
[201] Vgl. Hans Dierkes: »›Geheimnisse unsrer *Entzweyung*‹. Differenzen romantischer Religion in Novalis' *Randbemerkungen* zu Fr. Schlegels *Ideen*«, in: *Zeitschrift für neuere Theologiegeschichte* 5 (1998), S. 165–192.

ein Artefakt; es sei, so heißt es in einem Brief an Novalis, »das Ziel meiner literarischen Projekte eine neue Bibel zu schreiben, und auf Muhameds und Luthers Fußstapfen zu wandeln.«[202] Zur Rationalität dieser Religion gehört es, daß sie für Schlegel – wie alle auf das Absolute gerichteten Geistestätigkeiten – mit dem Verstand als dem «Vermögen der Gedanken» vermittelt werden muß, der darum (und nicht um der Preisgabe der Vernunft willen[203]) auch als das höchste menschliche Vermögen angesprochen wird.[204]

REDE ÜBER DIE MYTHOLOGIE (1800)

Die *Rede über die Mythologie* ist Bestandteil des (an das *Symposion* Platons angelehnten) *Gespräch über die Poesie*; sie erschien im ersten Stück des dritten Bandes (1800) des *Athenaeum*, S. 94–105. Das *Gespräch über die Poesie* – dem ursprünglich der Plan einer Auseinandersetzung mit Goethe zugrunde lag[205] – wurde wohl noch vor Schlegels Übersiedlung von Berlin nach Jena (September 1799) begonnen und im Januar 1800 abgeschlossen.[206] Die Rehabilitation des Mythos durch Schlegel knüpft an Herder an[207] und findet Parallelen in der frühidealistischen »Mythologie der Vernunft« bei Hegel[208] und der Funktion der Mythologie als »Mittelglied der Rückkehr der Wissenschaft zur Poesie« bei Schelling.[209] Die »Neue Mythologie« unterscheidet sich von der »alten«

---

202 20. Oktober 1798, KFSA 24, S. 183.
203 Die Unterordnung der Vernunft unter den Verstand hat in Schlegels Kritischer Philosophie eine völlig andere Funktion als in seiner Spätphilosophie, wo sie die Unterordnung der Rationalität unter die Offenbarung meint.
204 Vgl. unten S. 86.
205 Vgl. die Einleitung von Hans Eichner in KFSA 2, S. LXXVII ff.
206 An Schleiermacher, wohl Januar 1800, in: Schleiermacher: *Briefwechsel 1799–1800*, hg. v. Andreas Arndt und Wolfgang Virmond, Berlin und New York 1992 (Kritische Gesamtausgabe V/3), S. 369.
207 Vgl. Manfred Frank: *Der kommende Gott. Vorlesungen über die Neue Mythologie*, Frankfurt/M. 1982.
208 Vgl. *Mythologie der Vernunft. Hegels ›ältestes Systemprogramm‹ des deutschen Idealismus*, hg. v. Christoph Jamme und Helmut Schneider, Frankfurt/M. 1984.
209 *System des transcendentalen Idealismus*, in: Friedrich Wilhelm Joseph

Mythologie der Antike dadurch, daß sie nicht Naturprodukt, sondern Kunstprodukt sein soll; sie ist damit Vereinigung des Antiken und Modernen auf dem Boden der Moderne. Die Funktion dieser Mythologie soll es sein, die Zerrissenheit der Moderne dadurch zu überwinden, daß sie eine allgemeine Symbolsprache stiftet, die die Poesie im engeren Sinne wie auch die Sparten der menschliche *Poiesis* überhaupt – einschließlich der Naturwissenschaften – verbinden könnte. Allegorie und Symbol als Mittel der »Neuen Mythologie« sind in Schlegels Kritischer Philosophie zugleich die Mittel, über die Grenzen der Verstandesbegriffe hinauszugehen und das Absolute darzustellen; die Neue Mythologie ist daher die verbindende Darstellung der Einheit aller poietischen Prozesse, einschließlich der *Poiesis* der Natur, für die menschliche *Poiesis.* Insofern verbindet sie die Darstellung des Absoluten mit der Poesie (im weitesten Sinne)[210] oder – wie Schlegel in der *Rede* ausführt – Spinoza und die Poesie. Die Herstellung einer neuen Mythologie erforderte nach Schlegels Ansicht eine Neubestimmung der Sprache, die in der allegorischen Darstellung als Hieroglyphe des Unendlichen fungiert: »Es wird eine Mythologie entstehn, heißt nichts als es wird *eine neue Sprache* entstehn«.[211] Schlegels Konzept einer »Neuen Mythologie« wurde von ihm selbst nur in Ansätzen ausgearbeitet, eine verbindliche Symbolik ließ sich ebensowenig stiften wie eine neue Religion. So bleibt es, wie auch die »Mythologie der Vernunft«, der utopische Entwurf einer nichtentfremdeten Welt jenseits der Zerrissenheit der Moderne.

ÜBER DIE UNVERSTÄNDLICHKEIT (1800)

Der Aufsatz *Über die Unverständlichkeit* erschien 1800 im zweiten Stück des dritten Bandes des *Athenaeum*, S. 337–354; er bildete den Abschluß der Zeitschrift, deren Erscheinen von dem Berliner

---

Schelling: *Sämmtliche Werke*, Abt. 1, Bd. 3, Stuttgart und Augsburg 1858, S. 629.
[210] Dazu vgl. die nachgelassene Notiz aus dem Jahr 1804: »Die Unmöglichkeit das *Höchste* durch Reflexion positiv zu erreichen führt zur Allegorie d. h. zur *(Mythologie und) bildenden Kunst*« KFSA 19, S. 25, Nr. 227.
[211] KFSA 18, S. 394, Nr. 888.

Verleger Heinrich Frölich aufgrund der für ihn unbefriedigenden Absatzes eingestellt wurde. Schlegel schickte das Manuskript Ende Juni 1800 an Schleiermacher, der in Berlin das *Athenaeum* im Kontakt mit dem Verleger redigierte; dabei verwies Schlegel auf einen »alten Essay über die Unverständlichkeit«, der »in dieser Fuge von Ironie so ziemlich in Kochstückchen zerhackt« sei.[212] Der Titel des Essays spielt auf die von dem zeitgenössischen Publikum vielfach beklagte Unverständlichkeit der Beiträge im *Athenaeum* und vor allem der Fragmente an, meint zugleich jedoch auch das grundsätzliche hermeneutische Problem des Verstehens und Nichtverstehens.[213] Im Unterschied zur traditionellen Hermeneutik, die sich um unverständliche Textstellen bemühte, geht die frühromantische Hermeneutik von einem grundsätzlichen Verstehensproblem aus: das Verstehen bleibt tentativ, ein grundsätzliches Unverstandensein bleibt ihm eingeschrieben. Schlegel ontologisiert diese Unverständlichkeit, indem er sie als Ausdruck einer infiniten, progressiven Bewegung nimmt, in der die Welt sich entwickelt und der Mensch als Mitschöpfer diese werdende Welt gestaltet. Die Unverständlichkeit steht hier für die Unabschließbarkeit des poietischen Prozesses, die immer wieder ein verstehendes Durchdringen des Ganzen verlangt.

ABSCHLUSS DES LESSING-AUFSATZES (1801)

Der unter diesem Titel bekannte Text erschien im ersten Band der Sammlung von August Wilhelm und Friedrich Schlegel: *Charakteristiken und Kritiken*, Königsberg 1801, S. 221–281. Er schließt dort – nur durch drei Sternchen getrennt – unmittelbar an den (leicht

---

[212] An Schleiermacher, wohl 27. Juni 1800, in: Schleiermacher: *Briefwechsel 1800*, hg. v. Andreas Arndt und Wolfgang Virmond, Berlin und New York 1994 (Kritische Gesamtausgabe V/4), S. 112. Vgl. dazu Schleiermacher an Schlegel, 10.7.1800: »Den alten Essay habe ich gar nicht gesehn Du hast ihn glaub ich gemacht als ich in Potsdam war [Anfang 1799], und er ist mir hernach nie vorgekommen.« (Ebd., S. 148).

[213] Vgl. Jure Zovko: *Verstehen und Nichtverstehen bei Friedrich Schlegel. Zur Entstehung und Bedeutung seiner hermeneutischen Kritik*, Stuttgart-Bad Cannstatt 1990; Eckhard Schumacher: *Die Ironie der Unverständlichkeit*, Frankfurt/M. 2000, S. 159–255.

veränderten) Wiederabdruck der Charakteristik *Über Lessing* an, die zuerst 1797 erschienen war.[214] Lessings Werk wird vorgeführt als eine »*Mischung von Litteratur, Polemik, Witz und Philosophie*«,[215] von der Schlegel sich angezogen fühlte und die er in seinem eigenen Werk realisierte. Lessing erscheint als Vorbild der Schlegelschen »fragmentarischen Universalität«,[216] womit ein Anlaß gefunden ist, eine Auswahl eigener Fragmente[217] als Hommage an Lessing zu präsentieren. Deren Fluchtpunkt sei ein »Organismus aller Künste und Wissenschaften«, d. h. eine Enzyklopädie.[218] Hiermit ist das Ziel des hermeneutisch-kritisch-dialektischen Verfahrens im Schlegelschen Sinne, die Totalität alles Bedingten, bezeichnet, das zu erreichen immer nur vorläufig und uneigentlich, nämlich allegorisch bzw. symbolisch möglich ist;[219] entsprechend wird an Lessing auch die symbolische Form seiner Werke hervorgehoben, die Schlegel im Sinne der Beziehung auf die Totalität verstehen will. – Den Abschluß bildet die in der vorliegenden Auswahl nicht mit abgedruckte Elegie *Herkules Musagetes*.[220]

LESSINGS GEDANKEN UND MEINUNGEN (1804)

Die Auswahlausgabe *Lessings Gedanken und Meinungen aus dessen Schriften zusammengestellt und erläutert von Friedrich Schlegel* erschien 1804 bei Junius in Leipzig in drei Bänden. Die Ausgabe enthielt von Lessing Auszüge aus dessen Briefen,[221] »Antiquari-

---

[214] *Lyceum der schönen Künste*, Bd. 2, Teil 1, Berlin 1797, S. 76–128; in den *Charakteristiken und Kritiken* S. 170–281; zu den Varianten vgl. KFSA 2, S. 100–125.
[215] Unten S. 118; vgl. KFSA 2, S. 398.
[216] Ebd.
[217] Die Texte sind den *Lyceum*- und *Athenaeum*-Fragmenten entnommen.
[218] Unten S. 137; vgl. KFSA 2, S. 411.
[219] Unten S. 141; vgl. KFSA 2, S. 414.
[220] *Charakteristiken und Kritiken*, Bd. 1, S. 271–281; KFSA 2, S. 416–419. Vgl. Armin Erlinghagen: »Poetica in nuce. Friedrich Schlegels poetologisches Vermächtnis: die Elegie Herkules Musagetes. Historisch-kritische Ausgabe. Editorischer und exegetischer Kommentar. Erster Teil«, in: *Euphorion* 97 (2003), S. 193–234.
[221] Bd. 1, S. 65–149.

sche Versuche«,[222] »Fragmente dramaturgischen, literarischen und polemischen Inhalts«[223] sowie Texte zum Thema »Vom Charakter der Protestanten«.[224] Der Auswahl vorangestellt ist eine Widmung Schlegels »An Fichte«,[225] der eine »Allgemeine Einleitung. Vom Wesen der Kritik« folgt;[226] die Auswahl der Briefe und der antiquarischen Versuche werden jeweils durch eine »Vorerinnerung« und eine »Nachschrift« begleitet,[227] den Fragmenten in Bd. 2 ist ein Essay »Vom combinatorischen Geist« vorangestellt,[228] Bd. 3 enthält von Schlegel die Abhandlung »Vom Charakter der Protestanten«[229] sowie eine Fortsetzung des Lessingschen Freimaurergesprächs »Ernst und Falk«.[230] Die vorliegende Auswahl umfaßt Schlegels eigene Texte mit Ausnahme der Vorerinnerung zu den »Antiquarischen Versuchen«, der Nachschriften und der Ergänzungen zum »Nathan«.

Mit seiner Lessing-Ausgabe verwirklichte Schlegel einen schon länger gehegten Plan. Bereits 1799 hatte er vergeblich versucht, den Berliner Verleger des *Athenaeum*, Heinrich Frölich, hierfür zu gewinnen,[231] bevor er 1802 mit dem Leipziger Verleger Mahlmann, dem Besitzer der dortigen Junius'schen Buchhandlung, einig wurde.[232] Lessing war für Schlegel nicht nur als Kritiker Vorbild, sondern auch durch die vielfältigen, wenngleich nicht

---

[222] Auszüge aus *Laokoon*, Materialien zum *Laokoon*, Auszüge aus *Briefe antiquarischen Inhalts*, Auszüge aus *Wie die Alten den Tod gebildet*; Bd. 1, S. 159–331.

[223] Auszüge aus *Hamburgische Dramaturgie*, Auszüge (ohne Quellenangabe) aus verschiedenen Schriften; Bd. 2, S. 200–422.

[224] *Die Erziehung des Menschengeschlechts, Ernst und Falk. Gespräche für Freimäurer* (gekürzt und bearbeitet). *Nathan der Weise* (mit *Prolog* und *Epilog* von F. Schlegel; vgl. KFSA 5, S. 286–290); Bd. 3, S. 23–406.

[225] Bd. 1, S. 3–18.

[226] Ebd., S. 19–41.

[227] Ebd., S. 42–64, 149–151, 152–158, 331–343.

[228] Bd. 2, S. 3–19.

[229] Bd. 3, S. 3–22.

[230] Ebd., S. 407–422.

[231] Hierzu schien es bereits eine Verabredung gegeben zu haben; vgl. an Frölich, Ende August 1799, in: KFSA 24, S. 310.

[232] »Mahlmann hat meine alte Idee, Lessings philosophische Schriften zu

systematischen Formen seines Philosophierens; indem Lessing
dem Publikum als Philosoph präsentiert wurde, stellte Schlegel
zugleich seinen eigenen philosophischen Ansatz unter der Maske
Lessings dar, was nicht immer ohne Projektionen möglich war.
Die Widmung an Fichte, in dessen Schatten Schlegel sich hinsicht-
lich der »streng wissenschaftlichen Methode der Philosophie«
stellt,[233] ist ein Plädoyer für Selbstdenker, die auch mit anderen als
den streng wissenschaftlichen Mitteln die Philosophie ausbilden
und zum Selbstdenken erziehen. Als der Fokus des Lessingschen
Philosophierens wird in der allgemeinen Einleitung die Kritik
herausgearbeitet, wobei Schlegel zugleich seine Konzeption als
das »Wesen der Kritik« im Sinne eines Organons der Geisteswis-
senschaften entwickelt. Ähnlich verfährt Schlegel in dem einlei-
tenden Aufsatz zum zweiten Band (»Vom combinatorischen
Geist«), der seine editorische Fragmentarisierung des Lessinge-
schen Werks aus dem seiner Ansicht nach fragmentarischen
Charakter dieses Werks selbst erklärt. Noch weitergehend wird
Lessing im Einleitungsaufsatz des dritten Bandes vereinnahmt,
wenn er eindeutig auf einen religiösen Standpunkt festgelegt und
dieser Standpunkt noch jenseits des konfessionellen Gegensatzes
von Protestantismus und Katholizismus verortet wird. Mit dem
Essay *Vom Charakter der Protestanten,* hat Schlegel, wie Behler
bemerkt hat, unmittelbar vor seiner Konversion zum Katholizismus »noch einmal auf das Erbe seiner Väter zurückgeblickt und
deren Protestantismus in einer schönsten und reinsten Charakteristiken ein unvergängliches Denkmal gesetzt«.[234] – Schlegels

edieren, angenommen.« An Ludwig Tieck, 13.11.1802, in: *Briefe an Ludwig Tieck,* hg. Karl v. Holtei, Breslau 1864, S. 326.

[233] Dies ist nicht so zu verstehen, daß Schlegel sich bedingungslos auf den
Boden der Fichteschen Philosophie stellt; die Widmung an Fichte steht
vielmehr in deutlicher Spannung zu dem Essay »Über die Form der Philosophie«, in dem der streng wissenschaftlichen die geheimnisvolle, symbolische Form entgegengesetzt wird. In den Kölner Vorlesungen 1804/05
heißt es entsprechend, Fichte habe sich »auf das Gebiet der bedingten
Ichheit« beschränkt, d.h. die Vermittlung mit dem Absoluten nur unzu-
reichend durchgeführt (KFSA 12, S. 293).

[234] Friedrich Schlegel, *Schriften und Fragmente. Ein Gesamtbild seines Gei-*

Fortführung des Freimaurergesprächs *Ernst und Falk* schließlich bildet einen Kontrapunkt zur Widmung an Fichte. Der Idealismus, für dessen streng wissenschaftliche Ausbildung Fichte steht, wird jetzt jenseits aller Schulen und Systeme als die Einsicht definiert, daß der Mensch sich selbst entdeckt habe. Die Form der Philosophie tritt damit aus der wissenschaftlichen Strenge heraus und wird, da sie ein Geheimnis, das absolute Ich, betrifft, selbst geheimnisvoll, nämlich symbolisch bzw. allegorisch.

PHILOSOPHIE DES PLATO (1804/05)

In seinen Kölner Vorlesungen 1804/05 hat Schlegel eine historisch-systematische Darstellung der Philosophie entwickelt, die aufgrund von Hörernachschriften postum von seinem späten Freund Carl Joseph Hieronymos Windischmann unter dem Titel *Die Entwicklung der Philosophie in zwölf Büchern* publiziert wurden.[235] Diese Vorlesungen enthalten auch einen Abschnitt über die *Philosophie des Plato*,[236] der die moderne Platon-Deutung wesentlich beeinflußt hat.[237] Der Platonsche Dialog bleibt für Schle-

---

stes. Aus den Werken und dem handschriftlichen Nachlaß zusammengestellt und eingeleitet von Ernst Behler, Stuttgart 1956. S. XXII f.

[235] Friedrich Schlegel: *Philosophische Vorlesungen aus den Jahren 1804 bis 1806. Nebst Fragmenten vorzüglich philosophisch-theologischen Inhalts. Aus dem Nachlaß des Verewigten* hg. v. C. J. H. Windischmann, 2 Bde, Bonn 1836. Vgl. KFSA 12.13 und besonders die *Einleitung* von Jean-Jacques Anstett in KFSA 12. – Windischmann (1775–1839) war Mediziner und Philosoph und seit 1818 Professor für beide Fächer in Bonn.

[236] Bd. 1, S. 361–386; KFSA 12, S. 207–226.

[237] Dazu vgl. Hans Krämer: »Fichte, Schlegel und der Infinitismus in der Platondeutung«, in: *Deutsche Vierteljahrsschrift für Literaturwissenschaft und Geistesgeschichte* 62 (1988) 583–621, S. 591. Angesichts der geläufigen Ansicht von Schleiermachers erkenntnistheoretischen und methodischen Affinitäten zu Platon, die die Entstehung der Hermeneutik als universale Theorie des Verstehens im Wesentlichen bedingt hätten, meint Krämer, daß Schlegels Platondeutung in dieser Hinsicht noch einflußreicher war. Krämer vertritt die Ansicht, daß Schlegel »das philosophische Erscheinungsbild Platons und seinen denkerischen Typus zumindest in der kontinentalen Forschung bis in die Gegenwart überwiegend bestimmt« hat und »dafür weiterhin als richtungsweisend« gilt. Dies gilt namentlich für

gel ein Paradigma wie das intersubjektive Prinzip des »Wechselerweises« fungiert: Man fängt im Gespräch nie mit einem Lehr- und Grundsatz, sondern meistens indirekt und unbestimmt an, indem irgendein geltendes Vorurteil in Frage gestellt und ferner im Laufe des Dialogs in einem dialektischen Wechsel der Gedanken ein Gedankengewebe mit »bewunderungswürdiger Genauigkeit« und »allumfassendem Scharfsinn« entwickelt wird, bis das Ganze schließlich mit einer Andeutung des Unendlichen endet. Schlegel setzt den Gang der Platonischen philosophischen Untersuchungen mit eigenen Gedanken der Progressivität und der Unabschließbarkeit des Philosophierens gleich: »Sie gehen bis an die Pforte des Höchsten und begnügen sich, hier das Unendliche Göttliche, was sich philosophisch nicht bezeichnen und erklären läßt, unbestimmt anzudeuten«.[238] Die Intention des Schelgelschen Denkens deckt sich durchaus mit der des Platonischen: über das Höchste des Denkens läßt sich »nur in Sinnbildern und Mythen« reden.[239]

Schlegels Auseinandersetzung mit Platon hatte ihn schon früh auf den Gedanken geführt, mit einer Übersetzung der Platonischen Dialoge und einer Charakteristik bzw. Kritik des Platon zur Verbreitung seiner Philosophie beizutragen. Seit 1798 drängte er Schleiermacher, der 1799 auch zusagte, dieses Projekt gemeinsam auszuführen.[240] Dabei wollte Schlegel im ersten Band eine aus-

---

die Interpretationen von P. Friedländer, H.-G. Gadamer, Th. Ebert, W. Wieland, R. Ferber. Die wesentlichen Merkmale dieser Platonauslegung sind vor allem die Reduktion der platonischen Dialektik auf »kritisch-destruktive Funktionen sokratischer Art«, die Hervorhebung der »bildlich-allegorischen« Erkenntnisweise bzw. der »ironischen Relativierung« der Erkenntnis und die damit zusammenhängende Unfaßbarkeit und prinzipielle Unsagbarkeit des Guten. Vgl. auch Hans Krämer: »Platons Ungeschriebene Lehre«, in: *Platon in der Sicht neuerer Forschungen,* hg. v. T. Kobusch und B. Mojsisch, Darmstadt 1996, S. 247–275, bes. S. 265.

[238] KFSA 11, S. 118. Vgl. auch KFSA 3, S. 99 f.
[239] KFSA 6, S. 91; vgl. auch KFSA 2, S. 324; KFSA 3, S. 99 f.; KFSA 12, S. 214.
[240] Vgl. im einzelnen Andreas Arndt: »Schleiermacher und Platon«, in: Friedrich Schleiermacher: *Über die Philosophie Platons,* hg. v. Peter M. Steiner, Hamburg 1996, S. XI–XX.

führliche «Einleitung über das Studium des Plato» verfassen, die dessen Bedeutung für die philosophische Diskussion um 1800 herausarbeiten sollte.[241] Nachdem Schleiermacher seine Übersetzertätigkeit energisch vorangetrieben, Schlegel aber außer immer neuen Hypothesen über die Anordnung und Echtheit der Dialoge kaum etwas beigesteuert hatte, zog er sich im Mai 1803 schließlich von dem gemeinsamen Unternehmen zurück, wobei er jedoch eine Kritik des Plato auf der Grundlage seiner bisher geleisteten Untersuchungen gesondert publizieren wollte.[242] In seiner Ankündigung der nunmehr von ihm allein verantworteten Übersetzung wies Schleiermacher das Publikum ausdrücklich auf Schlegels beabsichtigte Veröffentlichung hin: «da auch diejenigen, welche einiges Vertrauen haben könnten zu meinen übrigen Bemühungen, sich ungern von der Hoffnung trennen werden, Fr. Schlegels so eigentümliches und tief greifendes kritisches Talent auf die Werke des Platon angewendet zu sehen; so wird es diese erfreuen zu erfahren, daß er die Resultate seiner Studien in einer eigenen Kritik des Platon den Freunden solcher Untersuchungen, und zwar bald, vorzulegen gedenkt. Desto besser wird dann sowohl was uns gemeinschaftlich ist, als worin wir abweichen diejenigen, welchen beides vor Augen liegt, anleiten können, zum richtigen Verständnis und zur Bildung eines eigenen Urtheils.»[243] Tatsächlich hat Schlegel auch dieses Vorhaben nicht ausführen können; der Abschnitt *Philosophie des Plato* in den Kölner Vorlesungen enthält jedoch die Quintessenz seiner Platon-Studien und kann als ein, wenn auch unvollkommener, Ersatz für die nicht realisierte «Kritik des Platon» gelten.

[241] An Schleiermacher, 10.3.1800, in: Friedrich Daniel Ernst Schleiermacher: *Briefwechsel 1799–1800*, hg. v. A. Arndt und W. Virmond (Kritische Gesamtausgabe V/3), Berlin und New York 1992, S. 412.
[242] An Schleiermacher, 5.5.1803, in: Friedrich Daniel Ernst Schleiermacher: *Briefwechsel 1802–1803*, hg. v. A. Arndt und W. Virmond (Kritische Gesamtausgabe V/6), Berlin/New York 2005, S. 363. Im ersten Band der Zeitschrift *Europa* (1803) verspricht Schlegel eine »Kritik des *Plato*« nach dem Vorbild von F.A. Wolfs *Prolegomena ad Homerum*; vgl. KFSA 3, S.11.
[243] Intelligenzblatt der Allgemeinen Literaturzeitung, Nr. 212 vom 12.11.1803, Sp. 1733.

IV. Editorische Notiz

Diese Ausgabe folgt in der Wiedergabe jeweils dem Erstdruck, der in den Ausführungen zu den einzelnen Texten oben jeweils genannt ist. Orthographie und Interpunktion bleiben unverändert; offenkundige Versehen und Druckfehler sind stillschweigend korrigiert. Seitenwechsel im Erstdruck werden durch einen senkrechten Strich | markiert; Hervorhebungen werden einheitlich durch *Kursivdruck* wiedergegeben. Einschübe in eckigen Klammern sind Zutaten der Herausgeber. Dem Verlag Ferdinand Schöningh (Paderborn) ist für die Erlaubnis zum Wiederabdruck der *Philosophischen Fragmente (1796)* zu danken.

V. Auswahlbibliographie

TEXTE

Kritische Friedrich-Schlegel-Ausgabe, hg. von E. Behler unter Mitwirkung von J.-J. Anstett und H. Eichner, Paderborn u. a. 1958 ff. (Sigle: KFSA)
Athenaeum. Eine Zeitschrift von A. W. Schlegel und F. Schlegel, Berlin 1798–1800.
Schlegel, August Wilhelm und Schlegel, Friedrich: *Charakteristiken und Kritiken,* Königsberg 1801.
Schlegel, Friedrich: *Sämmtliche Werke,* 10 Bde., Wien 1822–25.
–: *Sämmtliche Werke,* 15 Bde., zweite Originalausgabe, Wien 1846.
–: *Philosophische Vorlesungen aus den Jahren 1804 bis 1806. Nebst Fragmenten vorzüglich philosophisch-theologischen Inhalts. Aus dem Nachlaß des Verewigten,* hg. v. C. J. H. Windischmann, 2 Bde, Bonn 1836.

SEKUNDÄRLITERATUR

Arndt, Andreas: »Zum Begriff der Dialektik bei Friedrich Schlegel 1796–1801«, in: *Archiv für Begriffsgeschichte* 35 (1992) S. 257–274.
–: »›Pragmatische Dialektik‹. Frühromantische Hermeneutik und

Selbstreflexion der Moderne«, in: *Toleranz, Pluralismus, Lebenswelt*, hg. v. Erwin Hufnagel und Jure Zovko, Berlin 2004, S. 51–68.

Behler, Ernst: *Friedrich Schlegel mit Selbstzeugnissen und Bilddokumenten*, Reinbek 1966.

–: *Frühromantik*, Berlin u. a. 1992.

–: *Ironie und literarische Moderne*, Paderborn u. a. 1997.

–: und Hörisch, Jochen (Hg.), *Die Aktualität der Frühromantik*. Paderborn u. a. 1987.

Benjamin, Walter: *Der Begriff der Kunstkritik in der deutschen Romantik*, Frankfurt/Main 1973.

Bubner, Rüdiger: »Zur dialektischen Bedeutung romantischer Ironie«, in: ders.: *Innovationen des Idealismus*, Göttingen 1995, S. 152–163.

Dierkes, Hans: *Literaturgeschichte als Kritik*, Tübingen 1980.

–: »Ironie und System. Friedrich Schlegels ›Philosophische Lehrjahre‹ (1797–1799)«, in: *Philosophisches Jahrbuch* 97 (1990), S. 251–276.

Elsässer, Michael: *Friedrich Schlegels Kritik am Ding*, Hamburg 1994.

Frank, Manfred: *Das Problem ›Zeit‹ in der deutschen Romantik*, Paderborn u. a. ²1990.

–: »›Wechselgrundsatz‹. Friedrich Schlegels philosophischer Ausgangspunkt«, in: *Zeitschrift für philosophische Forschung* 50 (1996) 26-50.

–: ›*Unendliche Annäherung‹. Die Anfänge der philosophischen Frühromantik*, Frankfurt/M. 1997.

Frischmann, Bärbel: *Vom transzendentalen zum frühromantischen Idealismus. J. G. Fichte und Schlegel*, Paderborn u. a. 2005.

Götze, Martin: *Ironie und absolute Darstellung. Philosophie und Poetik in der Frühromantik*, Paderborn u. a. 2001.

Heiner, Hans-Joachim: *Das Ganzheitsdenken Friedrich Schlegels. Wissenssoziologische Deutung einer Denkform*, Stuttgart 1971.

Jauß, Hans Robert: »Schlegels und Schillers Replik auf die ›Querelle des Anciens et des Modernes‹«, in: *Literaturgeschichte als Provokation*, Frankfurt/Main 1979, S. 67–106.

[Körner, Josef:] Friedrich Schlegel: *Neue philosophische Schriften*.

Erstmals in Druck gelegt, erläutert und mit einer Einleitung in Friedrich Schlegels philosophischen Entwicklungsgang versehen von Josef Körner, Frankfurt/Main 1935.

Krämer, Hans: »Fichte, Schlegel und der Infinitismus in der Platondeutung« in: *Deutsche Vierteljahrschrift für Literaturwissenschaft und Geistesgeschichte* 62 (1988) 583–621.

Leventhal, Robert S.: *The Disciplines of Interpretation. Lessing, Herder, Schlegel and Hermeneutics in Germany 1750–1800*, Berlin und New York 1994.

Menninghaus, Winfried: *Unendliche Verdopplung. Die frühromantische Grundlegung der Kunsttheorie im Begriff absoluter Selbstreflexion*, Frankfurt/Main 1987.

Michel, Willy: *Ästhetische Hermeneutik und frühromantische Kritik. Friedrich Schlegels fragmentarische Entwürfe, Rezensionen, Charakteristiken und Kritiken (1795–1801)*, Göttingen 1982.

–: »›Antithetische Synthesis‹: Dialektik und Ironie bei Friedrich Schlegel«, in: *Das Subjekt der Dichtung. Festschrift für Gerhard Kaiser*, hg. v. Gerhard Buhr, Würzburg 1990, S. 379–397.

Naschert, Guido: »Friedrich Schlegel über Wechselerweis und Ironie«, in: *Athenaeum. Jahrbuch für Romantik* 1996, S. 47–91; 1997, S. 11–37.

Peter, Klaus: *Idealismus als Kritik. Friedrich Schlegels Philosophie der unvollendeten Welt*, Stuttgart u. a. 1973.

–: *Friedrich Schlegel*, Stuttgart 1978.

Rehme-Iffert, Birgit: *Skepsis und Enthusiasmus. Friedrich Schlegels philosophischer Grundgedanke zwischen 1796 und 1805*, Würzburg 2001.

Röttgers, Kurt: »Fichtes Wirkung auf die Frühromantiker, am Beispiel Friedrich Schlegels. Ein Beitrag zur ›Theoriepragmatik‹, in: *Deutsche Vierteljahrschrift für Literaturwissenschaft und Geistesgeschichte* 51 (1977) 54–77.

Schanze, Helmut: *Romantik-Handbuch*, Stuttgart 1994.

Scheier, Claus-Artur: »Die Frühromantik als Kultur der Reflexion«, in: *Früher Idealismus und Frühromantik. Der Streit um die Grundlagen der Ästhetik (1795–1805)*, hg. v. Walter Jaeschke, Hamburg 1990, S. 69–79.

Staiger, Emil: *Friedrich Schlegels Sieg über Schiller,* Heidelberg 1981.

Strohschneider-Kohrs, Ingrid: *Die romantische Ironie in Theorie und Gestaltung.* Tübingen ²1977.

Summerer, Stefan: *Wirkliche Sittlichkeit und ästhetische Illusion. Die Fichterezeption in den Fragmenten und Aufzeichnungen Friedrich Schlegels und Hardenbergs,* Bonn 1974.

Walzel, Oskar: »Methode? Ironie bei Schlegel und bei Solger« in: *Friedrich Schlegel und die Kunsttheorie seiner Zeit,* hg. v. Helmut Schanze, Darmstadt 1985, S. 71–94.

Wanning, Berbeli: *Friedrich Schlegel zur Einführung,* Hamburg 1999.

Zovko, Jure: *Verstehen und Nichtverstehen bei Friedrich Schlegel. Zur Entstehung und Bedeutung seiner hermeneutischen Kritik,* Stuttgart-Bad Cannstatt 1990.

–: »Hermeneutische Verantwortung im Rahmen der Kohärenz. Erörterungen zu Flacius Illyricus und Friedrich Schlegel«, in: *Verantwortung. Hermeneutische Erkundungen,* hg. v. Hans Ineichen und Jure Zovko. Berlin 2005.

FRIEDRICH SCHLEGEL

SCHRIFTEN ZUR
KRITISCHEN PHILOSOPHIE

1795 – 1805

[ÜBER DIE FORTSCHRITTE DES MENSCHLICHEN GEISTES.
CONDORÇET-REZENSION]

Esquisse d'un tableau historique des progrès de l'esprit humain.
Ouvrage posthume de Condorçet. 1795. 8.

Ein interessanter Versuch, zu beweisen: die bisherige Geschichte der Menschheit sei ein stetes Fortschreiten gewesen, und der künftige Gang des menschlichen Geschlechts werde ein gränzenloses Vervollkommnen sein. Die Schrift empfiehlt sich durch eine einfache, klare und edle Schreibart; durch ernsten Eifer für Wahrheit und Erkenntniß, durch reines Gefühl für Sittlichkeit, und durch einen edeln Haß der Vor|urtheile, der Heuchelei, der Unterdrückung, und des Aberglaubens.

Diese Skizze giebt (S.19) »nur die Massen, ohne bei den Ausnahmen zu verweilen, sie deutet nur die Gegenstände und die Resultate an, deren Ausführung und vollständige Beweise das Werk selbst darlegen sollte.« – Sie enthält einen großen Reichthum an neuen und geistreichen Ansichten, treffenden Urtheilen und fruchtbaren Gedankenkeimen. Die meisten derselben gehören zwar ins Gebiet der Geschichte selbst, und also auch ihre Prüfung. Doch enthält sie auch einige merkwürdige Andeutungen wissenschaftlicher Principien für die Behandlung der Geschichte der Menschheit. Diese wollen wir hier zur Prüfung ausheben.

Man könnte zwar darauf anwenden, was der Vf. selbst (S.108) von einem Gedanken des Aristoteles sagt: »Es war mehr der Fund eines Genies.« Sie sind nicht das Resultat eines bestimmten aus einer festen Grundlage hergeleiteten Räsonnements: weßwegen auch der hingeworfene Keim eine isolirte Ansicht geblieben ist, und fast gar keine von den reichen Früchten getragen hat, die sich einst aus ihm entwickeln müssen. Aber die Philosophie der Geschichte ist noch so weit davon entfernt, eine *Wissenschaft* zu sein, daß auch der unvollkommenste Versuch, sie diesem Ziele näher zu bringen, Aufmerksamkeit verdient.

Der Verf. hat, zwar nicht aus Gründen bestimmt gewußt, aber doch richtig gefühlt, daß es *Gesetze der menschlichen Geschichte* geben müsse. Er sagt S. 309: »Der einzige Grund der Ueberzeugung in den Naturwissenschaften ist der Gedanke, daß die allgemeinen Gesetze der Erscheinungen nothwendig und beharrlich sind; und warum sollte dies Princip für die Entwickelung der geistigen und sittlichen Fähigkeiten des Menschen weniger wahr sein?« – | S. 3: »Die allmähliche Entwickelung der menschlichen Fähigkeiten der ganzen Gattung ist ewigen Gesetzen unterworfen.« – und S. 12: »Bemerkungen über diese Entwickelung sind der einzige Führer der Untersuchung im ältesten Zeitalter der Geschichte der Menschheit.«

Die Lehre von der künftigen gränzenlosen Vervollkommnung der menschlichen Gattung trägt der Verf. ganz dogmatisch vor. Er war aber dennoch weder über die Nothwendigkeit noch über die Erkennbarkeit der Gesetze der Geschichte aufs Reine gekommen: denn S. 13 »*scheint* ihm die Beharrlichkeit der Naturgesetze für die Fortschritte der künftigen Generationen Gewähr zu leisten,« und S. 309 werden auch unbekannte Gesetze erwähnt. Er unterscheidet zwar einmal (S. 312) die Analyse des Ganges des menschlichen Geistes und der Entwickelung seiner Fähigkeiten, von der Erfahrung des Vergangnen, und der Beobachtung der bisherigen Fortschritte. Aber sowohl mehrere Andeutungen von Grundsätzen (S. 17. 309. 310), als die Vermischung aller Gründe im Verfahren selbst beweisen, daß er die *Erwartung des Aehnlichen*, wozu die bloße Wahrnehmung vergangener Erscheinungen ohne Kenntniß ihrer Gesetze veranlaßt, und die *Vorherbestimmung des Nothwendigen*, wozu die Erkenntniß der Gesetze der Erfahrung die Vernunft berechtigt, nicht gehörig unterschieden hat.

Der Begriff der Geschichte ist durchaus unrichtig bestimmt. – »Wenn man (S. 2) sich auf die Erkenntniß der allgemeinen Thatsachen und beharrlichen Gesetze der Entwickelung der menschlichen Fähigkeiten in dem, was sie bei allen verschiedenen Individuen des menschlichen Geschlechts Gemeinsames hat, einschränkt: so trägt diese Wissenschaft den Namen der

Metaphysik. Betrachtet man eben diese Ent|wickelung in Rücksicht auf die Masse der gleichzeitigen und auf einander folgenden Individuen u. s. w. so ist sie der Gegenstand der Geschichte.« (S. 3). Nicht dieselbe, sondern eine ganz verschiedene Art der Entwickelung ist Gegenstand der Geschichte und der reinen Wissenschaft. Die letzte hat es nur mit der bloß gedachten Veranlassung des menschlichen Vermögens durch den äußern Anstoß des Schicksals (über den sich der Verf. (S. 1) ziemlich glücklich ausdrückt) zu thun, mit der das Bewußtsein, und die Zeit selbst erst anfängt. Die Geschichte der Menschheit hingegen mit der wirklichen Entwickelung des menschlichen Vermögens in der äußern Welt und in der Zeit. Die *beharrlichen Eigenschaften* des Menschen sind Gegenstand der reinen Wissenschaft, die *Veränderungen des Menschen* hingegen, sowohl des einzelnen als der ganzen Masse, sind der Gegenstand einer wissenschaftlichen Geschichte der Menschheit. –

Der Titel des Werks läßt nur eine Geschichte des menschlichen Verstandes erwarten. Nun werden zwar die Fortschritte zur Glückseeligkeit (S. 4) und die sittlichen Fähigkeiten des Menschen (S. 20) mit in den Zweck des Werks aufgenommen: aber S. 1.2 wird das Begehrungsvermögen mit Stillschweigen übergangen, und ohne Beweis vorausgesetzt, das gesammte menschliche Vermögen sei durch das Vorstellungsvermögen und Gefühlsvermögen erschöpft; und überdem sind alle Bemerkungen über die sittliche Bildung (den schwierigsten Theil des Ganzen) so mager und unbedeutend, daß wir nicht dabei verweilen können. Er betrachtet die *sittliche Bildung* nicht als einen specifisch verschiednen Bestandtheil der gesammten menschlichen Bildung, sondern als einen Anhang der intellectuellen und politischen Bildung (S. 343–345). Der sittliche Zustand keiner Stufe ist mit Bestimmtheit und Sorgfalt angegeben. Ueber|haupt scheint es an einem klaren und richtigen Begriff von Sitten, sittlicher Vollkommenheit, sittlicher Bildung, durchaus zu fehlen (S. 238). Bei der Charakteristik einer jeden Stufe werden alle Züge einzeln nacheinander aufgezählt, ohne die geringste Spur von Unterscheidung der wesentlichen Bestandtheile, und der äußern Bedingungen der Bildung; ohne Andeutung des innern Zusammenhanges derselben; ohne vollständige Uebersicht aller Bestandtheile der Bildung. Ja es fehlt sogar an einem bestimmten und vollständigen Begriff vom Ganzen aller menschlichen Wissenschaften, von dem Zusammenhang der Theile, von den Gränzen der Gattungen, Arten, und Unterarten.

Die successive Eintheilung ist auf ein falsches Princip gegründet. Die *Epochen* einer wissenschaftlichen Geschichte der Menschheit müssen nicht nach glücklichen äußern Veranlassungen, und daraus erfolgten merkwürdigen äußern Revolutionen, sondern nach den nothwendigen Stufen der innern Entwickelung eingetheilt werden.

Wie im Ganzen so auch im Einzelnen. Nur einige Beispiele. »Nach den allgemeinen Gesetzen der Entwickelung unsrer Fähigkeiten, sagt der Verf. (S. 15. 16) sehr wahr, mußten auf jeder Stufe der Bildung gewisse Vorurtheile entstehen.« Aber bei der Ausführung vergißt er die Absicht (S. 84): »den Ursprung der Fehler der griechischen Philosophie aus dem natürlichen Gang des menschlichen Geistes zu entwickeln;« und declamirt bloß (S. 62 ff.), nach Art der gemeinen französischen Lockianer, wider die bekannten Fehler der griechischen Physik, und dogmatischen Metaphysik. Die große Revolution hingegen, da durch die systematische Tendenz und die logikalische Methode der ältesten Ionischen und Dorischen Philosophen die Wissenschaft | eigentlich zuerst entstand, indem es vorher nur wissenschaftlichen Stoff unter der Herrschaft der Einbildungskraft gab: da der Verstand die Anordnung der Masse und den Gang der Untersuchung selbstständig bestimmte: hat er nicht wahrgenommen. – Er schiebt alle nicht reelle Wissenschaften, d. h. wie aus dem Ganzen des Werkes klar genug wird, alle diejenigen Untersuchungen, welche in Locke's engem System keinen Raum finden, bei Seite (S. 84). – Er tadelt nicht nur die Kühnheit übersinnlicher Untersuchungen, sondern sogar das Streben nach vollendeter Einheit der Kenntnisse (S. 72): und doch sind selbst jene Fragen nur »*vielleicht* (S. 76) für immer unbeantwortlich.«

So weit ist der Verf. in dieser Geschichte der Menschheit selbst hinter den Grundsätzen, die er hie und da angiebt, zurückgeblieben. Aeußerst selten nur erhebt er sich bis zum nothwendigen Gesetz der erklärten Erscheinungen. Gewöhnlich giebt er uns für den ganzen Grund nur eine Veranlassung, oder auch eine erdichtete Ursache. Eine besondre Absicht, ein besondrer Trieb einzelner Menschen ist aber in der Erkärung der Erscheinungen der Geschichte der Menschheit ganz genau das, was eine »qualitas occulta« in der Physik. Wenn man z. B. einen Theil des Skepticismus bloß aus der Wuth, sich durch bizarre Meinungen auszuzeichnen, herleiten will, (S. 106): so ist es leicht alles zu erklären. Diese fehlerhafte Methode täuscht uns mit einer scheinbaren Befriedigung, und macht den Denker träge: nur die Voraussetzung, daß alle Erscheinungen nothwendig seien, kann dahin führen, den Grund immer mehrerer zu erforschen.

»Seit der Epoche, wo die alphabetische Schrift in Griechenland bekannt wurde,« sagt der Verf. (S. 13), »hat die Philosophie nichts mehr zu errrathen; es ist *genug*, | die Thatsachen zu sammeln, zu ordnen, und die nützlichen Wahrheiten zu zeigen, welche aus ihrer Verkettung und aus ihrem Ganzen hervorgehn.« Gewiß ist es »genug.« Möchte doch bald ein Philosoph die Masse der Geschichte *nur* vollständig ordnen! Sie zu ergänzen würde dann leicht sein.

Der Verf. eilt zu früh, nachdem er die Thatsachen nur flüchtig und lückenhaft gefaßt, kühn aber oft schief combinirt hat, zu einer willkürlichen Erklärung der isolirten Erscheinungen, und zur Ergänzung des Unbekannten, ehe noch das Bekannte völlig verarbeitet ist. – Wenn die Geschichte der Menschheit einmal ihren *Newton* finden wird, der mit gleicher Sicherheit den verborgenen Geist des Einzelnen zu treffen, und sich in dem unübersehlichen Ganzen zu orientiren weiß; der bei unverrücktem Streben den allgemeinen Gesichtspunkt im Einzelnen zeigen und aus dem Einzelnen den allgemeinen Gesichtspunkt hervorgehen zu lassen, dennoch die Thatsachen nicht verfälscht und verstümmelt, sondern rein und vollständig faßt, sich die scheinbaren Widersprüche nicht verschweigt, sondern die rohe Masse unermüdet so lange durcharbeitet, bis er Licht, Uebereinstimmung, Zusammenhang und Ordnung findet: dann wird man in der Vorherbestimmung des künftigen Ganges der menschlichen Bildung (die ich sehr weit entfernt bin, für chimärisch zu halten) sicherer und weiter gehen können, als alle bisherigen Philosophen und der Verf. selbst.

Inzwischen ist es schon kein geringes Verdienst dieses geistvollen Products, das große Resultat – die stete Vervollkommung der Menschheit – durch historische Gründe (so weit sich überhaupt aus dem, was bisher geschehen ist, auf das was in der Folge geschehen werde, ein solcher Schluß machen | läßt!) zu einem so hohen Grad der Evidenz erhoben zu haben. Die gewöhnlichen Vorurtheile sind doch widerlegt; zu einem künftigen vollständigen Beweis sind wenigstens treffliche Beiträge geliefert. Allerdings aber könnte die Deduction der immer fortschreitenden Ausbildung des Menschengeschlechts, aus der Natur der menschlichen Fähigkeiten und den Gesetzen ihrer Entwickelung (S. 330), bündiger und schärfer sein.

Die Anwendung dieses Gesichtspunkts auf die Geschichte, der historische Beweis, daß die Vergangenheit ein stetes Fortschreiten gewesen sei, kann überhaupt in einer Skizze nur unvollständig ausfallen. Aber diese Skizze ist nicht bloß unvollständig; sondern die ganze Untersuchung hat hier eine schiefe Richtung genommen, die bei der Manier des Verf., lückenhaft und isolirt zu erzählen, willkürlich zu combiniren, und zu erklären, um so mehr versteckt bleibt: nämlich die großen Schwierigkeiten, auf deren Beantwortung es eigentlich ankommt, zu läugnen oder doch bei Seite zu schieben. Das eigentliche *Problem* der Geschichte ist die Ungleichheit der Fortschritte in den verschiedenen Bestandtheilen der gesammten menschlichen Bildung, besonders die große Divergenz in dem Grade der intellectuellen und der moralischen Bildung; die Rückfälle und Stillstände der Bildung, auch die kleinern partiellen; besonders aber der große totale Rückfall der gesammten Bildung der Griechen und Römer. »Daß die Fortschritte der Sittlichkeit immer die der Aufklärung begleitet haben« (auch in Griechenland, wo die Wissenschaft noch in der Wiege lag, als Sitten, Staat und Kunst schon völlig entartet waren!) wird (S. 94) wider alle Erfahrung behauptet; und gleichwohl eine unermeßliche Verschiedenheit der Fortschritte unsers Zeitalters in der sittlichen und wissenschaftlichen Bildung anerkannt (S. 303), aber freilich nicht erklärt. Die (S. 213. 214) angedeuteten Mo|mente würden nur die besondre Veranlassung, nicht das allgemeine Gesetz der Ungleichheit der Fortschritte der modernen Wissenschaft erklärt haben. – Die Meinung von dem nothwendigen Verfall der Menschheit war nicht bloß »das Vorurtheil einiger Grammatiker« (S. 133), sondern Stimme des gesammten Alterthums, Resultat der ganzen alten Geschichte. – Wie viel mehrere und größere Widersprüche würde der Verf. erst gesagt haben, wenn ihm seine völlige Unkenntniß der Griechen und Römer, bei der Absicht, zu läugnen was er nicht erklären konnte, zu verschweigen was ihn widerlegte, nicht so gute Dienste geleistet hätte.

Hätte er das Problem nicht zu umgehen sondern zu beantworten gesucht, so würden sich Zweifel bei ihm geregt haben: ob die unendliche Perfectibilität (von deren Gültigkeit als Idee Rec. völlig überzeugt ist) allein ein hinreichendes Princip der Geschichte der Menschheit sei? und diese Zweifel hätten ihn zur großen Auflösung führen können. – Ueberhaupt ist das *Darstellen in Masse*, das Skizziren, und das Verfertigen historischer Gemälde in der wissenschaftlichen Geschichte der Menschheit eine äußerst gefährliche Sache, und wenigstens für jetzt noch viel zu früh. Kann die Philosophie der Geschichte von der Geschichte selbst nicht ganz getrennt werden, so ist umfassend Gelehrsamkeit und | scharfe Kritik, das vollständigste und sorgfältigste Detail, durchaus nothwendig.

Ich habe, mit Rücksicht auf die Stelle, die diese Recension in einem *philosophischen* Journal einnimmt, absichtlich nur die Principien und Methode des Verfassers geprüft, ohne mich über den Werth einzelner trefflicher Materialien zu verbreiten. Doch sei es mir vergönnt, noch auf einige der fruchtbarsten Andeutungen des Verf. aufmerksam zu machen.

Der glückliche Gedanke (S. 12. f.), bis zur Erfindung des alphabetischen Schrift die Thatsachen aus der Geschichte der verschiedenen Völker zusammen zu nehmen, und daraus die | Geschichte eines einzigen *hypothetischen* Volks zu bilden; ist ein Beispiel einer äußerst sinnreichen *historischen Methode*, durch welche sich noch große Entdeckungen machen lassen.

Die Stelle (S. 321–323), welche die Gründe der Ungleichheit, der Abhängigkeit und des Elends, und die Mittel der künftigen Gleichheit entwickelt, gehört unter die trefflichsten. Mit Vergnügen bemerke ich wenigstens einen Keim des wichtigen Begriffs der

Wechselwirkung der Bildung S. 329. 357. Nur ein Geist, der seinem Zeitalter zuvoreilt, kann (S. 346. 347) »die gänzliche Vertilgung der Vorurtheile, welche die selbst dem begünstigten Theile gefährliche Ungleichheit der Rechte beider Geschlechter begründen, unter die wichtigsten bevorstehenden Fortschritte des menschlichen Geschlechts« rechnen.

»Der Augenblick wird also kommen,« heißt es S. 320, »wo die Sonne nur freie Menschen, die keinen andern Herrn als ihre Vernunft anerkennen, bescheinen wird; wo die Despoten und die Sklaven, die Priester und ihr blödsinnigen oder heuchlerischen Anhänger, nur noch in der Geschichte oder auf der Bühne vorhanden sein werden; wo man sich nicht weiter mit ihnen beschäftigen wird, als um sich durch den Abscheu an ihren Unthaten in einer heilsamen Wachsamkeit zu erhalten, damit man die ersten Keime des Aberglaubens und des Despotismus, wenn sie je wieder zu erscheinen wagen sollten, zu ersticken wisse.«

Wer kann der erhabenen Selbstständigkeit dieses den Wissenschaften zu früh entrißnen Denkers seine Bewunderung versagen, wenn er an die *Situation* denkt, in der dies geschrieben wurde? – Noch größer und erhabener ist der Schluß des ganzen Werks:

»Wie sehr gewährt dieses Gemälde des von seinen Ketten befreiten, der Herrschaft des Zufalls und aller Feinde seiner Fortschritte entrißnen, auf der Bahn der Wahrheit der Sittlichkeit und Glückseligkeit mit festem und sicherem Schritt wandelnden menschlichen Geschlechts dem Philosophen ein Schauspiel, welches ihn über die Irrthümer, Verbrechen und Ungerechtigkeiten, von denen die Erde noch befleckt ist, tröstet? In der Betrachtung dieses Gemäldes empfängt er den Lohn seiner Anstrengung für die Fortschritte der Vernunft, und für die Vertheidigung der Freiheit. Er wagt es dann, sie an die ewige Kette der menschlichen Bildungsgeschichte anzuknüpfen, und findet eine ächte Belohnung in dem Vergnügen, ein dauerndes Gutes, welches kein Schicksal mehr zerstören kann, bewirkt zu haben. Diese Betrachtung ist für ihn eine Zuflucht, wohin ihn die Erinnerung an seine Feinde nicht verfolgen kann. Hier lebt er in Gedanken mit dem in seine Rechte, wie in die Würde seiner Natur wieder eingesetzten Menschen, und vergißt denjenigen, welchen Habsucht, Furcht oder Neid martern und verderben; hier existirt er eigentlich mit seinen Brüdern in einem Himmel, den seine Vernunft sich zu schaffen wußte, den seine Menschenliebe mit den reinsten Freuden schmückte.«

VERSUCH ÜBER DEN BEGRIFF DES REPUBLIKANISMUS
VERANLASST DURCH DIE KANTISCHE SCHRIFT
ZUM EWIGEN FRIEDEN.

Der Geist den die *Kantische Schrift zum ewigen Frieden* athmet, muß jedem Freunde der Gerechtigkeit wohlthun, und noch die späteste Nachwelt wird auch in diesem Denkmahle die erhabene Gesinnung des ehrwürdigen Weisen bewundern. Der kühne und würdige Vortrag ist unbefangen und treuherzig, und wird durch treffenden Witz und geistreiche Laune angenehm gewürzt. Sie enhält eine reichliche Fülle fruchtbarer Gedanken und neuer Ansichten für die Politik, Moral und Geschichte der Menschheit. Mir war die Meinung des Verfassers über die Natur des *Republikanismus* und dessen Verhältniß zu andern Arten und Zuständen des Staats, vorzüglich interessant. Die Prüfung derselben veranlaßte mich, diesen Gegenstand von neuem zu durchdenken. So entstanden folgende Bemerkungen.

— |

»*Die bürgerliche Verfassung*, sagt Kant S. 20. *in jedem Staate soll republikanisch seyn.* – Die erstlich nach Prinzipien der *Freiheit* der Glieder einer Gesellschaft (als Menschen); zweitens nach Grundsätzen der *Abhängigkeit* aller von einer einzigen gemeinsamen Gesetzgebung (als Unterthanen); drittens, die nach dem Gesetz der *Gleichheit* derselben (als Staatsbürger) gestiftete Verfassung ist die *republikanische.*« Diese Erklärung scheint mir nicht befriedigend. Wenn die rechtliche Abhängigkeit schon im Begriffe der Staatsverfassung überhaupt liegt (S. 21. Anm.), so kann sie kein Merkmahl des spezifischen Charakters der republikanischen Verfassung seyn. Da kein Prinzip der Eintheilung der Staatsverfassung überhaupt in ihre Arten angegeben ist, so fragt sichs, ob durch die Merkmahle der Freiheit und Gleichheit der vollständige

Begriff der republikanischen Verfassung erschöpft sey? Beide sind nichts Positives, sondern Negationen. Da nun jede Negation eine Position, jede Bedingung etwas Bedingtes voraussetzt, so muß ein Merkmahl (und zwar das wichtigste, welches den Grund der beiden andern enthält) in der Definition fehlen. Die despotische Verfassung weiß von jenen negativen Merkmahlen (Freiheit und Gleichheit) nichts: sie wird also auch durch | ein positives Merkmahl von der republikanischen Verfassung verschieden seyn. Daß der Republikanismus und Despotismus nicht Arten des Staats, sondern der Staatsverfassung seyn, wird ohne Beweis vorausgesetzt, und was Staatsverfassung sey, nicht erklärt. – Die angedeutete Deduktion des so definirten Republikanismus ist eben so wenig befriedigend, als die Definition. Es scheint wenigstens, als würde S. 20 behauptet: die republikanische Verfassung sey darum praktisch nothwendig, weil sie die einzige ist, welche aus der Idee des ursprünglichen Vertrags hervorgeht. Aber worauf gründet sich denn diese Idee, als auf das Prinzip der Freiheit und Gleichheit? Ist das nicht ein Zirkel? – Alle Negationen sind die Schranken einer Position, und die Deduktion ihrer Gültigkeit ist der Beweis, daß die höhere Position, von welcher die durch sie limitirte Position abgeleitet ist, ohne diese Bedingung sich selbst aufheben würde. Die praktische Nothwendigkeit der politischen Freiheit und Gleichheit muß also aus der höhern praktischen Position, von welcher das positive Merkmahl des Republikanismus abgeleitet ist, deduzirt werden.

Die Erklärung der rechtlichen Freiheit: Sie sei die Befugniß, alles zu thun, was man will, wenn man nur keinem Unrecht thut; erklärt der Verfasser für leere Tautologie, und erklärt sie dagegen als | »die Befugniß, keinen äußern Gesetzen zu gehorchen, als zu denen das Individuum seine Beistimmung habe geben können.« – Mir scheinen beide Erklärungen richtig, aber nur bedingt richtig zu seyn. Die bürgerliche Freiheit ist eine *Idee*, welche nur durch eine ins Unendliche fortschreitende Annäherung wirklich gemacht werden kann. So wie es nun in jeder Progression ein erstes, letztes und mittlere Glieder giebt, so giebt es auch in der unendlichen Progression zu jener Idee ein Minimum, ein Medium und ein Maximum. Das *Minimum der bürgerlichen Freiheit*

enthält die Kantische Erklärung. Das *Medium* der bürgerlichen
Freiheit ist die Befugniß, keinen äußern Gesetzen zu gehorchen
als solchen, welche die (repräsentirte) Mehrheit des Volks wirklich
gewollt hat, und die (gedachte) Allgemeinheit des Volks wollen
könnte. Das (unerreichbare) *Maximum* der bürgerlichen Freiheit
ist die getadelte Erklärung, welche nur dann eine Tautologie seyn
würde, wenn sie von der moralischen und nicht von der politischen Freiheit redete. Die höchste politische Freiheit würde der
moralischen adäquat seyn, welche von allen äußern Zwangsgesetzen ganz unabhängig, nur durch das Sittengesetz beschränkt wird.
Eben so ist, was Kant für äußere rechtliche Gleichheit überhaupt
erklärt, nur das Minimum in der unendli | chen Progression zur
unerreichbaren Idee *der politischen Gleichheit*. Das *Medium*
besteht darin, daß keine andre Verschiedenheit der Rechte und
Verbindlichkeiten der Bürger Statt finde, als eine solche, welche
die Volksmehrheit wirklich gewollt hat, und die Allheit des Volks
wollen könnte. Das Maximum würde eine absolute Gleichheit
der Rechte und Verbindlichkeiten der Staatsbürger seyn, und
also aller Herrschaft und Abhängigkeit ein Ende machen. – Aber
sind diese Wechselbegriffe nicht wesentliche Merkmahle des
Staats überhaupt? – Die Voraussetzung, daß der Wille nicht aller
einzelnen Staatsbürger mit dem allgemeinen Willen stets übereinstimmen werde, ist der einzige Grund der *politischen Herrschaft*
und *Abhängigkeit*. So allgemein sie aber auch gelten mag, so ist ihr
Gegentheil wenigstens denkbar. Sie ist überdem nur eine empirische Bedingung, welche den reinen Begriff des Staats zwar näher
bestimmen, aber eben darum selbst kein Merkmahl des reinen
Begriffs seyn kann. Der empirische Begriff setzt einen reinen, der
bestimmtere einen unbestimmteren voraus, aus dem er erst abgeleitet wurde. Also nicht ein *jeder* Staat (S. 30.) enthält das Verhältniß eines Oberen zu einem Unteren, sondern nur der durch jenes
faktische Datum empirisch bedingte. Es läßt sich allerdings ein |
Völkerstaat ohne dies Verhältniß denken, und ohne daß die verschiedenen Staaten in einen einzigen zusammenschmelzen müßten: eine nicht zu einer besondern Absicht bestimmte, sondern
nach einem unbestimmten Ziel strebende (nicht hypothetisch,
sondern thetisch zweckmäßige) Gesellschaft im Verhältniß der

Freiheit der Einzelnen und der Gleichheit Aller, unter einer Mehrheit oder Masse von politisch selbstständigen Völkern. Die Idee einer *Weltrepublik* hat praktische Gültigkeit und charakteristische Wichtigkeit.

Das *Personale* der Staatsgewalt, (S. 25.) die Zahl der Herrscher kann nur dann ein Prinzip der Eintheilung seyn, wenn nicht der allgemeine, sondern ein einzelner Wille der Grund der bürgerlichen Gesetze ist (im Despotismus). – Wie stimmt die Behauptung: »der Republikanismus sey das Staatsprinzip der Absonderung der ausführenden Gewalt von der gesetzgebenden;« mit der zuerst gegebnen Definition, und mit dem Satz, »daß der Republikanismus nur durch Repräsentation möglich sey« (S. 29.) zusammen? – Wäre die gesammte Staatsgewalt nicht in den Händen von Volksrepräsentanten, aber zwischen einem erblichen Regenten und einem erblichen Adel so getheilt, daß der erste die ausübende, der letzte die gesetzgebende Macht besäße; so würde der Trennung un|geachtet, die Verfassung nicht repräsentativ, also (nach des Verfassers eigner Erklärung) despotisch seyn, da ohnehin die Erblichkeit der Staatsämter (S. 22 23. Anm.) mit dem Republikanismus unvereinbar ist. – Der Gesetzgeber, Vollzieher (und Richter) sind zwar durchaus verschiedene *politische* Personen (S. 26.), aber es ist physisch möglich, daß eine *physische* Person diese verschiedenen politischen Personen in sich vereinigen könne. Es ist auch *politisch möglich*, d. h. es ist nicht widersprechend, daß der allgemeine Volkswille beschlösse, auf eine bestimmte Zeit Einem alle Staatsgewalt zu übertragen (nicht abzutreten). Unstreitig ist die Trennung der Gewalten die Regel des republikanischen Staats; aber die Ausnahme von der Regel, die *Diktatur*, scheint mir wenigstens möglich. (Ihre treffliche Brauchbarkeit wird vorzüglich aus der alten Geschichte offenbar. Das menschliche Geschlecht verdankt dieser scharfsinnigen griechischen Erfindung viele der herrlichsten Produkte, welche das politische Genie je hervorgebracht hat). Die Diktatur ist aber nothwendig ein *transitorischer Zustand*: denn wenn alle Gewalt auf unbestimmte Zeit übertragen würde, so wäre das keine Repräsentation, sondern eine Cession der politischen Macht. Eine *Cession der Souvränetät* ist aber politisch unmöglich: denn der allgemeine Wille kann | sich nicht durch einen Akt des allgemeinen Willens selbst vernichten. Der Begriff einer *dictatura perpetua* ist daher so widersprechend, wie der eines viereckigen Zirkels. – Die transitorische Diktatur aber ist eine *politisch mögliche Repräsentation* – also eine *republikanische*, vom Despotismus wesentlich verschiedne *Form*.

Überhaupt ist vom Verfasser kein *Prinzip* seiner Eintheilung der Arten und Bestandtheile des Staats auch nur angedeutet. – Folgender provisorische Versuch einer *Deduktion des Republikanismus* und einer *politischen Klassifikazion* a priori, scheint mir der Prüfung des Lesers nicht ganz unwürdig zu seyn.

Durch die Verknüpfung der höchsten praktischen Thesis (welche das Objekt der praktischen Grundwissenschaft ist) mit dem theoretischen Datum des Umfangs und der Arten des menschlichen Vermögens, erhält der reine praktische Imperativ so viel spezifisch verschiedene Modifikationen, als das gesammte menschliche Vermögen spezifisch verschiedne Vermögen in sich enthält; und jede dieser Modifikationen ist das Fundament und das Objekt einer besonderen praktischen Wissenschaft. Durch das theoretische Datum, daß dem Menschen, außer den Vermögen, die das rein isolirte Individuum als solches besitzt, auch noch im Verhältniß zu andern Individuen seiner Gattung, das *Vermögen der Mittheilung* (der Thätigkeiten aller übrigen Vermögen) zukomme; daß die menschlichen Individuen durchgängig im *Verhältniß* des gegenseitigen *natürlichen Einflusses* wirklich stehen, oder doch stehen können, – erhält der reine praktische Imperativ eine *neue spezifisch verschiedne Modifikation*, welche das Fundament und Objekt einer neuen Wissenschaft wird. Der Satz: das Ich soll seyn; lautet in dieser besondern Bestimmung: *Gemeinschaft der Menschheit soll seyn*, oder *das Ich soll mitgetheilt werden*. Diese abgeleitete praktische Thesis ist das Fundament und Objekt der *Politik*, worunter ich nicht die Kunst verstehe, den Mechanism der Natur zur Regierung der Menschen zu nutzen (S. 71), sondern (wie die griechischen Philosophen) eine *praktische Wissenschaft, im Kantischen Sinne* dieses Worts, deren Objekt die *Relazion* der praktischen Individuen und Arten ist. Eine jede menschliche Gesellschaft, deren Zweck Gemeinschaft der Menschheit ist (die Zweck an sich, oder deren Zweck menschliche Gesellschaft ist) heißt *Staat*. Da aber das Ich nicht bloß im Verhältniß aller Individuen, sondern auch in jedem einzelnen Individuo seyn soll, und nur unter der Bedingung absoluter Unabhängigkeit des Willens seyn kann; so ist *politische Freiheit* | eine nothwendige Bedingung des *politischen Imperativs*, und ein wesentliches Merkmahl zum Begriff des Staats: denn sonst würde der reine praktische Imperativ aus dem sowohl der ethische als der politische abgeleitet ist, sich selbst aufheben. Der ethische und der politische Imperativ gelten nicht bloß für dies und jenes Individuum, sondern für *jedes*; daher ist auch *politische Gleichheit* eine nothwendige Bedingung des politischen Imperativs, und ein wesentliches Merkmahl zum Begriff des Staats. Der politische Imperativ gilt für *alle* Individuen; daher umfaßt der Staat eine ununterbrochne *Masse*, ein koexistentes und sukzessives *Kontinuum* von Menschen, die *Totalität* derer, die im Verhältniß des physischen Einflusses stehn, z. B. aller Bewohner eines Landes, oder Abkömmlinge eines Stammes. Dies Merkmahl ist das *äußere Kriterium*, wodurch der Staat sich von politischen Orden und Assoziationen, welche *besondre* Zwecke haben, also auch nur gewisse besonders modifizirte Individuen angehn, unterscheidet. Alle diese Gesellschaften umfassen keine Masse, kein totales Kontinuum, sondern verknüpfen nur einzelne zerstreute Mitglieder. – Die Gleichheit und Freiheit erfordert, daß der *allgemeine Wille* der Grund aller besondern politischen Thätigkeiten sey (nicht bloß der Gesetze, sondern auch | der anwendenden Urtheile und der Vollziehung.) Dies ist aber eben der Charakter des *Republikanismus*. Der ihm entgegengesetzte *Despotismus*, wo der Privatwille den Grund der politischen Thätigkeit enthält, würde also eigentlich gar kein wahrer Staat seyn? So ist es auch in der That, im strengsten Sinne des Worts. Da aber alle politische Bildung von einem besondern Zwecke, von Gewalt (Vergl. die treffliche Entwicklung S. 69.) und von einem Privatwillen – von Despotismus – ihren Anfang nehmen, und also *jede provisorische Regierung nothwendig despotisch seyn muß;* da der Despotismus den Schein des allgemeinen Willens usurpirt, und wenigstens für einige ihm interessante Civil- und Kriminalfälle die Gerechtigkeit tolerirt; da er sich von allen andern Gesellschaften durch das dem Staat eigne Merkmahl der Kontinuität der Mitglieder unterscheidet; da er neben seinem besondern Zwecke[1] das heilige Interesse der Ge|meinschaft wenigstens nebenbei befördert, und wider sein Wissen und Wollen den Keim eines ächten Staats in sich trägt, und den Republikanismus allmählich zur Reife bringt: so könnte man ihn als einen *Quasistaat*, nicht als eine echte Art, aber doch als eine *Abart des Staats* gelten lassen.

Aber wie ist der Republikanismus möglich, da der allgemeine Wille seine nothwendige Bedingung ist, der absolut allgemeine (und also auch absolut beharrliche) Wille aber im Gebiete der Erfahrung nicht vorkommen kann, und nur in der Welt der reinen Gedanken existirt. Das Einzelne und das Allgemeine ist überhaupt durch eine unendliche Kluft von einander geschieden, über welche man nur durch einen Salto mortale hinüber gelangen kann. Es bleibt hier nichts übrig, als durch eine *Fikzion* einen empirischen Willen als *Surrogat* des a priori gedachten absolut allgemeinen Willens gelten zu lassen; und da die reine Auflösung des politischen Problems unmöglich ist, sich mit der *Approximation* dieses praktischen x zu begnügen. Da nun der politische Imperativ kategorisch ist, und nur auf diese Weise (in einer endlosen Annäherung) wirklich gemacht werden kann: so ist diese höchste fictio juris nicht nur ge|rechtfertigt, sondern auch praktisch nothwendig; jedoch nur in dem Fall gültig, wenn sie dem politischen Imperativ (der das Fundament ihrer Ansprüche ist) und dessen wesentlichen Bedingungen nicht widerspricht. – Da jeder empirische Wille (nach Heraklits Ausdrucke) *in stetem Flusse* ist, absolute Allgemeinheit in *keinem* angetroffen wird; so ist die despotische Arroganz, seinen (väterlichen oder göttlichen) Privatwillen zum allgemeinen Willen selbst, als demselben völlig adäquat zu sank-

---

[1] Jeder Staat, der einen besondern Zweck hat, ist *despotisch*, mag dieser Zweck auch anfänglich noch so unschuldig scheinen. Wie viele Despoten sind nicht vom Zweck der *physischen Erhaltung* ausgegangen? Er ist aber *allemahl* bei glücklichem Erfolg in den der Unterdrückung ausgeartet. Den praktischen Philosophen können die schrecklichen Folgen jeder auch gutgemeinten Verwechslung des Bedingten und Unbedingten nicht be|fremden. Das Endliche darf die Rechte des Unendlichen nicht ungestraft usurpiren.

zioniren, nicht nur ein wahres Maximum der Ungerechtigkeit, sondern auch baarer Unsinn. Aber auch die Fikzion, daß der individuelle Privatwille z. B. einer gewissen Familie für alle künftige Generazionen als Surrogat des allgemeinen Willens gelten solle, ist widerpsrechend und ungültig: denn sie würde dem politischen Imperativ (dessen wesentliche Bedingung die Gleichheit ist), ihr eignes Fundament, und also sich selbst aufheben. Die einzig gültige politische Fikzion ist die auf das Gesetz der Gleichheit gegründete: Der *Wille der Mehrheit* soll als Surrogat des allgemeinen Willens gelten. *Der Republikanismus ist also nothwendig demokratisch*, und das unerwiesne Paradoxon (S. 26.) daß der Demokratismus nothwendig despotisch sey, kann nicht richtig seyn. Zwar giebt es einen *rechtmäßigen Aristokratismus*, ein *echtes* und von dem abgeschmackten Erbadel, dessen absolute Ungerechtmäßigkeit Kant (S. 22. 23. Anmerk.) so befriedigend dargethan hat, völlig verschiednes *Patriziat*: sie sind aber nur in einer demokratischen Republik möglich. Das Prinzip nehmlich, die Geltung der Stimmen nicht nach der Zahl, sondern auch nach dem *Gewicht* (nach dem Grade der Approximation jedes Individuums zur absoluten Allgemeinheit des Willens) zu bestimmen, ist mit dem Gesetz der Gleichheit recht wohl vereinbar. Es darf aber nicht *vorausgesetzt*, sondern es muß authentisch bewiesen werden, daß ein Individuum gar keinen freien Willen, oder sein Wille gar keine Allgemeinheit habe; wie der Mangel der Freiheit durch Kindheit und Raserei, der Mangel der Allgemeinheit durch ein *Verbrechen* oder einen direkten Widerspruch wider den allgemeinen Willen. (Armuth und *vermuthliche* Bestechbarkeit, Weiblichkeit und *vermuthliche* Schwäche sind wohl keine rechtmäßige Gründe, um vom Stimmrecht ganz auszuschließen.) Wenn die politische Fikzion ein Individuum für eine *politische Null*, eine Person für eine *Sache* gelten ließe, so würde sie eben dadurch das Gegentheil der willkührlichen Voraussetzung hindern, und also mit dem ethischen Imperativ streiten; welches unmöglich ist, weil sich beide auf den reinen praktischen Imperativ gründen. Der allgemeine Volkswille kann auch nie beschließen, daß die Individuen über den Grad der Allgemeinheit ihres eigenen Privatwillens selbst kompetente Richter seyn, und das Recht haben sollen, sich selbst eigenmächtig zu Patriziern zu konstituiren. Die Volksmehrheit muß das Patriziat gewollt, die Vorrechte desselben und die Personen bestimmt haben, welche als *politische Edle* (solche, deren Privatwille sich dem präsumtiven allgemeinen Willen vorzüglich nähert) gelten sollen. Sie könnte vielleicht den gewählten Edlen einigen Antheil an der Wahl der künftigen überlassen, doch mit dem Vorbehalt in der letzten Instanz darüber zu entscheiden: denn die Souverainetät kann nicht cedirt werden.

Daß aber die Volksmehrheit *in Person* politisch wirke, ist in vielen Fällen unmöglich, und fast in allen äußerst nachtheilig. Es kann auch sehr füglich durch Deputirte und Kommissarien geschehen. Daher ist die *politische Repräsentazion* allerdings ein unentbehrliches Organ des Republikanismus. – Wenn man die Repräsentazion von der politischen Fikzion trennt, so kann es auch ohne Repräsentazion einen (wenn gleich technisch äußerst unvollkommnen) Republikanismus geben; wenn man unter der Repräsentazion auch die Fikzion begreift, so thut man Unrecht, sie den alten Republiken | abzusprechen. Ihre technische Unvollkommenheit ist notorisch. Desto verworrener sind die allgemeinherrschenden Begriffe von ihrem innern Prinzip unvermeidlicher Korrupzion; desto schiefer die Urtheile über den politischen Werth dieser bewunderswürdigen, nicht bloß sogenannten, sondern echten, auf die gültige Fikzion der Allheit durch die Mehrheit des Willens gegründeten Republiken. An *Gemeinschaft der Sitten* ist die politische Kultur der Modernen noch im Stande der Kindheit gegen die der Alten, und kein Staat hat noch ein größeres Quantum von Freiheit und Gleichheit erreicht, als der *brittische*. Die Unkenntniß der politischen Bildung der Griechen und Römer ist die Quelle unsäglicher Verwirrung in der Geschichte der Menschheit, und auch der politischen Philosophie der Modernen sehr nachtheilig, welche von den Alten in diesem Stücke noch viel zu lernen haben. – Auch ist der behauptete Mangel der Repräsentazion nicht uneingeschränkt wahr. Die exekutive Macht konnte auch das attische Volk nicht in Person ausüben: zu Rom ward sogar wenigstens ein Theil der gesetzgebenden und richterlichen Macht durch Volksrepräsentanten (Prätoren, Tribunen, Censoren, Consuln) gehandhabt.

Die Kraft der Volksmehrheit, als Proximum der Allheit und Surrogat des allgemeinen Wil|lens, ist die *politische Macht*. Die höchste Klassifikation der politischen Erscheinungen (aller Kraftäußerungen dieser Macht) wie aller Erscheinungen, ist die nach dem Unterschiede des *Beharrlichen* und des *Veränderlichen*. Die *Konstituzion* ist der Inbegriff der permanenten Verhältnisse der politischen Macht, und ihrer wesentlichen Bestandtheile. Die Regierung hingegen ist der Inbegriff aller transitorischen Kraftäußerungen der politischen Macht. Die *Bestandtheile* der politischen Macht verhalten sich unter einander und zu ihrem Ganzen, wie die verschiedenen Bestandtheile des Erkenntnißvermögens unter einander und zu ihrem Ganzen. Die *konstitutive* Macht entspricht der Vernunft, die *legislative* dem Verstande, die *richterliche* der Urtheilskraft und die *exekutive* der Sinnlichkeit, dem Vermögen der Anschauung. *Die konstitutive Macht ist nothwendig diktatorisch*: denn es wäre widersprechend, das Vermögen der politischen Prinzipien, welche erst die Grundlage aller übrigen politischen Bestimmungen und Vermögen enthalten sollen, dennoch von diesen abhängig machen zu wollen; und eben deswegen nur *transitorisch*. Ohne den *Akt der Akzeptazion* würde nemlich die politische Macht nicht repräsentirt, sondern cedirt werden, welches unmöglich ist. – Die Kon|stituzion betrifft die *Form der Fikzion* und die *Form der Repräsentazion*. Im Republikanismus giebt es zwar nur Ein Prinzip der politischen Fikzion, aber *zwey* verschiedene *Direkzionen* des einen Prinzips, und in ihrer größten möglichen Divergenz nicht sowohl zwei reine Arten, als *zwey* entgegengesetzte *Extreme* der republikanischen Konstituzion: die *aristokratische*, und die *demokratische*. Es giebt unendlich viele verschiedene Formen der Repräsentazion (wie Mischungen des Demokratismus und Aristokratismus) aber keine reine Arten, und kein Prinzip der Eintheilung a priori. Die Konstituzion ist der Inbegriff alles politisch Permanenten; da man nun ein Phänomen nach seinen permanenten Attributen, nicht nach seinen transitorischen Attributen, nicht nach seinen transitorischen Modifikationen klassifizirt: so würde es widersinnig seyn, den echten (republikanischen) Staat nach der Form der Regierung einzutheilen. – Im Despotismus kann es eigentlich keine politische, sondern nur eine *physische* Konstituzion geben: nicht Verhältnisse der politischen Macht und ihrer wesentlichen Bestandtheile, welche absolut beharrlich seyn sollen, aber wohl solche, die relativ beharrlich sind. Wo es keine politische Konstituzion giebt, kann man nur die Form der Regierung dynamisch klassifiziren: denn die physischen Modifikazionen geben keine | reine Klassen. Die einzige reine Klassifikazion gewährt das *mathematische Prinizp der numerischen Quantität des despotischen Personale.*

Die einzige (physisch) permanente Qualität des Despotismus bestimmt die *dynamische* (nicht politische) *Form der despotischen Regierung.* Sie ist entweder *tyrannisch, oligarchisch* oder *ochlokratisch*, je nachdem ein *Individuum*, ein *Stand* (Orden, Korps, Kaste), oder eine *Masse* herrscht. Wenn *alle* herrschen (S. 25. 26.) wer wird dann beherrscht? – Im Übrigen scheint der von Kant gegebne Begriff der Demokratie, der Ochlokratie angemessen zu seyn. Die *Ochlokratie* ist der Despotismus der Mehrheit über die Minorität. Ihr *Kriterium* ist ein offenbarer Widerspruch der Mehrheit in der Funkzion des politischen Fingenten mit dem allgemeinen Willen, dessen Surrogat sie seyn soll. Sie ist – jedoch nebst der Tyranney: denn die *Neronen* können dem *Sankülottismus* den Preis recht wohl streitig machen – unter allen politischen Unformen des größte physische Übel (S. 29.)[2]. Die *Oligarchie* hingegen – der orien|talische Kastendespotismus, das europäische Feudalsystem – ist der Humanität ungleich gefährlicher: denn eben die Schwerfälligkeit des künstlichen Mechanismus, welche ihre physische Schädlichkeit lähmt, giebt ihr eine kolossale Solidität. Die Konzentrazion der durch gleiches Interesse Zusammengebundnen isolirt die Kaste vom übrigen menschlichen Geschlecht, und erzeugt einen hartnäckigen esprit de corps. Die geistige Fikzion der Menge bringt die höllische Kunst, die Veredlung der Menschheit unmöglich zu machen, zu einer frühen Reife.

---

[2] Wenn es hier der Ort wäre, so würde es nicht schwer seyn, zu erklären warum bey den Alten die Ochlokratie immer in Tyranney überging, und bis zur höchsten | Evidenz zu beweisen, daß sie bey den Modernen in Demokratismus übergehn muß, der Menschheit also weniger gefährlich ist, als die Oligarchie.

Mit argwöhnischem Blicke wittert die Oligarchie jede aufstrebende Regung der Menschheit, und zerknickt sie schon im Keime. Die *Tyranney* hingegen ist ein sorgloses Ungeheuer, welches im Einzelnen oft die höchste Freyheit, ja sogar vollkommene Gerechtigkeit übersieht. Die ganz lockre Maschine *hängt an einem einzigen Ressort*; und wenn dieser schwach ist, zerfällt sie bei dem ersten kräftigen Stoß. – Wenn die *Form der Regierung despotisch*, der *Geist* aber repräsentativ oder *republikanisch* ist, (S. die trefliche Bemerkung S. 26.) so entsteht die *Mo|narchie*. (In der Ochlokratie kann der Geist der Regierung nicht republikanisch seyn, sonst würde es nothwendig auch die Form des Staats seyn. In der reinen Oligarchie muß der Geist des Standes despotisch seyn, wenn die Form nicht in einen rechtmäßigen demokratischen Aristokratismus übergehn soll; der republikanische Geist einzelner Glieder hilft nichts, denn der *Stand*, als solcher, herrscht.) Der Zufall kann einem gerechten Monarchen despotische Gewalt überliefern. Er kann republikanisch regieren, und doch die despotische Staatsform beibehalten, wenn nehmlich die Stufe der politischen Kultur oder die politische Lage eines Staats eine provisorische (also despotische) Regierung durchaus nothwendig macht, und der allgemeine Wille selbst sie billigen könnte. Das *Kriterium der Monarchie* (wodurch sie sich vom Despotismus unterscheidet) ist die größtmöglichste Beförderung des Republikanismus. Der Grad der Approximation des Privatwillens des Monarchen zur absoluten Allgemeinheit des Willens bestimmt den Grad ihrer Vollkommenheit. Die monarchische Form ist einigen Stufen der politischen Kultur, da das republikanische Prinzip entweder noch in der Kindheit (wie in der heroischen Vorzeit) oder wieder gänzlich erstorben ist (wie zur Zeit der römischen Cäsare) so völlig angemessen; sie gewährt in | dem seltnen, aber doch vorhandnen Fall der *Friedriche* und *Mark-Aurele* so offenbare und große Vortheile; daß es sich begreifen läßt, warum sie der Liebling so vieler politischen Philosophen gewesen, und noch ist. – Aber nach Kants treflicher Erinnerung (S. 28. Anm.) muß man den Geist der Regierung der schlechten (und unrechtmäßigen S. 22. 23. Anm.) Staatsform nicht zurechnen.

Heilig ist, was nur unendlich verletzt werden kann, wie die Freiheit und Gleichheit: der allgemeine Wille. Wie Kant also den Begriff der Volksmajestät ungereimt finden kann, begreife ich nicht. Die *Volksmehrheit*, als das einzige gültige Surrogat des allgemeinen Willens, ist in dieser Funkzion des politischen Fingenten ebenfalls heilig, und jede andre politische Würde und Majestät ist nur ein Ausfluß der *Volksheiligkeit*. Der hochheilige *Tribun*, zum Beispiel, war es nur in Namen des Volks, nicht in seinem eignen; er stellt die heilige Idee der Freiheit nur mittelbar dar; er ist kein Surrogat, sondern nur ein Repräsentant des heiligen allgemeinen Willens. –

Der Staat soll seyn, und soll republikanisch seyn. Republikanische Staaten haben schon um deswillen einen absoluten Werth, weil sie nach dem rechten und schlechthin gebotenen Zwecke stre|ben. In dieser Rücksicht ist ihr Werth gleich. Sehr verschieden aber kann er nach den Graden der Annäherung zum unerreichbaren Zwecke seyn. In dieser Rücksicht kann ihr Werth auf zwiefache Weise bestimmt werden.

Die *technische Vollkommenheit* des republikanischen Staats theilt sich in die Vollkommenheit der Konstituzion, und der Regierung. Die technische Vollkommenheit der Konstituzion wird bestimmt durch den Grad der Approximazion ihrer individuellen Form der Fikzion und der Repräsentazion zur absoluten (aber unmöglichen) Adäquatheit des Fingenten und Fingirten, des Repräsentanten und Repräsentirten. (Damit stimmt die scharfsinnige Bemerkung S. 27. überein, wenn der Verfasser unter der Repräsentazion auch die Fikzion begreift. Möchte doch ein pragmatischer Politiker durch eine Theorie der Mittel, die Fikzion und Repräsentazion sowohl extensiv als intensiv zu vergrößern, eine wichtige Lücke der Wissenschaft ausfüllen! – Die Kantische Bemerkung über das Personale der Staatsgewalt (S. 27.) dürfte wohl nur für die exekutive, und unter gewissen Umständen vielleicht auch für die konstitutive Macht gelten: für die legislative und richterliche Macht hingegen scheint die Erfahrung die Form der Kollegien und Jury's als die beste bewährt zu | haben.) Die negative technische Vollkommenheit der Regierung wird bestimmt durch den Grad der Harmonie mit der Konstituzion; die positive durch den Grad der positiven Kraft, mit der die Konstituzion wirklich ausgeführt wird.

Der *politische Werth* eines republikanischen Staats wird bestimmt durch das extensive und intensive Quantum der wirklich erreichten Gemeinschaft, Freiheit und Gleichheit. Zwar ist die gute moralische Bildung des Volks nicht möglich, ehe der Staat nicht republikanisch organisirt ist, und wenigstens einen gewissen Grad technischer Vollkommenheit erreicht hat (S. 61.): aber auf der andern Seite ist *herrschende Moralität* die nothwendige Bedingung der *absoluten Vollkommenheit* (des Maximums der Gemeinschaft, Freiheit und Gleichheit) des Staats, ja sogar jeder höhern Stufe politischer Treflichkeit.

Bisher war nur vom *parziellen* Republikanismus eines einzelnen Staats und Volks die Rede. Aber nur durch einen *universellen* Republikanismus kann der politische Imperativ vollendet werden. Dieser Begriff ist also kein Hirngespinst träumender Schwärmer, sondern praktisch nothwendig, wie der politische Imperativ selbst. Seine Bestandtheile sind.

1) *Polizirung aller Nazionen*;
2) *Republikanismus aller Polizirten*;
3) *Fraternität aller Republikaner*;
4) *Die Autonomie jedes einzelnen Staats, und die Isonomie aller*.

Nur universeller und vollkommener Republikanismus würde ein gültiger, aber auch allein hinlänglicher *Definitivartikel zum ewigen Frieden* seyn. – So lange die Konstituzion und Regierung nicht durchaus vollkommen wäre, würde, selbst in republikanischen Staaten, deren friedliche Tendenz Kant so treffend gezeigt hat, sogar ein ungerechter und überflüssiger Krieg wenigstens *möglich* bleiben. Der erste Kantische Definitivartikel zum ewigen Frieden verlangt zwar Republikanismus *aller* Staaten: allein der *Föderalismus*, dessen Ausführbarkeit S. 35. so bündig bewiesen wird, kann schon seinem *Begriffe* nach *nicht alle* Staaten umfassen; sonst würde er gegen Kants Meinung (S. 36–38.) ein universeller Völkerstaat seyn. Die Absicht des Friedensbundes, die Freiheit der republikanischen Staaten zu sichern (S. 35.), setzt eine Gefahr derselben, also Staaten vorkriegrischer Tendenz, d. h. *despotische*

Staaten voraus. Die kosmopolitische Hospitalität, deren Ursprung und Veranlassung durch den Handelsgeist Kant (S. 64.) so geistreich entwickelt, scheint aber sogar *unpolizirte Nazionen* vor|auszusetzen. So lange es aber noch despotische Staaten und unpolizirte Nazionen gäbe, würde auch noch *Kriegsstoff* übrig bleiben.

1) Der Republinanismus der kultivirten Nazionen;
2) Der Föderalismus der republikanischen Staaten;
3) Die kosmopolitische Hospitalität der Föderirten;

würden also nur *gültige Definitivartikel zum ersten ächten und permanenten,* wenn gleich nur parziellen *Frieden,* statt der bisherigen fälschlich sogenannten Friedensschlüsse, eigentlich Waffenstillstände S. 104., seyn.

Man kann sie auch als *Präliminarartikel zum ewigen Frieden* ansehn, den sie beabsichtigen, und an den vor dem ersten ächten Frieden gar nicht zu denken ist. – Der universelle und vollkommene Republikanismus, und der ewige Friede sind unzertrennliche Wechselbegriffe. Der letzte ist eben so *politisch nothwendig,* wie der erste. Aber wie steht es mit seiner *historischen* Nothwendigkeit oder Möglichkeit? Welches ist die *Garantie des ewigen Friedens?*

»Das, was diese Gewähr leistet, ist nichts Geringeres, als die große Künstlerin, *Natur;*« sagt Kant S. 47. So geistreich die Ausführung | dieses treflichen Gedankens ist, so will ich doch freimüthig gestehn, was ich daran vermisse. Es ist nicht genug, daß die *Mittel* der Möglichkeit, die *äußern Veranlassungen des Schicksals* zur wirklichen allmählichen Herbeiführung des ewigen Friedens gezeigt werden. Man erwartet eine Antwort auf die Frage: Ob die *innere Entwickelung der Menschheit* dahin führe? Die (gedachte) *Zweckmäßigkeit der Natur* (so schön, ja nothwendig diese Ansicht in andrer Beziehung seyn mag) ist hier völlig gleichgültig: nur die (wirklichen) *nothwendigen Gesetze der Erfahrung* können für einen künftigen Erfolg Gewähr leisten. Die *Gesetze der politischen Geschichte,* und die *Prinzipien der politischen Bildung* sind die einzigen Data, aus denen sich erweisen läßt, »daß der ewige Friede keine leere Idee sey, sondern eine Aufgabe, die nach und nach aufgelöst, ihrem Ziel beständig näher kommt;« (S. 104.) nach denen sich die künftige Wirklichkeit desselben, und sogar die Art der Annäherung, zwar nicht *weissagen* (S. 65.) – thetisch und nach allen Umständen der Zeit und des Orts – aber doch vielleicht theoretisch (wenn gleich nur hypothetisch) mit Sicherheit vorherbestimmen lassen würde. – Kant macht zwar hier sonst (wie sich erwarten läßt) keinen transcenden|ten Gebrauch von dem teleologischen Prinzip in der Geschichte der Menschheit (welches sogar kritische Philosophen sich erlaubt haben): jedoch in einem Stücke scheint mir der praktische Begriff der unbedingten Willensfreiheit mit Unrecht in das theoretische Gebiet der Geschichte der Menschheit herübergezogen zu seyn. – Wenn die Moraltheologie die Frage aufwerfen kann und muß: Welches der intelligible Grund der Immoralität sey? – ob sie es kann und *muß*, lasse ich hier an seinen Ort gestellt seyn – so weiß ich auch keine andre Antwort, als die Erbsünde im Kantischen Sinne. Aber die Geschichte der Menschheit hat es nur mit den *empirischen Ursachen* des *Phänomens* der Immoralität zu thun; der intelligible Begriff der ursprünglichen Bösartigkeit ist im Gebiete der Erfahrung leer und ohne allen Sinn. – Das behauptete Faktum (S. 80. Anm.) daß es durchaus keinen Glauben an menschliche Tugend gebe, ist unerwiesen; und wie kann die offenbare Bösartigkeit im äußern Verhältniß der Staaten (S. 79. Anm.) – die Immoralität einer kleinen Menschenklasse, welche aus leichtbegreiflichen Ursachen im Durchschnitt aus dem Abschaum des menschlichen Geschlechts besteht, – ein Argument wider die menschliche Natur überhaupt seyn? –

Es ist ein hier unfruchtbarer Gesichtspunkt, | die vollkommene Verfassung nicht als ein Phänomen der politischen Erfahrung, sondern als ein Problem der politischen Kunst zu betrachten (S. 60.); da wir nicht über ihre Möglichkeit, sondern über ihre künftige Wirklichkeit, und über die Gesetze der Progression der politischen Bildung zu diesem Ziele belehrt seyn wollen.

Nur aus den *historischen Prinzipien der politischen Bildung*, aus der *Theorie der politischen Geschichte*, läßt sich ein befriedigendes *Resultat über das Verhältniß der politischen Vernunft und der politischen Erfahrung* finden. Statt dessen hat Kant nicht nicht wesentlichen, sondern nur durch Ungeschicklichkeit zufällig entstandenen Gränzstreitigkeiten der Moral und der Politik nun einen eignen Anhang gewidmet. Er versteht nämlich unter *Politik* nicht die praktische Wissenschaft, deren Fundament und Objekt der politische Imperativ ist, auch nicht die eigentliche politische Kunst d. h. die Fertigkeit, jenen Imperativ wirklich zu machen; sondern die despotische Geschicklichkeit, welche keine wahre Kunst, sondern eine *politische Pfuscherey* ist. Die beiden reinen Arten aller denkbaren politisch nothwendigen oder möglichen Formen sind der Republikanismus und der Despotismus. Außerdem giebt es aber auch noch | zwei, dem ersten Anscheine nach sehr analoge, dem Wesen nach aber durchaus verschiedene *formlose politische Zustände*, deren Begriff als ein *Gränzbegriff* bei der Zergliederung des Republikanismus nicht übergangen werden darf. Nur der eine ist politisch; der andre bloß historisch möglich.

Die *Insurrekzion* ist nicht politisch unmöglich oder absolut unrechtmäßig (wie S. 94–97 behauptet wird): denn sie ist mit der Publizität nicht absolut unvereinbar. Von dem (vielleicht unrechtmäßigen) Herrscher (S. 96.) gilt, was Kant S. 101. sagt: »Wer die entschiedene Obermacht hat, darf seiner Maximen nicht heel haben.« – Eine Konstituzion, welche jedem Individuum, *wenn es ihm selbst rechtmäßig schiene*, zu insurgiren erlaubte, würde allerdings sich selbst aufheben. Eine Konstituzion hingegen, welche einen Artikel enthielte, der *in gewissen vorkommenden Fällen* die Insurrekzion *peremtorisch geböte*, würde sich zwar nicht selbst aufheben; aber dieser einzige Artikel würde *null* seyn: denn die Konstituzion kann nichts gebieten, wenn sie gar nicht mehr existirt; die Insurrekzion aber kann nur dann rechtmäßig seyn, wenn die Konstituzion vernichtet worden ist. Es läßt sich aber sehr wohl denken, daß ein Artikel in der | Konstituzion die Fälle bestimmt, in welchen die konstituirte Macht für de facto *annullirt* geachtet werden, und die Insurrekzion also jedem Individuum *erlaubt* seyn soll. Solche Fälle sind z. B. wenn der Diktator seine Macht über die bestimmte Zeit behält; wenn die konstituirte Macht die Konstituzion, das Fundament ihrer rechtlichen Existenz, und also sich selbst vernichtet u. s. w. Da der allgemeine Wille eine solche Vernichtung des Republikanismus durch Usurpation nicht wollen kann, und den Republikanismus nothwendig will, so muß er auch die einzigen Mittel, die Usurpazion zu vernichten (Insurrekzion), und den Republikanismus von Neuem zu organisiren (provisorische Regierung), zulassen können. Diejenige Insurrekzion ist also *rechtmäßg*, deren Motiv die Vernichtung der Konstituzion, deren Regierung blos provisorisches Organ, und deren Zweck die Organisazion des Republikanismus ist. – Das zweite gültige Motiv der rechtmäßigen Insurrekzion ist *absoluter* Despotismus d. h. ein solcher, welcher nicht provisorisch ist, und also bedingterweise erlaubt seyn kann, sondern ein solcher, welcher das republikanische Bildungsprinzip (durch dessen freye Entwickelung allein der politische Imperativ allmählich wirklich gemacht werden kann) und dessen Tendenz selbst zu vernichten und zu | zerstören strebt, und also absolut unerlaubt ist, d. h. vom allgemeinen Willen nie zugelassen werden kann. Der absolute Despotismus ist nicht einmal ein Quasistaat, sondern vielmehr ein *Antistaat*, und (wenn auch vielleicht physisch erträglicher) doch ein ungleich größeres politisches Übel, als selbst *Anarchie*. Diese ist bloß eine Negazion des politisch Positiven; jener eine Positzion des politisch Negativen. Die Anrachie ist entweder ein *fließender Despotismus*, in dem sowohl das Personale der herrschenden Macht, als die Gränzen der beherrschten Masse stets wechseln; oder eine unechte und *permanente Insurrekzion*: denn die echte und politisch mögliche ist nothwendig transitorisch.

[WOLDEMAR-REZENSION]

*Woldemar. Neue verbesserte Ausgabe; Königsberg 1796,
bei Friedrich Nikolovius. Erster Theil, VI. S. und 286 S.
Zweiter Theil 300 S.*

»Daß es ein Vermögen der Göttlichkeit (II. 251.) im Menschen gebe, wiewohl er bis tief in das Innere seines Wesens abhängig und gebrechlich ist, und sein mußte; daß Gott kein leerer Wahn sei;« ist das große Thema dieses philosophischen Romans, der bis in seine zartesten Theile von dem leisesten, sittlichen Gefühl, von dem innigsten Streben nach dem Unendlichen beseelt ist. Das Dasein eines uneigennützigen Triebes, einer reinen Liebe zu enthüllen, ist Hauptabsicht oder Nebenabsicht mehrerer Werke *Jakobi's*, der kein Philosoph von Profession, sondern von *Karakter* ist. In diesem, theils abhandelnden, theils darstellenden Werke offenbart er nun wo nicht den besten, doch einen großen Theil von allem, was er je über den Karakter jener freien Kraft, ihre möglichen und natürlichen Verirrungen, und über ihre einzig wahre Richtung wahrgenommen, empfunden, gedacht und geahnet hat, denen die das Genie der Liebe und der Tugend haben – den *Geistersehern*. (Ergieß. Horen. 95. VIII. Samml. S. 4.)

Wahr ist's, man kann niemand Freiheit eingießen, der den Keim dazu nicht in sich trägt. Aber der Keim bedarf eines äußern Anstoßes, der ihn mächtig reize, seine Hülle zu zersprengen; er bedarf Pflege und Nahrung. Wo könnte er diese besser finden, als in Werken, in welchen das göttliche Prinzip des Menschen in lebendiger Wirksamkeit, ja in seinen individuellsten Aeußerungen dargestellt wird? In Werken, wo die Dichtung die Ideen nur wie eine leichte Hülle zu umschweben scheint, und den unsichtbaren Gott allenthalben durchschimmern läßt? Ein solches Werk ist *Woldemar*!

Es ist ein großes Verdienst dieser und mehr oder weniger aller jakobischen Schriften, daß sie dem Unglauben an Tugend und an allen Ideen so kräftig entgegen streben. »Jede Erhabenheit des Karakters kommt von überschwenglicher Idee (Allw. 268.);« und praktische Kraft und Gültigkeit der Ideen ist unnachlässige, vorläufige und subjektive Bedingung aller Philosophie. – Es ist nicht zu ändern, daß alle, die ganz an der Erde kleben, glauben, man wolle sie zum besten haben, wenn man ihnen von Ideen rede, wie der alte Hornich, wenn man sein Gefühl in Anspruch nahm. (I. 4.) Ein andrer Unglaube ist aus der Philosophie entsprungen, und hat selbst diejenigen, welche zwar der höchsten Begeisterung fähig sind, aber jede Ueberspannung hassen, mistrauisch und furchtsam gemacht. Die Majorität der Vernünftler war nehmlich durchaus unfähig, sich nicht blos mit dem Kopfe, sondern auch mit dem Herzen zu Ideen zu er|heben. Sie leugneten, was über ihren Horizont war; und konsequente Denker, die auf einem zu niedrigen Standpunkt standen, und doch nichts unerklärt lassen wollten, bahnten ihnen den Weg. So gelang es ihnen, die Gemeinheit einigermaßen zu systematisiren und zu sankzioniren, indem sie alle Mittelmäßigen zu einer unsichtbaren Kirche vereinigten. Die Häupter der Gemeinde gehen nun wie Feuerherren umher, und wo sie etwas wittern, was wie Enthusiasmus aussieht, schreien sie: Mystizismus! Schwärmerei! – Durch Gründe die Angriffe des entschiednen Skeptikers vollständig zu besiegen, maßt sich Jakobi gar nicht einmal an: aber ein Werk, wie Woldemar, wird jeden der fähig ist, das Höchste zu lieben und zu wollen, *durch die That* lebendig überzeugen, daß diese Liebe kein Gedicht und kein Traum sei. Wenn dadurch auch nur einer seiner edlen Mistrauischen Zuversicht gewinnt, so ist das kein kleiner Gewinn für die Menschheit.

Jakobi's lebendige Philosophie ist ein reifes Resultat seiner individuellen Erfahrung, und eine entschiedene Gegnerin jener todten Philosophie, welche nur mit Buchstaben, den »Gespenstern des ehemals Wirklichen«, (I. 245.) ein Gewerbe treibt, eine Form, welche ihren Geist überlebt hat, der Schlamm und die Grundsuppe menschlicher Erkenntnis ist, und »aus dem geilsten Misbrauch des Vermögens willkürlicher Bezeichnung entsprang«

(Allw. S. 16.). – Die gänzliche Trennung und Vereinzelung der menschlichen Kräfte, welche doch nur in freier Vereinigung gesund bleiben können, ist die eigentliche Erbsünde der modernen Bildung. Der allgemein verbreitete und ungeheure Unfug kalter Vernünftler ohne Sinn, Herz und Urtheil liegt am Tage, und selbst unsere größten Denker sind nicht ganz frei von Abgötterei mit der Vernunft. Gegen solche despotische Eingriffe nimmt Jakobi die Rechte des Herzens in Schutz, und macht die große Wahrheit einleuchtend, daß »die Tugend sich nicht erklügeln | lasse« (I. 126.). In dieser polemischen Rücksicht können Jakobi's Schriften sehr günstig wirken, da die Natur ohnehin dafür gesorgt hat, daß sein Vernunfthaß in unserem Zeitalter wenigstens keine allgemeine Epidemie werden kan.

Diese *neue Ausgabe* des Woldemar ist ein erfreulicher Beweis, wie empfänglich das deutsche Publikum für Ideen ist, und eine Bestätigung, wie sorgfältig der Verfasser seine Werke zu feilen, wie geschickt er sie auszubilden versteht; denn alle seine Aenderungen sind auch Verbesserungen.

Gleich vorn sind die vielen Motto's, die sich sonst vor dem Eingange des Heiligthums drängten, wie Schweizer an der Pforte eines Schlosses paradiren, sämtlich verabschiedet. So auch das *statt Vorrede* zum 2ten Theil, und die Dedikazion »an den alten Freund, an den Mächtigen, der ihm einst liebend, zürnend, drohend zurief: nicht länger zu gaffen; sondern in die eigenen Hände zu schauen die Gott auch gefüllt hätte mit Kunst und allerlei Kraft.« Die hinzugekommene, vorläufige Karakteristik Woldemars (S. 14–16.) ist voll der wichtigsten Aufschlüsse nicht blos über ihn, sondern über den Geist und die Entstehung des ganzen Werks. »Heftig ergriff sein Herz alles, wovon es berührt wurde, und sog es in sich mit langen Zügen. Sobald sich Gedanken in ihm bilden konnten, wurde jede Empfindung in ihm Gedanke, und jeder Gedanke wieder Empfindung. Was ihn anzog, dem folgte seine ganze Seele; *darin verlor er jedesmal sich selbst« u. s. w.* »So kam er seinem Gegenstande immer näher; so entfernte, in gleichem Maße, sein Gegenstand sich immer mehr von ihm.« Durch eine zweckmäßige Versetzung, (S. 45–76. d. neuen Ausg. u. 36–63. d. alt.) durch die Erklärung und Geschichte von Hornichs Haß

gegen Woldemar, welcher sich beim Tokadille zuerst entwickelt, (S. 41.) und auf Veranlassung eines kalekutischen Hahns (S. 106.) die höchste Blüte erreicht; und durch das Tischgespräch | bei Dorenburg ist das Ganze ungleich deutlicher, runder und vollständiger geworden: hätte der Künstler dazu nur nicht solcher Figuranten bedurft, wie der widerliche Alkam und der unbedeutende Sidney. Dieser Engländer ist durchaus nichts, als ein Schüler des
10 treflichen Thomas Reid und Ferguson's, durch dessen Versuch über die Geschichte der bürgerlichen Gesellschaft Woldemar zuerst zur »Feuertaufe« gelangte, (S. 80.) »da ihn bisher nicht nur die neuern Weisheitslehrer, sondern auch die großen Alten nur mit Wasser getauft hatten.« Sehr merkwürdig hingegen ist der Karakter Hornichs, wiewohl ihr entschiedener Gegenfüßler doch nicht ohne Familienähnlichkeit mit der heiligen Gemeinde ist. Auch dieser alte Wechsler ist auf seine Weise besessen: er schwärmt für das Philisterthum, und seine knechtische Vergötterung des Buchstabens möchte sich auch gern aufschwingen. – Daß Henrietts Thränen bei Vorlesung von Woldemars Brief (S. 27. d. alt. Ausg.) das mehrmalige Wechseln ihrer Farbe, und die endlich bleibende Blässe weggelassen sind, ist gut, aber nicht hinreichend. Denn wiewohl die großen Beiden ihren erhabenen Abscheu, sich

»Wie es im Menschengeschlecht der Männer und Weiber Ge-
11 brauch ist,«

zu vereinigen, beständig im Munde führen; so sind doch nicht wenig Züge stehen geblieben, welche diesen Betheurungen widersprechen, und nur aus Geschlechtsliebe entspringen und auf Ehe abzielen können. – Vieler kleiner Aenderungen nicht zu erwähnen (I. S. 194. 208. 218. 254. 273. II. S. 13. 14. 74. 100. 136. 220. 221.), wird im 2ten Bande, außer einigen für die Deutlichkeit vortheilhaften Zusätzen (S. 157. 160. 186.), auch der Plutarch in den Familienkonvent, wo über das Herz des gefallnen Woldemar eine medizinische Konsulazion gehalten wird, mit etwas mehr Vorbereitung eingeführt. (S. 187–190.) Da Biederthal glücklicherweise eine Abschrift von Woldemars Auszug besitzt, so braucht die arme Henriette, die nur eben ohnmächtig war, | und während der ganzen Sitzung eine lange Rede nach der andern aus dem Stegreife gehalten hat, das dicke Buch nicht mehr so lange auf dem Schooße zu haben.

Es gehört eine vertraute Bekanntschaft mit dem Buche dazu, um alle Widersprüche, um die Vermischung des Vortreflichen mit dem Gefährlichen und Widrigen darinn ganz einzusehn, obgleich von beidem auch auf den ersten Blick so manches auffällt. Nothwendig ist es, das eine vom andern strenge zu scheiden: denn mit dem bloßen Streben nach dem Unendlichen ist die Sache doch gar nicht gethan. Ein Werk kan bei dieser hohen Tendenz dennoch durch und durch unlauter und verkehrt sein, und wer, was er als Unphilosophie und Unschicklichkeit erkennt, zu beschönigen sucht, ist unwürdig, daß man auf sein Urtheil achte, oder weiß nicht, was er will. So gern man auch schonen möchte, darf man sich hier doch durchaus keine Halbheit erlauben: denn es sind eben nur die Würdigsten, welche ein genialisches Werk wie Woldemar verführen und an den Rand des Abgrunds locken kan. Spott über den Unzusammenhang des Ganzen, und das Ungeschick im Einzelnen kan niemand beleidigen, der das Werk aus der Nähe betrachtet, und fest ins Auge gefaßt hat.

Man geräth in nicht geringe Verlegenheit, wenn man sich über den eigentlichen Karakter die höchste Absicht und das endliche Resultat des Ganzen strenge Rechenschaft geben will. Und doch kan man es nicht richtig würdigen, ohne hierüber im Reinen zu sein. Betrachtet man es, nach einem Wink in der Vorrede über den Unterschied desselben vom Allwill, als ein *poetisches* Kunstwerk: so fehlt es an einem befriedigenden Schluß, und Woldemar's reuige »Zerknirschung läßt immer noch einen ganz unerträglichen Nachgeschmack« zurück. Was kan empörender sein, als seine Selbstverachtung, sein Schwindel vor den Tiefen seines Her|zens? Die Erzählung endigt mit einer unaufgelösten Dissonanz. Woldemar's Innres und Aeußres ist unheilbar zerrüttet. Nach einer *solchen* Reue kan er sich wohl zum Gehorsam eines guten Knechts aber nie zur Würde eines freien Mannes erheben. Sein Verhältnis mit Henrietten ist eigentlich zerrissen. Sie ist nicht seine Freundin mehr: er hat eines andern Vertrauten über sie nöthig, als sie selbst, und wirft sich an Biederthals Busen (II. 299.) Die Freundschaft, mit der W's Gemüthsruhe steht und fällt, muß vollends brechen oder verhallen. Nicht zu erwähnen, wie peinlich, häßlich, und also unpoetisch fast alle dargestellten Situationen, Karaktere und Leidenschaften sind: so wäre das Unnatürliche der Hauptbegebenheit, welches wir jeden Augenblick empfinden, in einem Gedicht eine unersetzliche Störung. Woldemar's und Henriettens Misverständnis konnte gar nicht statt finden, wenn nur so viel Zutrauen, so viel Delikatesse in ihnen wäre, als zu dem Bestehen auch des gemeinsten blos gesellschaftlichen Verhältnisses erforderlich ist. Sie reden zwar unaufhörlich von hohen Idealen der Freundschaft, und erörtern das förmlich, worüber sich wahrhaft delikate Menschen stillschweigend verstanden haben würden, die eigentliche Natur ihres Verhältnisses: wo hingegen die schnellste Offenheit nothwendig war, bei scheinbaren oder wahren Beleidigungen brüten sie einsam, und schmollen mistrauisch. Die gegenseitige Aufklärung kan sie nicht geheilt haben, sie muß ihre Empfindlichkeit nur noch wunder machen: seine leidenschaftliche Aengstlichkeit und ihre jungfräuliche Zurückhaltung sind eine unversiegliche Quelle neuer Misverständnisse, und werden endlich auch die arglose Allwina anstecken müssen. Auch Henriette und Allwina müssen früher oder später zu Grunde gehen. Für W. konnte es nicht schwer sein, die Freundschaft für Henrietten mit der Neigung für Allwinen zu vereinigen. Ein Weib zu lieben, gleich als wäre sie ein Mann: von einem Freunde geliebt zu | werden mit weiblicher Nachsicht und Anbetung; das war es eben, was sein verzärteltes Herz begehrte, und wobei es in seinem Falle keiner besondern Reinheit und Festigkeit deren Gesinnung bedurfte. Diese fielen allein auf das Theil jener beiden. Er achtete nicht auf die Möglichkeit, daß die Natur seinem Eigensinne entgegen arbeiten, und sich in irgend einer spätern Stunde höhere Ansprüche, andere Wünsche in den Busen seiner beiden Geliebten regen könnten. Er gab es zu, daß Henriette einen Theil ihres Selbsts vernichtete, um sein Ideal ganz zu erfüllen. Denn was soll nun Henriette eigentlich sein? Was können wir anders annehmen, als daß sie eigentlich dazu organisirt war, unter der gefälligen Gestalt eines Weibes geschlechtslos zu sein; und wen mag sie dann noch interessiren? – Oder daß sie Eines entbehrt, um das Andere zu genießen. Es sei, daß dieser Zustand nicht Spannung war: aber wird er darum dauernd sein? Ein Augenblick kan sie die Entbehrung schmerzlich empfinden lassen. Ich rede hier nicht von einer schnellen Einwirkung der Leidenschaft oder der Sinne. Aber wenn Henriette wirklich Weib ist, so kan sie der Sehnsucht, ein eignes Kind an die Brust zu drücken, um so weniger entgehn, da sie täglich Zeuge von mütterlicher Glückseligkeit sein muß; sie kan am ersten von ihr überrascht werden, bei dem Anblick eines Kindes auf Allwinens Schooß: hier muß das Mitgefühl ahnen, daß es an eignes Gefühl nicht reicht. Wird ihr forthin nicht die bisherige Wonne ihres Lebens unfruchtbar dünken? – Wenn wir so manche Züge, die in Henrietten auf das Mädchen deuten, ihre Betroffenheit über W's. Lachen, ihr Verschweigen, ihre Schüchternheit, ihre sie so ganz überwältigende Angst zusammenrechnen, so erscheint sie in der That als ein Opfer W's. – Und Allwina? Es ist vorauszusehn, daß sie sich ausbilden, ihr Geist sich stärken, und Bestimmtheit gewinnen wird. Ihr kindliches Hinaufschauen zu Henrietten muß sich mit den Jahren in Gleichheit verlieren. | Bisher hatte sie von der Hand ihrer Freunde alles genommen, wie sie es ihr gaben; sie hätte sich wol durch ihre Unschuld selbst zur Unnatur verleiten lassen: aber eben ihr unbefangner Sinn wird bald ahnen, daß Woldemar ihr, wie es zuletzt wirklich geschieht, etwas verbergen muß, und ihr reiferes Gefühl, das nothwendig mit erhöhtem Bewußtsein verknüpft ist, dagegen auflehnen. Wenn dann auch eigentliche Eifersucht fern von ihr bleibt, muß sich nicht Mistrauen und Unruhe ihrer bemächtigen?

Natürlich müssen sich viele Widersprüche aus einem Verhältnisse ergeben, welches in seiner ersten Anlage durchaus ein Widerspruch ist, den alle Kunst des Verfassers nicht heben, ja nicht einmal verstecken konnte. Henriettens Freundschaft soll keine Liebe sein, und ist doch offenbar nichts anders. »Das schüchterne, bescheidne Mädchen, welches zu seinem eigensten Dasein bisher nicht hatte gelangen können, und es nun im fortgesetzten, vertraulichen Umgange mit einem erfahrnen, in sich schon bestimmten Freunde erwirbt, der ihren besten Ideen und Empfindungen – den einsamen, verschlossenen – Freiheit, Bestätigung, unüberwindliche Gewißheit verschaffte« (I. S. 67.) – hat eine starke Anlage zur Ehe, ist aber zur Freundschaft, welche sich nicht auf gegenseitige Abhängigkeit gründen darf, und von jeder Beziehung auf Bedürfnisse so rein als möglich erhalten werden muß, nicht selbstständig genug. Ihr ganzes Wesen wird durch ein *Bedürfnis* angezogen, und an den Mann gefesselt, der ihr Haltung, Richtung und Einheit geben, und wieder von ihr nehmen soll. Ihre Seele sucht ihn zu umfassen, wird sich auf ihn beschränken, und kan in der innigsten Vereinigung mit ihm vollständige Befriedigung finden. Jenes Streben ist eigentliche, weibliche Liebe, und diese innigste Vereinigung durch alle himmlischen und irdischen Bande, wo zwei durch gegenseitige Bedürfnisse und Abhängigkeit ein Ganzes werden und bleiben (II. 38.) nichts anders als *Ehe*. Ein Weib, welches einen | Mann »über alles liebt«; – »aus ihm ihr bestes Dasein – alles Dasein nimmt«; – »ohne ihn nicht leben möchte – und – nicht leben könnte«; (IIr Th. S. 186.) ist in ihrem Herzen seine Gattin.

Um Woldemar's Freundin sein zu können, ist Henriette zu sehr – Weib und Mädchen. Zwar könnte es wohl eine Freundschaft zwischen einem Manne und einer Frau geben, die durch ihre Leidenschaftlichkeit der eigentlichen Liebe ähnlich schiene, und doch wesentlich von ihr verschieden wäre. Nur müßte der Mann, um einer solchen Freundschaft fähig zu sein, kein sinnlicher, eitler, durch und durch gebrechlicher Woldemar, sondern Herr seiner selbst sein. Die Frau müßte sich nicht nur über den Horizont der Weiber, die nur in ihrem Geliebten und in ihren Kindern leben, erheben können, und fähig sein, Ideen thätig zu lieben, nicht blos müßig darüber zu räsonniren; denn Freundschaft ist ja eben eine gemeinsame Liebe, Wechselbegeistrung; sondern auch reif und sicher über die Bedürfnisse und Besorgnisse des Mädchens erhaben sein. – Henriette ist so sehr Jungfrau, daß die bloße Magie ihres Umgangs sogar die beiden muntern, jungen Weiber wieder in Jungfrauen verwandeln kan (Th. I. S. 9.); so wie ein rechter Profet alles, was er berührt, in Offenbarungen und Seher umbildet. (Ergieß. S. 5. 6.) Henriette verschweigt Woldemar'n das Versprechen, das sie sich hat abnöthigen lassen. Sehr jungfräulich mag das sein; aber es ist ganz und gar nicht freundschaftlich: und man muß Woldemar'n Recht geben, daß er sich dadurch von ihr »getrennt fühlt«.

Mit »Bruder Heinrich« hätte selbst der mistrauische Woldemar zu *solchen* Misverständnissen nicht kommen können. Sie sind selbst für den Zuschauer so quälend, daß er sich wol jedes Mittel gefallen ließe, welches ihnen auf einmal ein Ende machen könnte, wäre es auch nur jenes populäre, welches schon die Homerische Kirke dem Odysseus vorschlägt: | 12

»Auf dann, stecke das Schwerdt in die Scheide dir; laß dann
    zugleich uns
Unser Lager besteigen, damit wir, beide vereinigt
Durch das Lager der Liebe, Vertraun zu einander gewinnen.« 13

Ohne Gewalt würden sie freilich wol alle beide nicht dahin zu bringen sein, da sie jeden, der ihnen nur von fern ansinnt, zu thun, was ihnen Blutschande und Sünde wider die Natur scheint, so schnöde anlassen und so innig bemitleiden. »Der Nebel« (Th. II. S. 75.) wäre dann wohl zerstreut, aber zugleich auch der ganze Roman eher geendigt, als er noch angefangen hätte. Auf W's. und H's. gegenseitiger Unheiratbarkeit (bei einer so außerordentlichen Sache darf man sich auch wol ein außerordentliches Wort erlauben) beruht das Ganze: mit ihr steht und fällt die Einzigkeit ihres Einverständnisses und Misverständnisses. Da der Dichter sie nicht motiviren konnte, war er genöthigt, sie zu postuliren, und durch schneidende Machtsprüche die Fragen, welche er nicht zu beantworten vermochte, abzuweisen. Ein leidiger Nothbehelf! Denn er mag auch einen noch so hohen Trumpf darauf setzen, so wird ihm doch niemand aufs Wort glauben: »daß die Freuden der Gattin und Mutter sich im Mitgefühl höher schwingen, als im eignen« (Th. I. S. 9. 10.). – Schade ists, daß H's. Liebenswürdigkeit unter ihrer Einzigkeit sehr leiden mußte! Es fällt dadurch ein Schein von gemeiner Prüderie auf sie. Vorausgesetzt, daß Henriette Woldemar'n wirklich liebt: so ist die Art, mit der sie ihm entsagt, und ihr Entschluß, »den Tanten zum Exempel zu leben«, (Th. I. S. 279.) sehr liebenswürdig und auch sehr weiblich: denn daß ein Mädchen von zarter Seele bei der geringsten Veranlassung, eben aus Liebe dem Besitz ihres Geliebten entsagt, ist gar nicht unnatürlich.

    Woldemar hat sehr Recht, wenn er sagt: »Wir wurden Freunde, wie Personen von einerlei Geschlecht es nie werden können«

(Th. II. S. 49.) | wenn er aber hinzusetzt: »und Personen von *verschiedenem* es vielleicht nie waren«; so ist das nur eine leere Anmaßung, wozu ihn allein die Wuth, einzig zu sein, verführen konnte. Die Tendenz, ihr Wesen, ihre Thaten und ihre Verhältnisse für sich und unter einander, außerordentlich, seltsam, sonderbar und unbegreiflich zu finden, ist eine karakteristische Familienähnlichkeit der Jakobischen Menschen. Keiner ist aber von diesem Hange so ganz besessen, wie Woldemar. Er kan auch nicht einmal einen umgeworfnen Korb mit seiner Freundin aus dem Quark heben, ohne sich in Anbetung ihrer (und also auch seiner) Einzigkeit zu ergießen. – Wahrlich, es vergeht nicht leicht ein Tag, an dem nicht solche Freundschaft unter Personen von verschiedenem Geschlecht zu ganzen Hunderten angefangen, vollendet, oder auch durch fremde und eigne Schuld gestört werden: denn nichts ist gemeiner, als eben diese Mischung von Kraft und Schwäche, von echter Liebe und echter Selbstsucht. Auch jene Freiheit mordende, grenzenlose Hingebung, welche Jakobi so oft, bald unmittelbar bald mittelbar, als die schönste weibliche Tugend anpreiset, wiewohl eben sie die Wurzel der Tugend selbst vernichtet, ist gar nichts seltnes; die gewöhnliche Eigenschaft aller Frauen, die gutgearbeitet sind, ohne sich zur Selbstständigkeit erheben zu können. Das ist es, was W. von seinem Freunde wie von seiner Gattin verlangt; und sein angeblich unerhörtes Ideal von Freundschaft wird nur zu oft in gemeinen Ehen realisirt; innigste Vereinigung auf Kosten der Selbstständigkeit: man könnte es eine übertriebene Ehe nennen.

Nichts ist ungeschickter »Vertrauen auf die Macht der Liebe« einzuflößen, als Woldemar's Beispiel: denn in einem solchen Herzen muß die Liebe, ihr Gegenstand sei welcher er wolle, ihre edle einfache Natur verwandeln, und ein treffender Schaden werden. Die erste der beiden Sentenzen, mit denen das Werk schließt, kan also durchaus das | nicht sein, wofür sie doch so deutlich gegeben wird, Resultat des Ganzen. Aber auch die zweite: »Wer sich auf sein Herz verläßt, ist ein Thor«; ist keine richtigere Folgerung, als die Nutzanwendung so mancher äsopischen und unäsopischen Fabel: obgleich so vieles unmittelbar, das übrige wenigstens mittelbar sich auf sie zu beziehen, und um ihrentwillen da zu sein scheint. Sollte sie auch nur rhetorisch bewiesen werden, so mußte W. Kraft haben, und blos aus Selbstgenügsamkeit fallen. Der Fall eines Menschen, dem man die Gebrechlichkeit so bald ansieht, befremdet und betrübt uns nicht sonderlich. »Woldemar kan«, aus uns Lesern, »das nicht ersparen, daß wir ihn verachten müssen«, und seine Strafe gerecht finden, ohne darum besser von der Knechtschaft zu denken.

Es wird zwar mit unter viel übels von W. gesagt: aber ohne daß es dem Künstler damit ein rechter Ernst gewesen sein kan; denn er hat uns Achtung und Theilnahme für ihn geben wollen, und beides ist er nicht werth. Dorenburg nennt W.'n einen geistigen Wollüstling. So ist es auch mit ihm, aber in einem höhern Grade, als Jakobi es gewollt haben kan: denn jene feine Wollust macht ihn zum groben Egoisten. *So genießt er* Alwinen, die Lais seiner Seele, 14 liebt sie nicht: es ist wirklich empörend, wie er sich noch freuen darf, daß er sie nur besitze, ohne von ihr besessen zu werden. (Th. II. S. 73.) So *braucht* er Henrietten, »daß sie ihm seinen alten Traum von Freundschaft deute" (Th. II. S. 38.), zur »Bestätigung, daß seine Weisheit kein Gedicht sei« (Th. II. S. 182.); liebt sie nicht. So steht er da, hingegeben der Befriedigung, die beide ihm gewähren, und läßt sich anwehen von erquickenden, balsamischen Lüften im geistigen, wie im physischen Sinn. Diese Beschaffenheit W.'s verbreitet ihren widrigen Einfluß auf das Schönste im Buch. Das zarteste selbst wird undelikat, weil es uns seine selbstische Befriedigung malt: so die schöne Schildrung von | Allwinens Liebe und Hingebung; so die Art, wie beide Freundinnen sich bemühn, dem Weichling das Leben zu versüßen, und ihm jeden Anstoß aus dem Wege zu räumen. Wir können nicht umhin zu glauben, daß es demjenigen an wahrer Kraft fehlt, der andre so viel für sich thun läßt, der eines solchen Zauberkreises bedarf, um darinn zu existiren. – Seine Lieben, die so viel Noth mit ihm haben, tragen indessen auch in etwas die Schuld. Warum bestehen sie so hartnäckig darauf, ihn zu vergöttern, da sie doch wissen, daß eitel Hochmuth und Lüste in ihm sind? Es ist ein großes Uebel, wenn ein Mensch zum Schooßkinde der ihn zunächst umgebenden geworden ist; oft hat er es nur seinen Unarten zu danken, und es vermehrt diese dann. Eigentlich nimmt der Verfasser selbst

Antheil an diesem Verzärteln: Woldemar ist auch sein Liebling, und der gemeinschaftliche Mittelpunkt, um den sich alles dreht, mehr als der Zusammenhang des Ganzen erfordern, oder auch nur erlauben dürfte. Alle übrigen scheinen nur um seinetwillen da zu sein; wenn sie nicht für ihn handeln oder leiden, so rathschlagen sie über sein Seelenheil. Wie müßte die Kenntnis davon, die man dem, den sie betrifft, nie ganz entziehn kan, einen gesunden Menschen stören, ihm so lästig fallen? Woldemar'n würde sie nur in seiner Eitelkeit bestätigen, und noch tiefer in Spekulationen über sich selbst verwickeln, zu denen er schon so geneigt ist. Dieses Grübeln ist das beste Mittel, einen ohnehin kranken Geist ganz zu schwächen und zu verderben, wie beständiges Mediziniren den Körper entnervt. Kein Wunder, wenn der Pazient zuletzt so gefährlich wird, daß die berathschlagende Familie sich stillschweigends permanent erklären muß, wie ein Senat, wenn das Vaterland in Gefahr ist. Das pedantische dieser Szene würde recht anschaulich werden, wenn man eine Zeichnung dazu machen wollte: man nähme die Figuren und setzte sie um einen Tisch, wie im Orbis pictus, über den ein Auge im Dreieck schwebt. | Vielleicht erläu-
15 terte dieses sogar manche Dunkelheiten.

Ein entscheidender Beweis für W.'s Schwäche ist die Leere des Mannes, die in seinen Briefen, dem schwächsten Theile des Werks, vorzüglich sichtbar wird. Was sich vom Genuß der schönen Natur »einsalzen und in Rauch aufhängen läßt, ist so schwach und so schwindelnd!« Woldemar aber, der nur da rastlos thätig erscheint, wo man nicht den geringsten Widerstand findet, in den Räumen der Einbildungskraft, macht sich ein angelegentliches Geschäft daraus, seine Gefühl aufs sorgfältigste zu registriren. Er geht in seinen häufigen Naturbeschreibungen gleichsam auf die Jagd nach himmlischen Empfindungen aus. Sein armes Herz kan nur im Irrthum genießen. Mühsam muß er erst das Todte um sich her beleben, um durch eine künstliche Teuschung seine Empfindungen hervorzulocken, die doch nur trübe und tropfenweise rinnen. Er ist genöthigt, die Einzelheiten der schönen Natur so aufzuzählen, daß die Darstelung eines Tages, eines Auftritts oft mehr die Geschichte des Wetters, als des Herzens ist: überall tritt ihm nur der unfruchtbare Begriff des Unendlichen entgegen, dessen eingebildeter Genuß so undarstellbar st, als es selbst. Durch das lange Ausspinnen einer einförmigen Verzückung mußte auch ein genialischer Schriftsteller in gemeine Empfindelei versinken: denn nur diese kan »Pappeln das süße Schrecken der angenehmsten Empfindung durchfahren«, und den »Unermeßlichen zu sich ins Gras lagern« lassen (Th. II. S. 19. 20.). Welche innre Fülle offenbart sich dagegen in Werthers Verkehr mit der Natur; er mag sie nun mit der warmen Liebe eines jungen Künstlers umfassen, oder das Drängen seiner Brust an ihrem Busen aushauchen, oder für seine Leidenschaft gefährliche Nahrung aus ihr saugen!

Ein so verfehlter Held, wie W., thut sehr wohl, sich lieber unter das Joch irgend eines Gehorsams zu beugen, als sich kraft seines sittlichen Genies | zum allgemeinen Gesetzgeber für die Kunst des Guten zu konstituiren. Daraus ergiebt sich denn die Nutzanwendung: »Wer sich auf ein eigensinniges, verzärteltes Herz verläßt, ist ein Thor.«

Das *Poetische* ist im Woldemar offenbar nur Mittel: denn wenn ein Werk nicht selten die höchsten Erwartungen des Schönheitsgefühls und des Kunstsinnes befriedigt, öfter aber und grade in der Zusammensetzung des Ganzen die ersten Gesetze des Geschmacks beleidigt, so darf man voraussetzen, daß Schönheit und Kunst hier nicht vernachlässigt, sondern einem höhern Zwecke mit Bedacht aufgeopfert sei; auch nennt Jakobi die Absicht des Werks eine philosophische. Betrachten wir nun den Woldemar nach dieser Andeutung als ein philosophisches Kunstwerk: so ist die Häßlichkeit des Hauptkarakters, die folternde Peinlichkeit der Situazionen, und die Dissonanz am Schluß kein Tadel; selbst die Unwahrscheinlichkeit der Hauptbegebenheit ist verzeihlich, wenn dies nur auf die Evidenz des endlichen Resultats keinen Einfluß hat: denn der Naturkündiger braucht keinen Ekel zu schonen, und der Wißbegierige muß auch den Anblick sezirter Kadaver ertragen können: aber wir erwarten dann auch eine vollständige *philosophische Einheit*, welche nur aus der durchgängigen Beziehung auf ein befriedigendes philosophisches Resultat entspringen kan. Darnach suchet man im Woldemar vergebens; und da die Art durch die Einheit und den letzten Zweck bestimmt wird, so ist er streng genommen, kein philosophisches Kunstwerk: denn jene triviale Bemerkung kan doch unmöglich für ein philosophisches Resultat gelten. Wie könnte sie überhaupt das Ziel einer solchen Laufbahn sein? Wie einen solchen Aufstand von Tiefsinn, Scharfsinn, Geist, Beobachtung und Studium lohnen? Es wäre, als wollte man eine Feder durch einen Krahn mühsam emporwinden. – Die große Ungleichheit des Werths der einzelnen philosophischen Stücke bestätigt die Vermuthung, daß auch die Philosophie | hier nur als *Mittel* gebraucht werde. Findet man in einem und demselben Werke neben Stellen, die des größten Denkers würdig wären, Misverständnisse, Uebereilungen, Verworrenheiten, die man einem gemeinen und gesunden Kopfe nicht verzeihn würde: so muß man voraussetzen, daß Wahrheit und Wissenschaft hier nicht letzter Zweck sei, sondern einer höhern Absicht mit Bedacht aufgeopfert werde.

Aber welche Art von Einheit ist denn nun in dem sonderbaren Werk, welches sich unter keine Kategorie bringen läßt, in dem man indessen doch einen gewissen Zusammenhang so unleugbar fühlt?

Offenbar nur eine *Einheit des Geistes und des Tons*; eine *individuelle* Einheit, welche um so begreiflicher wird, je mehr man mit dem Karakter und der Geschichte des Individuums, das sie hervorbrachte, bekannt ist. Daß die vom Verfasser selbst sehr bestimmt aufgestellte angeblich philosophische Absicht des »Menschheit, wie sie ist, erklärlich oder unerklärlich, aufs gewissenhafteste vor Augen zu legen;« so objektiv klingt, darf uns nicht irre machen: denn wenn es auch nicht der erste Blick auf das Werk selbst lehrte, so würde es schon aus der Erläuterung, und Entstehungsgeschichte jener Absicht in der Vorrede zum Allwill erhellen: daß hier unter »Menschheit« nur die Ansicht eines Individuums von derselben verstanden werde; und daß es also eigentlich heißen sollte: »*Friedrich-Heinrich-Jakobiheit*, wie sie ist, erklärlich oder unerklärlich, aufs gewissenhafteste vor Augen zu legen.«

Wer also den Geist des Woldemar verstehen will, so weit dies möglich ist, muß Jakobi's sämtlichen Schriften, und in ihnen den individuellen Karakter, und die individuelle Geschichte seines Geistes studiren. – Vielleicht findet man hier noch mehr, als man suchte; sichere Auskunft nehmlich über eine *Einheit der Tendenz* im Woldemar, auf die man zwar; so lange man ihn *isolirt* be|trachtet, einigermaßen rathen, aber auch nur rathen kan. Es ist, als ob das Buch gegen das Ende dem Leser verstohlen zuwinkte, und sich gleichsam zu ihm neigte, um ihn »*das rechte* – ins Ohr zu sagen« (Allw. S. 100); oder auch nur mit bedeutendem Blick und leisem Fingerzeig auf einen geheimen einzig sichern Pfad nach »jener Freistäte der Weisheit, wo der Mensch dasselbe will, und nicht will«, deute, wohin »keine offene Heerstraße« führen kan (Th. II. S. 175.).

Zwar pflegen Jakobi's Werke überhaupt, wenn sie den Uneingeweihten durch mancherlei Irrwege endlich bis an die Schwelle des Allerheiligsten geführt haben, sich gern in ein räthselhaftes Schweigen zu verlieren, oder einige in ein imposantes Dunkel gehüllte Worte hinzuwerfen; doch hat er einigemal, vorzüglich in polemischen Schriften, wenigstens mit mehr Klarheit und Umständlichkeit die letzten Resultate seiner Philosophie enthüllt: denn gleich jenem alten Proteus scheint auch er nur gezwungen Rede zu stehn, und zu weissagen. So viel er aber auch noch verschweigen mag, so hat er sich doch über die erste Veranlassung seines Philosophirens so offenherzig, und über die letzten Gründe seiner Philosophie so bestimmt geäußert, daß über das *herrschende Prinzip* derselben gar kein Zweifel übrig bleibt.

Die erste subjektive Bedingung alles echten Philosophirens ist – Philosophie im alten Sokratischen Sinne des Worts: *Wissenschaftsliebe*, uneigennütziges, reines Interesse an Erkenntnis und Wahrheit; man könnte es *logischen Enthusiasmus* nennen; der wesentlichste Bestandtheil des philosophischen Genies. Nicht *was* sie meinen, unterscheidet den Philosophen, und den Sophisten: sondern *wie* sie's meinen. Jeder Denker, für den Wissenschaft und Wahrheit keinen unbedingten Werth haben, der ihre Gesetze seinen Wünschen nachsetzt, sie zu seinen Zwecken eigennützig misbraucht, ist ein *Sophist*; mögen diese Wünsche, | und Zwecke so erhaben sein, und so gut scheinen, als sie wollen.

Der elastische Punkt, von dem Jakobi's Philosophie ausging, war nicht ein objektiver Imperativ, sondern ein individueller Optativ. – Schon in seiner Kindheit konnte er sich mit Vorstellungen von Ewigkeit und Vernichtung bis zur Ohnmacht und Verzweiflung ängstigen (Br. üb. die Lehre des Spin. 15 f. 328 folg.). Die Liebe zum Unsichtbaren, Göttlichen war der herrschende Affekt im Busen des feurigen und eben so weichherzigen Jünglings; die Seele seines Lebens. Ohne diese Liebe schien es ihm unerträglich zu leben, auch nur Einen Tag (Allw. S. XIII. XIV. Ideal. S. 72.). Das Unsichtbare war ihm nicht Triebfeder und Leitfaden wackrer Thätigkeit: sondern »der volle wirkliche Genuß des Unsichtbaren« (Allw. S. 294.) war das Ziel seines ganzen Wesens. Von Natur geneigt, in sich zu versinken und in eignen Vorstellungen zu schwelgen, konnte er zuerst nur durch Mistrauen in seine Liebe und Zweifel an der Realität ihres Gegenstandes bewogen werden, sich aus sich selbst herauszureißen, und nach außen hin thätig zu sein, wo man jeden Schritt vorwärts erkämpfen muß. Er kan die Schwierigkeiten, die er dabei fand, nicht schlimm genug beschreiben (Ideal. S. 68–93); und auch nachdem war es fast immer ein Angriff (wie bei den Briefen über Spinosa, dem Idealismus etc.) oder eine Aufmunterung von außen (An G. Wold. vor. Ausg.) wodurch er zu äußrer Thätigkeit gleichsam gezwungen ward. »Ursprüngliche Gemüthsart, Erziehung und Mishandlung herzloser Menschen vereinigten sich, ihm ein quälendes Mistrauen gegen sich selbst einzuflößen« (Spin. 16. Ideal. 70. 72.). Dieß mußte ihn in seinem Glauben irre, und über seine Lieblingsgegenstände ungewiß machen. – »Jene Liebe *zu rechtfertigen*«, sagt er von sich selbst (Allw. S. XIV.); darauf ging alles sein Dichten und Trachten: und so war es auch *allein* der Wunsch, mehr Licht | über ihren Gegenstand zu erhalten, was ihn zu Wissenschaft und Kunst mit einem Eifer trieb, der von keinem Hindernis ermattete. – Das klarste Geständniß, daß er die Philosophie nur *brauchte*; (wie W. Henrietten) zur Bestätigung: »daß *seine* Weisheit kein Gedicht sei«, brauchte!

Wenn die wissenschaftliche Untersuchung nicht von der gerechten Voraussetzung daß Wahrheit sein soll, ausgeht, mit dem festen Entschluß und der Kraft, sie zu nehmen, wie sie gefunden wird, sondern von einer trotzigen Forderung, daß dies und jenes wahr sein soll: so muß sie mit Unglauben und Verzweiflung, oder mit Aberglauben und Schwärmerei endigen; je nachdem der Untersucher mehr Muth hat, der Erfahrung oder der Vernunft Hohn zu sprechen. Es ist kein Wunder, wenn das widersinnig endet, was widersinnig anfing. Wer von der Philosophie verlangt, daß sie ihm *eine Julia machen* soll, der wird früher oder später zu der sublimen Sentenz des Romeo beim Shakespeare:

»Hang up philosophy!
Unless philosophy can make a Juliet;« 19

kommen müssen.

Ist der Denker während er sie suchte, seiner Julia untreu geworden, und hat die Philosophie selbst lieb gewonnen: so überwältigen ihn die Widersprüche, in die er sich verwickeln mußte; er wird ein Skeptiker, ein bedauernswürdiger Märtirer der Wahrheit: liebt er aber seine Julia von ganzer Seele, und macht sich nichts aus der Wahrheit: so darf er nur durch einen dreisten Machtspruch den Zweifeln Stillschweigen gebieten; er wird glücklich, *und hängt die Philosophie*.

Jakobi mußte die philosophirende Vernunft hassen: da der konsequente Dogmatismus, nach seiner Ueberzeugung dem Gegenstande seiner Liebe sogar die Möglichkeit absprach; der kritische Idealismus hingegen, so wie er ihn verstand oder misverstand, demselben nur einen Schatten von Rea|lität übrig ließ, mit dem er sich nicht begnügen konnte; und doch zeigte ihm die philosophirende Vernunft keinen andern Ausweg. Auch unterscheidet er den Glauben, welchen er als Fundament alles Wissens aufstellt, sorgfältig von jedem Fürwahrhalten aus Vernunftgründen; setzt diese wunderbare Offenbarung dem natürlichen Wissen entgegen. Er trennt die Philosophie von der herabgesetzten Vernunft, und behauptet, Philosophie überhaupt sei nichts anders als was die seinige wirklich ist: der in Begriffe und Worte gebrachte Geist eines individuellen Lebens. Aber nur wenn Streben nach Wahrheit und Wissenschaft die Seele dieses Lebens ist, kan der Geist desselben philosophisch genannt werden, ohne jedoch darum eine Philosophie zu sein: keinesweges hingegen, wenn er um einen Lieblingswunsch zu befriedigen, die konstitutionellen Gesetze, denen sich jeder Denker durch die That (wie der Bürger durch den Eintritt in den Staat) unterwirft, und unterwerfen muß, ohne

Scheu übertritt. – Der *polemische* Theil der Jakobischen Schriften hat großen philosophischen Werth: er hat die Lücken, die Folgen, den Unzusammenhang nicht blos dieses oder jenes Systems, sondern auch der *herschenden Denkart des Zeitalters* mit kritischem Geist, und mit der hinreißenden Beredsamkeit des gerechten Unwillens aufgedeckt; das letzte vorzüglich im Kunstgarten und in einigen Stellen des Allwill. Auch hat er, obgleich er sich nie über den Standpunkt der gemeinen Reflexion erhob, doch unbekanntere Regionen derselben betreten und beschrieben; und der kritische Philosoph, welcher das Vergnügen genießt, das Wahre, was seine Apokalypsen etwa enthalten, *deduziren* zu können, muß sich nur hüten, dies Verdienst nicht über die Gebühr zu schätzen. Seine positive Glaubenslehre aber kan durchaus nicht für philosophisch gelten. Wäre es ihm nicht blos und allein darum zu thun gewesen, seine Liebe, gleichviel *wie*, zu befriedigen: so würde er gegen die Vernunft we|nigstens das Mitleiden eines großmüthigen Siegers bewiesen haben, nachdem er auf ihre Unkosten zum Ziele gelangt war. Er hätte sich unmöglich bei Widersinnigkeiten, wie eine Anschauung des Unendlichen, und eine Anschauung, welche das Zeichen ihrer Objektivität mit sich führt, und also gleichsam gestempelt sein muß beruhigen können: beides liegt in der Thatsache des Unbedingten als dem Fundament des Wissens. (Die zweite Widersinnigkeit trifft eigentlich jede Elementarphilosophie, welche von einer Thatsache ausgeht. – Was Jakobi dafür anführt: »daß jeder Erweis schon etwas Erwiesenes voraussetze« (Spin. S. 225); gilt nur wider diejenigen Denker, welche von einem einzigen Erweis ausgehn. Wie wenn nun aber ein von außen unbedingter, gegenseitig aber bedingter und sich bedingender *Wechselerweis* der Grund der Philosophie wäre?) Er hätte es nicht über sich gewinnen können, offenbare Widersprüche, Fehlschlüsse und Zweideutigkeiten durch genialischen Tiefsinn in einzelnen Stellen, durch die vortheilhafteste Beleuchtung, und sogar durch Autoritäten vor seinen eignen und vor fremden Augen zu verstecken und zu beschönigen. War es etwa Furcht, was ihn zurückhielt, weiter zu forschen? sonst wäre es fast unbegreiflich, wie die Bemerkung: »daß die sogenannte Offenbarung nur in Absicht auf uns unmittelbar sei, weil wir das eigentliche Mittelbare davon nicht erkennen;« (Ideal. S. 53.) ihm nicht Veranlassung wurde, sich auf einen höhern Standpunkt der Reflexion zu erheben. – Solche Mittel, ein so unversöhnlicher Haß gegen die philosophirende Vernunft, verrathen schon Mangel an Zuversicht. Auch scheint ihm Grund alles Wissens etwas gar Ungewisses (Ideal. S. IV–VI.); und er vermochte seine Zweifel nur zu zerschneiden, durchaus nicht zu lösen (Allw. S. 202–308. Ideal. S. 108. Spin. S. 237. S. 252. folg.). Die Wahrheit läßt sich nun einmal nicht ertrotzen; und wer seine Vernunft betäubte, um nur glauben zu dürfen, was ein Herz | begehrte, endigt, wie billig, mit Mistrauen gegen die geliebte Wahrheit selbst (Allw. S. 300. folg.). Wer alle Hoffnung auf die unmittelbare Thatsache einer reinen Liebe in seinem Innern baut, muß in Unglauben, Verzweiflung und Ekel ohne Maaß versinken, so oft Leidenschaft oder Trägheit dem göttlichen Theil seines Wesens etwas hartnäkkiger widerstreben; so oft er auch nur die allgemeine menschliche Beschränktheit erwegt; ja so oft er übler Laune, sich und andre anzuschwärzen geneigt ist.

Die *allmählich* entstandne Gedanken-Masse eines so beschaffnen mit dem Herzen gleichsam zusammengewachsnen Kopfes konnte durchaus nur *darstellend* mitgetheilt werden (Allw. XV.); und diese Darstellung gerieth im Ganzen genommen so vortreflich, daß sie leicht mehr werth sein dürfte, als das Dargestellte selbst. Zwar ist der noch kein Dichter, welcher nur die Personen einer einzige Familie ähnlich porträtiren kan: durch die auch unter den größten Künstlern so seltne Gabe, wahre Weiblichkeit in ihren zartesten Eigenheiten teuschend nachzuahmen, und die leisesten Regungen des sittlichen Gefühls tiefer, inniger und äußerst reizbarer Seelen rein und klar darzustellen, kan dieses so beschränkte, blos nachbildende praktische Vermögen indessen doch wol den Nahmen eines poetischen Talents verdienen. Jakobi's echt prosaischer Ausdruck aber ist nicht blos schön, sondern *genialisch*; lebendig, geistreich; kühn und doch sicher wie der Lessingsche; durch einen geschickten Gebrauch der eigenthümlichen Worte und Wendungen aus der Kunstsprache des Umgangs, durch sparsame Anspielungen auf die eigentliche Dichterwelt eben so urban wie dieser, aber seelenvoller und zarter. Dieses Genialische entspringt aus eben dem innigen Verkehr der mit einander verwebten und in einander fließenden Empfindungen und Gedanken, welches eine sehr karaktistische Eigenschaft seines Wesens war, und sogar das lenkende Prinzip seines philosophischen Studiums wurde; indem er sich nur an | diejenigen Denker anschloß, welche jene Lebendigkeit alles Geistigen und Geistigkeit alles Lebendigen entweder selbst besaßen, wie Hemsterhuis, Plato, und auf andre Weise auch Lessing und Spinosa, oder durch ihre Meinungen begünstigten, wie Leibnitz. Denn was ist *Genie* anders, als die gesetzlich freie innige Gemeinschaft mehrerer Talente? – Aber freilich war die Verfassung seines Innern nicht echt republikanisch: darum ist er auch nur genialisch, kein Genie. Das theologische Talent herschte mit unumschränktem Despotismus über das philosophische und poetische, die ihm Sklavendienste thun mußten, und konstituirte sich aus eigner Vollmacht zum allgemeinen Gesetzgeber, und Genie (Ergieß. S. 34.) – Jakobi's genialischer Ausdruck kan *fragmentarisch* scheinen: er läßt oft den Leser eben dann im Stiche, wann seine Wißbegierde bis zum Heißhunger gereitzt ist; grade, wann die Erzählung oder Untersuchung »dem Lichte nachzieht, welches sich selbst, und auch die Finsternis erhellt«, wird es nicht selten vor lauter Helligkeit so dunkel, daß man nicht die Hand vor den Augen sehen kan; da regnets dann Gedankenstriche, Ausrufungszeichen, Absätze und vielfache Verschiedenheit der Schrift: aber wenn einer der größten Meister in Prosa seine Zuflucht zu dem Misbrauch nimmt, womit die Letzten des schreibenden Volks ihre Blöße zu bedecken pflegen: so vermuthe ich eher eine ohnehin wahrscheinliche absichtliche Verheimlichung des Allerheiligsten, oder Unvollendung der Gedanken, als Unvermögen und Ungeschick der Darstellung.

Eben diese Lebendigkeit seines Geistes macht aber auch die *Immoralität* der darstellenden Werke Jakobi's so äußerst gefährlich. Es ist nicht blos müßige Spekulation, deren auch noch so immoralische Resultate dem wahrheitliebenden Philosophen nie zum Verbrechen gemacht werden können: denn Wahrheitsliebe ist die eigentliche Sittlichkeit des Denkers. Nein, in ihnen lebt, athmet und glüht ein verführerischer Geist vollendeter Seelen|schwelgerei, einer grenzenlosen Unmäßigkeit, welche trotz ihres edlen Ursprungs alle Gesetze der Gerechtigkeit und der Schicklichkeit durchaus vernichtet. Die Gegenstände wechseln; nur die Abgötterei ist permanent. – Aller Luxus endigt mit Sklaverei: wäre es auch Luxus im Genuß der reinsten Liebe zum heiligsten Wesen. So auch hier; und welche Knechtschaft ist gräßlicher, als die mystische? Jede förmliche Knechtschaft hat doch Grenzen; jene ist eine bodenlose Tiefe; unendlich, wie das Ziel, nach dem sie strebt, und die Verkehrtheit, aus der sie entspringt. – *Andacht*, ehrfurchtsvolles Vertrauen auf den Allgerechten, liebevoller Dank zu dem Allgütigen ist der reinste Erguß und der schönste Lohn höherer Sittlichkeit. Aber auch bei diesem, und ganz vorzüglich bei diesem Genuß, ist sparsame Mäßigung und strenge Wachsamkeit nothwendig, damit, was nur kurze Erfrischung nach gethaner Arbeit sein sollte, nicht in Müßiggang ausarte, und die natürliche Trägheit des Menschen die Willenskraft nicht heimlich umstricke, und unterjoche. – Zwar kan die Tugend, wie der Glanz des Lichts durch Spiegel, durch die Rückwirkung ihres eignen Produkts bestätigt und verstärkt werden: aber es ist doch schon äußerst gefährlich, Religion als Mittel der Sittlichkeit, und Krücke des gebrechlichen Herzens zu gebrauchen. Der Weichling vollends, welcher anbetende Liebe als das eigentliche Geschäft seines Lebens treibt, und kein andres Gesetz anerkennt, muß mit seiner bequemen Tugend, welche weder gerecht, noch thätig zu sein braucht, endlich allen Begriff von Willen verlieren und selbst vernichtet in die Knechtschaft fremder oder eigner Laune sinken.

Das Quantum seiner *Glaubensfähigkeit* bestimmt nach Jakobi's Lehre den Werth des Menschen, und Glaube ist *Sympathie* mit dem Unsichtbaren (Allw. S. 308.). Da er, trotz der schönen Lobreden auf die angebliche Freiheit, den Willen leugnet; indem er ihn theils mit dem vernünftigen | Instinkt für identisch (Spin. S. XXIX. XXXVIII. Allw. S. XVIII. Anm.), theils für einen »Ausdruck des göttlichen Willens«, für einen »Funken aus dem ewigen, reinen Lichte«, für eine »Kraft der Allmacht«, für einen »Abdruck des göttlichen Herzens in dem Innersten unsres Herzens« (Spin. S. XIV. S. 253. Allw. S. 300.) erklärt: so kan seine Sittlichkeit nur Liebe oder Gnade sein; auch scheint er von keiner Tugend zu wissen, welche *Gesetze* ehrte, und sich in Thaten *bewiese*.

Nur lasse man sich durch die scheinbare Anerkennung eines

kategorischen Imperativs der Sittlichkeit (Allw. XIX. Anm.) nicht verleiten, von seiner Moral günstiger zu urtheilen: denn aus einem vernünftigen Instinkte, von dem dort allein die Rede ist, läßt sich durchaus nur ein kategorischer Optativ herleiten. Jener Ausdruck hat hier also einen ganz andern Sinn, als in Kants Schriften. Ueberhaupt muß der philosophische Kritiker sich durch einen Anschein von Aehnlichkeit im Jakobi mit dem, was er etwa für philosophische Orthodoxie hält, ja nicht teuschen lassen. Erlaubt man sich einzelne Aeußerungen aus ihrem Zusammenhange zu reißen, so ist es nicht schwer, jedes System, welches man will, in ihm zu finden. Umfaßt man aber alle seine Aeußerungen, so dürfte wol die vereinigende Gewalt aller Spartanischen Harmosten, und die verbindende Geschicklichkeit aller Homerischen Diaskeuasten nicht hinreichend sein, diese Gedankenmasse mit sich selbst, oder mit einem leidlich konsequenten System in *philosophische* Uebereinstimmung zu bringen. – Nur eine Philosophie, welche auf einer nothwendigen Bildungsstufe des philosophischen Geistes ein Höchstes ganz oder beinahe erreichte, darf man *systematisiren*, und durch weggeschnittene Auswüchse und ausgefüllte Lücken in sich zusammenhangender, und ihrem eignen Sinn getreuer machen. Eine Philosophie hingegen, welche nicht etwa blos in ihrer Veranlassung, Ausbildung und Anwendung individuell und lokal, sondern deren Grund, | Ziel, Gesetze und Ganzheit selbst nicht philosophisch, sondern persönlich sind, läßt sich nur *karakterisiren*.

Sehr wichtig für die Karakteristik der Jakobi'schen Philosophie ist es den Faden zu verfolgen, welcher sich durch alle Empfindungen und Gedanken, welche sein Innres nach einander regierten, hinschlingt; wie sie sich aus einander entwickelten, und an einander ketteten. Mit merkwürdiger Gleichförmigkeit kehrt derselbe Gang in allen darstellenden, und abhandelnden Werken Jakobi's wieder, wo er sich selbst folgte, und die Anordnung des Ganzen nicht durch die polemische Beziehung bestimmt ward: und selbst dann sieht man noch Bruchstücke und Spuren jenes natürlichen nur gestörten Ganges. Man vergleiche zum Beispiel nur die Gedankenfolge in der Abhandlung über die Freiheit mit der im Woldemar, wo der Faden freilich am sichtbarsten ist.

Hier nur einige Grundzüge. Das Streben nach dem Genuß des Unendlichen mußte gewiß einen Hang zur beschaulichen Einsamkeit erzeugen, der durch die Seelenlosigkeit der Umgebenden leicht verstärkt werden konnte. Versunken in sich selbst mußte der nach Ewigkeit Lechzende bald zum Bewußtsein eines göttlichen Vermögens, eines uneigennützigen Triebes, einer reinen Liebe in seinem Innern gelangen; seine Empfindungen davon in Begriffe aufzulösen, und diese Begriffe nach seiner ursprünglichen Unmäßigkeit, die immer Alles in Einem Wirklichen suchte, ins Unendliche erweitern. Daher die Lehre von der gesetzgebenden Kraft des moralischen Genie's, von den Lizenzen hoher Poesie, welche Heroen sich wider die Grammatik der Tugend erlauben dürften. Gefährlicher Indifferentism gegen alle Formen; Mystizism der Gesetzesfeindschaft. Daher die Liebe zum Alterthum, an dem er nur die Natürlichkeit und den lebendigen Zusammenhang des Verstandes und des Herzens kennen und schätzen konnte: denn für das Klassische, Schickliche und Vollendete, für | gesetzlich freie Gemeinschaft fehlte es diesem Modernen durchaus an Sinn. Daher ein Ideal von Freundschaft, welches bald Bedürfnis werden, und ihn in die Welt zurücktreiben mußte. Sie konnte einem solchen Herzen nicht anders als schrecklich erscheinen, etwa wie Silly sie darstellt. Hoffnung unbedingter Vereinigung. Vergötterung der Weiblichkeit, wegen der reinen Sittlichkeit der weiblichen Triebe, und des Hanges zu grenzenloser Hingebung; eben so empörend (Th. II. S. 170.) wie vorher die Verachtung (Th. II. S. 39.) wegen vermeinter Unfähigkeit zur Begeisterung der Liebe. Teuschung jener Hoffnung. Nichtigkeit aller menschlichen Liebe. Verzweiflung. Unendliche Verachtung (Th. II. S. 250.). Rückkehr zur Einsamkeit und Liebe zu Gott. Der allgemeine Ton, der sich über das Ganze verbreitet, und ihm eine *Einheit des Kolorits* giebt, ist *Ueberspannung*: eine Erweiterung jedes einzelnen Objekts der Liebe oder Begierde über alle Grenzen der Wahrheit, der Gerechtigkeit und der Schicklichkeit ins unermeßliche Leere hinaus. – Das Streben nach dem Unendlichen sei die herschende Triebfeder in einer gesunden, thätigen Seele: eine Reihe großer Handlungen wird das Resultat sein. Gebt ihr noch ein eben so mächtiges Streben nach Harmonie, und das Vermögen dazu:

so wird das Gute und das Schöne sich mit dem Großen und Erhabenen zu einem vollständigen Ganzen vermählen. Setzt aber jenes Streben nach dem Unendlichen ohne das Vermögen der Harmonie in eine Seele, deren Sinnlichkeit höchst rege und zart, aber gleichsam unendlich verletzbar ist: und sie wird ewig die glückliche Vereinigung des Entgegengesetzten, ohne welche die größte, wie die kleinste Aufgabe der menschlichen Bestimmung nicht erfüllt werden kan, verfehlen; sie wird zwischen der verschlossensten Einsamkeit und der unbedingtesten Hingebung, zwischen Hochmuth und Zerknirschung, zwischen Entzücken und Verzweiflung, zwischen Zügellosigkeit und Knechtschaft ewig schwanken. |

Wenn man, was S. 250. Th. II. von dem überschwenglichen Gegenstande überschwenglicher Liebe gesagt wird, mit den beiden Sentenzen am Schluß vergleicht: so ist es, als würden sie durch ein plötzliches Licht von oben erhellt, oder vielmehr von einem heiligen Stralenkranz wie umglänzt. Die Vergleichung mit allen andern Jakobischen Schriften setzt diese Vermuthung außer allen Zweifel: denn es herscht in ihnen nicht etwa blos eine zufällige und bedeutungslose Vorliebe für die Terminologie der vornehmen Mystik einiger genialischen Christianer, sondern dieselbe ernstliche Tendenz auf eine unbedingte Hingebung in die Gnade Gottes.

Woldemar ist also eigentlich eine Einladungsschrift zur Bekanntschaft mit Gott (Ergieß. S. 34), und das *theologische Kunstwerk* endigt, wie alle moralischen Debauchen endigen, mit einem Salto mortale in den Abgrund der göttlichen Barmherzigkeit.

[PHILOSOPHISCHE FRAGMENTE 1796]

[1] *lektischer.* I) Ist er *am wenigsten konsequent.* Vielmehr ist Konsequenz in ihm die größte aller Inkonsequenzen. Daher kann der Eklektiker sich am ersten entschließen aus seinem Gebiet herauszugehn. Er haßt die andern am wenigsten hartnäckig. Nur muß er philosophischen Schwung und polemische Kraft besitzen. 2) Ist in ihm am meisten *ein Prinzip des Strebens, der Perfektibilität.* Der Mystiker und der Skeptiker sind schon am Ziele. Die Erfahrung bestätigt dieß sehr

[2] Wenn ich mich in diesen Blättern so oft auf die *Bestätigung der Erfahrung* berufe: so räsonnire ich dann nicht bloß *philosophisch,* sondern *logisch.* Die Logik und Historie sind abgeleitete Wissenschaften eines Stammes. Zwischen ihnen findet also *Bestätigung – Wechselerweis* Statt. Sie dürfen *Lehrsätze* von einander borgen. – Bestimmung aller Wissenschaften, wo dieß erlaubt ist. – *In der Wissenschaftslehre* giebt es *einen Wechselerweis,* weil das Ganze ein in sich vollendeter Kreislauf ist; in den abgeleiteten Wissenschaften *Vielheit* der Wechselerweise; und im System *Allheit* der Wechselerweise.

[3] Der Kantischen Behauptung, daß die Logik in seinem Sinne, seit Aristoteles nicht vorwärts gekommen sey, und nicht rückwärts kann man entgegenstellen: daß man von Anbeginn derselben bis jetzt nicht gewußt hat, *was die Logik sey, wohin sie gehöre, und was in sie gehöre und was nicht.*

[4] Der konsequente Mystiker muß die *Mittheilbarkeit alles!!! Wissens* nicht bloß dahin gestellt seyn lassen: sondern gradezu läugnen. Der Eklektiker muß sie behaupten, wenn er gegen den Mystiker einigen Schein von Recht haben will und wenn sein

Kriterium *philosophische* Gültigkeit haben soll; er muß eben damit sein absolutes Wissen eingestehn, und sich selbst widersprechen. Das *Bejahen und Verneinen* setzt *schon in der Philosophie* einen positiven und synthetischen Begriff vom Wissen voraus; den doch nur die Wissenschaftslehre geben kann; dahingegen der philosophische Begriff nur *analytisch* seyn, und die Mittheilbarkeit unentschieden lassen muß, *einstweilen*. So der Kritiker. Der Skeptiker kann sie auch weder bejahen noch verneinen: denn er verneint überall nichts, als das Wissen, und bejaht nichts, als eine Allheit von Widersprüchen. –

[5] Die *allgemeine Bildungslehre* (das ist der beste Nahme) umfaßt die *Geschichte der Menschheit* und die ächte *Geschichte der Natur*. Diese letzte kann allein der Philosoph liefern. Dazu ist der Physiker unfähig. Materialien sind gewiß da. Künftige Plane.

[6] *Hyperkritizism* ist ein Mißbrauch. Mystiker die Väter, Stifter, Bildner.

[7] Jacobis absolute Passivität.

[8] Die *passiven* Mystiker sind die würdigsten Opfer ihrer übermüthigen Wünsche. Aber wie weit müssen Eure Begriffe verwirrt seyn, einen *Spinosa*, einen *Keppler* mit in diese Klasse zu setzen. – Der *Geist des Zeitalters* hat auf den Mystiker *gar keinen Einfluß an Wesentlichem*. Es gab zu allen Zeiten *aktive* und *passive* Mystiker.

[9] *Der Mensch ist allmächtig und allwissend und allgültig*; nur ist der Mensch in dem Einzelnen *nicht ganz* sondern nur Stückweise da. Der Mensch kann nie da seyn.

[10] Die Menschen beweisen oft *durch die That* ihren Anspruch nach *Allwissenheit*.

[11] Wenn wir nicht *allwissend* wären: so könnten wir gar nichts wissen.

[12] Analyse der *absoluten Unendlichkeit*, der Fortschritte die uns noch bleiben. Nicht bloß der Stoff ist unerschöpflich, sondern auch die Form, jeder Begriff, jeder Erweis, jeder Satz *unendlich perfektibel*. Auch die Mathematik ist davon nicht ausgeschlossen, kann davon nicht ausgeschlossen seyn Äußerst wichtig ist die *Perfektibilität der Mathematik* für die Philosophie, W. L. [Wissenschaftslehre] und Logik.

[13] Der konsequente Mystizism sagt nicht, a soll wahr seyn a = x sondern Wissenschaft soll seyn, oder $x \frac{y}{0} = z \frac{w}{0}$. Den inkonsequenten Mystizism kann man zur Konsequenz treiben. Der konsequente *vernichtet* nicht bloß historisch (wie oben gezeigt ist) sondern auch *philosophisch sich selbst*. Er geht aus von dem willkürlichen Satz: Wissenschaft soll seyn. Nun widerspricht aber nichts so sehr der Wissenschaft, als ein willkührlicher Satz. *Form und Inhalt* dieses Satzes sind in diametraler Opposition, und heben einander auf. –

[14] Der witzige Kopf findet entfernte Aehnlichkeiten, und begünstigt dadurch den absolute Einheit suchenden Mystizism.

[15] Die *absolute Perfektibilität* des kritischen Systems ist nicht bloß extensiv sondern auch *intensiv*: so daß die Freyheit des Kritikers auch *in* dem kleinsten Bezirk unendlich ist, bey der Sicherheit *immer vorwärts* zu kommen.

[16] Der Eklektiker hat eine panische Furcht vor dem Skeptiker. Naive Erwartung absoluter Allwissenheit (positiver Unwissenheit) bey der Voraussetzung absoluter Gränzen.

[17] Spinosa's Vernachläßigung der Mittheilung seiner Gedanken, von deren absoluter Wahrheit er so absolut überzeugt war.

[18] Nach philosophischen Gesetzen haben beyde absolut Unrecht: der skeptische Mystiker, und der Skeptiker. Nur nach eklektischen, oder politischen hat der Mystizism Recht.

[19] Man könnte die Eklektiker auch bloß *Asystematiker* nennen; weil jenes die Ideen von Originalgenie entfernt, welches hier zulässig seyn kann.

[20] Ueber die *Wechselwirkung* der Wissenschaften.

[21] Aeußerst gefährlich ist in allen praktischen Reichen das *Ueberspringen wesentlicher Bildungsstufen*. Es ist dem Mystizism ganz eigen, der das Ziel noch in der Bahn ergreifen will.

[22] Ueber die Anwendung des ächten Mystizism, oder der W L. [Wissenschaftslehre] auf die Poesie Siehe Goethe und Singer.

[23] Die ganze ächte, reine Mystik hat zwar keine konstitutive, wohl aber *regulative* Gültigkeit.

[24] Durch den Kant sind die alten Irrthümer nur sublimirt.

[25] Ein unbedingtes eigentliches Postulat kann sich nur auf absolutes Wissen gründen. Inkonsequenz der Kantischen Empiriker.

[26] Grohmanns neue Beyträge zur Mathematik. Beck pp. Maimon, Schulz, Kant

[27] Die *Kirche* ist eine mißglückte Anwendung des Begriffs vom politischen Absoluten; welches = dem moralischen Absoluten. *Dann alle praktischen Absoluta*. Davon über Aeußerung, Anerkennung dieses Satzes finden sich mehrere Spuren. Zb. der Stoische Satz: Nur der Weise könne ein Dichter seyn pp. cfr. Ποιητ. Daher haben die aesthetischen moralischen politischen philosophischen Mystiker, Fanatiker, Revolutionärs Recht zu glauben, das aesthetische moralische politische philosophische *Absolutum enthalte alle übrigen* in sich. Das praktische Absolutum überhaupt und *ganz*. Aber sehr Unrecht dieß auf den aesthetischen moralischen politischen philosophischen *Werth in der Zeit* anzuwenden, und einer Art alle übrigen aufzuopfern. –

[28] *Die große Welt und gute Gesellschaft* ist ein Objekt der höhern Politik. Sie hat auch ihre Fanatiker, die den *Willen* der großen Welt und guten Gesellschaft für *unbedingtes Gesetz* halten und das höhere politische Absolutum dem ganz praktischen gleich setzen.

[29] Wie unterscheidet sich der *Mystiker* und der *Fanatiker*?

[30] In Fichte's Wissenschaftslehre ist sehr viel zur *Psychologie* Gehöriges. (Daß der Unterschied zwischen razionaler und empirischer Psychologie ganz unstatthaft ist versteht sich von selbst.)

[31] Das *Setzen einer Allheit von Ichs* geschieht a priori (und gehört in die Wissenschaftslehre). Daher hat Fichte so sehr Unrecht gegen den Satz: *Alles gehört allen*; (der nebst der *Anweisung*, die jeder Einzelne durch seine Freyheit auf alles erhält, unmittelbar aus jenem Satz folgt) einzuwenden: mit *wem* ich nicht in physischem Verhältniße stehe, der ist für mich vorhanden. Dagegen ließe s.[ich] auch noch sagen: Ich stehe mit der Nachwelt und Vorwelt in physischem Verhältniße: nach dem wir auch den *stetigen Zusammenhang* der *ganzen* Natur nicht theoretisch wissen: so wissen wir ihn doch so weit unsre Erfahrung reicht. Diese reicht aber so weit, wie gültige Zeugniße, oder Vermuthungen die das Vergangne und Künftige an die Gegenwart *anknüpfen*. Die Erfahrung auf den Kreis seiner eignen Anschauung beschränken, wäre ein *dicker empirischer Egoismus* der theoretischen Art, an den Fichte's Philosophie sehr oft gränzt.

[32] Die Lehre von gegenseitigen Rechten der Staaten (das sind nicht Individua sondern Species) ??? Non liquet – die Staaten sind Corpora – Individua von *Weltrepublikanismus*, und *ewigem Frieden* gehört in die höhere Politik. So auch die Lehre vom *höheren Ephorat* zur Beschützung der praktischen Arten nicht der Individuen. Ja!

[33] Außer den Griechen und Römern hat doch auch Möser die Oekonomie, wie eine praktische Wissenschaft behandelt.

[34] Vom empirischen Egoismus muß die WL. [Wissenschaftslehre] überall sehr streng gereinigt werden.

[35] Fichte – die WL. [Wissenschaftslehre] nicht verstehen. Konsequent.

[36] Jede objektive Religion ist ungerecht.

[37] Wo liegen die Gränzen der Vorstellbarkeit für die Empiriker?

[38] Der Eklektiker richtet gegen den Skeptiker mit seinen Schematen gar nichts aus.

[39] Widerlegbar ist der Mystizism auch dadurch, wenn er einen Begriff von Wissenschaft postulirt, der Mittheilbarkeit und Anwendbarkeit in sich enthält.

[40] Der Mystizism isolirt und stützt in *empirischer* [Hinsicht] höchst antikritischen *Egoismus*.

[41] In der WL. [Wissenschaftslehre] sollte bloß die Dedukzion des empirischen Ich überhaupt vorkommen. Die Besonderheit der Vorstellung, des Gefühls gehört in die Psychologie.

[42] Der Skeptiker und Mystiker sind philosophische Idealisten. Der Eklektische Unphilosoph ein Realist.

[43] Es ist schon a priori gar nicht wahrscheinlich, daß Fichte die *Gränzen* der Wissenschaftslehre richtig sollte beurtheilt haben.

[44] Außer einzelnen historisch kritisch seynsollenden Brocken ist auch wohl Vieles darin was zur *Physik* und zur *Logik* gehört. – Er müßte gar keinen andern Philosophen nicht einmal *kennen*.

[45] Auch sind Lücken und Mängel wahrscheinlich. Unter andern die *Einheit aller verschiednen Ich und Nicht-Ich*.

[46] Voraussetzungen dürfen in der WL. [Wissenschaftslehre] gar nicht vorkommen. Bloß Thesen, Antithesen und Synthesen.

[47] Die rhetorischen Antithesen sind ein Mißgriff des mystischen (philosophischen) Instinktes. Sie gehören nicht in das Gebiet des Technischen.

[48] Wegen dieser steten Thesen und Antithesen kann man die WL. [Wissenschaftslehre] auch betrachten als die *Wissenschaft der höchsten Unterschiede.* Können Begriffsbestimmungen ganz aus ihr verbannt seyn?

[49] Nicht die *absolute* sondern die *empirische* Spekulazion verwirrt den technischen Verstand, und die praktische Kraft.

[50] Sehr bedeutend ist der Griechische Nahme *Dialektik.* Die *ächte* Kunst, (nicht der Schein wie bey Kant), sondern die Wahrheit mitzutheilen, zu reden, gemeinschaftlich die Wahrheit zu suchen, zu *widerlegen* und zu *erreichen* (So bey Plato Gorgias – cfr. Aristoteles); ist ein Theil der Philosophie oder Logik und notwendiges Organ der Philosophen.

[51] Könnte in Fichte's Räsonnement aus A = A nicht eben so gut folgen: »Das Nicht Ich setzt sich selbst«? – Das würde alsdann Schelling begünstigen. Die Uebereinstimmung muß sich wohl in der Folge zeigen (das absolute Ich mit dem empirischen Verbindung pp) Aber wird da bey Ficht] nicht manches erschlichen, was sich erweisen ließe?

[52] Wolf, als Eklektiker, große Klarheit.

[53] Unter den *systematisirenden* Eklektikern ist Reinhold wohl der erste. Was Goethe für uns als konsequenter Eklektiker ist, war Voltaire und Hume wohl, jeder für seine Nazion. Garve für solche, die zu Ideen unfähig sind.

[54] Wechselbegründung von Stoff und Gestalt in dem ersten Grundsatz des Wissens.

[*Philosophische Fragmente 1796*] 61

[55] Frage über den Begriff des *Setzens*. Foderung, daß er gerechtfertigt werde.

[56] Die Beweise in der WL. [Wissenschaftslehre] müssen *synthetisch* geführt werden. Die Begriffe aber müssen wohl *analytisch* gerechtfertigt werden. Ist der Begriff einer WL. [Wissenschaftslehre] gegeben: so müßte sich nun analytisch zeigen lassen, welche Begriffe in das *Gebiet* derselben gehören, und welche Sinne, und welche nicht. (Vom vielleicht nicht *erlaubten* Gebrauch solcher, die eigentlich erst in andern Wissenschaften deduzirt werden können)

[57] Daß in der W. L. [Wissenschaftslehre] nur der Begriff des *absoluten Seyns* nicht der des Wirklichen, Möglichen, Nothwendigen Statt finde; darüber finden sich in Schelling sehr gute Winke. Eben dies muß sich auch auf die übrigen Zweige der Kategorientafel anwenden lassen. Die Kategorien müßten eigentlich ganz wegfallen. Absolute Quantität Qualität, Relation und Modalität sollten in *einem Einzigen* zusammenfallen.

[58] Somit hätte die WL. [Wissenschaftslehre] *nur einen Begriff*: den des *Absoluten*. Woher bekäme sie aber Werkzeug und Stoff aus diesem alle andern abzuleiten, und zu entwickeln? Hier kann es ohne Zirkel nicht abgehn.

[59] Mit Fichte's drey ersten Sätzen ist das Thema eigentlich erschöpft. Er braucht daher nothwendig *eine neue Zuthat*, um weitergehn zu können.

[60] Das *Analytische* und *Synthetische*, in so fern es jenem entgegengesetzt ist, bezieht sich bloß auf die *Entstehungsart* und Beweisart der Urtheile. Der *Form* nach sind alle Sätze, entweder *thetisch, antithetisch oder synthetisch*. – Synthetisch hat also einen *doppelten Sinn*. – Alle *antithetischen* Sätze sind *analytischen Ursprungs. Durch Analysis* läßt sich aus dem Gegebenseyn *synthetischer* Urtheile, das Daseyn der *thetischen* auf die es doch eigentlich ankommt, *leichter* entwickeln; wiewohl eigentlich auch die soge-

nannten analytischen Urtheile thetische oder antithetische voraussetzen (so leitet Fichte aus A = A das Sichselbstsetzen des Ich [ab]). Daher erklärt sich Kants Gang.

[61] Der Satz des Widerspruchs und des zureichenden Grundes gehören in die Philosophie, und werden aus dem Begriff derselben analytisch erwiesen. Sie sind sehr wichtig, weil sie hinreichen, den Eklektiker, Mystiker und Skeptiker, solange sie noch philosophiren, und sich also jenen Gesetzen durch die That unterwerfen, zu widerlegen.

[62] *Alle thetischen Sätze* können, in sofern der Beweis oder die Beglaubigung *philosophisch* seyn soll, nur *analytisch* erwiesen erfunden werden. Dieß hat auf Kant *großen Einfluß gehabt*. Dennoch ist ihm eigentliche Deduktion nicht ohne Voraussetzung einer ursprünglichen Synthesis möglich. Das Auffinden, der Erweis ihrer *Wirklichkeit* geschieht analytisch. Die Erklärung kein thetischer identischer Satz ohne ursprüngliche Synthesis ihrer Ursprünglichkeit, und der Rechtsanspruch ihrer Nothwendigkeit muß synthetisch geschehn. Die *Form* des obersten thetischen Satzes kann nicht synthetisch seyn. Aber sein *Inhalt* ist eine *ursprüngliche Synthesis*. Unterschieden muß werden die *Form der Sätze* und die Beweisart ihrer Wirklichkeit. Daß A = B läßt sich nur analytisch erweisen. *Schelling, Form* 47. Sehr wichtig. Gegen Kant.

[63] Das οντως ον des Plato pp. = dem Absoluten.

[64] *Erkennen* bezeichnet schon ein *bedingtes* Wissen. Die Nichterkennbarkeit des Absoluten ist also eine identische Trivialität.

[65] Daß *Schelling* das Absolute nach allen Kategorien betrachtet ist zweckmäßig und nothwendig. Es wird zwar dadurch keine *positive* Erkenntniß erlangt: aber wohl Mißgriffen pp. vorgebaut. – Fichte hat, so weit ich mich erinnre, den Begriff des Absoluten nicht vollständig analysirt.

[66] Freylich ist es eigentlich gar kein *Begriff*. – Daß das Wesen des Ich Freyheit sey, hat Schelling sehr gut begriffen; und in sofern liegt mehr in dem Beweise S. 37. *des Ich*, als die Worte sagen.

[67] Die Empiriker denken sich das als *Burgfriedensbruch*, als *Gränzverletzung*, wenn man über die Welt der Erscheinungen, der Vorstellbarkeit hinaus geht. Inkonsequenz, wenn sie dabey noch praktisch postuliren. Macht man aber beym Setzen des Absoluten keinen Anspruch an Erkennbarkeit, so bedarf es keiner andern *Befugniß* als der Nothwendigkeit absoluter Wissenschaft für jeden Philosophen, und der Verzichtleistung auf jenes Erkennen. Der Vorwurf der Leerheit kann leicht abgewandt werden.

[68] Schillern und Erhard könnte man wohl am ersten *Hyperkritizism* zur Schuld geben.

[69] Jede *objektive Anschauung* ist sinnlich. Dieß gegen die falschen Mystiker. Dieß ist der dickste Widerspruch: Sinnliche Anschauung des Uebersinnlichen. Aber in Schellings Sinn läßt sich eine *intellektuelle Anschauung* d. h. eine die gar kein Objekt anschaut, recht gut vertheidigen. Der Ausdruck läßt sich wohl eben so gut rechtfertigen wie der der Freyheit vom Absoluten. – Im letzten Falle ist der Widerspruch nur scheinbar. Im ersten Falle *wirklich*.

[70] Die absolute Einheit des absoluten Ich vortrefflich dargethan in Schelling.

[71] Das Absolute selbst ist indemonstrabel, aber die *philosophische Annahme* desselben muß analytisch gerechtfertigt und erwiesen werden. Diese ist nichts Absolutes. – Mit diesem *Mißverständnisse steht und fällt der Mystizismus*.

[72] *Schelling 70. Ich*. Das Ende der praktischen Philosophie nicht bloß der praktischen *Philosophie*, sondern auch der ächten (philosophischen) *Praxis* selbst – Ende alles Nicht-Ichs und Wiederherstellung des absoluten Ichs in seiner höchsten Identität d. h. als Inbegriffs aller Realität. – Vortrefflich!

[73] S. 80. *Schelling. Ich.* Es ist dicker empirischer Egoismus vom absoluten Ich zu sagen: *mein* Ich.

[74] Als Propädeutik zur WL. [Wissenschaftslehre] ist der Reinholdianismus nur sehr gut, und in so fern sollte man ihn werben lassen.

[75] Spinosa's intellektuelle Anschauung ist wohl nicht frey von allem Schematism. Raum und Zeit.

[76] Da jeder Wiederspruch eine unbedingte Thesis und Antithesis voraussetzt, und jede Thatsache gleichfalls eine Thesis: so setzt der Empiriker und Skeptiker eine unbestimmte Vielheit, und eine Allheit *indemonstrabler Thesen* voraus, da der sparsame Mystizism mit einer einzigen auslangt. –

[77] Der *Hyperkritizism*, welcher bloß auf das Kritisiren einen Werth legt, und allen Gehalt verwirft (Schiller) sich an Kants Methode ohne seine Resultate und seinen Geist hält, entspringt ganz natürlich aus dem kritisirenden Eklektizism. Alleinwerth Werth der Form, und Gleichgültigkeit des Daseyns der Form. (Schiller) (*Frostige* Sophisten) Die Philosophie hat keinen Einfluß auf alle positive Wissenschaften; das philosophische Wissen hat keinen Einfluß aufs Handeln, und Wirken sind Kardinalsätze – Reinhold band sich an Form und *Resultate*. Die absoluten Popularisten bloß an die Resultate; die Hyperkritiker an die Form allein; die Mystiker faßten den Geist. Sie kokettiren mit der der Pedanterey mit Frost, mit Vorurtheilen.

[78] Der Hyperkritizism ist gar kein System keine ursprüngliche Unphilosophie, sondern nur eine Nebenart.

[79] *Form. Schelling.* 7. Der erste Satz: Philosophie sey eine Wissenschaft – habe also eine bestimmte Form, und einen bestimmten Inhalt, ist auffallend unwahr.

[80] Das *Absolute* ist auch keine Idee. *Schelling Ich* 120.

[81] Im Postulat der Wahrheit ist begriffen: *Einheit des Wissens* (Satz des Widerspruchs) *Vielheit* (die Voraussetzung der Empiriker, daß es eine ächte Erfahrung gebe) *Allheit des Wissens* (Satz des zureichenden Grundes) Ist noch weiter zu analysiren.

[82] Ein *praktisches Interesse* als *philosophischer Grund* oder philosophischer Richter ist immer *logische Heteronomie*.

[83] Wenn das Absolute = Ich: so ist der metaphysische Gott auch schon moralisch, so bald man ihn nur in Beziehung auf ein empirisches Ich denkt.

[84] Schelling redet immer noch von theoretischer und praktischer Philosophie da es im Gebiete des Absoluten doch dergleichen Unterschied nicht giebt.

[85] Alle *praktischen Postulate* werden in der WL. [Wissenschaftslehre] deducirt, wo sie weder theoretisch noch praktisch sind. Ohne absolutes und allwissendes Ich würden sie sich schwer rechtfertigen lassen. – Im logischen Gebiet gilt nur *logisches Interesse*.

[86] Die erste Thesis ist eine *absolute Synthesis*.

[87] *Schelling. Ich. 173. pp. an mehr andern Orten.* – Kritisch ist diejenige Philosophie, die alle Realität ins Ich setzt, die von einer Kritik des Subjekts ausgeht.

[88] Alle praktischen Postulate sind nicht ein Zerhauen des Knotens durch ein nicht philosophisches Interesse, sondern auf der ersten Thesis des absoluten Ichs fest begründet. Sie lassen sich analytisch aus demselben herleiten und bedürfen also gar keines Beweises; wohl aber einer Rechtfertigung.

[89] *Schelling* geht nicht aus von dem Satze: Wissenschaft soll seyn; oder ich will wissen: sondern: *Wissenschaft ist*. Sehr wichtig cfr. *Form und Ich im Anfang* Nicht von einem *logischen Imperativ*,

sondern von einem *logischen Datum*. – Dann folgt der Erweis, daß ohne unbedingtes Wissen kein bedingtes also überhaupt keins möglich sey. Dann das Problem S. 12 *Ich: etwas zu finden, das schlechterdings nicht als Ding gedacht werden kann*. – Schelling hat das Nicht Ich nicht *deduzirt*. 49

[90] Man muß auch den *Sachkundigen* analytisch beweisen können: daß sie, vielleicht ohne Wissen und Willen *philosophiren* d. h. durch die That nach Allheit des Wissens streben, oder wohl gar Anspruch auf den Besitz derselben machen.

[91] Daß ein moralisches, technisches pp. Interesse keine logische Stimme habe, läßt sich in der Philosophie analytisch erweisen. Die *Philosophie* ist eine umgekehrte analytische Logik. Denn in dieser ist der Gang synthetisch. – Der *logische Imperativ*, nebst der *Mittheilbarkeit der Wahrheit* wird in der Philosophie, nicht als Imperativ und als Kriterium, sondern als regulative Hypothese postulirt. nicht unbedingt

[92] In der Philosophie giebt es *Probleme* und *Auflösungen*. Dadurch wird der Cirkel vermieden.

[93] Gegen dies logische Stimmrecht der moralischen und technischen Interessen müssen die Skeptiker gute Sache enthalten, weil ihnen dieses vorzüglich im Wege steht.

[94] *Schelling* kann aus dem absoluten Ich wohl den Begriff des Nicht Ich aber nicht des wirklich absoluten Gesetztseyns desselben entwickeln. – Da hinkts.

[95] Die *Mittheilbarkeit* setzen die Philosophirenden auch *durch die That* voraus – *einstweilen*; indem sie reden pp. Gegen solche, die nicht mehr philosophiren heißt es also: *Contra principia negantiae non est disputandum*. Aber eigentlich ist dieß ein Widerspruch. Wer negirt, der philosophirt noch und giebt also die *Prinzipien der Philosophie* durch die That zu Das sind die Leibnitzischen pp.: *aber nicht* der Wissenschaftslehre. Descartes suchte

schon Principien der W. L. [Wissenschaftslehre] noch mehr Spinoza

[96] Kein Mensch kann mich nöthigen zu philosophiren. In so fern hat Fichte Recht, von einem freyen Akt der Willkühr zu reden. Kein Mensch kann mich wider meinen Willen zum Philosophen machen. Doch hängt es auch nicht vom bloß guten Willen ab, Philosoph seyn zu wollen.

[97] *Philosophiren* heißt die Allwissenheit *gemeinschaftlich* suchen.

[98] Dedukzion der polemischen Totalität aus der Annahme der Mittheilbarkeit als regulativer Idee.

[99] Analytischer Beweis, daß man die Prinzipien der Philosophie voraussetzen *muss*: jedoch mit dem Vorbehalt, nicht mehr zu philosophiren, wenn man im Verfolg auf ihre Widerlegung geräth.

[100] Die Philosophie beschäftigt sich mit dem Problem der WL. [Wissenschaftslehre].

[101] Jeder *verschiedne* Meynung ist in der Philosophie eine *entgegengesetzte*. Daher *polemische Totalität* nothwendige Bedingung der Methode, und Kriterium des Systems.

[102] In die Philosophie gehört auch eine *provisorische logische Grammatik. Philosophische Semantik* cfr. Locke – Die Gesetze der provisorisch-technischen Philosophie gehören wohl eigentlich in die *höhere Politik*?

[103] Die *analytische Methodenlehre* gehört ganz eigentlich in die Philosophie.

[104] Fichte muß darin widerlegt werden, daß er die WL. [Wissenschaftslehre] mit der Philosophie für identisch hält. Dieß ist

vermuthlich *mystischen Ursprungs*. – Das Setzen einer absoluten Gränze ist nichts andres als das eines absoluten Nichts = Ich. Die Apologie der WL. [Wissenschaftslehre] gegen den Vorwurf des Transcendentismus gehört in die Philosophie bey Gelegenheit der Darstellung der Bedingungen des Problems.

[105] Die Metrik – Tanzkunst, Schauspielkunst pp. gehört zur *mittlern Politik* – der Wissenschaft von der praktischen Gemeinschaft der praktischen *Arten*. –

[106] Unter den praktischen Wissenschaften muß ich die Politik und Historie zuerst behandeln.

[107] Wenn alle Wissenschaften, so muß ja auch die Wissenschaftslehre *philosophisch* d. h. *kritisch* behandelt werden, welches Fichte nicht gethan hat.

[108] Die Klassifikazion der Wissenschaften setzt die Wl. [Wissenschaftslehre] voraus, kann doch aber in dieser selbst schwerlich vorkommen. Muß also nicht die *Philosophie* auch den *Uebergang* von der WL. [Wissenschaftslehre] zu andern Wissenschaften bilden, wie die Einleitung zu ihr. – Der *Begriff einer besondern Wissenschaft* selbst kann in der WL. [Wissenschaftslehre] nicht vorkommen und entwickelt werden.

[109] Wenn Spinosa *ganz* konsequent und Schellings Lehre vom Gegensatz des Kritizismus und Dogmatismus durchaus wahr ist: so müßten sich auch die moralischen Propositionen im 5ten Buche der Ethik umkehren lassen.

[110] Ein *nichtphilosophisches Interesse* hat durchaus kein philosophisches Stimmrecht; es mag nun bloß individuell, oder allgemeingültig subjektiv seyn, d. h. ein Interesse, welches in jedem Subjekte Statt finden soll.

[PROGRESSIVE UNIVERSALPOESIE.
ATHENAEUM-FRAGMENT 116]

Die romantische Poesie ist eine progressive Universalpoesie. Ihre Bestimmung ist nicht bloß, alle getrennte Gattungen der Poesie wieder zu vereinigen, und die Poesie mit der Philosophie, und Rhetorik in Berührung zu setzen. Sie will, und soll auch Poesie und Prosa, Genialität und Kritik, Kunstpoesie, und Naturpoesie bald mischen, bald verschmelzen, die Poesie lebendig und gesellig, und das Leben und die Gesellschaft poetisch machen, den Witz poetisiren, und die Formen der Kunst mit gediegnem Bildungsstoff jeder Art anfüllen und sättigen, und durch die Schwingungen des Humors beseelen. Sie umfaßt alles, was nur poetisch ist, vom größten wieder mehre Systeme | in sich enthaltenden Systeme der Kunst, bis zu dem Seufzer, dem Kuß, den das dichtende Kind aushaucht in kunstlosen Gesang. Sie kann sich so in das Dargestellte verlieren, daß man glauben möchte, poetische Individuen jeder Art zu charakterisiren, sey ihr Eins und Alles; und doch giebt es noch keine Form, die so dazu gemacht wäre, den Geist des Autors vollständig auszudrücken: so daß manche Künstler, die nur auch einen Roman schreiben wollten, von ungefähr sich selbst dargestellt haben. Nur sie kann gleich dem Epos ein Spiegel der ganzen umgebenden Welt, ein Bild des Zeitalters werden. Und doch kann auch sie am meisten zwischen dem Dargestellten und dem Darstellenden, frey von allem realen und idealen Interesse auf den Flügeln der poetischen Reflexion in der Mitte schweben, diese Reflexion immer wieder potenziren und wie in einer endlosen Reihe von Spiegeln vervielfachen. Sie ist der höchsten und der allseitigsten Bildung fähig; nicht bloß von innen heraus, sondern auch von außen hinein; indem sie jedem, was ein Ganzes in ihren Produkten seyn soll, alle Theile ähnlich organisirt, wodurch ihr die Aussicht auf eine gränzenlos wachsende Klassizitát eröffnet wird. Die romantische Poesie ist unter den Künsten was der Witz der Philosophie, und die Gesellschaft, Umgang, Freundlichkeit und Liebe im Leben ist. Andre Dichtarten sind fertig, und können nun vollständig zergliedert werden. Die romantische Dichtart ist noch im Werden; ja das ist ihr eigentliches Wesen, daß sie ewig nur werden, nie vollendet seyn kann. Sie kann durch keine Theo|rie erschöpft werden, und nur eine divinatorische Kritik dürfte es wagen, ihr Ideal charakterisiren zu wollen. Sie allein ist unendlich, wie sie allein frey ist, und das als ihr erstes Gesetz anerkennt, daß die Willkühr des Dichters kein Gesetz über sich leide. Die romantische Dichtart ist die einzige, die mehr als Art, und gleichsam die Dichtkunst selbst ist: denn in einem gewissen Sinn ist oder soll alle Poesie romantisch seyn.

UEBER DIE PHILOSOPHIE.

An Dorothea.

Was ich Dir von Spinosa erzählte, hast Du nicht ohne Religion angehört; Hemsterhuys hat Dir viel Freude gemacht; und sogar die Uebersetzungen haben Dich vom Plato nicht abschrecken können, den Du wahrscheinlich etwas anbeten würdest, wenn Du ihn ganz kenntest. Auch bist Du gesonnen, »Dich nicht bloß mit Deiner Naturphilosophie zu begnügen, sondern Du willst, so der heilige Geist Dir beysteht, es zu ganz etwas Ordentlichem bringen.«

Ich freue mich, daß es Dir so Ernst ist. Wie sollte es auch anders seyn? Eitle Neugier ist Dein Hang zur Philosophie gewiß nicht: denn wer das Rechte weiß, weil er es besitzt in seinem Innern, der hascht nicht bloß nach diesem und jenem, dem ists nicht bloß darum zu thun, nur allerley zu wissen, was die Mode eben stempelt oder die Laune wählt. Warum solltest Du Dich also nicht diesem Hange überlassen? | Die Furcht vor dem, was die sogenannte Welt dazu sagen möchte, wird Dich schwerlich davon abhalten können. Denn Du weißt es zu gut, wie leicht es ist, unbemerkt und ungestört in ihr vortrefflich zu seyn, und Du würdest es im Nothfalle nicht scheuen, Dich ihr mit einfacher Freymüthigkeit zu zeigen, wie Du bist. Auch hoffe ich mit Zuversicht, daß Du nicht von dem Gedanken angesteckt seyst, welcher so mancher zierlichen Frau eine geheime Scheu vor Wissenschaften und selbst vor Künsten und vor allem einflößt, was nur jemals die Gelehrsamkeit berührt hat. Ich meyne die Besorgniß, durch diesen Gewinn von geistiger Ausbildung an der sittlichen Unschuld und besonders an der Weiblichkeit Schaden zu leiden; als wenn eben das, was ganze Nationen wie man sagt weibisch macht, die Weiber zu männlich machen könnte. Eine Besorgniß, die mir eben so ungegründet als unmännlich zu seyn scheint! Denn wo einmal Weiblichkeit vorhanden ist, giebts wohl keinen Augenblick, in dem sie nicht die Besitzerin an ihr Daseyn erinnerte. Besonders wenn man ein ganzes ungetheiltes Daseyn gewohnt ist wie Du.

Ich erinnere mich eben sehr lebhaft an meine dreiste Behauptung, *daß Philosophie den Frauen unentbehrlich sey, weil es für sie keine andere Tugend gebe, als Religion, zu der sie nur durch Philosophie gelangen könnten.* Ich versprach Dir damals, diesen Gedanken, wie mans nennt, zu beweisen, oder etwas vollständiger auszuführen, als es im Gespräche geschehen kann. Ich | komme nun mein Versprechen zu halten; nicht eben um mich als einen Mann von Worte zu zeigen, sondern einzig und allein weil ich Lust dazu habe, wäre es auch nur um eine so entschiedne Verächterin alles Schreibens und Buchstabenwesens mit meiner Liebhaberey für diese Dinge zu necken. Dir wäre ein Gespräch vielleicht lieber. Aber ich bin nun einmal ganz und gar ein Autor. Die Schrift hat für mich ich weiß nicht welchen geheimen Zauber vielleicht durch die Dämmerung von Ewigkeit, welche sie umschwebt. Ja ich gestehe Dir, ich wundre mich, welche geheime Kraft in diesen todten Zügen verborgen liegt; wie die einfachsten Ausdrücke, die nichts weiter als wahr und genau scheinen, so bedeutend seyn können, daß sie wie aus hellen Augen blicken, oder so sprechend wie kunstlose Accente aus der tiefsten Seele. Man glaubt zu hören, was man nur lieset, und doch kann ein Vorleser bey diesen eigentlich schönen Stellen nichts thun, als sich bestreben, sie nicht zu verderben. Die stillen Züge scheinen mir eine schicklichere Hülle für diese tiefsten unmittelbarsten Aeußerungen des Geistes als das Geräusch der Lippen. Fast möchte ich in der etwas mystischen Sprache unsers H. sagen: Leben sey Schreiben; die einzige Bestimmung des Menschen sey, die Gedanken der Gottheit mit dem Griffel des bildenden Geistes in die Tafeln der Natur zu graben. Doch was Dich betrifft, so denke ich, daß Du Deinem Antheile an dieser Bestimmung des menschlichen Geschlechts vollkommen Genüge leisten wirst, wenn Du so viel wie bisher singst, äußerlich und innerlich, im ge|wöhnlichen und im symbolischen Sinne, weniger schweigst, und dann und wann auch in göttlichen Schriften mit Andacht liesest, nicht bloß andere für Dich lesen und Dir erzählen läßt. Besonders aber mußt du die Worte heiliger halten als bisher. Sonst stünde es schlimm um mich. Denn freylich kann ich Dir nichts geben, und muß mir ausdrücklich bedingen, daß Du nicht mehr von mir erwartest als *Worte*, Ausdrücke für das was Du längst fühltest und wußtest, nur nicht so klar und geordnet. Vielleicht thätest Du gut, von der Philosophie selbst auch nicht mehr zu erwarten als eine Stimme, Sprache und Grammatik für den Instinct der Göttlichkeit, der ihr Keim und wenn man auf das Wesentliche sieht, sie selbst ist.

Sey es eine Einrichtung der Natur, oder eine Künsteley der Menschen; genug, es ist nun einmal so: das Weib ist ein *häusliches* Wesen. Du wunderst Dich gewiß, daß auch ich in den allgemeinen Choral jener Häuslichkeit einstimme, die in unsern Büchern immer häufiger wird, je seltner man sie in den Familien antrifft. Du wirst denken, das sey einmal wieder eine von den Paradoxien, die des Seltsamen überdrüssig endlich zu der gröbsten Gemeinheit und nächsten Plattheit zurückzukehren pflegen. Du hättest vollkommen Recht, wenn ich von der *Bestimmung* der Frauen redete. Diese halte ich aber der Häuslichkeit grade entgegengesetzt; wenn Du unter Bestimmung mit mir den Weg verstehen willst, nicht den wir von selbst gehen oder gehen möchten, sondern den, auf welchen die Stimme des Gottes in uns deutet. Nicht die Bestimmung der Frauen sondern ihre *Natur* und *Lage* ist häuslich. Und ich halte es für eine mehr nützliche als erfreuliche Wahrheit, daß auch die beste Ehe, die Mütterlichkeit selbst und die Familie sie gar leicht so sehr mit dem Bedürfnisse, der Oekonomie und der Erde verstricken und herabziehen kann, daß sie ihres göttlichen Ursprunges und Ebenbildes nicht mehr eingedenk bleiben. Ja oft werden sie sich desselben gar nicht einmal bewußt; auch solche, die wohl alle inneren Gaben und äußeren Mittel dazu hätten. Wir sehen es ja täglich, wie selten ein weibliches Wesen es wagt, auch nur den Kopf aus dem großen Weltmeere der Vorurtheile und der Gemeinheit in die Höhe zu richten. Geschieht es ja, so ist es meistens nur während sie stärker und eigener lieben, als die Mode es gut heißt, oder die häusliche Moral. War der Gegenstand schlechter als sein Eindruck, so resigniren sie sich gleich wieder nach dem Verluste des Glücks und der Tugend und tauchen unter in das alte

Element. Wahrhaftig! man muß schon recht stark im Glauben seyn, um eine moralische Anadyomene – eine Frau, die gleich jener Göttin der Fabel, aber göttlicher und für den Geist schöner wie sie, mit ihrem ganzen Wesen und ihrer ganzen Gestalt aus jenem Oceane emporstiege – nur nicht gar für ein bloßes Mährchen zu halten.

»Aber, wirst Du sagen, ist es denn mit den Männern anders?« – Allerdings ist es das. Wenn Du auch die ganze im Verhältnisse mit der Anzahl derer, die überhaupt gebildet sind und seyn können, sehr | ansehnliche Menge derer nicht in Anschlag bringen willst, deren eigentliches Geschäft es ist, sich auf der Himmelsleiter der Kunst oder der Wissenschaft zur Unsterblichkeit zu erheben. Ja, nimm an, daß ein Mann, der nur für den Staat oder für seinen Stand lebt, und von Künsten und Wissenschaften nichts oder wenig weiß, auch ohne Religion sey, ohne eine ursprüngliche eigene und reichliche Quelle reiner Begeisterung in seinem Innern: so kann ihm doch die Liebe der Freyheit, besonders aber das Gefühl der Ehre und der Pflichten seines Standes eine Art von Religion seyn, und einigen Ersatz geben, sein kaltes Gemüth spärlich erwärmen, daß wenigstens ein Funken vom ewigen Feuer des Prometheus unter der Asche verborgen bleibe, zur Erinnerung oder zur Hoffnung besserer Zeiten. Auch stehen die männlichen Gewerbe der höhern Stände doch schon in etwas näherm Umgange mit Wissenschaften und Künsten, und also mit den Göttern und der Unsterblichkeit, wie die Verwaltung des Hauses. Ja, wenn auch das wegfällt, wenn der Mann nichts vermag und nichts will, als mit ganzem Ernste das Nützliche befördern, so ist doch dieses Nützliche von mehr Umfang und Größe, und erweitert allmählich selbst den beschränkten Geist, und mit der freyeren Aussicht erhebt sich der Gedanke, zu einer höhern Stufe fortzuschreiten. Die Lebensart der Frauen hat die Neigung, sie immer enger und enger zu beschränken, und ihren Geist noch vor seinem seeligen Ende in den mütterlichen Schooß der Erde zu begraben. Vornehm oder bürgerlich macht hier keinen Un|terschied. Denn das Leben nach der Mode ist noch Lebensärmer und treibt den Geist noch mehr ab, als das häusliche Treiben selbst; ein bunter, dürrer Sand, noch schlechter als jene dunkle Erde.

Eben darum sollten die Frauen mit ganzer Seele und ganzem Gemüthe nach dem Unendlichen und Heiligen streben, nichts so sorgfältig ausbilden, als den Sinn und die Fähigkeit dafür; und mit keiner Liebhaberey sollte es ihnen so Ernst seyn wie mit der Religion. Du siehst, ich halte es mit dem antiken Onkel im Wilhelm Meister, der da glaubt, das Gleichgewicht im menschlichen Leben könne nur durch Gegensätze erhalten werden. Doch nicht so streng wie der alte Italiäner, welcher den stillen, gefühlvollen Jüngling zum Soldaten, den raschen, feurigen hingegen zum Religiösen erziehen will. Dieß letzte mißbillige ich indessen nur darum, weil ich alle sittliche Erziehung für ganz thöricht und ganz unerlaubt halte. Es kömmt nichts dabey heraus, bey diesen vorwitzigen Experimenten, als daß man den Menschen verkünstelt und sich an seinem Heiligsten vergreift, an seiner Individualität. Man kann und soll nicht mehr als den Zögling rechtlich und nützlich ziehen. Alles übrige muß von den frühesten Zeiten an ganz allein ihm selbst überlassen bleiben, was und wie er will, auf seine eigne Gefahr. Und ich denke, wenn man jemand zum guten Bürger bildet, und ihn nach der Beschaffenheit seiner Umstände allerley tüchtige Gewerbe lehrt, übrigens aber der Entwickelung seiner Natur den freyesten möglichen Spielraum läßt: so hat man weit mehr gethan | als bey den besten geschieht und alles was zu geschehen braucht. Wenn man aber jemand *zum Menschen* bilden will, das kömmt mir grade so vor, als wenn einer sagte, er gebe Stunden in der Gottähnlichkeit. Die Menschheit läßt sich nicht inoculiren, und die Tugend läßt sich nicht lehren und lernen, außer durch Freundschaft und Liebe mit tüchtigen und wahren Menschen und durch Umgang mit uns selbst, mit den Göttern in uns.

Der eigne Sinn, die eigne Kraft und der eigne Wille eines Menschen ist das Menschlichste, das Ursprünglichste, das Heiligste in ihm. Ob er zu dieser oder jener Gattung gehöre, das ist unbedeutender und zufälliger; die Geschlechtsverschiedenheit ist nur eine Aeußerlichkeit des menschlichen Daseyns und am Ende doch nichts weiter als eine recht gute Einrichtung der Natur, die man freylich nicht willkührlich vertilgen oder verkehren, aber allerdings der Vernunft unterordnen, und nach ihren höhern Gesetzen bilden darf. In der That sind die Männlichkeit und die Weiblichkeit, so wie sie gewöhnlich genommen und getrieben werden, die gefährlichsten Hindernisse der Menschlichkeit, welche nach einer alten Sage in der Mitte einheimisch ist und doch nur ein harmonisches Ganzes seyn kann, welches keine Absonderung leidet. Die Welt scheint über diesen Punct in der That nicht anders zu denken wie die schlecht verheyrathete Sophie in den Mitschuldigen, welche sagt: »Es ist ein *schlechter Mensch*, allein es ist ein *Mann*.« Nach eben demselben Maßstabe urtheilt man über den Werth der | Männer und der Frauen. Kein Wunder, da die Menschen in keiner Profession noch so weit zurück sind als in der der Humanität. Mir scheint ein so unmenschliches Lob des Mannes und des Weibes nicht anders zu seyn, als wenn man jemand rühmen wollte: Er sey ein schlechter Mensch, aber ein vortrefflicher Schneider; welches denn allerdings für den, der eben einen Schneider *brauchte*, noch eine recht gute Empfehlung seyn würde. Doch die Welt, und wer ihr nachspricht, wird darin wohl bey ihrem Glauben bleiben, aber ich gewiß auch bey dem meinigen: Nur sanfte Männlichkeit, nur selbstständige Weiblichkeit sey die rechte, die wahre und schöne. Ist dem so, so muß man den Charakter des Geschlechts, welches doch nur eine angeborne, natürliche Profession ist, keineswegs noch mehr übertreiben, sondern vielmehr durch starke Gegengewichte zu mildern suchen, damit die Eigenheit einen wo möglich unbeschränkten Raum finde, um sich nach Lust und Liebe in dem ganzen Bezirke der Menschheit frey zu bewegen.

So wenig ich aber der Natur Sitz und Stimme im gesetzgebenden Rathe der Vernunft erlauben kann, so denke ich doch, daß es keine Wahrheit geben kann, die sie nicht in ihren schönen Hieroglyphen angedeutet hätte, und ich glaube allerdings, es ist die Natur selbst, welche die Frauen mit Häuslichkeit umgiebt, und zur Religion führt. Ich finde das alles schon in der *Organisazion*. Fürchte nicht, daß ich Dir mit Anatomie kommen werde. Ich überlasse es einem künftigen Fontenelle oder Algarotti unsrer Nation, | das sonderbare Geheimniß des Geschlechtsunterschiedes mit Anstand und Eleganz für Damen darzustellen und zu enträthseln. Es bedarf gar nicht so vieler Umstände, um zu finden, daß die weibliche Organisation ganz auf den einen schönen Zweck der Mütterlichkeit gerichtet ist. Und eben darum müßt ihr es den

Priestern der bildenden Kunst verzeihen, wenn viele derselben der männlichen Gestalt den Preis der Schönheit zusprechen, obgleich die himmlische Einfachheit der Umrisse ein Vorzug der weiblichen ist. »Aber wie, wirst Du sagen, kann denn das gefräßige Geschlecht sich nicht an dem Farbenspiele und dem Dufte einer Blume ergötzen, ohne gleich an die Frucht zu denken, die in ihrem Kelche reifen soll?« – Ach! liebe Freundin, es sind nicht die Männer, die ihr hier gegen Euch habt, auch nicht einmal die Künstler. Ihr mögt es mit der Poesie, und mit der Kunst selbst ausmachen, wenn sie so gar den Schein des Nützlichen hassen und verfolgen, und das Selbstständige, Insichvollendete so lieben, und den Egoismus in Schutz nehmen. Freylich erscheinen auch in der männlichen Gestalt Zwecke, und zwar gemeinere. Aber eben weil es mehrere sind, weil sie nicht ausschließend auf diesen, oder jenen Zweck gerichtet ist, entsteht aus dieser Unbestimmtheit ein gewisser göttlicher Schein von Unendlichkeit. Ist aber die männliche Gestalt reicher, selbstständiger, künstlicher und erhabener, so möchte ich die weibliche Gestalt *menschlicher* finden. In dem schönsten Manne ist die Göttlichkeit und Thierheit weit abgesonderter. In der weiblichen Gestalt ist beydes ganz verschmolzen, | wie in der Menschheit selbst. Und darum finde ich's auch sehr wahr, daß die Schönheit des Weibes eigentlich nur die höchste seyn kann: denn das Menschliche ist überall das Höchste, und höher als das Göttliche. Dies hat vielleicht einige Theoretiker der Weiblichkeit veranlaßt, ausdruckslose Schönheit als die wesentlichste Pflicht vom weiblichen Körper zu fordern und zur Erfüllung derselben nachdrücklich zu ermahnen.

Nächst der Mütterlichkeit scheint mir keine Eigenschaft der weiblichen Organisation so ursprünglich und wesentlich, wie die zartere weibliche *Sympathie*. Bey dem Anblicke des vollkommenen Mannes würde gleich jeder sagen: »dieser ist bestimmt die Erde zu bilden, und die Welt den Befehlen der Gottheit zu unterwerfen.« Bey der ersten Ansicht eines schönen Weibes würde man denken: »In diesem Gefäße soll die oft zu ungestüme Musik dieses raschen reichen Lebens sanfter und schöner nachklingen, so wie die Blume was sie aus dem umgebenden Gemische einsaugt, in harmonische Farben zersetzt, und in wollüstigem Dufte zurück giebt.« Und ist nicht diese Innerlichkeit, diese stille Regsamkeit alles Dichtens und Trachtens die wesentliche Anlage zur *Religion*, oder vielmehr sie selbst? Freylich, wenn man Seele und Leib für ursprünglich und ewig verschieden hält, und denn doch jene Sympathie und ihre sinnliche Aeußerung als die wahre Tugend vergöttert; das ist nur ein Thierdienst in feinerer Gestalt. Aber wer heißt auch so thörigt unterscheiden und die ewige Harmonie des Universums kindisch zerreißen und zerspalten wollen? |

Ich brauche das Wort *Religion* ohne Scheu, weil ich kein anderes weiß und habe. Du wirst und Du kannst das Wort nicht mißverstehen, da Du die Sache selbst hast, und den äußern Tand, den man wohl auch so nennt, aber lieber anders nennen sollte, so gar nicht hast. Jedes Gefühl wird dir nicht zur lauten Vergötterung, aber zur stillen Anbetung; darum erscheinst Du der Menge, wo Dein Gefühl einmal zufällig hervorbricht oder durchschimmert, seltsam, hart, oder thöricht. Und jene Gedanken der Liebe, die sich aus Funken vom Witze der Begeistrung im Schooße der ewigen Sehnsucht erzeugen, sind sie nicht lebendiger und *wirklicher* für Dich, als das gleichgültige Ding, was andre vorzugsweise Wirklichkeit nennen wollen, weil der Klumpen so breit und roh da liegt? Uebrigens sucht auch die Religion, nämlich die ursprüngliche innerliche, die Einsamkeit, wie die Liebe; auch sie verachtet allen Schmuck und Schimmer, und auch von ihr muß es heißen: *Verliebten gnügt zu der geheimen Weihe das Licht der eignen Schönheit.* Wie dürfte man Dir also die Religion bloß darum absprechen wollen, weil es Dir vielleicht an einer Antwort fehlen könnte, wenn man Dich fragte, ob Du an Gott glaubst, und weil die Untersuchung, ob es Einen Gott gebe, oder drey, oder so viel Du willst, für Dich nichts mehr als ein ziemlich uninteressantes Gedankenspiel seyn würde. Mir ist es freylich interessant genug, auch als bloßes Gedankenspiel, und wenn eben der dritte Mann fehlt, setze ich mich recht gern an den philosophischen L'hombretisch | theologischer Geheimnisse und Streitfragen; immer lieber als an einen buchstäblichen. Ja ich liebe die Virtuosität jeder Art so sehr, daß sie mir auch in der Schwärmerey gefallen könnte. Daß Dir hingegen die Schwärmerey nicht so wohl lächerlich als unleidlich ist, verstehe ich sehr gut, und wünschte es nicht anders. Es ist ein

Gefühl, als würde das Rechte dadurch compromittirt und beynahe entweiht, weil es mit darunter ist, und doch in solcher Gestalt, daß das Ganze lächerlich zu seyn verdient. Den Aberglauben vollends, wie alles was gemein ist, verachtest du noch über die Verachtung hinaus; das gewöhnliche Treiben der Menge ist Dir so vollkommen gleichgültig, daß Du Dich auch an diese Deine Gleichgültigkeit nur selten erinnerst; es ist kaum noch vorhanden für Dich. Ich kann das auch nicht mißbilligen, da es ja gar nicht Dein Beruf ist, Dich um die Welt zu bekümmern. Selig, wer sich nicht in das Gewühl zu mischen braucht, und in der Stille auf die Gesänge seines Geistes horchen darf! Ich lebe wenigstens als Autor in der Welt, und so könnte ich wohl mit dem strengsten Ernste darüber nachdenken, was auch in dieser Rücksicht für das Volk das heilsamste sey, und was von den Priestern und den Regenten zu wünschen wäre. Vor allen Dingen aber kann es mich reizen, den Geist der Zeitalter und der Nazionen, auch in der Religion zu erspähen und zu errathen. Dir werde ich's aber gewiß nicht zumuthen, Dich auch mit der äußern Geschichte der Menschen so sehr zu befassen. Genug wenn Du nur die innre Geschichte der Menschheit in Dir | selbst immer klarer anschaust. Obgleich mir aber auch das, was man gewöhnlich Religion nennt, eines der wunderbarsten, größesten Phänomene zu seyn scheint, so kann ich doch im strengen Sinne nur das für Religion gelten lassen, wenn man göttlich denkt, und dichtet, und lebt, wenn man voll von Gott ist; wenn ein Hauch von Andacht und Begeisterung über unser ganzes Seyn ausgegossen ist; wenn man nichts mehr um der Pflicht, sondern alles aus Liebe thut, bloß weil man es will, und wenn man es nur darum will, weil es Gott sagt, nämlich Gott in uns.

Es ist mir, als ob ich Dich bey diesem Stücke Religion denken hörte: »Wenn es also nur auf die Andacht und auf die Anbetung des Göttlichen ankommt; wenn das Menschliche überall das Höchste ist; wenn der Mann von Natur der erhabnere Mensch ist: so wäre es ja der rechte, und wohl der nächste Weg den Geliebten anzubeten, und so die menschenvergötternde Religion der menschlichen Griechen zu modernisiren?« – Ich werde gewiß der letzte seyn, der Dir diesen Weg abräth oder verleidet, wenn der Mann, den Du meinst, anders der ursprünglichen Natur des Mannes getreu, und von erhabnem Sinne ist. Ich wenigstens könnte nicht lieben, ohne auf die Gefahr der Chevalerie etwas anzubeten; und ich weiß nicht, ob ich das Universum von ganzer Seele anbeten könnte, wenn ich nie ein Weib geliebt hätte. Aber freylich das *Universum* ist und bleibt meine Losung. – Liebst Du wohl, wenn Du nicht die Welt in dem Geliebten findest? Um sie in ihm finden, und in ihn hin|ein legen zu können, muß man sie schon besitzen, sie lieben, oder wenigstens Anlagen, Sinn und Liebesfähigkeit für sie haben. Daß diese Kräfte cultivirt werden können, daß der Blick vom Auge unsers Geistes immer weiter, fester und klarer werden soll, und unser inneres Ohr empfänglicher für die Musik aller Sphären der allgemeinen Bildung; daß die Religion in diesem Sinne sich also lehren und lernen, obgleich nie erschöpfen lasse, leuchtet von selbst ein. Aber freilich sind Freundschaft und Liebe die Organe alles sittlichen Unterrichts auch bey diesen Zweigen desselben unentbehrlich. Und gewiß werden zwey Liebende, wenn der Mann die Geliebte über den gewöhnlichen Dienst kleiner Hausgötter ins freye Ganze hinaus zu führen strebt, oder ihr die zwölf großen Götter in Gestalt bekannter Laren zugesellt; und wenn sie gleich einer Priesterin der Vesta über das heilige Feuer auf dem reinen Altare in seiner Brust wacht, beyde zusammen schnellere und weitere Fortschritte spüren, als wenn jeder für sich allein mit heißem Bemühen nach Religion gestrebt hätte.

Der Gedanke des Universums und seiner Harmonie ist mir Eins und Alles; in diesen Keime sehe ich eine Unendlichkeit guter Gedanken, welche ans Licht zu bringen und auszubilden ich als die eigentliche Bestimmung meines Lebens fühle. Thöricht und beschränkt wäre es, zu wünschen, oder gar zu verlangen, dieser eine Gedanke sollte der Mittelpunkt aller Geister seyn. Doch däucht mir, ist ein gewisser gesetzlich organisirter Wechsel zwischen Individualität und Uni|versalität der eigentliche Pulsschlag des höheren Lebens, und die erste Bedingung der sittlichen Gesundheit. Je vollständiger man ein Individuum lieben oder bilden kann, je mehr Harmonie findet man in der Welt: je mehr man von der Organisazion des Universums versteht, je reicher, unendlicher und weltähnlicher wird uns jeder Gegenstand. Ja ich glaube fast, daß weise Selbstbeschränkung und stille Bescheidenheit des Geistes dem Menschen nicht nothwendiger ist, als die innigste, ganz rastlose, beynah gefräßige Theilnahme an allem Leben, und ein gewisses Gefühl von der Heiligkeit verschwenderischer Fülle.

Freylich läßt sich's auch ohne diesen Umfang und diese Tiefe ganz leidlich, ja recht lustig leben. Wir sehen es ja alle Tage, und es geht alles in der einfachsten Ordnung zu, und ist sogar im beständigen Fortschreiten. Der häusliche Mensch bildet sich nach der Heerde, wo er eben gefüttert wird, und besonders nach dem göttlichen Hirten; wenn er reif wird, so pflanzt er sich an, und thut Verzicht auf den thörichten Wunsch, sich frey zu bewegen, bis er endlich versteinert, wo er denn oft noch auf seine alten Tage als Caricatur in bunte Farben zu spielen anfängt. Der bürgerliche Mensch wird zuvörderst freylich nicht ohne Mühe und Noth zur Maschine gezimmert und gedrechselt. Er hat sein Glück gemacht, wenn er nun auch eine Zahl in der politischen Summe geworden ist, und er kann in jeder Rücksicht vollendet heißen, wenn er sich zuletzt aus einer menschlichen Person in eine *Figur* verwandelt hat. Wie die Einzelnen, so | die Masse. Sie nähren sich, heirathen, zeugen Kinder, werden alt, und hinterlassen Kinder, die wieder eben so leben, und eben solche Kinder hinterlassen, und so ins Unendliche fort.

Das reine Leben bloß um des Lebens willen ist der eigentliche Quell der *Gemeinheit*, und alles ist gemein, was gar nichts hat vom Weltgeiste der Philosophie und der Poesie. Sie allein sind ganz, und können erst alle besondere Wissenschaften und Künste zu einem Ganzen beseelen und vereinen. Nur in ihnen kann auch das einzelne Werk die Welt umfassen, und nur von ihnen kann man sagen, daß alle Werke, die sie jemals hervorgebracht haben, Glieder einer Organisazion sind.

Wahr ist's, das Leben schwebt gern in der Mitte; jene hingegen lieben die Extreme. Auch muß, wer etwas tüchtiges vollbringen will, nur an den Zweck denken, und die rechten Mittel in Bewegung setzen, ohne sich nach Art poetischer und philosophischer Naturen für den ersten besten Umstand am Wege inniger zu interessiren als für das anfängliche Ziel, oder sich in allgemeine Träumereyen zu verlieren. Aber wahr ist's auch, daß ein gemeiner Mensch gar keinen tüchtigen Zweck haben, und also doch nichts rechtes leisten kann: daß alle Gegenstände dem praktischen Menschen zu nah oder zu fern liegen, daß alle die Beziehungen sein Auge stören, und daß man im Augenblicke des Lebens selbst zu keiner rechten Ansicht des Lebens gelangen kann. Alles was kräftig, treffend, und groß ist in dem Leben handelnder oder liebender Menschen, | wenn gleich sie nichts wissen von den Namen der Wissenschaften und Künste, ist Eingebung jenes Weltgeistes. Die wahre Mitte ist nur die, zu der man immer wieder *zurückkehrt* von den eccentrischen Bahnen der Begeisterung und der Energie, nicht die, welche man nie verläßt. Ueberhaupt, wie alle absolute Absondrung austrocknet, und zur Selbstvernichtung führt: so ist doch keine thörichter, als die, das Leben selbst wie ein gemeines Handwerk zu isoliren und zu beschränken, da das wahre Wesen des *menschlichen* Lebens in der Ganzheit, Vollständigkeit und freyen Thätigkeit aller Kräfte besteht. In wem sich weiter nichts regt, der geht dann allerdings nicht den falschen Weg: aber wer nur auf einem Punkte klebt, ist nichts als eine vernünftige Auster. Ganz etwas anders ist jene Absonderung, wenn ein Geist unter den vielen Gegenständen den rechten findet, ihn von allen störenden Umgebungen absondert, sich in sein Inneres vertieft, bis er ihm zu einer Welt wird, die er in Worten oder in Werken darstellen möchte. Er wird von einem verwandten Gegenstande zum andern hingezogen, unaufhaltsam weiter schreiten, und doch dem Mittelpunkte unwandelbar getreu immer reicher zu ihm heimkehren.

Ich weiß es, Du stimmst mir von ganzem Herzen bey, daß die Poesie und die Philosophie mehr sey, als etwas, was die Lücken, die müssigen Menschen, welche von ungefähr ein wenig gebildet wurden, bey allen Zerstreuungen übrig bleiben, auszufüllen vermag, daß sie ein nothwendiger Theil des Lebens sey, Geist | und Seele der Menschheit. Da es aber kaum möglich seyn dürfte, beyde gleich sehr zu lieben, so wirst Du nun wie Herkules, oder Wilhelm Meister, am Scheidewege stehen, und zweifeln, welcher Muse Du den Preis geben und folgen sollst.

Laß uns von der *Poesie* anfangen. Mir scheint, sie ist Dir entweder etwas ganz anders als Poesie, oder nicht Poesie genug. Ich will sagen, Du behandelst sie entweder gradezu wie Philosophie, und hältst Dich nur an die göttlichen Gedanken, oder brauchst sie wie

Musik, blos als schöne Umgebung und Ergänzung des Lebens. Freylich ist es Dir auch Ernst mit der Poesie, und in den zwey oder drey großen Dichtern, den einzigen die du eigentlich liesest, und immer wieder liesest, suchst Du unendlich viel, vorzüglich aber das Höchste, eine würdige treffende Darstellung der schönsten Menschheit und Liebe. Wo die Darstellung so tief und so wahr ist, hast du leicht Anlaß und Reiz finden können, diese oder jene Dichtung in Dir von neuem zu dichten und ihr einen göttlichen Sinn zu leihen. Aber schaue im Geiste auf Dich selbst, Dein inneres Leben und Lieben, erinnere Dich an alles Große was Du sahst, vertiefe Dich in Gedanken in das Heiligthum der Besten die Du kennst, und entscheide dann, ob die Dichter die *Wirklichkeit* übertreffen, wie sie sich immer rühmen. Mir hat sich sehr oft die Bemerkung aufgedrungen, daß die Poesie das höchste Wirkliche durchaus nicht erreiche, und ich wunderte mich dann, überall das Gegentheil zu hören, bis ich einsah, daß es wohl ein bloßer Wortstreit seyn | möchte, und daß sie unter der Wirklichkeit das Gewöhnliche und Gemeine verstehen, dessen Daseyn man so leicht vergißt.

Ich bin weit entfernt, es der Poesie zum Verbrechen zu machen, daß sie weniger Religion hat, als ihre Schwester. Denn es scheint mir eben ihre liebenswürdige Bestimmung, den Geist mit der Natur zu befreunden und den Himmel selbst durch den Zauber ihrer geselligen Reize auf die Erde herab zu locken; Menschen zu Göttern zu erheben, das mag sie der Philosophie überlassen. Wenn ein Mann gegen seine Lage und Lebensart ein Gegengewicht bedarf, um nicht die Musen zu vergessen und die Harmonie zu verlieren, so können ihn die Wissenschaften nicht retten, wenn nicht die Poesie ihn aus ihrer Quelle ewiger Jugend erfrischt und stärkt. Du erräthst schon, daß ich Dich an das erinnere, was ich über die Verschiedenheit der männlichen und weiblichen Bildung sagte, und nun eben daraus folgere: für die Frauen sey die Philosophie das nähere und unentbehrlichere Bedürfniß. Den äußern Reiz sind sie nicht in Gefahr zu vergessen, wie es Männern so leicht begegnet, und wenn sie auch sonst noch so unheilig sind, so halten sie doch die Jugend heilig und den jugendlichen Sinn, und diese Poesie des Lebens ist ihnen natürlich. Darum wählen sie auch fast alle ohne Ausnahme diese, wenn man Wahl nennen kann, was ohne Vergleichung, auch wohl ohne Ueberlegung nach der hergebrachten Meynung, und nach dem ersten Eindrucke geschieht. Sind es solche, die nur zierlich und reizend seyn können, die bloß im | äußern Glanze ihrer Existenz finden, und nichts wollen und mögen als Eleganz, denen das Eins und Alles ist, so läßt sich nichts dagegen einwenden. Poesie – ich nehme das Wort wie immer im weitesten Sinne – Poesie allein kann dieser Eleganz wenigstens einen Schimmer von Seele leihen und auch den Geist elegant erhalten. Andere haben Anlage zur Religion und Liebe, aber sie wurden irre in ihren Gedanken, weil sie in der feinen Welt für etwas unächten Witz Mißtrauen gegen alles Göttliche eintauschten. Auch diese müssen wohl erst mit der Poesie schwärmen und über verlornen Glauben klagen, ehe sie inne werden können, daß man sich selbst und die Liebe nie verlieren kann, mag es auch auf eine Zeit so scheinen, und wenn sie das inne sind, bey der Erinnerung an ihren Unglauben lächeln.

Du siehst, ich bin nicht so begeistert für meine Meynung, daß ich die unendliche Verschiedenheit der Charaktere und Situationen vergessen sollte, und ich bin dabey so gelassen geblieben, daß ich sogar über die Eleganz reflektiren konnte. Ich gestehe also gern, daß die Poesie die nächsten Ansprüche auf viele Frauen hat, und daß sie allen heilsam und unentbehrlich sey. Ueberhaupt ist es gar nicht darauf abgesehen, die Musen zu trennen. Schon der Gedanke wäre Frevel. Poesie und Philosophie sind ein untheilbares Ganzes, ewig verbunden, obgleich selten beysammen, wie Kastor und Pollux. Das äußerste Gebiet großer und erhabner Menschheit theilen sie unter sich. Aber in der Mitte begegnen sich ihre verschiedenen Richtungen; hier im | Innersten und Allerheiligsten ist der Geist ganz, und Poesie und Philosophie völlig Eins und verschmolzen. Die lebendige Einheit des Menschen kann kein starre Unveränderlichkeit seyn, sie bestehet im freundschaftlichen Wechsel. So könnte auch, wer das Studium der Humanität für seinen einzigen Beruf hielte, Poesie und Philosophie nur dadurch verbinden, daß er sich bald der einen, bald der andern ganz widmete. Dies ist vielleicht das beste für den, welcher die Künste und Wissenschaften selbst mit fortbilden will. Wer aber nur sich durch sie zur Harmonie und ewigen Jugend bilden will, der dürfte wohl genöthigt seyn, einer von beyden eine Art von Vorzug zu geben. Doch versteht sich's, daß er das gar nicht könnte, ohne oft die andre zu besuchen, und als Ergänzung zu brauchen.

Uebrigens aber halte ich strenge auf meinem Satz: Religion sey die wahre Tugend und Glückseligkeit der Frauen, und Philosophie die vorzüglichste Quelle ewiger Jugend für sie, wie Poesie für die Männer. Beydes versteht sich im Ganzen genommen. Und daß Du nicht zu jenen eleganten Ausnahmen gehörst, ist mir recht sehr lieb. Ich mag lieber, daß das Göttliche zu hart, als zu zierlich sey. Unvollendung giebt dem Erhabenen für mich einen neuen höhern Reiz. Seine Würde erscheint mir dadurch unmittelbarer, reiner. Es ist, als ob es seiner ursprünglichen Majestät treuer bliebe, wenn es die Fülle und den Schmuck der ausbildenden Natur wie aus heiligem Stolze verschmäht. Und so wie die Physiognomien die interessantesten für mich sind, die so aussehen, als hätte die Natur in ih|nen ein großes *Dessein* angelegt, ohne sich Zeit zu lassen, den kühnen Gedanken auszuführen, so geht mir's auch mit den Menschen. *Göttlichkeit mit Härte verbunden* ist mir das Heiligste, und keine Empfindung, keine Ansicht, wurzelt tiefer, oder enger in mir als diese. Ich betrachtete vor einiger Zeit eine große Pallas unter den Antiken, wobey mir dies von neuem wieder recht lebhaft vor das Gemüth trat. Es ist ein vollkommenes Bild weiser Tapferkeit, und mir däucht, der natürlichste und erste Gedanke, den man bey ihrem Anblicke haben könnte, wäre die Bemerkung, daß doch alle Tugend eigentlich nur *Tüchtigkeit* sey. Tüchtig ist das, was zugleich Nachdruck und Geschick hat, was zermalmende Kraft mit klarer stiller Einsicht verbindet. Nie hat mich die Göttlichkeit einer Gestalt so ergriffen. Und doch würde der Eindruck bey weitem nicht so groß gewesen seyn, wenn nicht Stand, Haltung, Züge, Blick, alles an ihr, so grade, ernst, streng und furchtbar wäre; wenn sie mit einem Worte nicht die ganze Härte des ältern Styls der Kunst an sich hätte. Mir war als säh ich die Muse meines innern Lebens vor mir, und vielleicht würdest auch Du, wenn Du sie sähest, sie als die des Deinigen anerkennen.

Daß die Poesie der Erde gewogner, die Philosophie aber heiliger und gottverwandter sey, ist zu klar und einleuchtend, als daß ich dabey verweilen sollte. Zwar hat sie oft die Götter geleugnet, aber dann waren es solche, die ihr nicht göttlich genug waren; und das ist ja ihre alte Klage gegen die Poesie und die | Mythologie. Oder es ist auch nur vorübergehende Krise, und beweiset dann grade das Entgegengesetzte von dem, was es zu beweisen scheint. Die heftigste Neigung kann sich am leichtesten wider sich selbst kehren; das höchste Entzücken wird schmerzlich, und alles Unendliche berührt sein Gegentheil. Es giebt eine Eifersucht, die nicht aus Neid oder Mißtrauen, sondern aus angeborner tiefer Unersättlichkeit entspringt. Kann sie wohl ohne Liebe seyn? Eben so wenig ist der leidenschaftliche Unglaube vieler Philosophen ohne Religiosität möglich. – Die wahre *Abstraction* selbst, was thut sie anders, als die Vorstellungen von ihrem irrdischen Antheile reinigen, sie erheben und unter die Götter versetzen? Nur durch Abstraction sind alle Götter aus Menschen geworden.

Laß uns nicht länger vergleichen, sondern gleich von der höchsten unter den Kräften des Menschen reden, welche die Philosophie erzeugen und bilden, und wieder von ihr gebildet werden. Das ist nach dem allgemeinen Urtheile und Sprachgebrauche der *Verstand*. Zwar setzt die jetzige Philosophie ihn nicht selten herab, und erhebt die Vernunft weit höher. Es ist auch ganz natürlich, daß eine Philosophie, die mehr zum Unendlichen fortschreitet, als Unendliches giebt, mehr alles verbindet und mischt, als Einzelnes vollendet, nichts höher schätzt im menschlichen Geiste, als das Vermögen, Vorstellungen an Vorstellungen zu knüpfen, und den Faden des Denkens auf unendlich viele Weisen ins Endlose fortzusetzen. Diese Eigenthümlichkeit ist indessen kein allgemeingültiges Gesetz. Nach | der Denkart und Sprache gebildeter Menschen steht die Einbildungskraft dem Dichter, Vernünftigkeit dem sittlichen Menschen am nächsten. Verstand aber ist das, worauf es eigentlich ankommt, wenn von dem Geiste eines Menschen die Rede ist. Verstand ist das Vermögen der *Gedanken*. Ein Gedanke ist eine Vorstellung, die vollkommen für sich besteht, völlig ausgebildet ist, ganz, und innerhalb der Gränzen unendlich; das Göttlichste, was es im menschlichen Geiste giebt. In diesem Sinne ist Verstand nichts anders als die natürliche Philosophie selbst, und nicht viel weniger als das höchste Gut. Durch seine Allmacht wird der ganze Mensch innerlich heiter und klar. Er bildet alles was ihn umgiebt und was er berührt. Seine Empfindungen werden ihm zu wirklichen Begebenheiten, und alles Aeußerliche wird ihm unter der Hand zum Innerlichen. Auch die Widersprüche lösen sich in Harmonie auf; alles wird ihm bedeutend, er sieht alles recht und wahr, und die Natur, die Erde und das Leben stehen wieder in ihrer ursprünglichen Größe und Göttlichkeit freundlich vor ihm. Und unter diesem milden Aeußern schlummert denn doch die Kraft, in einem Augenblicke allem, was uns eben Glück scheint, auf immer zu entsagen.

Gut also! Die Philosophie ist den Frauen unentbehrlich. Wäre es aber nicht am besten, sie trieben sie so, wie sie sie wirklich treiben, ganz natürlich, etwa wie der Gentilhomme des Moliere die Prosa? bloß durch Umgang mit sich selbst, und mit Freunden, die dasselbe wollen, und auch jenen allgemeinen Welt|geist anbeten. Gern setzte ich auch noch die *Gesellschaft* hinzu, die den Geist biegsam, und den Witz leicht erhält, wenn sie nur nicht so gar selten wäre, daß man kaum auf sie rechnen darf. Wollen wir nur das Gesellschaft nennen, wenn mehrere Menschen beysammen sind: so weiß ich kaum, wo wir sie finden werden. Denn gewiß ist das gewöhnliche Beysammenseyn ein wahres Alleinseyn, und alles andre pflegen die Menschen eher zu seyn, nur keine Menschen. Ich will Dir selbst zu bestimmen überlassen, wie klein eine Anzahl von Personen seyn darf, welche nach diesem Maaßstabe schon den Namen einer verhältnißmäßig sehr großen Gesellschaft verdienen können, und wie viel sie werth sey? Denn Geselligkeit ist das wahre Element für alle Bildung, die den ganzen Menschen zum Ziele hat, und also auch für das Studium der Philosophie, von dem wir reden. Was dabey entweder gar nicht, oder von selbst geschieht, ist das beste und das unentbehrlichste. Alle Mühe und alle Kunst ist fruchtlos, wenn wir nicht so glücklich waren, uns selbst kennen zu lernen und das Höchste zu finden. Wie klar wissen wir nicht, daß nur eine oder die andre Begebenheit den Sinn für eine neue Welt in uns weckte; daß das alles gar nicht seyn würde, ohne diese oder jene Bekanntschaft, und wir uns noch auf einer niedern Stufe mit geringem Erfolge ernstlich anstrengen würden. Und scheint es nicht oft, als könnten wir, mit Rücksicht auf unser eigentliches Selbst, mit einem Streiche alles verlieren was wir haben? Wir dürfen auch gar nicht einmal wünschen, daß dies | schlechthin unmöglich seyn möchte. Denn es wäre widersprechend, diese Sicherheit mit dem Verluste der Freyheit erkaufen zu wollen. So ist das Heiligste unendlich zart und flüchtig, und die Sittlichkeit der einzelnen Menschen, wie des ganzen Geschlechts, muß ein Spiel des Zufalls scheinen, weil sie unmittelbar von der Willkühr abhängt. In andern Arten seines Wirkens, in Künsten und Wissenschaften, ist der Gang des menschlichen Geistes bestimmt und festen Gesetzen unterworfen. Hier ist alles in beständigem Fortschreiten und nichts kann verloren gehen. So kann auch keine Stufe übersprungen werden, die jetzige hängt eben so nothwendig mit der vorigen und der folgenden zusammen, und was Jahrhunderte lang veraltet schien, lebt mit neuer Jugendkraft auf, wenn die Zeit gekommen ist, daß der Geist sich seiner erinnern und zu ihm zurückkehren soll. Hier ist die steigende Vervollkommnung und der natürliche Kreislauf der Bildung nicht etwa eine gutmüthige Hoffnung, oder ein wissenschaftlicher Glaubenssatz, den man nothwendig voraussetzen dürfte, um nur nicht gar alles vernünftige Denken aufgeben zu müssen. Nein es ist reine *Thatsache*; nur mit dem Unterschiede, daß der natürliche Kreislauf, welcher mehr in den Künsten und in der alten Geschichte einheimisch ist, in einzelnen Beyspielen ganz vor uns liegt; da hingegen die steigende Vervollkommnung, die sich in der Philosophie und der modernen Geschichte am glänzendsten offenbart, eine Thatsache ist, die nie vollendet werden kann. Nicht so im Gebiete der Sittlichkeit; da heißt es überall: Nichts oder | Alles. Da ist in jedem Augenblicke von neuem die Frage von Seyn oder Nichtseyn. Ein Blitz der Willkühr kann hier für die Ewigkeit entscheiden und wie es kommt, ganze Massen unsers Lebens vernichten, als ob sie nie gewesen wären und nie wiederkehren sollten, oder eine neue Welt ans Licht rufen. Wie die Liebe entspringt die Tugend nur durch eine Schöpfung aus Nichts. Aber eben darum muß man auch den Augenblick ergreifen; was er giebt, für die Ewigkeit bilden, und Tugend und Liebe, wo sie erscheinen, in Kunst und Wissenschaft verwandeln. Das kann nicht geschehen, ohne das Leben mit der Poesie und der

Philosophie in Verbindung zu setzen. Nur dadurch ist es möglich, dem Einzigen, was Werth hat, Sicherheit und Dauer zu geben, so weit es in unsrer Macht ist. Nur dadurch kann auch die Bildung der Poesie und Philosophie auf einem vollkommen festen Grunde ruhen und die verschiedenen Vorzüge beyder vermählen.

Wo keine unerschütterliche Selbstständigkeit ist, da kann das Streben nach beständigem Fortschreiten den Geist leicht in die Welt zerstreuen, und das Gemüth verwirren, und nur gränzenlose Liebe im Mittelpunkte der Kraft wird die Kreise der menschlichen Thätigkeit bey jedem neuen Ausfluge weiter und mächtiger dehnen. Wo es an Tugend und an Liebe gebricht, da weiß der Hang zur Verbesserung von keiner Rückkehr in sich selbst und in die Vergangenheit, und entartet in wilde Zerstörungssucht; oder der bildende Trieb zieht sich, wenn er ein äußerstes erreicht hat, in die | Enge, und verlischt leise in sich selbst, wie es schon so oft in den Künsten geschah.

Eine gebildete Philosophie muß zwar auch eine natürliche, aber doch auch eine künstliche seyn. Da es nun, wie sich gezeigt hat, eben die *Bildung* der Philosophie ist, um die es Dir zu thun war: so hast Du sehr Recht, Dich nicht mit Deiner Naturphilosophie begnügen zu wollen, sondern das Höchste mit Ernst zu versuchen. Aber wie wird es möglich seyn, diesen Entschluß ausführbar zu machen?

Zu den sogenannten populären Philosophen hast Du kein Zutrauen. Und welchen Deutschen oder Engländischen der Art dürfte ich Dir wohl vorschlagen, da Voltaire's Witz und Rousseau's Beredsamkeit Dich über die häufige Gemeinheit der Gesinnungen und Ansichten in ihnen nicht verblenden können? Die zwey oder drey von unsrer Nazion, welche dieser Vorwurf nicht treffen würde, sind grade solche die nur Streifzüge in das Gebiet der Philosophie gethan haben und Deinem Bedürfnisse wenig Gnüge leisten könnten.

Die Abstraction ist ein künstlicher Zustand. Dies ist kein Grund gegen sie, denn es ist dem Menschen gewiß natürlich, sich dann und wann auch in künstliche Zustände zu versetzen. Aber es erklärt warum auch ihr Ausdruck künstlich ist. Man könnte es sogar zum Kennzeichen der strengen eigentlichen Philosophie machen, die nur Philosophie seyn will, und die übrigen Theile der menschlichen Thätigkeit vor der Hand bey Seite setzt, daß sie dem rohen menschlichen Sinne ohne | künstliche Hülfsmittel und Zubereitung unverständlich seyn muß.

Schwierigkeiten schrecken Dich so leicht nicht ab, und einige Anstrengung würdest Du nicht scheuen; doch würde es Dir schwer werden Dich an eine Theilung Deines Wesens zu gewöhnen. Ohne eine Mittelsperson vielleicht ganz unmöglich. Es müßte jemand seyn, der über dem künstlichen Denken die feinere Ausbildung des bloß natürlichen nicht vergessen hätte, dem es gleich interessant wäre dem Plato von fern mit Andacht zu folgen, oder in die Ansicht eines einfachen Menschen einzugehen, der nur so denkt, wie er lebt und ist. Für einige Philosophen getraute ich mir wohl diese Mittelsperson zu seyn, und sie Dir und jedem, der nur sich selbst durch die Philosophie bilden will, um ein beträchtliches näher zu rücken.

Ich habe oft den Gedanken gehabt, ob es nicht möglich seyn sollte, die Schriften des berühmten Kant, der so oft über die Unvollkommenheit seiner Darstellung klagt, verständlich zu machen, ohne seinen Reichthum zu schmälern, oder ihm, wie es in Auszügen zu geschehen pflegt, Witz und Originalität zu rauben. Wäre es erlaubt seine Werke, versteht sich nach seinen eigenen Ideen, etwas besser zu ordnen; besonders im Periodenbau, und in Rücksicht der Episoden und Wiederholungen: so müßten sie so verständlich dadurch werden können, wie etwa Lessings. Man brauchte sich dazu keine größere Freyheiten zu erlauben, als ungefähr die, welche die alten Kritiker sich mit den classischen Dichtern nahmen, und ich denke man würde dann *sehen* daß | Kant auch bloß litterarisch genommen unter die classischen Schriftsteller unserer Nazion gehört.

Bey Fichte wäre ein solches Verfahren sehr überflüssig. Noch nie sind die Resultate der tiefsten und wie ins Unendliche fortgesetzten Reflexion mit der Popularität und Klarheit ausgedrückt, die Du in seiner neuen Darstellung der Wissenschaftslehre finden würdest. Es ist mir interessant, daß ein Denker, dessen einziges großes Ziel die *Wissenschaftlichkeit* der Philosophie ist, und der das *künstliche* Denken vielleicht mehr in seiner Gewalt hat, als irgend einer seiner Vorgänger, doch auch für die allgemeinste *Mittheilung* so begeistert seyn kann. Ich halte *diese* Popularität für eine Annäherung der Philosophie zur *Humanität* im wahren und großen Sinne des Worts, wo es erinnert, daß der Mensch nur unter Menschen leben, und so weit sein Geist auch um sich greift, am Ende doch dahin wieder heimkehren soll. Er hat auch hierin seinen Willen mit eiserner Kraft durchgesetzt, und seine neuesten Schriften sind freundschaftliche Gespräche mit dem Leser, in dem treuherzigen schlichten Style eines Luther. Ich glaube nicht, daß man den *rechten* Dilettanten noch auf einem andern Wege zu seiner Philosophie führen dürfte, als er selbst es in jener neuen Darstellung gethan hat. Wenn ihn jemand gar nicht versteht, so liegt es bloß an der gänzlichen Verschiedenheit des Standpunktes. Das einzige Stück Arbeit, was etwa für mich übrig bliebe, wäre der Versuch, den nothwendigen und natürlichen Charakter des Philosophen überhaupt darzustellen. Denn wenn Fichte mit allen Kräften seines Wesens Philosoph und für unser Zeitalter auch von Gesinnung und Charakter Urbild und Repräsentant der Gattung ist, so kann man ihn nicht ganz begreifen, ohne diese zu kennen, und zwar nicht bloß philosophisch, sondern auch historisch. So lange er aber Fichten selbst, wie er ist, und wird, nicht begriffe, würde der beste Dilettant zwar einiges in seiner Philosophie vollkommen fassen, in andres sich aber gar nicht finden können.

Vieleicht hieltest Du es aber für rathsamer, Dein Studium nicht mit der Philosophie des Zeitalters anzufangen, oder es doch nicht auf sie einzuschränken? – Ich würde im Ganzen nichts dagegen haben. Nur ist da bey den Philosophen des vorigen Jahrhunderts das scholastische Latein, und bey den alten, außer der Schlechtigkeit der Uebersetzungen, auch noch die Nothwendigkeit so vieler historischen Kenntnisse und Notizen.

Wie man es anfangen müßte, um Dilettanten in den Plato einzuweihen, darüber bin ich noch nicht ins Klare, so viel ich auch hin und her gedacht habe. Doch bey Gott ist kein Ding unmöglich, man muß nur recht wollen, und übrigens das Beste hoffen.

Den Spinosa kann ich Dir schon eher mit Zuversicht versprechen. Nicht so wohl etwas über ihn, als ihn selbst; eine Mittelgattung zwischen Auszug, Erklärung und Charakteristik. Eine vollständige Uebersetzung halte ich für zweckwidrig, weil die mathematische Form doch nicht bleiben darf, und auch ohne al|len Schaden weggenommen werden kann. In einer Rücksicht würde Dir Spinosa leichter seyn, als die andern. Er war einzig und allein bemüht, seinen Geist in sich selbst zu vollenden, und seine Gedanken zu einem geordneten Werke zu verbinden. Er nimmt wenig Rücksicht auf die Meynungen anderer, und auf specielle Wissenschaften. Denn das bleibt die größte Schwierigkeit, die durch keine Vermittlung und Milderung weggenommen werden kann. Die Philosophie ist nothwendig auch *Philosophie der Philosophie*, und selbst nichts anders als *Wissenschaft der Wissenschaften*. Ihr ganzes Wesen bestehet darin, die Kraft und den Geist, den sie zuerst den einzelnen Wissenschaften einhauchte, wechselsweise einzusaugen, und mächtiger auszuströmen, damit sie reicher wiederkehren. Man muß also alles wissen um etwas zu wissen, und man versteht keinen Philosophen wenn man nicht alle versteht. Eben daraus siehst Du aber auch, daß die Philosophie *unendlich* ist, und nie vollendet werden kann. Und mit Rücksicht auf diese Unermeßlichkeit des Wissens kann Dir der Unterschied zwischen Deinem Verstande und der Einsicht des künstlichsten und gelehrtesten Denkers nicht mehr so groß erscheinen, daß er Deinen Muth niederschlagen sollte. Wenn du nur Sinn für das Höchste hast, so ist eure Erkenntniß bloß dem Grade nach verschieden, und ihr steht auf derselben Stufe. Ueberhaupt kömmt in der Philosophie wenig oder nichts auf die Form an, ja auch der Stoff und der Gegenstand macht es nicht. Es giebt Schriften, die ihrem Inhalte nach gar nicht | in diese Rubrik zu gehören scheinen, und doch mehr Geist des Universums und also Philosophie enthalten, als viele Systeme. Die Behandlung, der Charakter, der Geist ist alles, und durch die Herrschaft des Innern über das Aeußere, durch Ausbildung des Verstandes und der Gedanken und durch stete Beziehung auf das Unendliche können alle Studien und selbst die gewöhnlichste Lektüre philosophisch werden.

Komm' ich Dir nicht vor wie Johannes der Täufer, »welcher in die Welt gekommen war, nicht daß er wäre das Licht, sondern daß er redete vom Licht?« – Ich raisonnire da in einem fort über die Philosophen, und wie ich diesen und jenen behandeln möchte, ohne selbst etwas zu leisten und zu machen, und rühme Dir vielleicht nur die andern, um selbst nichts thun zu dürfen.

Mündlich, liebe Freundin! weiß ich wohl wie ich nicht bloß über die Philosophie, sondern Philosophie selbst mit Dir reden wollte. Ich würde den Anfang damit machen, Dich wo möglich an die ganze vollständige Menschheit zu erinnern, und Dein Gefühl derselben zum Gedanken zu erhöhen. Dann würde ich Dir zeigen, wie sich dieses unendliche Wesen und Werden in das theilt und das erzeugt, was wir Gott und Natur nennen. Du siehst, das würde auf eine Art von Theogonie und Kosmogonie hinauslaufen, und könnte also recht griechisch werden.

Ich würde dabey zuerst fast gar keine Rücksicht auf Geschichte der Philosophie nehmen und auch vom Geiste der einzelnen Wissenschaften nur das Unentbehr|liche entlehnen, was eigentlich allgemein ist, was jeder weiß und wobey man gar nicht mehr an ihre Form und abgesonderte Existenz denkt. Freilich würde ich meinen Kreis allmählig beträchtlich erweitern. Ueberhaupt würde ich alles nach dem Augenblicke und seiner Stimmung modifiziren. Ich würde alles so viel als möglich an Deine eigenthümlichsten Ansichten und Meynungen anzuknüpfen suchen, und ich würde oft denselben Weg auf eine neue Weise durchlaufen. Aber die *Unendlichkeit des menschlichen Geistes*, die *Göttlichkeit aller natürlichen Dinge*, und die *Menschlichkeit der Götter*, würde das ewige große Thema aller dieser Variazionen bleiben. So hätten wir denn zu der Mannichfaltigkeit unsrer Philosophie auch *Einheit*. Eine Einheit, von der ich nicht fürchte, daß wir sie je verlieren könnten! Wenn man die hat, und also weiß, daß es im Ganzen und an sich genommen, nur eine untheilbare Philosophie giebt: so darf man sichs ohne Nachtheil gestehen, daß es mit Rücksicht auf die Bildung des Menschen durch sie unendlich viele Arten von Philosophie giebt. Die Mittheilung darf nun ihren ganzen Reichthum von Formen und Nuancen entfalten, und *die Zeit der Popularität ist gekommen.*

Ist es die Bestimmung des Autors, die Poesie und die Philosophie unter den Menschen zu verbreiten und für's Leben und aus dem Leben zu bilden: so ist Popularität seine erste Pflicht und sein höchstes Ziel. Freylich wird er um des Zweckes und seines eignen

Geistes willen oft bei seinen Werken nur auf die Na|tur der Sache und die Gesetze der Behandlung sehen dürfen, und dann auch im Ausdrucke ungewöhnlich und vielen unverständlich seyn müssen. Am liebsten aber wird er doch seine Thätigkeit nicht theilen und sich in die große Gesellschaft aller gebildeten Menschen mischen, weil er hier am unmittelbarsten an der ewig fortgehenden Schöpfung der Harmonie und der Humanität Theil nehmen kann. Er wird sich dann auch nicht durch eine ungesellige und unnatürliche Sprache auszeichnen wollen. Er braucht das gar nicht und kann sich doch nie unter die Menge verlieren. Denn wo sie Enthusiasmus beseelt, da bildet sich aus den gewöhnlichsten, einfachsten und verständlichsten Worten und Redensarten wie von selbst eine *Sprache in der Sprache*. Wo dann das Ganze wie aus einem Gusse ist, da fühlt der gleichartige Sinn den lebendigen Hauch und sein begeisterndes Wehen und der ungleichartige Sinn wird doch nicht gestört. Denn das ist das schönste an diesem schönen Sanskrit eines Hemsterhuys oder Plato, daß nur die es verstehen, die es verstehen sollen.

Vor der *Entweihung* muß man sich dabey nicht fürchten. Niemals wenn es *Beruf* ist sich mitzutheilen oder öffentlich darzustellen. Ueberhaupt thäte, wer von dieser Furcht nicht frey ist, am besten, nur gleich diese Welt zu verlassen. Das ist meine geringste Sorge.

Gern also will ich, wenn es mir Zeit scheint, versuchen, was ich Dir mündlich andeuten wollte, auch schriftlich zu behandeln, und auch für andere Dilettan|ten, was der Mensch als Mensch davon braucht, aus der gesammten Philosophie auszuwählen, und im Zusammenhange mit der größten Popularität darzustellen. Da die Bedürfnisse so verschieden sind: so müßte ich freylich nach einem gewissen Durchschnitte streben und in Gedanken gleichsam für einen Doryphorus von Leser, ich meyne für einen durch und durch wohl proportionirten Leser schreiben. Aber außerdem, daß ich vielleicht eine Reise machen müßte, um die besten Leser aufzusuchen, und aus ihnen, wie der alte Mahler in Kroton seine Venus aus den schönsten Mädchen der Stadt, jenes Ideal zusammen zu setzen, so ist auch eine solche Durchschnitts-Figur eben nicht die Person, für die ich mich vorzüglich begeistern könnte.

Der Gedanke an Dich und einige andere Freunde wird kräftiger wirken.

Indessen hat das Bild eines so umfassenden Ganzen, wie diese *Philosophie für den Menschen* seyn würde, eine gewisse abschreckende Würde für mich, und wird sie wohl noch eine Zeit lang behalten. Zuerst dürfte ich mich daher an kleinere Versuche wagen, für die ich keinen rechten Namen weiß. Denke Dir Selbstgespräche über Gegenstände, die den ganzen Menschen angehen, oder doch mit einziger Rücksicht darauf; mit nicht mehr Analyse als in einem freundschaftlichen Briefe erlaubt ist; im Tone einer zusammenhängenden Conversation, etwa wie dieses Schreiben an Dich. Ich möchte es nicht so wohl Philosophie als *Moral* nennen, obgleich es von dem verschieden ist, was gewöhnlich so heißt. Um in der | Gattung zu leisten, was ich mir denke, müßte man vor allen Dingen ein Mensch seyn; dann freylich auch ein Philosoph.

Ich habe mich selbst überrascht, und werde nun gewahr, daß *Du* es eigentlich bist, die *mich* in die Philosophie einweiht. Ich wollte nur Dir die Philosophie mittheilen, der ernstliche Wunsch belohnte sich selbst, und die Freundschaft lehrte mich den Weg finden, sie mit dem Leben und der Menschheit zu verbinden. Ich habe sie dadurch gewissermaßen mir selbst mitgetheilt, sie wird nun nicht mehr isolirt in meinem Geiste seyn, sondern ihre Begeisterung durch mein ganzes Wesen nach allen Seiten verbreiten. Und was man durch diese innere Geselligkeit auch äußerlich mittheilen lernt, das wird durch jede noch so allgemeine Mittheilung uns selbst noch tiefer eigen.

Zum Danke dafür, werde ich, wenn du nichts dagegen hast, auch diesen Brief gleich drucken lassen, und dann mit ganzer Liebe ausführen, was ich Dir entworfen habe. Lächle nicht über die vielen Projekte. Ein Projekt, was lebendig und ganz aus unserm Innersten entspringt, ist auch heilig und eine Art von Gott. Alle Thätigkeit, die nicht von den Göttern ausgeht, ist des Menschen unwürdig. Es ist also gut, sich in Vorrath zu setzen.

REDE ÜBER DIE MYTHOLOGIE.

Bey dem Ernst, mit dem Ihr die Kunst verehrt, meine Freunde, will ich Euch auffordern, Euch selbst zu fragen: Soll die Kraft der Begeisterung auch in | der Poesie sich immerfort einzeln versplittern und wenn sie sich müde gekämpft hat gegen das widrige Element, endlich einsam verstummen? Soll das höchste heilige immer namenlos und formlos bleiben, im Dunkel dem Zufall überlassen? Ist die Liebe wirklich unüberwindlich, und giebt es wohl eine Kunst, die den Namen verdiente, wenn diese nicht die Gewalt hat, den Geist der Liebe durch ihr Zauberwort zu fesseln, daß er ihr folge und auf ihr Geheiß und nach ihrer nothwendigen Willkühr die schönen Bildungen beseelen muß? –

Ihr vor allen müßt wissen, was ich meyne. Ihr habt selbst gedichtet, und Ihr müßt es oft im Dichten gefühlt haben, daß es Euch an einem festen Halt für Euer Wirken gebrach, an einem mütterlichen Boden, einem Himmel, einer lebendigen Luft.

Aus dem Innern herausarbeiten das alles muß der moderne Dichter, und viele haben es herrlich gethan, aber bis jetzt nur jeder allein, jedes Werk wie eine neue Schöpfung von vorn an aus Nichts.

Ich gehe gleich zum Ziel. Es fehlt, behaupte ich, unsrer Poesie an einem Mittelpunkt, wie es die Mythologie für die der Alten war, und alles Wesentliche, worin die moderne Dichtkunst der antiken nachsteht, läßt sich in die Worte zusammenfassen: Wir haben keine Mythologie. Aber setze ich hinzu, wir sind nahe daran eine zu erhalten, oder vielmehr es wird Zeit, daß wir ernsthaft dazu mitwirken sollen, eine hervorzubringen.

Denn auf dem ganz entgegengesetzten Wege wird | sie uns kommen, wie die alte ehemalige, überall die erste Blüthe der jugendlichen Fantasie, sich unmittelbar anschließend und anbildend an das nächste, lebendigste der sinnlichen Welt. Die neue Mythologie muß im Gegentheil aus der tiefsten Tiefe des Geistes herausgebildet werden; es muß das künstlichste aller Kunstwerke seyn, denn es soll alle andern umfassen, ein neues Bette und Gefäß für den alten ewigen Urquell der Poesie und selbst das unendliche Gedicht, welches die Keime aller andern Gedichte verhüllt.

Ihr mögt wohl lächeln über dieses mystische Gedicht und über die Unordnung, die etwa aus dem Gedränge und der Fülle von Dichtungen entstehn dürfte. Aber die höchste Schönheit, ja die höchste Ordnung ist denn doch nur die des Chaos, nämlich eines solchen, welches nur auf die Berührung der Liebe wartet, um sich zu einer harmonischen Welt zu entfalten, eines solchen wie es auch die alte Mythologie und Poesie war. Denn Mythologie und Poesie, beyde sind Eins und unzertrennlich. Alle Gedichte des Alterthums schließen sich eines an das andre, bis sich aus immer größern Massen und Gliedern das Ganze bildet; alles greift in einander, und überall ist ein und derselbe Geist nur anders ausgedrückt. Und so ist es wahrlich kein leeres Bild, zu sagen: die alte Poesie sey ein einziges, untheilbares, vollendetes Gedicht. Warum sollte nicht wieder von neuem werden, was schon gewesen ist? Auf eine andre Weise versteht sich. Und warum nicht auf eine schönere, größere? –

Ich bitte Euch, nur dem Unglauben an die Möglichkeit einer neuen Mythologie nicht Raum zu geben. Die Zweifel von allen Seiten und nach allen Richtungen sollen mir willkommen seyn, damit die Untersuchung desto freyer und reicher werde. Und nun schenkt meinen Vermuthungen ein aufmerksames Gehör! Mehr als Vermuthungen kann ich Euch nach der Lage der Sache nicht geben wollen. Aber ich hoffe, diese Vermuthungen sollen durch euch selbst zu Wahrheiten werden. Denn es sind, wenn Ihr sie dazu machen wollt, gewissermaßen Vorschläge zu Versuchen.

Kann eine neue Mythologie sich nur aus der innersten Tiefe des Geistes wie durch sich selbst herausarbeiten, so finden wir einen sehr bedeutenden Wink und eine merkwürdige Bestätigung für das was wir suchen in dem großen Phänomen des Zeitalters, im Idealismus! Dieser ist auf eben die Weise gleichsam wie aus Nichts entstanden, und es ist nun auch in der Geisterwelt ein fester Punkt constituirt, von wo aus die Kraft des Menschen sich nach allen

Seiten mit steigender Entwicklung ausbreiten kann, sicher sich selbst und die Rückkehr nie zu verlieren. Alle Wissenschaften und alle Künste wird die große Revoluzion ergreifen. Schon seht Ihr sie in der Physik wirken, in welcher der Idealismus eigentlich schon früher für sich ausbrach, ehe sie noch vom Zauberstabe der Philosophie berührt war. Und dieses wunderbare große Faktum kann Euch zugleich ein Wink seyn über den geheimen Zusammenhang und die innre Einheit des Zeitalters. Der Idealismus, in praktischer Ansicht | nichts anders als der Geist jener Revoluzion, die großen Maximen derselben, die wir aus eigner Kraft und Freyheit ausüben und ausbreiten sollen, ist in theoretischer Ansicht, so groß er sich auch hier zeigt, doch nur ein Theil, ein Zweig, eine Aeußerungsart von dem Phänomen aller Phänomene, daß die Menschheit aus allen Kräften ringt, ihr Centrum zu finden. Sie muß wie die Sachen stehn, untergehn oder sich verjüngen. Was ist wahrscheinlicher, und was läßt sich nicht von einem solchen Zeitalter der Verjüngung hoffen? – Das graue Alterthum wird wieder lebendig werden, und die fernste Zukunft der Bildung sich schon in Vorbedeutungen melden. Doch das ist nicht das, worauf es mir zunächst hier ankommt: denn ich möchte gern nichts überspringen und Euch Schritt vor Schritt bis zur Gewißheit der allerheiligsten Mysterien führen. Wie es das Wesen des Geistes ist, sich selbst zu bestimmen und im ewigen Wechsel aus sich heraus zu gehn und in sich zurückzukehren; wie jeder Gedanke nichts anders ist, als das Resultat einer solchen Thätigkeit: so ist derselbe Proceß auch im Ganzen und Großen jeder Form des Idealismus sichtbar, der ja selbst nur die Anerkennung jenes Selbstgesetzes ist, und das neue durch die Anerkennung verdoppelte Leben, welches die geheime Kraft desselben durch die unbeschränkte Fülle neuer Erfindung, durch die allgemeine Mittheilbarkeit und durch die lebendige Wirksamkeit aufs herrlichste offenbart. Natürlich nimmt das Phänomen in jedem Individuum eine andre Gestalt an, wo denn oft der Erfolg hinter unsrer Erwartung zurückbleiben muß. Aber was nothwendige Gesetze | für den Gang des Ganzen erwarten lassen, darin kann unsre Erwartung nicht getäuscht werden. Der Idealismus in jeder Form muß auf eine oder die andre Art aus sich herausgehn, um in sich zurückkehren zu können, und zu bleiben was er ist. Deswegen muß und wird sich aus seinem Schooß ein neuer eben so gränzenloser Realismus erheben; und der Idealismus also nicht bloß in seiner Entstehungsart ein Beyspiel für die neue Mythologie, sondern selbst auf indirekte Art Quelle derselben werden. Die Spuren einer ähnlichen Tendenz könnt ihr schon jetzt fast überall wahrnehmen; besonders in der Physik, der es an nichts mehr zu fehlen scheint, als an einer mythologischen Ansicht der Natur.

Auch ich trage schon lange das Ideal eines solchen Realismus in mir, und wenn es bisher nicht zur Mittheilung gekommen ist, so war es nur, weil ich das Organ dazu noch suche. Doch weiß ich, daß ichs nur in der Poesie finden kann, denn in Gestalt der Philosophie oder gar eines Systems wird der Realismus nie wieder auftreten können. Und selbst nach einer allgemeinen Tradition ist es zu erwarten, daß dieser neue Realismus, weil er doch idealischen Ursprungs seyn, und gleichsam auf idealischem Grund und Boden schweben muß, als Poesie erscheinen wird, die ja auf der Harmonie des Ideellen und Reellen beruhen soll.

Spinosa, scheint mirs, hat ein gleiches Schicksal, wie der gute alte Saturn der Fabel. Die neuen Götter haben den Herrlichen vom hohen Thron der Wissenschaft herabgestürzt. In das heilige Dunkel der Fantasie ist er zurückgewichen, da lebt und haust er nun mit den andern Titanen in ehrwürdiger Verbannung. Haltet ihn hier! Im Gesang der Musen verschmelze seine Erinnrung an die alte Herrschaft in eine leise Sehnsucht. Er entkleide sich vom kriegerischen Schmuck des Systems, und theile dann die Wohnung im Tempel der neuen Poesie mit Homer und Dante und geselle sich zu den Laren und Hausfreunden jedes Gottbegeisterten Dichters.

In der That, ich begreife kaum, wie man ein Dichter seyn kann, ohne den Spinosa zu verehren, zu lieben und ganz der seinige zu werden. In Erfindung des Einzelnen ist Eure eigne Fantasie reich genug; sie anzuregen, zur Thätigkeit zu reizen und ihr Nahrung zu geben, nichts geschickter als die Dichtungen andrer Künstler. Im Spinosa aber findet Ihr den Anfang und das Ende aller Fantasie, den allgemeinen Grund und Boden, auf dem Euer Einzelnes ruht und eben diese Absonderung des Ursprünglichen, Ewigen der

Fantasie von allem Einzelnen und Besondern muß Euch sehr willkommen seyn. Ergreift die Gelegenheit und schaut hin! Es wird Euch ein tiefer Blick in die innerste Werkstätte der Poesie gegönnt. Von der Art wie die Fantasie des Spinosa, so ist auch sein Gefühl. Nicht Reizbarkeit für dieses und jenes, nicht Leidenschaft die schwillt und wieder sinket; aber ein klarer Duft schwebt unsichtbar sichtbar über dem Ganzen, überall findet die ewige Sehnsucht einen Anklang aus | den Tiefen des einfachen Werks, welches in stiller Größe den Geist der ursprünglichen Liebe athmet.

Und ist nicht dieser milde Widerschein der Gottheit im Menschen die eigentliche Seele, der zündende Funken aller Poesie? – Das bloße Darstellen von Menschen, von Leidenschaften und Handlungen macht es wahrlich nicht aus, so wenig wie die künstlichen Formen; und wenn Ihr den alten Kram auch Millionenmal durch einander würfelt und über einander wälzt. Das ist nur der sichtbare äußere Leib, und wenn die Seele erloschen ist, gar nur der todte Leichnam der Poesie. Wenn aber jener Funken des Enthusiasmus in Werke ausbricht, so steht eine neue Erscheinung vor uns, lebendig und in schöner Glorie von Licht und Liebe.

Und was ist jede schöne Mythologie anders als ein hieroglyphischer Ausdruck der umgebenden Natur in dieser Verklärung von Fantasie und Liebe?

Einen großen Vorzug hat die Mythologie. Was sonst das Bewußtseyn ewig flieht, ist hier dennoch sinnlich geistig zu schauen, und festgehalten, wie die Seele in dem umgebenden Leibe, durch den sie in unser Auge schimmert, zu unserm Ohre spricht.

Das ist der eigentliche Punkt, daß wir uns wegen des Höchsten nicht so ganz allein auf unser Gemüth verlassen. Freylich, wem es da trocken ist, dem wird es nirgends quillen; und das ist eine bekannte Wahrheit, gegen die ich am wenigsten gesonnen bin mich aufzulehnen. Aber wir sollen uns überall an das Gebildete anschließen und auch das Höchste durch die Berührung des Gleichartigen, Aehnlichen, oder bey | gleicher Würde Feindlichen entwickeln, entzünden, nähren, mit einem Worte bilden. Ist das Höchste aber wirklich keiner absichtlichen Bildung fähig; so laßt uns nur gleich jeden Anspruch auf irgend eine freye Ideenkunst aufgeben, die alsdann ein leerer Name seyn würde.

Die Mythologie ist ein solches Kunstwerk der Natur. In ihrem Gewebe ist das Höchste wirklich gebildet; alles ist Beziehung und Verwandlung, angebildet und umgebildet, und dieses Anbilden und Umbilden eben ihr eigenthümliches Verfahren, ihr innres Leben, ihre Methode wenn ich so sagen darf.

Da finde ich nun eine große Aehnlichkeit mit jenem großen Witz der romantischen Poesie, der nicht in einzelnen Einfällen, sondern in der Construction des Ganzen sich zeigt, und den unser Freund uns schon so oft an den Werken des Cervantes und des Shakspeare entwickelt hat. Ja, diese künstlich geordnete Verwirrung, diese reizende Symmetrie von Widersprüchen, dieser wunderbare ewige Wechsel von Enthusiasmus und Ironie, der selbst in den kleinsten Gliedern des Ganzen lebt, scheinen mir schon selbst eine indirekte Mythologie zu seyn. Die Organisazion ist dieselbe und gewiß ist die Arabeske die älteste und ursprüngliche Form der menschlichen Fantasie. Weder dieser Witz noch eine Mythologie können bestehn ohne ein erstes Ursprüngliches und Unnachahmliches, was schlechthin unauflöslich ist, was nach allen Umbildungen noch die alte Natur und Kraft durchschimmern läßt, wo der naive Tiefsinn den Schein des Verkehrten | und Verrückten, oder des Einfältigen und Dummen durchschimmern läßt. Denn das ist der Anfang aller Poesie, den Gang und die Gesetze der vernünftig denkenden Vernunft aufzuheben und uns wieder in die schöne Verwirrung der Fantasie, in das ursprüngliche Chaos der menschlichen Natur zu versetzen, für das ich kein schöneres Symbol bis jetzt kenne, als das bunte Gewimmel der alten Götter.

Warum wollt Ihr Euch nicht erheben, diese herrlichen Gestalten des großen Alterthums neu zu beleben? – Versucht es nur einmal die alte Mythologie voll vom Spinosa und von jenen Ansichten, welche die jetzige Physik in jedem Nachdenkenden erregen muß, zu betrachten, wie Euch alles in neuem Glanz und Leben erscheinen wird.

Aber auch die andern Mythologien müssen wieder erweckt werden nach dem Maaß ihres Tiefsinns, ihrer Schönheit und ihrer Bildung, um die Entstehung der neuen Mythologie zu beschleunigen. Wären uns nur die Schätze des Orients so zugänglich wie die des Alterthums! Welche neue Quelle von Poesie könnte uns aus Indien fließen, wenn einige deutsche Künstler mit der Universalität und Tiefe des Sinns, mit dem Genie der Uebersetzung, das ihnen eigen ist, die Gelegenheit besäßen, welche eine Nation, die immer stumpfer und brutaler wird, wenig zu brauchen versteht. Im Orient müssen wir das höchste Romantische suchen, und wenn wir erst aus der Quelle schöpfen können, so wird uns vielleicht der Anschein von südlicher Gluth, der uns jetzt in der spanischen Poesie so rei|zend ist, wieder nur abendländisch und sparsam erscheinen.

Ueberhaupt muß man auf mehr als einem Wege zum Ziel dringen können. Jeder gehe ganz den seinigen, mit froher Zuversicht, auf die individuellste Weise, denn nirgends gelten die Rechte der Individualität – wenn sie nur das ist, was das Wort bezeichnet, untheilbare Einheit, innrer lebendiger Zusammenhang – mehr als hier, wo vom Höchsten die Rede ist; ein Standpunkt, auf welchem ich nicht anstehen würde zu sagen, der eigentliche Werth ja die Tugend des Menschen sey seine Originalität. –

Und wenn ich einen so großen Accent auf den Spinosa lege, so geschieht es wahrlich nicht aus einer subjektiven Vorliebe (deren Gegenstände ich vielmehr ausdrücklich entfernt gehalten habe) oder um ihn als Meister einer neuen Alleinherrschaft zu erheben; sondern weil ich an diesem Beyspiel am auffallendsten und einleuchtendsten meine Gedanken vom Werth und der Würde der Mystik und ihrem Verhältniß zur Poesie zeigen konnte. Ich wählte ihn wegen seiner Objektivität in dieser Rücksicht als Repräsentanten aller übrigen. Ich denke darüber so. Wie die Wissenschaftslehre nach der Ansicht derer, welche die Unendlichkeit und die unvergängliche Fülle des Idealismus nicht bemerkt haben, wenigstens eine vollendete Form bleibt, ein allgemeines Schema für alle Wissenschaft: so ist auch Spinosa auf ähnliche Weise der allgemeine Grund und Halt für jede individuelle Art von Mystizismus; und dieses denke ich werden auch | die bereitwillig anerkennen, die weder vom Mystizismus noch vom Spinosa sonderlich viel verstehn.

Ich kann nicht schließen, ohne noch einmal zum Studium der Physik aufzufodern, aus deren dynamischen Paradoxien jetzt die heiligsten Offenbarungen der Natur von allen Seiten ausbrechen.

Und so laßt uns denn, beym Licht und Leben! nicht länger zögern, sondern jeder nach seinem Sinn die große Entwickelung beschleunigen, zu der wir berufen sind. Seyd der Größe des Zeitalters würdig, und der Nebel wird von Euren Augen sinken; es wird helle vor Euch werden. Alles Denken ist ein Diviniren, aber der Mensch fängt erst eben an, sich seiner divinatorischen Kraft bewußt zu werden. Welche unermeßliche Erweiterungen wird sie noch erfahren; und eben jetzt. Mich däucht wer das Zeitalter, das heißt jenen großen Proceß allgemeiner Verjüngung, jene Principien der ewigen Revoluzion verstünde, dem müßte es gelingen können, die Pole der Menschheit zu ergreifen und das Thun der ersten Menschen, wie den Charakter der goldnen Zeit die noch kommen wird, zu erkennen und zu wissen. Dann würde das Geschwätz aufhören, und der Mensch inne werden, was er ist, und würde die Erde verstehn und die Sonne.

Dieses ist es, was ich mit der neuen Mythologie meyne.

UEBER DIE UNVERSTÄNDLICHKEIT.

Einige Gegenstände des menschlichen Nachdenkens reizen, weil es so in ihnen liegt oder in uns, zu immer tieferem Nachdenken, und je mehr wir diesem Reize folgen und uns in sie verlieren, je mehr werden sie alle zu Einem Gegenstande, den wir, je nachdem wir ihn in uns oder außer uns suchen und finden, als Natur der Dinge oder als Bestimmung des Menschen charakterisiren. Andre Gegenstände würden niemals vielleicht unsre Aufmerksamkeit erregen können, wenn wir in heiliger Abgeschiedenheit jenem Gegenstand aller Gegenstände ausschließlich und einseitig unsre Betrachtung widmeten; wenn wir nicht mit Menschen in Verkehr ständen, aus deren gegenseitiger Mittheilung sich erst solche Verhältnisse und Verhältnißbegriffe erzeugen, die sich als Gegenstände des Nachdenkens bey genauerer Reflexion immer mehr vervielfältigen und verwickeln, also auch hierin den entgegengesetzten Gang befolgen. |

Was kann wohl von allem, was sich auf die Mittheilung der Ideen bezieht, anziehender seyn, als die Frage, ob sie überhaupt möglich sey; und wo hätte man nähere Gelegenheit über die Möglichkeit oder Unmöglichkeit dieser Sache mancherley Versuche anzustellen, als wenn man ein Journal wie das Athenäum entweder selbst schreibt, oder doch als Leser an demselben Theil nimmt?

Der gesunde Menschenverstand, der sich so gern am Leitfaden der Etymologien, wenn sie sehr nahe liegen, orientiren mag, dürfte leicht auf die Vermuthung gerathen können, der Grund des Unverständlichen liege im Unverstand. Nun ist es ganz eigen an mir, daß ich den Unverstand durchaus nicht leiden kann, auch den Unverstand der Unverständigen, noch weniger aber den Unverstand der Verständigen. Daher hatte ich schon vor langer Zeit den Entschluß gefaßt, mich mit dem Leser in ein Gespräch über diese Materie zu versetzen, und vor seinen eignen Augen, gleichsam

ihm ins Gesicht, einen andern neuen Leser nach meinem Sinne zu construiren, ja wenn ich es nöthig finden sollte, denselben sogar zu deduciren. Ich meynte es ernstlich genug und nicht ohne den alten Hang zum Mystizismus. Ich wollte es einmal recht genau nehmen, wollte die ganze Kette meiner Versuche durchgehn, den oft schlechten Erfolg mit rücksichtsloser Offenheit bekennen, und so den Leser zu einer gleichen Offenheit und Redlichkeit gegen sich selbst allmählig hinleiten; ich wollte beweisen, daß alle Unverständlichkeit relativ, und darstellen, wie unver|ständlich mir
65 zum Beyspiel Garve sey; ich wollte zeigen, daß die Worte sich selbst oft besser verstehen, als diejenigen von denen sie gebraucht werden, wollte aufmerksam darauf machen, daß es unter den philosophischen Worten, die oft in ihren Schriften wie eine Schaar zu früh entsprungener Geister alles verwirren und die unsichtbare Gewalt des Weltgeistes auch an dem ausüben, der sie nicht anerkennen will, geheime Ordensverbindungen geben muß; ich wollte zeigen, daß man die reinste und gediegenste Unverständlichkeit gerade aus der Wissenschaft und aus der Kunst erhält, die ganz eigentlich aufs Verständigen und Verständlichmachen ausgehn, aus der Philosophie und Philologie; und damit das ganze Geschäft sich nicht in einem gar zu handgreiflichen Cirkel herumdrehen möchte, so hatte ich mir fest vorgenommen, dieses eine Mal wenigstens gewiß verständlich zu seyn. Ich wollte auf das hindeuten was die größten Denker jeder Zeit (freylich nur sehr dunkel) geahndet haben, bis Kant die Tafel der Kategorien entdeckte und es Licht wurde im Geiste des Menschen; ich meyne eine reelle Sprache, daß wir aufhören möchten mit Worten zu kramen, und schauen alles Wirkens Kraft und Saamen. Die große Raserey einer solchen Kabbala, wo gelehrt werden sollte, wie des Menschen Geist sich selbst verwandeln und dadurch den wandelbaren ewig verwandelten Gegner endlich fesseln möge, ein dergleichen Mysterium durfte ich nun nicht so naiv und nakt darstellen, wie ich aus jugendlicher Unbesonnenheit die Natur der Liebe in der
66 Lucinde zur ewigen | Hieroglyphe dargestellt habe. Ich muß demnach auf ein populäres Medium denken, um den heiligen, zarten, flüchtigen, luftigen, duftigen gleichsam imponderablen Gedanken chemisch zu binden. Wie sehr hätte er sonst misverstanden wer-

den können, da ja erst durch seinen wohlverstandnen Gebrauch allen verständlichen Misverständnissen endlich ein Ende gemacht werden sollte? Zugleich hatte ich mit innigem Vergnügen die Progressen unsrer Nation bemerkt; und was soll ich erst von dem Zeitalter sagen? Dasselbe Zeitalter, in welchem auch wir zu leben die Ehre haben; das Zeitalter, welches, um alles mit einem Worte zu sagen, den bescheidnen aber vielsagenden Namen des kritischen Zeitalters verdient, so daß nun bald alles kritisirt seyn wird, außer das Zeitalter selbst, und daß alles immer kritischer und kritischer wird, und die Künstler schon die gerechte Hoffnung hegen dürfen, die Menschheit werde sich endlich in Masse erheben und lesen lernen.

Nur ganz kürzlich wurde dieser Gedanke einer reellen Sprache mir von neuem erregt, und eine glorreiche Aussicht öffnete sich dem innern Auge. Im neunzehnten Jahrhundert, versichert uns Girtanner, im neunzehnten Jahrhundert wird man Gold machen können; und ist es nicht schon mehr als Vermuthung, daß das neunzehnte Jahrhundert nun bald seinen Anfang nehmen wird? Mit löblicher Sicherheit und mit einer interessanten Erhebung sagt der würdige Mann: »Jeder Chemiker, jeder Künstler wird Gold machen; das Küchengeschirr wird von Silber, von | Gold seyn.« – Wie gern werden nun alle Künstler sich entschließen den kleinen unbedeutenden Ueberrest vom achtzehnten Jahrhundert noch zu hungern, und diese große Pflicht künftig nicht mehr mit betrübtem Herzen erfüllen; denn sie wissen, daß theils noch sie selbst in eigner Person, theils aber auch und desto gewisser ihre Nachkommen in kurzem werden Gold machen können. Daß gerade das Küchengeschirr erwähnt wird, hat zur Ursache, weil jener scharfsinnige Geist gerade das vorzüglich schön und groß an dieser Katastrophe findet, daß wir nun nicht mehr so viele verruchte Halbsäuren von gemeinen unedlen niederträchtigen Metallen wie Bley, Kupfer, Eisen und dergl. werden verschlucken dürfen. Ich sah die Sache aus einem andern Gesichtspunkte. Schon oft hatte ich die Objektivität des Goldes im Stillen bewundert, ja ich darf wohl sagen angebetet. Bey den Chinesen, dachte ich, bey den Engländern, bey den Russen, auf der Insel Japan, bey den Einwohnern von Fetz und Marokko, ja sogar bey den Kosakken, Tscheremissen, Baschkiren und Mulatten, kurz überall wo es nur einige Bildung und Aufklärung giebt, ist das Silber, das Gold verständlich und durch das Gold alles übrige. Wenn nun erst jeder Künstler diese Materien in hinreichender Quantität besitzt, so darf er ja nur seine Werke in Basrelief schreiben, mit goldnen Lettern auf silbernen Tafeln. Wer würde eine so schön gedruckte Schrift, mit der groben Aeußerung, sie sey unverständlich, zurückweisen wollen?

Aber alles das sind nur Hirngespinste oder Ideale: | denn Girtanner ist gestorben, und ist demnach für jetzt so weit davon entfernt Gold machen zu können, daß man vielmehr mit aller Kraft nur so viel Eisen aus ihm wird machen können, als nöthig wäre, sein Andenken durch eine kleine Schaumünze zu verewigen.

Ueberdem haben sich die Klagen über die Unverständlichkeit so ausschließlich gegen das Athenaeum gerichtet, es ist so oft und so vielseitig geschehen, daß die Deduction am besten eben da ihren Anfang wird nehmen können, wo uns eigentlich der Schuh drückt.

Schon hat ein scharfsinniger Kunstrichter im Berliner Archiv der Zeit das Athenaeum gegen diese Vorwürfe freundschaftlich vertheidigt, und dabey das berüchtigte Fragment von den drey Tendenzen zum Beyspiel gewählt. Ein überaus glücklicher Gedanke! Gerade so muß man die Sache angreifen. Ich werde denselben Weg einschlagen, und damit der Leser um so leichter einsehen kann, daß ich das Fragment wirklich für gut halte, so mag es hier noch einmal stehen:

»Die französische Revoluzion, Fichte's Wissenschaftslehre und Goethe's Meister sind die größten Tendenzen des Zeitalters. Wer an dieser Zusammenstellung Anstoß nimmt, wem keine Revoluzion wichtig scheinen kann, die nicht laut und materiell ist, der hat sich noch nicht auf den hohen weiten Standpunkt der Geschichte der Menschheit erhoben. Selbst in unsern dürftigen Culturgeschichten, die meistens einer mit fortlaufendem Commentar begleiteten Varientensamm|lung, wozu der classische Text verloren ging, gleichen, spielt manches kleine Buch, von dem die lärmende Menge zu seiner Zeit nicht viel Notiz nahm, eine größere Rolle als alles, was diese trieb.«

Dieses Fragment schrieb ich in der redlichsten Absicht und fast ohne alle Ironie. Die Art, wie es misverstanden worden, hat mich unaussprechlich überrascht, weil ich das Misverständniß von einer ganz andern Seite erwartet hatte. Daß ich die Kunst für den Kern der Menschheit, und die französische Revoluzion für eine vortreffliche Allegorie auf das System des transcendentalen Idealismus halte, ist allerdings nur eine von meinen äußerst subjektiven Ansichten. Ich habe es ja aber schon so oft und in so verschiednen Manieren zu erkennen gegeben, daß ich wohl hätte hoffen dürfen, der Leser würde sich endlich daran gewöhnt haben. Alles übrige ist nur Chiffernsprache. Wer Goethe's ganzen Geist nicht auch im Meister finden kann, wird ihn wohl überall vergeblich suchen. Die Poesie und der Idealismus sind die Centra der deutschen Kunst und Bildung; das weiß ja ein jeder. Aber wer es weiß, kann nicht oft genug daran erinnert werden, daß er es weiß. Alle höchsten Wahrheiten jeder Art sind durchaus trivial und eben darum ist nichts nothwendiger als sie immer neu, und wo möglich immer paradoxer auszudrücken, damit es nicht vergessen wird, daß sie noch da sind, und daß sie nie eigentlich ganz ausgesprochen werden können.

Bis hieher ist nun alles ohne alle Ironie, und | durfte von Rechtswegen nicht misverstanden werden; und doch ist es so sehr geschehen, daß ein bekannter Jakobiner, der Magister Dyk in Leipzig, sogar demokratische Gesinnungen darin hat finden wollen.

Etwas andres freylich ist noch in dem Fragment, welches allerdings misverstanden werden konnte. Es liegt in dem Wort *Tendenzen,* und da fängt nun auch schon die Ironie an. Es kann dieses nemlich so verstanden werden, als hielte ich die Wissenschaftslehre zum Beyspiel auch nur für eine Tendenz, für einen vorläufigen Versuch wie Kants Kritik der reinen Vernunft, den ich selbst etwas besser auszuführen und endlich zu beendigen gesonnen sey, oder als wollte ich, um es in der Kunstsprache, welche für diese Vorstellungsart die gewöhnliche und auch die schicklichste ist, zu sagen, mich auf Fichte's Schultern stellen, wie dieser auf Reinholds Schultern, Reinhold auf Kants Schultern, dieser auf Leibnizens Schultern steht, und so ins unendliche fort bis zur ursprünglichen Schulter. – Ich wußte das recht gut, aber ich dachte, ich wollte es doch einmal versuchen, ob mir wohl jemand einen solchen schlechten Gedanken andichten werde. Niemand scheint es bemerkt zu haben. Warum soll ich Misverständnisse darbieten, wenn niemand sie ergreifen will? Ich lasse demnach die Ironie fahren und erkläre gerade heraus, das Wort bedeute in dem Dialekt der Fragmente, alles sey nur noch Tendenz, das Zeitalter sey das Zeitalter der Tendenzen. Ob ich nun der Meynung sey, alle diese Tendenzen würden durch mich selbst in Richtigkeit und | zum Beschluß gebracht werden, oder vielleicht durch meinen Bruder oder durch Tieck, oder durch sonst einen von unsrer Faction, oder erst durch einen Sohn von uns, durch einen Enkel, einen Urenkel, einen Enkel im sieben und zwanzigsten Gliede, oder erst am jüngsten Tage, oder niemals; das bleibt der Weisheit des Lesers, für welche diese Frage recht eigentlich gehört, anheim gestellt.

Goethe und Fichte, das bleibt die leichteste und schicklichste Formel für allen Anstoß, den das Athenaeum gegeben, und für alles Unverständniß, welches das Athenaeum erregt hat. Das beste dürfte wohl auch hier seyn, es immer ärger zu machen; wenn das Aergerniß die größte Höhe erreicht hat, so reißt es und verschwindet, und kann das Verstehen dann sogleich seinen Anfang nehmen. Noch sind wir nicht weit genug mit dem Anstoßgeben gekommen: aber was nicht ist kann noch werden. Ja auch jene Namen werden noch mehr als einmal wieder genannt werden müssen, und nur noch heute hat mein Bruder ein Sonett gemacht, welches ich mich nicht enthalten kann, dem Leser mitzutheilen, wegen der reizenden Wortspiele, die er (der Leser) fast noch mehr liebt als die Ironie:

> Bewundert nur die feingeschnitzten Götzen,
> Und laßt als Meister, Führer, Freund uns Goethen:
> Euch wird nach seines Geistes Morgenröthen
> Apollo's goldner Tag nicht mit ergötzen. |
>
> Der lockt kein frisches Grün aus dürren Klötzen,
> Man haut sie um, wo Feurung ist vonnöthen.
> Einst wird die Nachwelt all die Unpoeten
> Korrekt versteinert sehn zu ganzen Flötzen.

Die Goethen nicht erkennen, sind nur Gothen,
Die Blöden blendet jede neue Blüthe,
Und, Todte selbst, begraben sie die Todten.

Uns sandte, Goethe, dich der Götter Güte,
Befreundet mit der Welt durch solchen Boten,
Göttlich von Namen, Blick, Gestalt, Gemüthe.

———

Ein großer Theil von der Unverständlichkeit des Athenaeums liegt unstreitig in der *Ironie*, die sich mehr oder minder überall darin äußert. Ich fange auch hier mit einem Texte an aus den Fragmenten im Lyceum:

»Die sokratische Ironie ist die einzige durchaus unwillkührliche und durchaus besonnene Verstellung. Es ist gleich unmöglich sie zu erkünsteln und sie zu verrathen. Wer sie nicht hat, dem bleibt sie auch nach dem offensten Geständniß ein Räthsel. Sie soll niemand täuschen, als die, welche sie für Täuschung halten, und entweder ihre Freude haben an der herrlichen Schalkheit, alle Welt zum Besten zu haben, oder böse werden, wenn sie ahnden, sie wären auch wohl mit gemeynt. In ihr soll alles Scherz und alles Ernst seyn, alles treuherzig offen und alles tief versteckt. Sie entspringt aus der Vereinigung von | Lebenskunstsinn und wissenschaftlichem Geist, aus dem Zusammentreffen vollendeter Naturphilosophie und vollendeter Kunstphilosophie. Sie enthält und erregt ein Gefühl von dem unauflöslichen Widerstreit des Unbedingten und des Bedingten, der Unmöglichkeit und Nothwendigkeit einer vollständigen Mittheilung. Sie ist die freyeste aller Licenzen, denn durch sie setzt man sich über sich selbst weg; und doch auch die gesetzlichste, denn sie ist unbedingt nothwendig. Es ist ein sehr gutes Zeichen, wenn die harmonisch Platten gar nicht wissen, wie sie diese stete Selbstparodie zu nehmen haben, den Scherz gerade für Ernst und den Ernst für Scherz halten.«

Ein andres von jenen Fragmenten empfiehlt sich noch mehr durch seine Kürze:

»Ironie ist die Form des Paradoxen. Paradox ist alles was zugleich gut und groß ist.«
Muß nicht jeder Leser, welcher an die Fragmente im Athenaeum gewöhnt ist, alles dieses äußerst leicht ja trivial finden? Und doch schien es damals manchem unverständlich, weil es noch eher neu war. Denn erst seitdem ist die Ironie an die Tagesordnung gekommen, nachdem in der Morgendämmerung des neuen Jahrhunderts diese Menge großer und kleiner Ironien jeder Art aufgeschossen ist, so daß ich bald werde sagen können, wie Boufflers von den verschiedenen Gattungen des menschlichen Herzens:

J'ai vu des coeurs de toutes formes,
Grands, petits, minces, gros, mediocres, énormes.

Um die Uebersicht vom ganzen System der Ironie zu erleichtern, wollen wir einige der vorzüglichsten Arten anführen. Die erste und vornehmste von allen ist die grobe Ironie; findet sich am meisten in der wirklichen Natur der Dinge und ist einer ihrer allgemein verbreitetsten Stoffe; in der Geschichte der Menschheit ist sie recht eigentlich zu Hause. Dann kommt die feine oder die delikate Ironie; dann die extrafeine; in dieser Manier arbeitet Skaramuz, wenn er sich freundlich und ernsthaft mit jemand zu besprechen scheint, indem er nur den Augenblick erwartet, wo er wird mit einer guten Art einen Tritt in den Hintern geben können. Diese Sorte wird auch wohl bey Dichtern gefunden, wie ebenfalls die redliche Ironie, welche am reinsten und ursprünglichsten in alten Gärten angebracht ist, wo wunderbar liebliche Grotten den gefühlvollen Freund der Natur in ihren kühlen Schooß locken, um ihn dann von allen Seiten mit Wasser reichlich zu besprützen und ihm so die Zartheit zu vertreiben. Ferner die dramatische Ironie, wenn der Dichter drey Akte geschrieben hat, dann wider Vermuthen ein andrer Mensch wird, und nun die beyden letzten Acte schreiben muß. Die doppelte Ironie, wenn zwey Linien von Ironie parallel neben einander laufen ohne sich zu stören, eine fürs Parterre die andre für die Logen, wobey noch kleine Funken in die Coulissen fahren können. Endlich die Ironie der Ironie. Im allgemeinen ist das wohl die gründlichste Ironie der Ironie, daß man sie doch eben auch überdrüßig wird, wenn sie uns überall und immer wieder geboten wird. | Was wir aber hier zunächst unter Ironie der Ironie verstanden wissen wollen, das entsteht auf mehr als einem Wege. Wenn man ohne Ironie von der Ironie redet, wie es so eben der Fall war; wenn man mit Ironie von einer Ironie redet, ohne zu merken, daß man sich zu eben der Zeit in einer andren viel auffallenderen Ironie befindet; wenn man nicht wieder aus der Ironie herauskommen kann, wie es in diesem Versuch über die Unverständlichkeit zu seyn scheint; wenn die Ironie Manier wird, und so den Dichter gleichsam wieder ironirt; wenn man Ironie zu einem überflüßigen Taschenbuche versprochen hat, ohne seinen Vorrath vorher zu überschlagen und nun wider Willen Ironie machen muß, wie ein Schauspielkünstler der Leibschmerzen hat; wenn die Ironie wild wird, und sich gar nicht mehr regieren läßt.

Welche Götter werden uns von allen diesen Ironien erretten können? das einzige wäre, wenn sich eine Ironie fände, welche die Eigenschaft hätte, alle jene großen und kleinen Ironien zu verschlucken und zu verschlingen, daß nichts mehr davon zu sehen wäre, und ich muß gestehen daß ich eben dazu in der meinigen eine merkliche Disposition fühle. Aber auch das würde nur auf kurze Zeit helfen können. Ich fürchte, wenn ich anders, was das Schicksal in Winken zu sagen scheint, richtig verstehe, es würde bald eine neue Generation von kleinen Ironien entstehn: denn wahrlich die Gestirne deuten auf fantastisch. Und gesetzt es bliebe auch während eines langen Zeitraums alles ruhig, so wäre doch nicht zu trauen. | Mit der Ironie ist durchaus nicht zu scherzen. Sie kann unglaublich lange nachwirken. Einige der absichtlichsten Künstler der vorigen Zeit habe ich in Verdacht, daß sie noch Jahrhunderte nach ihrem Tode mit ihren gläubigsten Verehrern und Anhängern Ironie treiben. Shakspeare hat so unendlich viele Tiefen, Tücken, und Absichten; sollte er nicht auch die Absicht gehabt haben, verfängliche Schlingen in seine Werke für die geistreichsten Künstler der Nachwelt zu verbergen, um sie zu täuschen, daß sie ehe sie sichs versehen, glauben müssen, sie seyen auch ungefähr so wie Shakspeare? Gewiß, er dürfte wohl auch in dieser Rücksicht weit absichtlicher seyn als man vermuthet.

Ich habe es schon indirekt eingestehen müssen, daß das Athenaeum unverständlich sey, und weil es mitten im Feuer der Ironie geschehen ist, darf ich es schwerlich zurücknehmen, denn sonst müßte ich ja diese selbst verletzen.

Aber ist denn die Unverständlichkeit etwas so durchaus Verwerfliches und Schlechtes? – Mich dünkt das Heil der Familien und der Nationen beruhet auf ihr; wenn mich nicht alles trügt, Staaten und Systeme, die künstlichsten Werke der Menschen, oft so künstlich, daß man die Weisheit des Schöpfers nicht genug darin bewundern kann. Eine unglaublich kleine Portion ist zureichend, wenn sie nur unverbrüchlich treu und rein bewahrt wird, und kein frevelnder Verstand es wagen darf, sich der heiligen Gränze zu nähern. Ja das köstlichste was der Mensch | hat, die innere Zufriedenheit selbst hängt, wie jeder leicht wissen kann, irgendwo zuletzt an einem solchen Punkte, der im Dunkeln gelassen werden muß, dafür aber auch das Ganze trägt und hält, und diese Kraft in demselben Augenblicke verlieren würde, wo man ihn in Verstand auflösen wollte. Wahrlich, es würde euch bange werden, wenn die ganze Welt, wie ihr es fodert, einmal im Ernst durchaus verständlich würde. Und ist sie selbst diese unendliche Welt nicht durch den Verstand aus der Unverständlichkeit oder dem Chaos gebildet?

Ein andrer Trostgrund gegen die anerkannte Unverständlichkeit des Athenaeums liegt schon in der Anerkennung selbst, weil uns eben diese auch belehrte, das Uebel werde vorübergehend seyn. Die neue Zeit kündigt sich an als eine schnellfüßige, sohlenbeflügelte; die Morgenröthe hat Siebenmeilenstiefel angezogen. – Lange hat es gewetterleuchtet am Horizont der Poesie; in eine mächtige Wolke war alle Gewitterkraft des Himmels zusammengedrängt; jetzt donnerte sie mächtig, jetzt schien sie sich zu verziehen und blitzte nur aus der Ferne, um bald desto schrecklicher wiederzukehren: bald aber wird nicht mehr von einem einzelnen Gewitter die Rede seyn, sondern es wird der ganze Himmel in einer Flamme brennen und dann werden euch alle eure kleinen Blitzableiter nichts mehr helfen. Dann nimmt das neunzehnte Jahrhundert in der That seinen Anfang, und dann wird auch jenes kleine Räthsel von der Unverständlichkeit des Athenaeums gelöst seyn. Welche Katastrophe! Dann wird es Leser geben die | lesen können. Im neunzehnten Jahrhundert wird jeder die Fragmente mit vielem Behagen und Vergnügen in den Verdauungsstunden genießen können, und auch zu den härtesten unverdaulichsten keinen Nußknacker bedürfen. Im neunzehnten Jahrhundert wird jeder Mensch, jeder Leser die Lucinde unschuldig, die Genoveva protestantisch und die Didaktischen Elegien von A.W. Schlegel fast gar zu leicht und durchsichtig finden. Es wird sich auch hier bewähren, was ich im prophetischen Geiste in den ersten Fragmenten als Maxime aufgestellt habe:

»Eine classische Schrift muß nie ganz verstanden werden können. Aber die welche gebildet sind und sich bilden, müssen immer mehr draus lernen wollen.«

Die große Scheidung des Verstandes und des Unverstandes wird immer allgemeiner, heftiger und klarer werden. Noch viel verborgne Unverständlichkeit wird ausbrechen müssen. Aber auch der Verstand wird seine Allmacht zeigen; er der das Gemüth zum Charakter, das Talent zum Genie adelt, das Gefühl und die Anschauung zur Kunst läutert; er selbst wird verstanden werden, und man wird es endlich einsehen und eingestehen müssen, daß jeder das Höchste erwerben kann und daß die Menschheit bis jetzt weder boshaft noch dumm, sondern nur ungeschickt und neu war. Ich thue mir Einhalt um die Verehrung der höchsten Gottheit nicht vor der Zeit zu entweihen. Aber die großen Grundsätze, die Gesinnungen, worauf es dabey ankommt, dürfen ohne Entweihung mitgetheilt | werden; und ich habe versucht das wesentliche davon auszudrücken, indem ich mich an einen eben so tiefsinnigen als liebenswürdigen Vers des Dichters anschloß, in derjenigen Form der Dichtung, welche die Spanier Glosse nennen; und es bleibt nun nichts zu wünschen übrig, als daß einer unsrer vortrefflichen Componisten die meinige würdig finden mag, ihr eine musikalische Begleitung zu geben. Schöneres giebt es nichts auf der Erde, als wenn Poesie und Musik in holder Eintracht zur Veredlung der Menschheit wirken.

Eines schickt sich nicht für alle,
Sehe jeder wie ers treibe,
Sehe jeder wo er bleibe,
Und wer steht daß er nicht falle.

Dieser weiß sich sehr bescheiden
Jener bläs't die Backen voll;
Dieser ist im Ernste toll,
Jener muß ihn noch beneiden.
Alle Narrheit kann ich leiden,
Ob sie genialisch knalle,
Oder blumenlieblich walle;
Denn ich werd' es nie vergessen,
Was des Meisters Kraft ermessen:
Eines schickt sich nicht für alle.

Um das Feuer zu ernähren,
Sind viel zarte Geister nöthig,
Die zu allem Dienst erbötig,
Um die Heiden zu bekehren.
Mag der Lärm sich nun vermehren,
Suche jeder wenn er reibe, |
Wisse jeder was er schreibe,
Und wenn schrecklich alle Dummen
Aus den dunkeln Löchern brummen,
Sehe jeder wie ers treibe.

Ein'ge haben wir entzündet,
Die nun schon alleine flammen;
Doch die Menge hält zusammen,
Viel Gesindel treu verbündet.
Wer den Unverstand ergründet,
Hält sich alle gern vom Leibe,
Die gebohren sind vom Weibe.
Ist der Bienenschwarm erregt,
Den das neuste Wort bewegt,
Sehe jeder wo er bleibe.

Mögen sie geläufig schwatzen,
Was sie dennoch nie begreifen.
Manche müssen irre schweifen,
Viele Künstler werden platzen.
Jeden Sommer fliegen Spatzen
Freuen sich am eignen Schalle:
Reizte dieß dir je die Galle?
Laß sie alle selig spielen,
Sorge du nur gut zu zielen,
Und wer steht daß er nicht falle.

[ABSCHLUSS DES LESSING-AUFSATZES]

So schrieb ich vor beinah vier Jahren, mit der vorläufigen Absicht, den Nahmen des verehrten Mannes von der Schmach zu retten, daß er allen schlechten Subjecten zum Symbol ihrer Plattheit dienen sollte; und mit der tieferen, ihn wegzurücken von der Stelle, wohin ihn nur Unverstand und Mißverstand gestellt hatte, ihn aus der Poesie und poetischen Kritik ganz wegzuheben und hinüber zu führen in jene Sphäre, wohin selbst die Tendenz seines Geistes immer mehr zog, in die Philosophie, und ihn dieser, die seines Salzes bedurfte, zu vindiciren. Ich bin zufrieden mit dieser Absicht, zum Theil auch mit dem, was ich gethan habe, sie zu erreichen. Nur vollenden kann ich jetzt nicht auf die Art, wie ich damals angefangen habe. Laßt mich also den Faden neu anknüpfen mit einem auch

    Etwas das Lessing gesagt hat.

    Wenn kalte Zweifler selbst prophetisch sprechen,
        Die klaren Augen nicht das Licht mehr scheuen,
        Seltsam der Wahrheit Kraft in ihren Treuen
        Sich zeigt, den Blitz umsonst die Wolken schwächen:
    Dann wahrlich muß die neue Zeit anbrechen,
        Dann soll das Morgenroth uns doch erfreuen,
        Dann dürfen auch die Künste sich erneuen,
        Der Mensch die kleinen Fesseln all' zerbrechen.
    »Es wird das neue Evangelium kommen.« –
        So sagte Lessing, doch die blöde Rotte
        Gewahrte nicht der aufgeschloßnen Pforte.
    Und dennoch, was der Theure vorgenommen
        Im Denken, Forschen, Streiten, Ernst und Spotte,
        Ist nicht so theuer wie die wengen Worte.

Das ist es, das macht ihn mir so werth; und wenn er nichts bedeutendes gesagt hätte, als dies eine Wort, so müßte ich ihn schon darum eh|ren und lieben. Und grade *er* mußte es sagen, er, der ganz im klaren Verstande lebte, der fast ohne Fantasie war, außer im Witz, er mußte es sagen, mitten aus der dicht umgebenden Gemeinheit heraus, wie eine Stimme in der Wüste. –

Es sollte nun dem Plane gemäß in diesem Versuch der ausführlichere Beweis folgen, auch die Meinung sei irrig, Lessing für einen Kunstrichter zu halten; gegründet auf das Factum, daß es ihm an historischem Sinn und an historischer Kenntniß der Poesie fehlte. Und wie ist Einsicht auch bei kritischem Geiste in diesem Gebiete möglich, wenn es so ganz an Gefühl und Anschauung gebricht?

Wer bedarf noch des Beweises, daß die Franzosen keine Dichter haben und keine gehabt haben, man müßte denn etwa Büffon und vielleicht Rousseau so nennen wollen? Und doch kann, was Lessing gegen Corneille oder Voltaire sagt, nicht für Kritik gelten, wegen jener Mängel; soll es aber Polemik sein, so hat er bessere aufzuweisen, auch dürfte der Gegenstand eine andre fodern, nicht so schwerfällig vielleicht in den Anstalten zum Zweck, aber poetischer in der Form.

Hört doch endlich auf, an Lessing nur das zu rühmen, was er nicht hatte und nicht konnte, und | immer wieder seine falsche Tendenz zur Poesie und Kritik der Poesie, statt sie mit Schonung zu erklären und durch die Erklärung zu rechtfertigen, sie nur von neuem in das grellste Licht zu stellen. Und wenn ihr denn einmal nur bei dem stehen bleiben wollt, was wirklich in ihm zur Reife gekommen und ganz sichtbar geworden ist, so laßt ihn doch wie er ist, und nehmt sie, wie ihr sie findet, diese *Mischung von Litteratur, Polemik, Witz und Philosophie.*

Diese Mischung eben war es, die mich schon frühe zu ihm zog, und mich noch an ihn fesselt.

Ich möchte den Charakter derselben auf meine Weise ausdrükken, und meine Neigung dazu. Wie kann es besser geschehen, als durch eine Anthologie eigner Gedanken, die im Innern und Aeußern dahin zielen?

Es sei ein gefälliges Todtenopfer für den Unsterblichen, den ich mir frühe zum Leitstern erkohr.

Laßt auch mich der Sitte folgen, die immer allgemeiner wird, allegorische Namen zu lieben, und wenn andre Euch Blüthen oder Früchte in köstlichen Gefäßen reichen, diese fragmentarische Universalität ganz einfach *Eisenfeile* nennen, um so durch Ein Symbol noch an das Zerstückelte der, wie es schei|nen möchte, formlosen Form zu erinnern und doch zugleich die innere Natur des Stoffs treffend genug zu bezeichnen.

Eisenfeile.

Jedes Volk will auf der Schaubühne nur den mittlern Durchschnitt seiner eignen Oberfläche schauen; man müßte ihm denn Helden, Musik oder Narren zum besten geben.

———

Es ist unmöglich, jemanden ein Aergerniß zu geben, wenn ers nicht nehmen will.

———

Man muß das Brett bohren, wo es am dicksten ist.

———

Alles beurtheilen zu wollen, ist eine große Verirrung oder eine kleine Sünde.

——— |

Es ist indelikat sich darüber zu wundern, wenn etwas schön ist oder groß; als ob es anders sein dürfte.

———

Wie viel Autoren giebts wohl unter den Schriftstellern? Autor heißt Urheber.

———

War nicht alles, was abgenutzt werden kann, gleich anfangs schief oder platt?

———

Folgendes sind allgemeingültige Grundgesetze der schriftstellerischen Mittheilung:

   1) Man muß etwas haben, was mitgetheilt werden soll; 2) man muß jemand haben, dem mans mittheilen wollen darf; 3) man muß es wirklich mittheilen, mit ihm theilen können, nicht bloß sich äußern, allein; sonst wäre es treffender zu schweigen.

———

Wer nicht selbst ganz neu ist, der beurtheilt das Neue wie alt; und
das Alte wird einem immer wieder neu, bis man selbst alt wird. 88
— |
Es giebt so viele Schriftsteller, weil Lesen und Schreiben jetzt nur
dem Grade nach verschieden sind.

Die beiden Hauptgrundsätze der sogenannten historischen Kritik
sind das Postulat der Gemeinheit und das Axiom der Gewöhnlichkeit. Postulat der Gemeinheit: Alles recht Große, Gute und
Schöne ist unwahrscheinlich, denn es ist außerordentlich und
zum mindesten verdächtig. Axiom der Gewöhnlichkeit: Wie es
bei uns und um uns ist, so muß es überall gewesen sein, denn das
ist ja so natürlich. 89

Zur Popularität gelangen deutsche Schriftsteller durch einen großen Namen oder durch Persönlichkeiten, oder durch gute Bekanntschaft, oder durch Anstrengung, oder durch mäßige Unsitt-
lichkeit, oder durch vollendete Unverständlichkeit, oder durch
harmonische Plattheit, oder durch vielseitige Langweiligkeit, oder
durch beständiges Streben nach dem Unbedingten. 90
— |
Es hat etwas kleinliches, gegen Individuen zu polemisiren, wie der
Handel en detail. Will er die Polemik nicht en gros treiben, so muß
der Künstler wenigstens solche Individuen wählen, die classisch
sind und von ewig dauerndem Werth. Ist auch das nicht möglich,
etwa im traurigen Fall der Nothwehr: so müssen die Individuen
kraft der polemischen Fiction so viel als möglich zu Repräsentan-
ten der objectiven Dummheit und der objectiven Narrheit ideali-
sirt werden. Denn auch diese sind wie alles Objective unendlich
interessant. 91

In dem, was man Philosophie der Kunst nennt, fehlt entweder die
Philosophie, oder die Kunst, oder beides. 92

Die dramatische Form kann man wählen aus Hang zur systematischen Vollständigkeit, oder um Menschen nicht bloß darzustellen,
sondern nachzuahmen und nachzumachen, oder aus Bequemlich-

keit, oder aus Gefälligkeit für die Musik, oder auch aus reiner Freude am Sprechen und Sprechen lassen.

— |

Das sicherste Mittel, unverständlich oder vielmehr mißverständlich zu sein, ist, wenn man die Worte in ihrem ursprünglichen Sinne braucht; besonders Worte aus den alten Sprachen.

———

Die Kantische Philosophie gleicht dem untergeschobenen Briefe, den Maria in Shakspeare's Was ihr wollt dem Malvolio in den Weg legt. Nur mit dem Unterschiede, daß es in Deutschland zahllose philosophische Malvolio's giebt, die nun die Kniegürtel kreuzweise binden, gelbe Strümpfe tragen und immerfort fantastisch lächeln.

———

Nicht selten ist das Auslegen ein Einlegen des Erwünschten oder des Zweckmäßigen, und viele Ableitungen sind eigentlich Ausleitungen. Ein Beweis, daß Gelehrsamkeit und Speculation der Unschuld des Geistes nicht so schädlich sind, als man uns glauben machen will. Denn ist es nicht recht kindlich, froh über das Wunder zu erstaunen, das man selbst veranstaltet hat?

———

Uebersichten des Ganzen, wie sie jetzt Mode | sind, entstehen, wenn einer alles Einzelne übersieht und dann summirt.

———

Es giebt Menschen, deren ganze Thätigkeit darin besteht, immer Nein zu sagen. Es wäre nichts kleines, immer recht Nein sagen zu können; aber wer weiter nichts kann, kann es gewiß nicht recht. Der Geschmack dieser Neganten ist eine tüchtige Scheere, um die Extremitäten des Genies zu säubern; ihre Aufklärung eine große Lichtputze für die Flamme des Enthusiasmus, und ihre Vernunft ein gelindes Laxativ gegen unmäßige Lust und Liebe.

———

Bei den Ausdrücken, Seine Philosophie, Meine Philosophie erinnert man sich immer an die Worte im Nathan: »Wem eignet Gott? Was ist das für ein Gott, der einem Menschen eignet?«

———

Man kann niemand zwingen, die Alten für classisch zu halten oder für alt. Das hängt zuletzt von Maximen ab.

—|

Seit mehr als einem Jahrhundert machte man in England Gedichte, Schauspiele, Romane, Historien und Essays aus Stroh. Endlich ist diese Erfindung auch auf das Papier selbst angewandt worden.

——

Ein Gedicht oder ein Drama, welches der Menge gefallen soll, muß ein wenig von allem haben, eine Art Mikrokosmus sein. Ein wenig Unglück und ein wenig Glück, etwas Kunst und etwas Natur, die gehörige Quantität Tugend und eine gewisse Dosis Laster. Auch Geist muß drin sein, nebst Witz, ja sogar Philosophie und vorzüglich Moral, auch Politik mitunter. Hilft ein Ingrediens nicht, so kann vielleicht das andre helfen. Und gesetzt auch, das Ganze könnte nicht helfen, so könnte es doch auch, wie manche darum immer zu lobende Medicin, wenigstens nicht schaden.

——

Sie jammern immer, die deutschen Autoren, schrieben nur für einen so kleinen Kreis, ja oft nur für sich selbst unter einander. Das ist recht gut. Dadurch wird die deutsche Litteratur immer mehr | Geist und Charakter bekommen. Und unterdessen kann vielleicht ein Publicum entstehen.

——

Leibnitz ließ sich bekanntlich Augengläser von Spinosa machen; und das ist der einzige Verkehr, den er mit ihm oder mit seiner Philosophie gehabt hat. Hätte er sich doch auch Augen von ihm machen lassen, um in die ihm unbekannte Weltgegend der Philosophie, wo Spinosa seine Heimath hat, wenigstens aus der Ferne herüber schauen zu können!

——

Vieles, was Dummheit scheint, ist Narrheit, die gemeiner ist, als man denkt. Narrheit ist absolute Verkehrtheit der Tendenz, gänzlicher Mangel an historischem Geist.

——

Wenn Verstand und Unverstand sich berühren, so giebt es einen elektrischen Schlag. Das nennt man Polemik.

—|

Noch bewundern die Philosophen im Spinosa nur die Consequenz, wie die Engländer am Shakspeare bloß die Wahrheit preisen.

———

Ueber das geringste Handwerk der Alten wird keiner zu urtheilen wagen, der es nicht versteht. Ueber die Poesie und Philosophie der Alten glaubt jeder mitsprechen zu dürfen, der eine Conjectur oder einen Commentar machen kann, oder etwa in Italien gewesen ist. Hier glauben sie einmal dem Instinct zu viel: denn übrigens mag es wohl eine Foderung der Vernunft sein, daß jeder Mensch ein Poet und ein Philosoph sein solle; und die Foderungen der Vernunft, sagt man, ziehen den Glauben nach sich. Man könnte diese Gattung des Naiven das philologische Naive nennen.

———

Das beständige Wiederholen des Thema's in der Philosophie entspringt aus zwei verschiedenen Ursachen. Entweder der Autor hat etwas entdeckt, er weiß aber selbst nicht recht was, und in diesem Sinne sind Kants Schriften musikalisch genug. Oder er hat etwas neues gehört, ohne es gehörig zu verneh|men, und in diesem Sinne sind die Kantianer die größten Tonkünstler der Litteratur.

———

Der gepriesne Salto mortale der Philosophen ist oft nur ein blinder Lärm. Sie nehmen in Gedanken einen schrecklichen Anlauf und wünschen sich Glück zu der überstandnen Gefahr; sieht man aber nur etwas genau zu, so sitzen sie immer noch auf dem alten Fleck. Es ist Don Quixote's Luftreise auf dem hölzernen Pferde.

———

Es ist noch ungleich gewagter, anzunehmen, daß jemand ein Philosoph sei, als zu behaupten, daß jemand ein Sophist sei. Soll das letzte nie erlaubt sein, so darf das erste noch weniger gelten.

———

Leibnitz bedient sich einmal, indem er das Wesen und Thun einer Monade beschreibt, des merkwürdigen Ausdrucks: Cela peut aller jusqu'au sentiment. Dieß möchte man auf ihn selbst anwenden. Wenn jemand die Physik universeller macht, sie als ein Stück Mathematik und diese als ein Charadenspiel behandelt, und dann sieht, daß er die Theologie | noch dazu nehmen muß, deren Geheimnisse seinen diplomatischen und deren verwickelte Streitfragen seinen chirurgischen Sinn anlocken – cela peut aler jusqu'à la philosophie, wenn er noch so viel Instinct hat als Leibnitz. Aber eine solche Philosophie wird doch immer nur ein confuses unvollständiges Etwas bleiben, wie der Urstoff nach Leibnitz sein soll, der nach Art des Genies die Form seines Innern einzelnen Gegenständen der Außenwelt anzudichten pflegt. 113

———

Der Instinct spricht dunkel und bildlich. Wird er mißverstanden, so entsteht eine falsche Tendenz. Das widerfährt Zeitaltern und Nationen nicht seltner als Individuen. 114

———

Wenn eine Kunst die schwarze Kunst heißen sollte, so wäre es die, den Unsinn flüssig, klar und beweglich zu machen und ihn zur Masse zu bilden. Die Franzosen haben Meisterwerke der Gattung aufzuweisen. Alles große Unheil ist seinem innersten Grunde nach eine ernsthafte Fratze, eine mauvaise plaisanterie. Heil und Ehre also den Helden, die nicht müde werden, gegen die Thorheit zu kämpfen, deren Unscheinbarstes | oft den Keim zu einer endlosen Reihe ungeheurer Verwüstungen in sich trägt. Lessing und Fichte sind die Friedensfürsten der künftigen Jahrhunderte. 115

———

Um jemand zu verstehn, der sich selbst nur halb versteht, muß man ihn erst ganz und besser als er selbst, dann aber auch nur halb und grade so gut wie er selbst verstehn. 116

———

Bei der Frage von der Möglichkeit, die alten Dichter zu übersetzen, kömmts eigentlich darauf an, ob das treu und in das reinste Deutsch übersetzte nicht etwa immer noch griechisch sei. Nach dem Eindruck auf die Laien, welche am meisten Sinn und Geist haben, zu urtheilen, sollte man das vermuthen. 117

———

Von einer guten Bibel fodert Lessing Anspielungen, Fingerzeige, Vorübungen; er billigt auch die Tautologieen, welche den Scharfsinn üben, die Allegorien und Exempel, welche das Abstracte lehrreich einkleiden; und er hat das Zutrauen, die geoffenbarten Geheimnisse seien bestimmt, in Vernunftwahrheiten ausgebildet zu werden. Welches Buch hätten | die Philosophen nach diesem 118

Ideal wohl schicklicher zu ihrer Bibel wählen können, als die Kritik der reinen Vernunft?

———

Polemische Totalität ist eine nothwendige Folge aus der Annahme und Foderung unbedingter Mittheilbarkeit und Mittheilung.

———

Opfre den Grazien heißt, wenn es einem Philosophen gesagt wird, so viel als: Schaffe dir Ironie und bilde dich zur Urbanität.

———

Man soll nur mit denen symphilosophiren, die à la hauteur sind.

———

Wenn jede rein willkührliche oder rein zufällige Verknüpfung von Form und Materie grotesk ist, so hat auch die Philosophie Arabesken wie die Poesie; nur weiß sie weniger darum und hat den Schlüssel ihrer eignen esoterischen Geschichte noch nicht finden können. Sie hat Werke, die ein Gewebe von moralischen Dissonanzen sind, andre, aus denen man die logische Desorganisation lernen könnte, oder wo die Confusion ordentlich construirt und symmetrisch ist. | Manches philosophische Kunstchaos der Art hat Festigkeit genug gehabt, eine Gothische Kirche zu überleben. Die Ausländer sind auch hier für die leichtere Bauart; es fehlt ihren Litteraturen nicht an chinesischen Gartenhäusern. Zu dieser Gattung gehört auch die formelle Logik und die empirische Psychologie.

Es wäre zu wünschen, daß ein transcendentaler Linné die verschiedenen Ichs classificirte und eine recht genaue Beschreibung derselben allenfalls mit illuminirten Kupfern herausgäbe, damit das philosophirende Ich nicht mehr so oft mit dem philosophirten Ich verwechselt würde.

———

Gott ist nach Leibnitz wirklich, weil nichts seine Möglichkeit verhindert. In dieser Rücksicht ist Leibnitzens Philosophie recht gottähnlich.

———

Classisch zu leben und das Alterthum praktisch in sich zu realisiren, ist der Gipfel und das Ziel der Philologie. Sollte dieß ohne allen Cynismus möglich sein?
——— |

Werke, deren Ideal für den Künstler nicht eben so viel lebendige Realität und gleichsam Persönlichkeit haben, wie die Geliebte oder der Freund, blieben besser ungeschrieben. Wenigstens Kunstwerke werden es gewiß nicht.

129

Den Witz achten sie darum so wenig, weil seine Aeußerungen nicht lang und nicht breit genug sind, denn ihre Empfindung ist nur eine dunkel vorgestellte Mathematik; und weil sie dabei lachen, welches gegen den Respect wäre, wenn der Witz wahre Würde hätte. Der Witz ist wie einer der nach der Regel repräsentiren sollte und statt dessen bloß handelt.

130

Die wichtigsten wissenschaftlichen Entdeckungen sind philosophische Bonmots. Das sind sie durch die überraschende Zufälligkeit ihrer Entstehung, durch das Combinatorische des Gedankens und selbst durch das Barocke des hingeworfenen Ausdrucks. Die besten sind echappées de vue ins Unendliche.

131

Es giebt eine Mikrologie und einen Glauben an Autorität, die Charakterzüge der Größe sind. | Das ist die vollendete Mikrologie des Künstlers und der historische Glaube an die Autorität der Natur.

132

Die Philosophen, welche nicht gegen einander sind, verbindet gewöhnlich nur Sympathie, nicht Symphilosophie.

133

Daß man eine Philosophie annihilirt, wobei sich der Unvorsichtige leicht gelegentlich selbst mit annihiliren kann, oder daß man ihr zeigt, sie annihilire sich selbst, kann ihr wenig schaden. Ist sie wirklich Philosophie, so wird sie doch wie ein Phönix aus ihrer eignen Asche immer wieder aufleben.

134

Man kann nur Philosoph werden, nicht es sein. So bald man es zu sein glaubt, hört man auf es zu werden.

135

Die, welche Profession davon gemacht haben, den Kant zu erklären, waren entweder solche, denen es an einem Organ fehlte, um sich von den | Gegenständen, über die Kant geschrieben hat, einige Notiz zu verschaffen; oder solche, die nur das kleine Unglück hatten, niemand zu verstehen als sich selbst; oder solche, die sich noch verworrener ausdrückten als er.

———

Neu oder Nicht neu ist das, wonach auf dem höchsten und niedrigsten Standpuncte, dem Standpuncte der Geschichte und dem der Neugierde bei einem Werk gefragt wird.

———

Die meisten Gedanken sind nur Profile von Gedanken. Diese muß man umkehren und mit ihren unsichtbaren Hälften verbinden. Viele philosophische Schriften, die es sonst nicht haben würden, erhalten dadurch ein großes Interesse.

———

Kant hat den Begriff des Negativen in die Weltweisheit eingeführt. Sollte es nicht ein nützlicher Versuch sein, nun auch den Begriff des Positiven in die Philosophie einzuführen?

——— |

Manches kritische Journal hat den Fehler, welcher Mozarts Musik so häufig vorgeworfen wird: einen zuweilen unmäßigen Gebrauch der Blasinstrumente.

———

Die Kritik ist die Kunst, die Scheinlebendigen in der Litteratur zu tödten.

———

Eine gute Vorrede muß zugleich die Wurzel und das Quadrat ihres Buchs sein.

———

Wenn der Autor dem Kritiker gar nichts mehr zu antworten weiß, so sagt er ihm gern: Du kannst es doch nicht besser machen. Das ist eben, als wenn ein dogmatischer Philosoph dem Skeptiker vorwerfen wollte, daß er kein System erfinden könne.

———

Das goldne Zeitalter der Litteratur würde dann sein, wenn keine Vorreden mehr nöthig wären.

——— |

Wenn manche mystische Kunstliebhaber, welche jede Kritik für Zergliederung und jede Zergliederung für Zerstörung des Genusses halten, consequent dächten: so wäre Potz tausend das beste Kunsturtheil über das würdigste Werk. Auch giebts Kritiken die nichts mehr sagen, nur viel weitläuftiger.

———

Anmaaßend ist es freilich noch bei Lebzeiten Gedanken zu haben, ja bekannt zu machen. Ganze Werke zu schreiben ist ungleich bescheidner, weil sie ja wohl bloß aus andern Werken zusammengesetzt sein können, und weil dem Gedanken da auf den schlimmsten Fall die Zuflucht bleibt, der Sache den Vorrang zu lassen und sich demüthig in den Winkel zu stellen. Aber Gedanken, einzelne Gedanken sind gezwungen einen Werth für sich haben zu wollen und müssen Anspruch darauf machen, eigen und gedacht zu sein. Das einzige, was eine Art von Trost dagegen giebt, ist, daß nichts anmaaßender sein kann, als überhaupt zu existiren, oder gar auf eine bestimmte selbstständige Art zu existiren. Aus dieser ursprünglichen Grundanmaaßung folgen nun doch einmal alle abgeleiteten, man stelle sich wie man auch will.

——— |

Sollte nicht unter andern die Poesie auch deswegen die höchste aller Künste sein, weil nur in ihr Dramen möglich sind?

———

Einige gute Schriftsteller versteinern, andre werden zu Wasser.

———

Wer etwas Unendliches will, der weiß nicht, was er will. Aber umkehren läßt sich dieser Satz nicht.

———

Ungern vermisse ich in Kants Stammbaum der Urbegriffe die Kategorie Beinahe, die doch gewiß eben so viel gewirkt hat in der Welt und in der Litteratur als irgend eine andre. Eben das gilt von den Kategorien Gleichsam und Vielleicht. In dem Geist der Garvianer tingiren sie alle übrigen Begriffe und Anschauungen.

———

Man hat von manchem Monarchen gesagt: er würde ein sehr liebenswürdiger Privatmann gewesen sein, nur zum Könige habe er nicht getaugt. Ver|hält es sich etwa mit der Bibel eben so? Ist sie auch bloß ein liebenswürdiges Privatbuch, das nur nicht Bibel sein sollte?

———

Wenn gemeine Menschen ohne Sinn für die Zukunft einmal von der Wuth des Fortschreitens ergriffen werden, treiben sie's auch recht buchstäblich. Den Kopf voran und die Augen zu schreiten sie in alle Welt, als ob der Geist Arme und Beine hätte. Wenn sie nicht etwa den Hals brechen, so erfolgt gewöhnlich eins von beiden: entweder sie werden stätisch oder sie machen linksum. Mit den letzten muß mans machen wie Caesar, der die Gewohnheit hatte, im Gedränge der Schlacht flüchtig gewordne Krieger bei der Kehle zu packen, und mit dem Gesicht gegen die Feinde zu kehren.

———

Daß ein Prophet nicht in seinem Vaterlande gilt, ist wohl der Grund, warum kluge Schriftsteller es so häufig vermeiden, ein Vaterland im Gebiete der Künste und Wissenschaften zu haben. Sie legen sich lieber aufs Reisen, Reisebeschreiben oder aufs Lesen und Uebersetzen von Reisebeschreibungen und erhalten das Lob der Universalität.

——— |

Jeder rechtliche Autor schreibt für niemand oder für alle.

———

Heraklit sagte, man lerne die Vernunft nicht durch Vielwisserei. Jetzt scheint es fast nöthiger zu erinnern, daß man durch reine Vernunft allein noch nicht gelehrt werde.

Die einfachsten und nächsten Fragen, wie: Soll man Shakspeare's Werke als Kunst oder als Natur beurtheilen? und: Ist das Epos und die Tragödie wesentlich verschieden oder nicht? und: Soll die Kunst täuschen oder bloß scheinen? können nicht beantwortet werden, ohne die tiefste Speculation und die gelehrteste Kunstgeschichte.

———

Es ist eine unbesonnene und unbescheidne Anmaaßung, aus der Philosophie etwas über die Kunst lernen zu wollen. Manche fangen's so an, als ob sie hofften, hier etwas Neues zu erfahren; da die Philosophie doch weiter nichts kann und können soll, als die gegebnen Kunsterfahrungen und vorhandnen Kunstbegriffe zur Wissenschaft bilden, die Kunstan|sicht erheben, mit Hülfe einer gründlich gelehrten Kunstgeschichte erweitern, und diejenige freie Stimmung des Verstandes auch über diese Gegenstände erzeugen, welche aus dem Bewußtsein des einzig Rechten verbunden mit dem Gefühl von der Unendlichkeit desselben hervorgeht.

———

Maximen, Ideale, Imperative und Postulate sind jetzt die Rechenpfennige der Sittlichkeit. Kanten war die Jurisprudenz auf die innern Theile gefallen. Das heißt nun Moral.

———

Um über einen Gegenstand gut schreiben zu können, muß man sich nicht mehr für ihn interessiren; der Gedanke, den man mit Besonnenheit ausdrücken soll, muß schon gänzlich vorbei sein, einen nicht mehr eigentlich beschäftigen. So lange der Künstler erfindet und begeistert ist, befindet er sich für die Mittheilung wenigstens in einem illiberalen Zustande. Er wird dann alles sagen wollen; welches eine falsche Tendenz junger Genie's oder ein richtiges Vorurtheil alter Stümper ist. Dadurch verkennt er den Werth und die Würde der Selbstbeschränkung, die doch für den Künstler wie für den Menschen das Erste und das | Letzte, das Nothwendigste und das Höchste ist. Das Nothwendigste: denn überall, wo man sich nicht selbst beschränkt, beschränkt einen die Welt, wodurch man ein Knecht wird. Das Höchste: denn man kann sich nur in den Puncten und an den Seiten selbst beschränken, wo man unendliche Kraft hat, Selbstschöpfung und Selbstvernichtung. Selbst ein freundschaftliches Gespräch, was nicht in jedem Augenblicke frei abbrechen kann aus unbedingter Willkühr, hat etwas Illiberales. Ein Schriftsteller aber, der sich rein ausreden will und kann, der nichts für sich behält und alles sagen mag, was er weiß, ist sehr zu beklagen. Nur vor drei Fehlern hat man sich zu hüten. Was unbedingte Willkühr und sonach Unvernunft oder Uebervernunft scheint und scheinen soll, muß dennoch im Grunde auch wieder schlechthin nothwendig und vernünftig sein; sonst wird die Laune Eigensinn, es entsteht Illiberalität und aus Selbstbeschränkung wird Selbstvernichtung. Zweitens: man muß mit der Selbstbeschränkung nicht zu sehr eilen und erst der Selbstschöpfung, der Erfindung und Begeisterung Raum lassen, bis sie fertig ist. Drittens: man muß die Selbstbeschränkung nicht übertreiben.

Es giebt Schriftsteller in Deutschland, die Unbedingtes trinken wie Wasser; und Bücher, wo selbst die Hunde sich aufs Unendliche beziehn.

Ein recht freier und gebildeter Mensch müßte sich selbst nach Belieben philosophisch oder philologisch, kritisch oder poetisch, historisch oder rhetorisch, antik oder modern stimmen können; ganz willkührlich, wie man ein Instrument stimmt, zu jeder Zeit und in jedem Grade.

Eins von beiden ist fast immer herrschende Neigung jedes Schriftstellers: entweder manches nicht zu sagen, was durchaus gesagt werden müßte, oder vieles zu sagen, was durchaus nicht gesagt zu werden brauchte.

Witz ist eine Explosion von gebundnem Geist. Ein Einfall ist eine Zersetzung geistiger Stoffe, die also vor der plötzlichen Scheidung innigst vermischt sein mußten. Die Einbildungskraft muß erst mit Leben jeder Art bis zur Sättigung angefüllt sein, ehe es Zeit sein kann, sie durch die Friction freier | Geselligkeit so zu elektrisiren, daß der Reitz der leisesten freundlichen oder feindlichen Berührung ihr blitzende Funken und leuchtende Strahlen oder schmetternde Schläge entlocken kann.

Man soll von jedermann Genie fodern, aber ohne es zu erwarten.

Hippel, sagt Kant, hatte die empfehlungswürdige Maxime, man müsse das schmackhafte Gericht launiger Darstellung noch durch die Zuthat des Nachgedachten würzen. Warum will Hippel nicht mehr Nachfolger in dieser Maxime finden, da doch Kant sie gebilligt hat?

Die harmonische Plattheit kann dem Philosophen sehr nützlich werden, als ein heller Leuchtthurm für noch unbefahrne Gegenden des Lebens, der Kunst oder der Wissenschaft. – Er wird den Menschen, das Buch vermeiden, die ein harmonisch Platter bewundert und liebt; und der Meinung wenigstens mistrauen, an die mehre der Art fest glauben.

169

Was man gewöhnlich Vernunft nennt, ist nur eine Gattung derselben, nämlich die dünne und wäßrige. Es giebt auch eine dicke feurige Vernunft, welche den Witz eigentlich zum Witz macht und dem gediegenen Styl das Elastische giebt und das Elektrische.

170

Es giebt so viele kritische Zeitschriften von verschiedener Natur und mancherlei Absichten. Wenn sich doch auch einmal eine Gesellschaft der Art verbinden wollte, welche bloß den Zweck hätte, die Kritik selbst, die doch auch nothwendig ist, allmählig zu realisiren.

171

Poesie kann nur durch Poesie kritisirt werden. Ein Kunsturtheil, welches nicht selbst ein Kunstwerk ist, entweder im Stoff, als Darstellung des nothwendige Eindrucks in seinem Werden, oder durch eine schöne Form, hat gar kein Bürgerrecht im Reiche der Kunst.

172

Chamfort war, was Rousseau gern scheinen wollte: ein ächter Cyniker, im Sinne der Alten mehr Philosoph, als eine ganze Legion trockner Schulweisen. Obgleich er sich anfänglich mit den Vornehmen gemein gemacht hatte, lebte er dennoch frei, wie er auch frei und würdig starb, und verachtete den kleinen Ruhm eines großen Schriftstellers. Er war Mirabeau's Freund. Sein köstlichster Nachlaß sind seine Einfälle und Bemerkungen zur Lebensweisheit; ein Buch von gediegenem Witz, tiefem Sinn, zarter Fühlbarkeit, von reifer Vernunft und fester Männlichkeit und von interessanten Spuren der lebendigsten Leidenschaftlichkeit; und dabei auserlesen und von vollendetem Ausdruck, ohne Vergleich der höchste und erste seiner Art.

173

174

Der Zweck der Kritik, sagt man, sei Leser zu bilden. – Wer gebildet sein will, mag sich doch selbst bilden! Dieß ist unhöflich, es steht aber nicht zu ändern.

———

Die Demonstrationen der Philosophie sind eben Demonstrationen im Sinne der militärischen Kunstsprache. Mit den Deductionen steht es auch nicht besser wie mit den politischen; auch in den Wissenschaften besetzt man erst ein Terrain und beweist dann hinterdrein sein | Recht daran. Auf die Definitionen läßt sich anwenden, was Chamfort von den Freunden sagt, die man so in der Welt hat. Es giebt drei Arten von Erklärungen in der Wissenschaft: Erklärungen, die uns ein Licht oder einen Wink geben; Erklärungen, die nichts erklären; und Erklärungen, die alles verdunkeln. Die rechten Definitionen lassen sich gar nicht aus dem Stegreife machen, sondern müssen einem von selbst kommen; eine Definition, die nicht witzig ist, taugt nichts, und von jedem Individuum giebt es doch unendlich viele reale Definitionen. Die nothwendigen Förmlichkeiten der Kunstphilosophie arten aus in Etikette und Luxus. Als Legitimation und Probe der Virtuosität haben sie ihren Zweck und Werth wie die Bravourarien der Sänger und das Lateinschreiben der Philologen. Auch machen sie nicht wenig rhetorischen Effect. Die Hauptsache aber bleibt doch immer, daß man etwas weiß, und daß man es sagt. Es beweisen oder gar erklären wollen ist in den meisten Fällen herzlich überflüssig.

———

Es giebt eine Rhetorik des Enthusiasmus, die unendlich weit erhaben ist über den sophistischen Misbrauch der Philosophie, die declamatorische Stylübung, die angewandte Poesie, die improvisirte Po|litik, welche man mit demselben Namen zu bezeichnen pflegt. Ihre Bestimmung ist, das Göttliche zu constituiren, und das Schlechte real zu vernichten.

———

Man glaubt Autoren oft durch Vergleichungen mit dem Fabrikwesen zu schmähen. Aber soll der wahre Autor nicht auch Fabrikant seyn? Soll er nicht sein ganzes Leben dem Geschäft widmen, litterarische Materien in Formen zu bilden, die auf eine große Art zweckmäßig und nützlich sind? Wie sehr wäre manchem Pfuscher nur ein geringer Theil von dem Fleiß und der Sorgfalt zu wünschen, die wir an den geringsten Werkzeugen kaum noch achten.

———

Man betrachtet die kritische Philosophie immer, als ob sie vom Himmel gefallen wäre. Sie hätte auch ohne Kant in Deutschland entstehen müssen, und es auf viele Weise können. Doch ists so besser.

———

In England ist der Witz wenigstens eine Profession, wenn auch keine Kunst: Alles wird da zünftig und selbst die roués dieser Insel sind Pedanten. | So auch ihre wits, welche die unbedingte Willkühr, deren Schein dem Witz das Romantische und Piquante giebt, in die Wirklichkeit einführen, und so auch witzig leben wollen, es gehe wie es gehe; daher ihr Talent zur Tollheit. Sie sterben für ihre Grundsätze.

———

Ein classische Schrift muß nie ganz verstanden werden können. Aber die, welche gebildet sind und sich bilden, müssen immer mehr daraus lernen wollen.

———

Die Sokratische Ironie ist die einzige durchaus unwillkührliche und doch durchaus besonnene Vorstellung. Es ist gleich unmöglich, sie zu erkünsteln und sie zu verrathen. Wer sie nicht hat, dem bleibt sie auch nach dem offensten Geständniß ein Räthsel. Sie soll Niemanden täuschen, als die, welche sie für Täuschung halten und entweder ihre Freude haben an der herrlichen Schalkheit, alle Welt zum Besten zu haben, oder böse werden, wenn sie ahnden, sie wären wohl auch mit gemeint. In ihr soll alles Scherz und alles Ernst sein, alles treuherzig offen und alles tief versteckt. Sie entspringt aus der Ver|einigung von Lebenskunstsinn und wissenschaftlichem Geist, aus dem Zusammentreffen vollendeter Naturphilosophie und vollendeter Kunstphilosophie. Sie enthält und erregt ein Gefühl von dem unauflöslichen Widerstreit des Unbedingten und des Bedingten, der Unmöglichkeit und Nothwendigkeit einer vollständigen Mittheilung. Sie ist die freieste aller Licenzen, denn durch sie setzt man sich über sich selbst weg; und doch auch die gesetzlichste, denn sie ist unbedingt nothwendig.

Es ist ein sehr gutes Zeichen, wenn die harmonisch Platten gar nicht wissen, wie sie diese stete Selbstparodie zu nehmen haben, immer wieder von neuem glauben und misglauben, bis sie schwindlicht werden, den Scherz grade für Ernst und den Ernst für Scherz halten.

———

Ironie ist die Form des Paradoxen. Paradox ist alles, was zugleich gut und groß ist.

* * *

Und so nehmt denn mit und ohne Ironie, was Euch eben so dargeboten wurde; und haltet nur getrost die eine oder andre dieser combinatorischen | Anregungen Eures ernstlichen Nachdenkens würdig. Scheint Euch diese Anfoderung zu schwer und mancher der hingeworfnen Gedanken zu leicht: so zieht, wenn es möglich ist, in gewissenhafte Erwägung, daß vielleicht einiges mit Absicht so leicht sei, um denjenigen, für den auch das Schwere gesagt ist, in die joviallische Stimmung zu versetzen und darin zu erhalten, in der es den Sterblichen am ersten vergönnt ist, das imponderable Gewicht des wahren Ernstes und der ernsten Wahrheit zu empfinden; des wahren Ernstes, der in so vielen Fällen auch der wahre Scherz zu sein pflegt.

Ihr merkt schon an der feierlichen Wendung, daß es meine Absicht sei, Euch ein kritisches Lebewohl zu sagen.

Nicht daß ich gesonnen wäre, die rühmlich geführten Waffen der Ironie im Tempel der Polemik aufzuhängen und den Kampfplatz andern zu überlassen. Nein, ich werde es mir nicht versagen, mit den Werken der poetischen und der philosophischen Kunst wie bisher so auch ferner für mich und für die Wissenschaft zu experimentiren. Aber ich werde diese Beschäftigung, die meine Idiosynkrasie mir zum Gesetz macht, von nun an auf die beiden Zwecke einer *Geschichte der Dichtkunst* und einer *Kritik der Philosophie* durchaus beschränken. Die | letzte wird zum Theil Polemik sein müssen: so daß also auch von dieser Seite meine Bekehrung nicht als vollständig angesehn werden kann. Die Resignation wird vorzüglich nur darin bestehen, daß ich es der *neuen Zeit* und allem, was ihr angehört, von nun an überlassen werde, sich selbst zu kritisiren; ein Geschäft, das sie wahrscheinlich mit eben so viel Kraft und Muth, als Lust und Laune betreiben wird, wie so manches andre von größerm Gewicht; es müßte denn sein, daß die Muse der Komödie es anders lenkte und auch von mir ein kleines Opfer leichter Saturnalien foderte.

Ich habe den Beschluß dieses Bruchstücks zu einer Vorrede des Ganzen bestimmt: denn es sollte der Natur der Sache gemäß mehr eine Nachrede als eine Vorrede sein. Aber werdet Ihr auch eine Reihe von Studien für ein Ganzes halten wollen, bloß deswegen, weil sie von Einem Geist beseelt, und in diesem nicht ohne Zusammenhang entstanden sind? Dieß bleibe Euch und Eurer unbedingten Willkühr überlassen. Jene Einheit des Geistes aber kann ich nachweisen; in der unverkennbaren Tendenz aller jener Versuche und in der unwandelbaren Maxime.

Diese Tendenz ist: trotz eines oft peinlichen Fleißes im Einzelnen – seines Fleißes, sagt Les|sing, darf sich jedermann rühmen – dennoch alles *im Ganzen* nicht sowohl beurtheilend zu würdigen, als *zu verstehen und zu erklären*.

Daß man im Kunstwerke nicht bloß die schönen Stellen empfinden, sondern den Eindruck des Ganzen fassen müsse; dieser Satz wird nun bald trivial sein, und unter die Glaubensartikel gehören. Weiter noch gehn die Philosophen, und fodern, ja versuchen, sich selbst und andre im Ganzen zu verstehen, mag der Autor auch dieses Ganze, den gemeinsamen *Geist* in einen noch so geistlosen *Buchstaben* gehüllt, und in eine sehr complicirte Reihe vieler, vielleicht etwas confuser Schriften zerstreut haben. Aber auch das genügt mir bei weitem noch nicht; und ich denke, wenn ihr es wirklich erkannt habt, daß man das Werk nur im System aller Werke des Künstlers ganz verstehe, so werdet ihr es über kurz oder lang auch wohl anerkennen müssen, daß nur der den Geist des Künstlers kennt, der diejenigen gefunden hat, auf die er sich, äußerlich vielleicht durch Nationen und Jahrhunderte getrennt, unsichtbar dennoch bezieht, mit denen er ein Ganzes bildet, von dem er selbst nur ein Glied ist; werdet es anerkennen müssen, daß dieser organische Zusammenhang Aller das Genie von dem bloßen Talent unterscheidet, welches eben da|durch, daß es isolirt ist, sich als falsche Tendenz der Kunst und der

Menschheit verräth. So muß auch das Einzelne der Kunst, wenn es gründlich genommen wird, zum unermeßlichen Ganzen führen! Oder glaubt Ihr in der That, daß wohl alles andre ein Gedicht und ein Werk sein könne, nur die Poesie selbst nicht? –

Wollt Ihr zum Ganzen, seid Ihr auf dem Wege dahin, so könnt Ihr zuversichtlich annehmen, Ihr werdet nirgends eine natürliche Gränze finden, nirgends einen objectiven Grund zum Stillstande, ehe Ihr nicht an den Mittelpunct gekommen seid. Dieser Mittelpunct ist der Organismus aller Künste und Wissenschaften, das Gesetz und die Geschichte dieses Organismus. Diese Bildungslehre, diese Physik der Fantasie und der Kunst dürfte wohl eine eigne Wissenschaft sein, ich möchte sie *Encyklopädie* nennen: aber diese Wissenschaft ist noch nicht vorhanden.

Und eben weil sie noch nicht vorhanden ist, diese Wissenschaft, darf ich für meine im Geist derselben entworfnen kritischen Versuche und Bruchstücke die ernstlichste Aufmerksamkeit und Theilnahme fodern. Denn Ihr mögt nun simple bloß passive Leser sein, oder was mir wahrscheinlicher ist, angehende Kritiker und also reagirende Leser, so wer|det Ihr in ihnen, wenn Ihr es nur suchen wollt, nicht weniges finden können, was Euch über den eigentlichen Sinn Eures Geschäfts selbst entweder ein wahres Licht geben, oder doch den Schein des falschen Lichts vernichten kann.

Nur das Eine will ich noch über jene Encyklopädie sagen. Entweder hier ist die Quelle objectiver Gesetze für alle positive Kritik oder nirgends. Und wenn dem so ist, so kann, das folgt unmittelbar, wahre Kritik gar keine Notiz nehmen von Werken, die nichts beitragen zur Entwicklung der Kunst und der Wissenschaft; ja es ist sonach eine wahre Kritik auch nicht einmal möglich von dem, was nicht in Beziehung steht auf jenen Organismus der Bildung und des Genies, von dem, was fürs Ganze und im Ganzen eigentlich nicht existirt.

Es kann der Fall sein, daß man sich des Beweises dieser Nichtexistenz und Nullität nicht überheben darf; und damit ist die Nothwendigkeit der Polemik auf eine Weise deducirt, die, weil sich jene einzelnen Fälle und das Dringende derselben sehr evident machen lassen, auf eine verhältnißmäßig allgemeine Einstimmung rechnen darf. Mir aber ist die Polemik noch weit mehr als das, weit mehr als nur ein nothwendiges Uebel; wenn sie ist, wie | sie sein soll, so ist sie mir das Siegel von der lebendigsten Wirksamkeit des Göttlichen im Menschen, der Prüfstein eines reifen Verstandes. Sollte es nicht der Anfang aller Erkenntniß sein, das Gute und das Böse zu unterscheiden? So ist wenigstens mein Glaube; und wenn ich sehe, daß ein Mann in seiner eigenthümlichen Sphäre sich nur mit einer leichten und oberflächlichen Toleranz begnügt, und nicht das Herz hat, irgend etwas Ausgezeichnetes unbedingt zu verwerfen und als böses Princip zu setzen, so muß ich meiner Denkart gemäß denken, er sei noch eben nicht im Klaren, wenn er auch, was die äußere Erscheinung betrifft, vor lauter Klarheit leuchten sollte.

Rechtfertigen kann ich diesen Glauben *hier* nicht und diese Polemik; aber ich denke, meine Philosophie und mein Leben werden es. Hier kann ich vor der Hand nur die absolute *Subjectivität* alles dessen, was sich darauf bezieht, anerkennen, und Euch selbst die Maxime sagen, die mich leitete, um Es euch dadurch auf den Fall, daß Ihr mich verstehen wollt, ganz leicht zu machen. Es ging mein Bestreben nicht sowohl dahin, die große Menge der schwachen Subjecte, die in jeder Sphäre der Kunst ihre nichtige Thätigkeit zwecklos treibt, zu annihiliren, als vielmehr die Scheidung des gu|ten und des bösen Princips bis auf die höchsten Stufen der Kraft und der Bildung fortzusetzen: denn dazu fand ich mich besonders berufen. Daher sind oft vielleicht grade dieselben die mit reifem Bedacht gewählten Gegenstände meiner Polemik, welche für andre, die es weniger genau nehmen, Ideale der Nachbildung sein können. Eben daher lernte ich mit Ironie bewundern.

Jene Maxime werde ich auch ferner befolgen, und um so weniger ist es nöthig, noch etwas darüber zu sagen. Um aber die Anerkennung der erwähnten Subjectivität desto entschiedner zu sanctioniren, schließe ich das Ganze mit dem subjectivsten, was es geben kann, mit einem bloßen Gedicht.

Nur von Lessing zuvor noch einige Worte, wiewohl auch das Gedicht ihn mit angeht, und die Stelle, die er darin einnimmt, den Grad und die Art der Ehrfurcht, die ich für ihn hege, besser als alles andre auszudrücken vermögen wird.

Und warum ehre ich denn nun den Mann so hoch, dem ich vieles ganz abspreche, was andre einzig an ihm loben?

Ich werde es Euch sehr kurz und sehr deutlich sagen können, und solltet Ihr dennoch wie bisher über *Unverständlichkeit* klagen, so hoffe ich Euch wenigstens klar zu machen, daß es nicht am | Ausdruck, sondern an der Sache liegt. Uebrigens bleibt mir auf diesen Fall nur der fromme Wunsch, daß Ihr doch einmal anfangen möchtet, *das Verstehen zu verstehen*; so würdet Ihr inne werden, daß der Fehler gar nicht da liegt, wo Ihr ihn sucht, und würdet Euch nicht mehr mit solchen confusen Begriffen und leeren Fantomen täuschen.

Ich ehre Lessing wegen der *großen Tendenz* seines philosophischen Geistes und wegen der *symbolischen Form* seiner Werke. Wegen jener Tendenz finde ich ihn genialisch; wegen dieser symbolischen Form gehören mir seine Werke in das Gebiet der höhern Kunst, da eben sie – nach meiner Meinung – das einzige entscheidende Merkmal derselben ist.

Wenn Ihr versuchen wollt, Autoren oder Werke zu *verstehen*, d. h. sie in Beziehung auf jenen großen Organismus aller Kunst und Wissenschaft genetisch zu construiren; so werdet Ihr bemerken, daß es vier Kategorien giebt, in die sich alles scheidet, was Ihr bei einer solchen Construction Charakteristisches in dem Phänomen der Kunstwelt findet; vier Begriffe, unter die sich das alles fügt: *Form* und *Gehalt*, *Absicht* und *Tendenz*. Aber nicht *alle* diese Kategorien sind auf jedes Werk, auf jeden Autor anwendbar. |

Alle Gedanken eines Spinosa, eines Fichte könnt Ihr auf einen einzigen Centralgedanken reduciren, und diese über die allgepriesne *Consequenz* eben so weit erhabne als ganz von ihr verschiedne *Identität* des ganzen Stoffs kann Euch lehren, daß dieser hier die Hauptsache sei, wenn Ihr die Bemerkung hinzunehmt, daß die Form selbst bei jedem dieser beiden kühnsten und vollendetsten Denker nur ein Ausdruck, Symbol und Wiederschein des Inhalts ist, nämlich des Wesentlichen, des einen und untheilbaren Mittelpuncts des Ganzen. Darum ist die Form des Einen die der Substanz und Permanenz, Gediegenheit, Ruhe und Einheit, die des andern Thätigkeit, Agilität, rastlose Progression, kurz der diametrale Gegensatz der ersten. Nach *Absicht im Ganzen* kann man nur bei einem Jakobi oder Kant fragen, weil diese keine Tendenz haben, oder welches eben so viel sagt, eine absolut falsche; eine Tendenz, die, mag es durch den verwickelten krummen Gang, der solchen Naturen eigen ist, noch so künstlich verhüllt und dem gemeinen Auge tief verborgen sein, zuletzt einzig und allein auf dasjenige sich beziehn läßt, was für den Philosophen durchaus keine Realität hat. Dergleichen Naturen habt ihr verstanden, wenn Ihr aus der Complexion der Nebenabsichten, an | denen sie so reich zu sein pflegen, die Centralabsicht des Ganzen gefunden habt; wo sich dann oft das Fantom von selbst in sein Nichts auflösen würde. Nicht so bei jenen Großen. Da könnt Ihr in einzelnen Werken vielleicht Absichten sehr klar und rein ausgedrückt finden. Im Ganzen werdet Ihr aber nie eine Absicht nachweisen und begründen können als die, das, was ihre Tendenz ist, unbedingt darzustellen oder unbedingt mitzutheilen. Da ist also die Tendenz alles.

Desgleichen bei Lessing, der den Spinosa liebte, wenn es gleich nicht möglich war, daß er ihn, ehe der Gegensatz seiner Ansicht entdeckt war, vollkommen verstehen und in diesem Sinne Spinosist sein konnte. Er liebte Spinosa, und Fichte muß ihn, seiner Denkart und seinen Grundsätzen gemäß, ehren. Das ist das beste Lob für Lessings Anlage zur Speculation. Da er nicht zu jenen großen Erfindern gezählt werden kann, da er nur die *Skizze* eines vortrefflichen Philosophen blieb, so kann auch bei ihm nicht von dem Stoff, dem System seiner Gedanken die Rede sein. Desto mehr aber von der *Form*.

Zuvor muß ich nur Eins erinnern. Was Ihr in den philosophischen Büchern von der Kunst und von der Form gesagt findet, reicht ungefähr hin, | um die Uhrmacherkunst zu erklären. Von höherer Kunst und Form findet ihr auch nirgend nur die leiseste Ahndung, so wenig, wie einen Begriff von Poesie.

Das Wesen der höhern Kunst und Form besteht in der *Beziehung aufs Ganze*. Darum sind sie unbedingt zweckmäßig und unbedingt zwecklos, darum hält man sie heilig wie das Heiligste, und liebt sie ohne Ende, wenn man sie einmal erkannt hat. Darum sind alle Werke Ein Werk, alle Künste Eine Kunst, alle Gedichte Ein Gedicht. Denn alle wollen ja dasselbe, das überall Eine und zwar in seiner ungetheilten Einheit. Aber eben darum will auch jedes Glied in diesem höchsten Gebilde des menschlichen Geistes zugleich das Ganze sein, und wäre dieser Wunsch wirklich unerreichbar, wie uns jene Sophisten glauben machen wollen, so möchten wir nur lieber gleich das nichtige und verkehrte Beginnen ganz aufgeben. Aber er ist erreichbar, denn er ist schon oft erreicht worden, durch dasselbe, wodurch überall der Schein des Endlichen mit der Wahrheit des Ewigen in Beziehung gesetzt und eben dadurch in sie aufgelöst wird: durch Allegorie, durch Symbole, durch die an die Stelle der Täuschung die *Bedeutung* tritt, das einzige Wirkliche im Dasein, weil nur der Sinn, der | Geist des Daseins entspringt und zurückgeht aus dem, was über alle Täuschung und über alles Dasein erhaben ist.

Gebt der gemeinen Kunst so viel Würde und so viel Anmuth als Ihr wollt: es wird nie die höhere daraus werden. Oder glaubt Ihr, daß ein mächtiger Baum aus Hülsen ohne Kern und Kraft emporwachsen könne? –

Und ihr mögt noch so sehr auf die Absonderung der Natur und der Kunst dringen: auf jenem falschen Wege wird es Euch in Ewigkeit nicht gelingen.

Für die höhere Kunst und ihren Begriff existirt diese Schwierigkeit gar nicht. Sie ist selbst Natur und Leben und schlechthin Eins mit diesen; aber sie ist die Natur der Natur, das Leben des Lebens, der Mensch im Menschen; und ich denke, dieser Unterschied ist für den, der ihn überhaupt wahrnimmt, warlich bestimmt und entschieden genug. Sollte aber dennoch jemand einen bestimmtern fodern zu müssen glauben, so wird er, was er fodert und glaubt, schwerlich sich selbst klar zu machen im Stande sein.

Jedes Gedicht, jedes Werk soll das Ganze bedeuten, wirklich und in der That bedeuten, und durch die Bedeutung und Nachbildung auch wirklich | und in der That sein, weil ja außer dem Höheren, worauf sie deutet, nur die Bedeutung Dasein und Realität hat.

Habt Ihr diese symbolische Form noch nie wahrgenommen, habt Ihr noch nie unterschieden, ob ein Werk nach dem vegetabilischen oder nach dem animalischen Organismus construirt sei, könnt Ihr nicht wenigstens die Farbe und den Farbenton in einem Gedicht empfinden: so laßt es nur mit der Poesie, oder glaubt wenigstens ohne Scheu und Rücksicht, daß Euch noch einiges in diesem Gebiet, dessen Umfang nie ein Sterblicher ermessen wird, neu und unbekannt sei: denn das, was ich erwähnt habe, ist grade das Erste und Letzte, das Wesentliche und Höchste; damit nimmt der Begriff der höhern Kunst seinen Anfang.

Diese Kunst ist nur *Eine*. Darum fodre ich auch von dem philosphischen Werk eine symbolische Form; und denkt nur nicht, daß es mir an Beispielen fehlen würde, sie nachzuweisen. Ich könnte Philosophen anführen, bei denen alles kreisförmig ist; andre, die nur im Schema der Triplicität construiren können; auch Ellipsen wollte ich aufzeigen und noch manches andre, was Euch nur ein Spiel meines Witzes scheinen würde. Ich begnüge mich | zu bemerken, daß die bis jetzt vorhandnen philosophischen Formen mathematischer Art sind.

So auch *Lessings Form*, die Ihr selbst vielleicht für die höchste in dieser Sphäre anerkennen werdet.

Man nennt das Paradoxe zu Zeiten excentrisch. Es ist überhaupt eine löbliche Maxime, die Aussprüche des Gemeinsinns mit Absicht buchstäblicher zu nehmen, als sie gemeint sind; und grade hier ist es ganz besonders der Fall.

Giebt es wohl ein schöneres Symbol für die Paradoxie des philosophischen Lebens, als jene krummen Linien, die mit sichtbarer Stetigkeit und Gesetzmäßigkeit forteilend immer nur im Bruchstück erscheinen können, weil ihr eines Centrum in der Unendlichkeit liegt?

Ein solche *transcendente Linie* war Lessing, und das war die primitive Form seines Geistes und seiner Werke.

Am klarsten und faßlichsten findet Ihr sie in *Ernst und Falk*, seinem gebildetsten, vollendetsten Product. Habt Ihr sie da verstanden, so werdet Ihr sie auch wohl in der *Erziehung des Menschengeschlechts* sehen; und auch, in einem größern Maaßstabe sogar, aber mit den störenden Zusätzen eines nichtigen Stoffs oder einer fal|schen Tendenz, im ganzen *Anti-Götze*, als Ein Werk betrachtet, und in der *Dramaturgie*; im größten Maaßstabe aber in dem Ganzen seiner literarischen Laufbahn.

Dieselbe Form grade ist die des Plato; und ihr werdet keinen einzelnen Dialog und keine Reihe von Dialogen verständlich construiren können, als nach jenem Symbol.

Was soll man zu dem Manne sagen, den sein Genie mitten aus dieser Gemeinheit und dieser Fülle von falschen Tendenzen grade in der Form des Ganzen der Höhe des erhabensten Philosophen und des kunstreichsten Redenkünstlers näherte?

LESSINGS GEDANKEN UND MEINUNGEN
AUS DESSEN SCHRIFTEN ZUSAMMENGESTELLT
UND ERLÄUTERT

An Fichte.

Der philosophische Geist, worunter ich neben der freien immer weiter strebenden Untersuchung, auch die grade Aufrichtigkeit und Kühnheit des Forschers verstehe, ist an sich selbst unstreitig von unschätzbarem Werthe. Für die Welt aber, für das Ganze, wird er alsdenn erst recht bleibend wirksam und nützlich, wann seine Wirkungen durch das Vorhandenseyn einer strengwissenschaftlichen Philosophie gesichert und begründet worden. Sonst müssen seine schönsten Resultate sich bald in die allgemeine Masse verlieren, und vergessen werden. |

Und dieses ist der Grund, warum ich Ihnen, verehrungswürdiger Freund, vor allen andern den gegenwärtigen Versuch zuschreibe, Lessings Geist und Gedanken, ihrem Gange und ihrer Entstehung gemäß darzustellen; so viel als möglich mit seinen eignen Worten, und nur wo es unentbehrlich schien, mit einigen eignen Erklärungen über die Bedeutung und den Standpunkt des Zusammengestellten begleitet.

Nicht also weil Lessing, wiewohl in ganz andern Verhältnissen und bei Gelegenheit ganz andrer Gegenstände, dennoch nach dem gleichen Ziele gestrebt zu haben scheint wie Sie; Gründlichkeit nämlich, und Freimüthigkeit der Untersuchung in allen Theilen des Wissens zu verbreiten. Nicht weil er Ihnen in diesem Sinne vorgearbeitet hat, nicht weil Sie, wie ich weiß, sein Streben und seine Gesinnung ehren, das Geistvolle in seiner eigenthümlichen Manier mehr als viele andre zu schätzen und zu lieben wissen, richte ich das wenige, was ich in dieser | Vorrede zu sagen habe, zunächst an Sie; sondern deswegen, weil ich dadurch zugleich meine Ueberzeugung an den Tag zu legen, Gelegenheit erhalte,

An Fichte

daß solche Miscellen und Fragmente von Philosophie, als Lessing in einer ungünstigen und seichten Epoche der Litteratur seine Laufbahn beginnend, unter dem Druck vieler ungünstiger Umstände arbeitend und nur allzufrühzeitig seiner Nation entrissen, allein zu hinterlassen vermochte, erst dadurch ihren vollen Werth erhalten, wenn in derselben Litteratur auch dasjenige vorhanden ist, was ihnen fehlt, oder was sie nur stillschweigend voraussetzen. Nur da, wo auch die ersten Principien des Wahren, deren Entdeckung oder Wiederherstellung das Zeitalter vorzüglich Ihnen verdankt, in einer streng wissenschaftlichen Methode der Philosophie gelehrt werden, sind auch die freieren Productionen und Resultate des bloß natürlichen philosophischen Geistes an ihrer Stelle.

Für überflüßig aber können diese nie ge|halten werden, wären auch die Principien des Wissens noch so deutlich dargestellt, die Methode noch so sehr vervollkommnet. Denn das Wissen ist, wie bekannt, nicht ein bloßer Mechanismus, sondern geht nur aus dem eignen freien Denken hervor. Dazu entschließen sich die Menschen nicht leicht, sie müssen dazu gebildet werden; es muß die in Trägheit schlummernde Kraft ihres Geistes auf mancherlei Weise erweckt, gereizt und erregt werden. Ein mühsames und schwieriges Geschäft, was aber, so oft auch der schlechte Erfolg abschrecken mag, dennoch nie aufgegeben werden darf, weil es nothwendig ist; denn was frommte die Fülle des von andern vielleicht ehemals Gedachten, wenn die Kraft des Denkers selbst nicht immer von neuem rege und thätig wird? Auf welchen Wegen allein sie auch jenes sich anzueignen und Vortheil davon zu ziehen vermag. – Wenigstens auf der gegenwärtigen Stufe der geistigen Ausbildung, kann es nicht befremdend und nicht überflüßig | scheinen, wenn der Freund der Philosophie auf alle nur immer ersinnliche Mittel denkt, alle nur irgend mögliche Wege einschlägt, auf denen sich hoffen läßt, dem Geiste der Menschen beizukommen, und sie endlich aus ihrem Schlummer wecken zu können. Freiere Formen sind dazu meistens wirksamer als die ganz strenge Methode, weil diese als schon vorhanden voraussetzt, wozu fast alle erst gebildet werden müssen.

Schwerlich aber sind noch andre deutsche Schriften besser

geeignet, diesen Geist des Selbstdenkens zu erregen und zu bilden, als die Lessingschen. Selbst daß er, in einigen Fächern besonders, sich anfangs noch an diesen oder jenen Aberglauben der vergangenen Epoche der deutschen Litteratur anschließt, ist in dieser Rücksicht kein Tadel. Nichts lehrt besser, für uns selbst den rechten Weg zu finden, als wenn wir sehen, wie ein thätig strebender Geist sich allmälig aus den Vorurtheilen herausarbeitet, die er, weil sie bei denen, die er für die bessern | hielt, allgemein gelten, auf Glauben angenommen hatte.

Diese ganz specifische Kraft, das Selbstdenken zu erregen, haben die Lessingschen Schriften und Gedanken nicht durch ihren Inhalt allein, sondern auch durch ihre Form. Und ich gestehe, daß diese und der vortreffliche Styl nicht wenig dazu beigetragen haben, mich zu dieser Arbeit zu bestimmen. Wir haben im Deutschen, obgleich schon einige Werke der Dichtkunst als vollendete auch in der Sprache angeführt werden können, bis jetzt nur äußerst wenig vortrefflich in Prosa geschriebenes. Desto höher soll man dieses wenige halten, und desto vielfacher es zum weitern Anbau der Sprache benutzen.

Es würde mich nicht Wunder nehmen, wenn einige, dem Purismus sehr ergebene in Lessings Styl zu viel ausländische Wörter, oder auch manche aus dem lebhaften Gesprächston des wirklichen Lebens entlehnte Wendung und Phrase nicht edel ge|nug finden sollten. Dagegen aber ist folgendes zu erinnern.

Der Unterschied der Prosa und der Poesie besteht darin, daß die Poesie darstellen, die Prosa nur mittheilen will. Zwar wie überall, so giebt es auch hier für das Entgegengesetzte einen Punkt, wo die Gränzen sich in einander verlieren. Im Gespräch, im dialogischen Kunstwerke zum Beispiel ist es eigentlich die gegenseitige Gedankenmittheilung der Redenden, welche selbst der Gegenstand der Darstellung ist. – Dargestellt wird das Unbestimmte, weshalb auch jede Darstellung ein Unendliches ist; mittheilen aber läßt sich nur das Bestimmte. Und nicht das Unbestimmte, sondern das Bestimmte ist es, was alle Wissenschaften suchen. In der höchsten aller Wissenschaften aber, die nicht irgend etwas einzelnes Bestimmtes lehren soll, sondern das Bestimmen selbst überhaupt zu bestimmen hat, ist es eben deswegen nicht hinreichend, das Gedachte schon fertig zu geben. Es will | diese Wissenschaft nicht dieses oder jenes Gedachte, sondern das Denken selbst lehren; darum sind ihre Mittheilungen nothwendigerweise auch Darstellungen, denn man kann das Denken nicht lehren, außer durch die That und das Beispiel, indem man vor jemanden denkt, nicht etwas Gedachtes mittheilt, sondern das Denken in seinem Werden und Entstehen ihm darstellt. Eben darum aber kann der Geist dieser Wissenschaft nur in einem Werke der Kunst vollständig deutlich gemacht werden.

Die Gränzen verlieren sich in einander, aber die Gattungen bleiben dennoch ewig geschieden, und aus jenem so einfach scheinenden Unterschiede, daß die Prosa etwas Bestimmtes mittheilen, die Poesie aber das Unbestimmte darstellen will, ließen sich leicht alle übrigen herleiten. Für die Mittheilung bestimmter Gedanken ist ein bestimmtes System von Worten, oder eine Terminologie sehr angemessen, wo die Bedeutungen ganz fixirt sind, wie sonst nur in den todten | Sprachen, daher auch alle Terminologie aus diesen vorzüglich gewählt wird. Jedoch auch die ausländische Sprache nimmt für diesen Zweck in einem gewissen Grade die Natur einer todten an; und wenn gleich der freie, universelle Schriftsteller keinen Grund hat, die Terminologie einer Wissenschaft, eines Systems, ganz und gar zu adaptiren und sich darauf zu beschränken, so würde es doch auch eine zwecklose Production seyn, ein oft vielleicht tiefbedeutendes, kühn treffendes Wort zu verwerfen, weil es irgend einer Terminologie angehört. Besonders wenn, wie das bei Lessing der Fall fast immer ist, der behandelte Gegenstand ohnehin schon einen nicht ganz ununterrichteten Leser voraussetzt. Die Mittheilung muß gesellig seyn; lebendig also, und energisch der Styl, in einem gewissen Sinne der ganze Vortrag dramatisch. Es muß nicht seyn, wie wenn einer für sich allein docirt, sondern wie ein Gespräch; der Leser muß sich überall angesprochen fühlen; der | Gang der Gedanken muß nicht ängstlich Schritt vor Schritt weiter schleichen, sondern mit rascher Kraft immer weiter um sich greifen. Und auch im Einzelnen müssen die Worte und Wendungen, durch ein kühnes Bild, eine treffende Anspielung, durch Witz und Feuer, die Kraft, das Leben des Geistes zugleich verkündigen und erregen.

Lessings Styl besitzt alle diese Eigenschaften in einem ganz eminenten Grade; das wird jeder gern zugeben. Und gewiß tragen die vielen aus der Sprache des wirklichen Lebens aufgenommenen Conversationswendungen nicht wenig dazu bei. Ob in einem einzelnen Falle irgend ein Bild, eine Wendung, nur kühn, oder nicht edel sey, darüber dürfte sich nur im Einzelnen und aus dem Einzelnen nach dem Gefühl des Verständigen entscheiden lassen, allgemeine Regeln hingegen wenig oder nichts fruchten. Sehr selten indessen dürften diese Fälle seyn. Dergleichen Wendungen aus falscher Würde gänzlich vermeiden zu wollen, das würde | gerades Weges zum Kostbaren und Steifen führen, was einige selbst unsrer guten Schriftsteller so unlesbar macht. Ueberhaupt muß in dieser freieren Gattung universeller Schriften manches erlaubt seyn, was es in Werken der Darstellung nicht seyn würde. Die Darstellung bleibt ewigen Gesetzen streng unterworfen; im wirklichen Gespräch nehmen wir es ja auch nicht so genau; wenn es nur interessant ist, was gesagt wird, wenn es nur auf eine geistvolle und angenehme Art gesagt wird, so lassen wir übrigens jedem dabei seine eigene Manier; den objektiven Styl behalten wir uns vor von eigentlichen Kunstwerken zu fordern.

Indessen ist es doch nicht die Sprache und der Witz allein, dieses Colorit der Universalität, was aus der geistvollen Mischung jener dem Anscheine nach heterogenen Bestandtheile hervorgeht; es ist nicht der auch bei ganz trocknen Gegenständen der Untersuchung einverleibte lebendige dramatische, dialektische und dialogische Geist | allein, was Lessings Schriften so genialisch auszeichnet, und ihnen eine so wunderbare Kraft giebt – sondern dieses liegt noch weit mehr in der Form des Ganzen; wenn anders trotz der anscheinenden Formlosigkeit desselben mit Recht Form genannt wird, was den Geist des Ganzen ausdrückt durch eine eigenthümliche Verknüpfungsart des Einzelnen, die diesem unbeschadet auch wohl anders seyn könnte. Die Folge der Gedanken ist es, was über eine prosaische Schrift, besonders der freiern Art im Ganzen entscheidet; und den Grad bestimmt, in welchem sie wirken und eingreifen, anziehen und interessiren kann. Wie vortrefflich zum Beispiel sind mehrere Schriften der alten Philosophen, besonders die Platonischen recht eigentlich dazu eingerichtet, das Selbstdenken zu erregen. Ein Widerspruch gegen ein geltendes Vorurtheil, oder was irgend sonst die angebohrne Trägheit recht kräftig wecken kann, macht den Anfang; denn geht der Faden des Denkens | in stetiger Verknüpfung unmerklich fort, bis der überraschte Zuschauer, nachdem jener Faden mit einemmale abreißt, oder sich in sich selbst auflöste, plötzlich vor einem Ziele sich findet, das er gar nicht erwartet hatte; vor sich eine gränzenlose weite Aussicht, und sieht er zurück auf die zurückgelegte Bahn, auf die deutlich vor ihm liegende Windung des Gesprächs, so wird er inne, daß es nur ein Bruchstück war aus einer unendlichen Laufbahn.

Ganz etwas ähnliches erreicht Lessing, eine ganz ähnliche Wirkung haben seine Schriften auf einem andern Wege, durch Mittel, die wie natürlich, von jenen sehr verschieden sind; der Erfolg aber ist derselbe. Darum hat, was er schrieb, eine so eigne Magie, und darum ist er den vortrefflichsten Schriftstellern beizuzählen; weil er nicht blos im Einzelnen genialische Gedanken hatte, sondern der Gang seines Denkens selbst, genialisch und genieerregend war. |

Die Form aber dieses Ganzen kann man so beschreiben. Er geht überall aus von einem gegebenen lebhaften Interesse; seyen es nun geschnittne Steine, oder Schauspiel, oder Freimaurerei, was grade der Zufall an die Tagesordnung gebracht hatte; er wußte schon überall höhere Ideen anzuknüpfen. Dieses Interesse faßt er in seiner größten Lebhaftigkeit auf, und beginnt von da aus zu schaffen, zu wirken und um sich zu greifen. Lebhafte Widerlegung der geltenden Vorurtheile, neue Beispiele, wo von Theorie die Rede ist, speculative Ansichten, wo man nur vom Einzelnen zu hören erwartete, erregen und erhalten überall, das Leben, die Mannichfaltigkeit und das Interesse. Immer tiefer dringt sein Denken ein, immer weiter greift es um sich; fand man schon in seinen ersten Schritten Paradoxie, so tritt er weiterhin mit einer ganz andern kühnern, wirklich so zu nennenden auf. Ueberall aber, im Ganzen wie im Einzelnen dieses Ganges zeigt sich eine ihm | ganz eigenthümliche Combination der Gedanken, deren überraschende Wendungen und Configurationen sich besser wahrnehmen als definiren lassen. Wenn er auch da, wo er des Faches ganz Meister war, in dem angefangenen Wege nicht zu einem befriedigenden Schluß kommen konnte, so ward ein kühner Sprung in eine andere Gattung genommen, und eine Auflösung gegeben, von einer ganz andern Seite her, wo man es gar nicht erwartete; wie er seiner theologischen Laufbahn durch den Nathan aufs herrlichste die Krone aufsetzte.

In dieser die letzte Hälfte seines schriftstellerischen Lebens anfüllenden theologischen Laufbahn ist, wie der Geist am reifsten, der Styl am geistvollsten und kräftigsten, so auch jene Form am vollkommensten deutlich und klar.

Denn daß dieselbe nicht in jeder der einzelnen Abhandlungen oder der Bücher, die oft unter zufälligen Rücksichten abgefaßt wurden, sehr oft auch unvollendet | blieben; daß sie überhaupt nicht so im Einzelnen zu suchen sey, versteht sich von selbst, da es ja die innere Form seines Denkens selbst war. In jeder Gedankenreihe aber, in jeder Gedankenmasse eines bestimmten Faches, was sein ganzes Interesse an sich zog, wird diese Form unstreitig gefunden werden; um so mehr vielleicht, je mehr von den überflüßigen Aeußerlichkeiten und störenden Zufälligkeiten hinweggenommen worden ist; welches zu thun, ich in gegenwärtigem Werke einen Versuch gemacht habe. |

Allgemeine Einleitung.

Vom Wesen der Kritik.

Alles was Lessing gethan, gebildet, versucht und gewollt hat, läßt sich am füglichsten unter den Begriff der Kritik zusammen fassen; ein Begriff, der, so mannigfaltig und weit-verbreitet auch die Thätigkeit seines Geistes war, dennoch vollkommen hinreichen kann zur gemeinschaftlichen Uebersicht derselben, wenn man, ihm seine alte Würde wiedergebend, ihn so umfassend nimmt, wie er ehedem genommen ward.

Lessings poetische Bestrebungen sind zu betrachten als Beispielsübungen für seine Principien der Poetik und Dramaturgie; in der Philosophie aber, demjenigen Gebiete, für wel|ches ihn eigentlich die Tendenz seines Geistes bestimmte, war er durchaus nicht Systematiker und Sektenstifter, sondern Kritiker. Prüfung, freimüthige und sorgfältige Prüfung der Meinungen andrer, Widerlegung manches gemeingeltenden Vorurtheils, Vertheidigung und Wiederanregung dieser oder jener alten, oft schon vergeßnen Paradoxie, das war die Form, in welcher er seine eigne Meinungen in diesem Fach, meistens nur indirekt vorzutragen pflegte.

Die große Masse seiner andern Schriften, antiquarischer, dramaturgischer, grammatischer, und eigentlich litterarischer Untersuchungen gehört selbst nach dem gemeineren Begriffe hierher; und ich weiß nicht, ob nicht auch alle Polemik wenigstens als eine der Kritik sehr nah verwandte Gattung betrachtet werden sollte.

Aber eben weil diese Wissenschaft oder Kunst, die wir Kritik nennen, so viel umfaßt, ihr Gebiet aber so weit sich überhaupt nur die redenden Künste und die Sprache erstrecken, zu verbreiten pflegt, ist es unumgänglich nothwendig, den Begriff derselben genauer zu bestimmen, welches am besten geschehen kann, indem wir uns an ihren Ursprung erinnern. |

Die Griechen, von denen wir selbst den Namen der Kritik überkommen haben, sind es, welche sie zuerst erfunden und gestiftet und zugleich auf den höchsten Gipfel beinah der Ausbildung und

Vollkommenheit gebracht haben. Nachdem das Zeitalter der großen Poeten vorüber war, ging bei ihnen doch der Sinn für Poesie nicht völlig unter. Bei der großen Anzahl der schriftlichen Denkmale, welche theils ihre innre Merkwürdigkeit, theils eine sehr umfassende Liebhaberei erhalten hatte, und immer noch fort erhielt, wurde es bald eine Wissenschaft, sie nur alle zu kennen, besonders aber sie zu überschauen, welches ohne eine bestimmte Anordnung nicht möglich war; die Art, wie die Gedichte auf die Nachwelt gekommen waren, und wie Bücher damals vervielfältigt wurden, gab auch demjenigen Scharfsinn, der sich lieber auf ein einzelnen Werk beschränken, als in das große Ganze verliehren mochte, Beschäftigung; die kleinern und größern Lücken und Zusätze aus den ältern Nachrichten zu folgern, aus Vergleichungen mehrerer Handschriften zu sammeln, oder aus dem Zusammenhange zu errathen und nach vielfach | wiederhohlten Prüfungen und Vergleichungen endlich mit Gewißheit zu bestimmen, auch nur für ein einzelnes Werk, das wurde nun ein jahrelanges weitläuftiges Geschäft, zu groß oft, um von Einem vollendet werden zu können.

Dieses beides, die Auswahl der classischen Schriftsteller, welche das Ganze der Griechischen Poesie und Litteratur in eine deutliche Ordnung stellen sollte; und zweitens die Behandlung der verschiedenen Lesarten, blieben immerfort die Angeln der alten Kritik. Es mag seyn, daß sie das letzte Geschäft durchaus nicht so unverbesserlich vollendet hat, als das erste; es mag seyn, daß durch die Auswahl der classischen Werke manches, was uns merkwürdig seyn würde, nicht auf uns gekommen ist, weil es außer diesem Cyklus lag. Das Prinzip aber, nach welchem sie dabei verfuhren, ist durchaus das richtige; indem sie nicht das fehlerfreie, meistens nur das, was keine Kraft hat zum Ausschweifen, für vortrefflich, für gebildet und ewiger Nachbildung würdig hielten; sondern was in seiner Gattung als das Erste, Höchste oder Letzte an kräftigsten | angelegt, oder am kunstreichsten vollendet war, mochte es übrigens dem beschränkten Sinne noch so viel Anstoß geben. Und vortrefflich war die Methode ihres Studiums; ein unaufhörliches, stets von neuem wiederhohltes Lesen der classischen Schriften, ein immer wieder von vorn angefangnes Durchgehen des ganzen Cyklus; nur das heißt wirklich lesen; nur so können reife Resultate entstehen und ein Kunstgefühl, und ein Kunsturtheil, welches allein durch das Verständniß des Ganzen der Kunst und der Bildung selbst möglich ist.

Freilich hatten sie dabei einen sehr großen Vortheil; das Kunstgefühl war bei den Griechen sehr allgemein, und die Kritiker durften meistens nur die allgemeinen Urtheile, die sie schon vorfanden, bestätigen und erklären; nur hie und da hat ihre Willkühr daran geändert, nur im Einzelnen haben Nebenrücksichten das Kunstgefühl auf einen Abweg geleitet; und nur über geringere Bestimmungen konnte ein Streit oder Verschiedenheit des Urtheils Statt finden; im Ganzen aber war man einig, was das Kunsturtheil und die Principien betrifft. Wie natürlich; die Griechische Litteratur und | Poesie war ein vollkommen in sich geschloßnes Ganzes, wo es nicht schwer seyn konnte, die Stelle zu finden, die das Einzelne im Ganzen einnehme. Der poetische Sinn ging nie völlig bei dieser Nation verlohren. Die Art aber, wie seit Erfindung der Buchdruckerei und Verbreitung des Buchhandels durch eine ungeheure Masse ganz schlechter, und schlechthin untauglicher Schriften der natürliche Sinn bei den Modernen verschwemmt, erdrückt, verwirrt und mißleitet wird, fand damals noch gar nicht Statt. Nicht, als hätte sich nicht unter der Menge der alten Dichter auch wohl einer erhalten, der mittelmäßig war, oder nach etwas ganz Falschem strebte, von dem wahren Wege sich weit verirrte. Allein die Majorität der erhaltenen allgemein gelesenen und immer wieder bearbeiteten Werke war doch in der That vortrefflich. Die weniger guten waren nur die Ausnahmen, und daher auch unter diesen wohl keins so ganz bildungslos und kunstlos, wie es nur da möglich wird, wo eine gute Schrift eine höchst seltne Ausnahme, absolute Schlechtigkeit aber in der Regel ist. |

Ganz anders schon war es bei den Römern, obwohl ihre Kritik nur von den Griechen angenommen, der Griechischen ganz und gar nachgeformt war. Denn eben dieser Umstand schon, diese Einführung einer fremden Bildung und Poesie mußte eine weite Kluft zwischen dem gelehrten und ungelehrten Gefühl veranlassen. Und unter den römischen Gelehrten war sogar diese Frage, in wie weit das Griechische unbedingt nachzubilden, oder auch das

Einheimische beizubehalten sey, der Gegenstand eines nie ganz entschiedenen Streites, der doch nichts geringeres als die Principien selbst der Litteratur betraf. In diesem Stücke ist das Verhältniß der Römer schon dem unsrigen ähnlicher. Uebrigens aber war der Geist dieser Nation zu praktisch, als daß sie mehr als einige große Gelehrte hätte haben können, die auch bald ohne Nachfolger blieben. Besonders war ihre Poesie zu neuen Ursprungs, zu arm, und hörte, da sie erzwungen war, bald ganz wieder auf.

An einer reichen Poesie fehlte es nun zwar in der romantischen Poesie den Modernen nicht. Es war aber diese Poesie so ganz | unmittelbare Blüthe des Lebens, daß sie ganz an dieses geknüpft war, und mit dem Untergange der Verfassung und Sitten, besonders in Deutschland, zugleich mit untergehen mußte. Es waren meist Ritter und Fürsten, welche sie übten; seltner Geistliche, welche doch nur etwa im Gegensatz jener, Gelehrte genannt werden können. So war es in Deutschland, Spanien, dem südlichen und nördlichen Frankreich. Nur in Italien waren die drei ersten großen Dichter zugleich Gelehrte, freilich von wie beschränkten Hülfsmitteln, aber doch mehr Gelehrte als irgend einer unter jenen früheren romantischen Erfindern, zugleich Dichter und die ersten Wiederhersteller der alten Litteratur. Und auch nur die italiänische Poesie jener ältern Zeit ist geblieben, und in stets lebendiger Wirksamkeit erhalten. Die provenzalischen Gesänge, die altfranzösischen Erfindungen, und die herrlichen Werke altdeutscher Dichtkunst sind verschollen, und die fast unbekannt gewordne Poesie harret meist noch im Stande der Büchersammlungen auf einen Befreier. Da der Geist und das Leben, aus welchem die romantische Poesie hervorging, | verschwunden und zerstört war, ging auch diese Poesie selbst unter, und mit ihr zugleich auch aller Sinn dafür, weil hier nicht wie in Griechenland auf das Zeitalter der Dichtung, ein Zeitalter der Kritik folgte; um, da die Kraft neue Schönheit hervorzubringen nicht mehr vorhanden war, wenigstens die alte auf die Nachwelt zu bringen. Der frühe, schnelle und in einigen Ländern wenigstens völlige Untergang der romantischen Poesie (und mit ihr des richtigen Gefühls für das einheimische Leben, und die Erinnerung der Vorfahren) aus Mangel an Kritik, und die Folge dieses Mangels, Vernachlässigung und

Verwildrung der Muttersprache, macht die Wichtigkeit und den Werth dieser dem Anschein nach mit geringfügigen Untersuchungen, mehr aus Liebhaberei spielenden als ernstlich beschäftigten Kunst nur allzudeutlich. In der That kann keine Litteratur auf die Dauer ohne Kritik bestehen, und keine Sprache ist vor Verwildrung sicher, wo sie nicht die Denkmahle der Poesie erhält, und den Geist derselben nährt. So wie in der Mythologie die gemeinsame Quelle und der Ursprung für alle Gattungen des menschlichen | Dichtens und Bildens zu suchen, so wie Poesie der höchste Gipfel des Ganzen ist, in deren Blüthe sich der Geist jeder Kunst und jeder Wissenschaft, wenn sie vollendet, endlich auflößt; so ist die Kritik der gemeinschaftliche Träger, auf dem das ganze Gebäude der Erkenntniß und der Sprache ruht.

Aus Mangel an gründlicher Gelehrsamkeit und Kritik also haben wir Neuern und besonders wir Deutschen, unsre Poesie und mit ihr die alte der Nation angemeßne Denkart verlohren. Zwar an Gelehrsamkeit fehlte es nicht in Europa, seit die flüchtigen Griechen ihre Schätze verbreitet hatten, römisches Recht eingeführt, die Buchdruckerei erfunden, und Universitäten gestiftet waren. Da aber diese Gelehrsamkeit so ganz und gar eine nur ausländische war, so ward die Muttersprache nur noch mehr vernachläßigt; die poetische Anschauung aber war nun schon so gänzlich verlohren, daß es diesen Gelehrten, die denn oft auch weiter nichts waren als Gelehrte, gleich an der ersten und wesentlichsten Bedingung zur Kritik fehlte. Das zeigte sich recht sichtbar in den ersten Versuchen, diese poetische | Anschauung wieder zu erschwingen, und ein Urtheil über ästhetischen Werth oder Unwerth fällen zu können. Denn als man nun doch allmählig auch Philosophie mit der Gelehrsamkeit verbinden wollte, und so die allgemeinen Begriffe von Schönheit und Kunst anzuwenden versuchte, oft ohne recht zu unterscheiden, wo sie passen könnten oder nicht; da auch manches der Art in den Schriften der Alten sich vorfand, was wenigstens als Tradition wirkend einen dunkeln Glauben und allerlei Versuche der Anwendung erregen mußte; so zeigte sich's doch gleich an der ersten Frucht dieses Bestrebens, aus welchem absoluten Mangel an Kunstsinn, aus welcher Entfernung von aller Poesie, man sich ihr wieder zu nähern suchte. Denn nur über einzelne Stellen wagte man ein Urtheil, stritt über ihren Werth oder Unwerth bis in ein Detail, wo alles Gefühl aufhört, und suchte den Grund des Vergnügens über solche Stellen nicht sowohl aus der Natur der Seele physikalisch zu erklären, als vielmehr aus einigen ziemlich leeren Abstractionen darüber, oft nicht ohne die gewaltsamsten Spitzfindigkeiten herzuleiten. Die erste Be|dingung alles Verständnisses, und also auch das Verständniß eines Kunstwerks, ist die Anschauung des Ganzen. An diese war nun bei jener der wahren diametral entgegengesetzten Methode nicht zu denken, und es kam endlich so weit, daß man die Dichter nur auf solche Stellen laß, die man poetische Gemählde nannte, und deren Regeln man ordentlich in ein System brachte. In diese Epoche fällt die erste Stufe der Lessingschen Laufbahn und Kritik; und wiewohl seine Aesthetik noch durchaus an diese falsche Tendenz erinnert, so darf man doch, ohne die Schwäche der ersten Schritte dieses großen Geistes mehr als billig zu erheben, folgendes zum Lobe derselben sagen. Selbst in denjenigen seiner ersten ästhetischen Ansichten, die bloß auf Erklärung des Kunstvergnügens nach der zergliedernden Psychologie der Wolfischen Schule gehen, – einer Erklärungsart des Kunstphänomens, bei welcher zuerst willkührlich vorausgesetzt wird, die Sinne seyen vernünftig, sodann aber auch die Vernunft selbst, damit sie ja nicht wieder ins Unvernünftige falle, für vollkommen eigennützig gehalten wird – selbst in diesem schwächsten | Versuch seines ersten Denkens wird man nicht ohne Vergnügen den Unterschied einer größern Strenge gewahr; es wird fast alles auf den Begriff der Realität zurückgeführt, als den einzig reellen; und mancher möchte schon hier einen ersten Keim der nachherigen Philosophie Lessings finden, die sich zunächst an den strengsten und consequentesten Realismus anschloß.

Uebrigens zeigt es sich in dieser Tendenz noch ganz besonders, wie fremd den Menschen die Poesie geworden war; das Kunstgefühl war ihnen eine Phänomen, das sie vor allen Dingen zu begreifen und zu erklären wünschten; wodurch aber weder das Verständniß der Kunst eröffnet, noch auch der Dichter selbst gefördert wird. Im neuerer Zeit hat man, besonders seit Kant, einen andern Weg eingeschlagen, und durch Zurückführung eines jeden besondern ästhetischen Gefühls auf das Gefühl des Unendlichen, oder die Erinnerung der Freiheit wenigstens die Würde der Poesie gerettet. Für die Kritik aber ist damit immer nicht viel gewonnen, so lange man den Kunstsinn nur erklären will, statt daß man ihn allseitig üben, anwenden und bilden sollte. Hätte | man auch, wie sich eine Physik des Auges und des Ohres für den Mahler und Musiker theils denken läßt, theils auch schon in einzelnen Datis und Ideen wenigstens dem Keime nach vorhanden ist, eine ähnliche Wissenschaft für die Poesie, die aber eben darum, weil dieses die umfassendere Kunst ist, nicht Aesthetik seyn dürfte, auch nicht Fantastik, weil diese wieder zu allgemein im Grunde mit dem Begriff der Philosophie als einer Wissenschaft des Bewußtseyns zusammen fallen würde, sondern etwa Pathetik seyn müßte; eine richtige Einsicht in das Wesen des Zornes, der Wollust u. s. w.; zu deren Aufstellung aber unstreitig die physikalische Theorie des Menschen und der Erde noch viel zu unvollkommen ist; so würde eine solche Wissenschaft zwar als Theil der Physik eine sehr reelle Wissenschaft seyn, schwerlich aber dem Dichter zur Ausübung helfen, oder seine Natur verändern können. Kunstbildung wenigstens würde nicht dadurch entstehen, und für die Kritik würde dies Bestreben verlohren seyn.

Aber Lessings Geist war nicht gemacht, eine falsche Tendenz bis ans Ende zu verfolgen. | Kühn ging er von einem zum andern über, in unregelmäßiger Laufbahn, viele Systeme, so wie sehr verschiedene Fächer der Litteratur durchschneidend. Frühe schon äußert sich bei ihm neben der psychologischen Erklärung das Streben, die Gattungen der Kunst streng zu scheiden, ja ihren Begriff mit wissenschaftlicher Präcision zu bestimmen. Es ist herrschend in seinen antiquarischen, wie in seinen dramaturgischen Versuchen und es hat ihn nie verlassen. Ein vortreffliches Bestreben, wodurch erst eigentlich der Grund gelegt wird zur bessern Kritik, welche uns die alte, verlohrne, wiederherstellen soll. Bei den Alten war der Unterschied der Gattungen jedem aus der Anschauung deutlich; die Gattungen hatten sich frei entwikkelt, aus dem Wesen der Kunst und der Dichtkunst überhaupt, und aus dem der Griechischen, und blieben meist ihrem Charakter selbst in Abweichungen noch unverkennbar und unwandelbar treu. In dem größern Ganzen aber der Poesie aller alten und neuen Völker, was bei uns allmählig Gegenstand der Kritik werden soll, sind der Gattungen zu viele und diese zu mannichfaltig modificirt, | als daß das bloße Gefühl ohne einen ganz bestimmten Begriff hinreichend seyn könnte. Und in Rücksicht der damals, da Lessing schrieb und anfing zu schreiben, herrschenden Ansichten: so zeigte sich die ungeheure Unkunst der allgemeinen Denkart auch darin, daß man von jedem alles forderte, und so gar keinen Begriff hatte, daß wie jedes Ding, so auch jedes Werk nur in seiner Art und Gattung vortrefflich seyn soll, oder sonst ein wesenloses Allgemeinding wird, dergleichen so manche in der modernen Litteratur sind. –

So mancher Berichtigung also auch Lessings Begriffe von der Kunst bedürfen mögen, so führte doch seine Aesthetik wenigstens auf den rechten Weg; denn die Sonderung der Gattungen führt, wenn sie gründlich vollendet wird, früher oder später zu einer historischen Construction des Ganzen der Kunst und der Dichtkunst. Diese Construction und Erkenntniß des Ganzen aber ist von uns als die eine und wesentliche Grundbedingung einer Kritik, welche ihre hohe Bestimmung wirklich erfüllen soll, aufgestellt worden. |

Die andre war die Absonderung des Unächten; aber dieses Element muß freilich in der Anwendung auf die einheimische Litteratur eine ganze andre Gestalt gewinnen. Was aus alten Zeiten erhalten worden, ist durch äußere Bedingungen mehr vor Verfälschungen gesichert gewesen; dagegen aber ist die Masse des Falschen und Unächten, was in der Bücherwelt, ja auch in der Denkart der Menschen die Stelle des Wahren und Aechten einnimmt, gegenwärtig ungeheuer groß. Damit nun wenigstens Raum geschafft werde für die Keime des Bessern, müssen die Irrthümer und Hirngespinnste jeder Art erst weggeschafft werden. Dieses kann man füglich mit Lessing Polemik nennen, der diese Kunst sein ganzen Leben hindurch, besonders in der letzten Hälfte, trefflich geübt hat.

Die bis hieher gegebene historische Entwickelung des Begriffs der Kritik umfaßt zugleich Lessings schriftstellerische Laufbahn, und fällt zusammen mit den verschiedenen Epochen seines Geistes. Ueberall aber wird man auch jene ursprüngliche sogenannte Philologie bemerken, jenes regsame Interesse für alles, was nur | irgend litterarisch interessant seyn kann, selbst das, was nur darum noch dem eigentlichen Litterator oder Bibliothekar interessant ist, weil es irgend einmal interessirt hat. Mit Vergnügen wird man hie und da Spuren gewahr von der sorgfältigsten Aufmerksamkeit auf die Deutsche Sprache; und eine immer noch seltne, damals aber noch seltnere Bekanntschaft mit den alten Denkmahlen derselben. Zu dem Heldenbuche hatte er schon früh einen großen Commentar geschrieben, dessen Verlust sehr zu beklagen ist; und noch spät und mitten unter dem Drang ganz andrer Beschäftigungen waren die epischen Romane vom heiligen Graal und von der Tafelrunde ihm ein Gegenstand der Forschung.

Das ist es eben. Sein Geist war nicht in die enge Sphäre andrer Gelehrten gebannt, die nur im Lateinischen oder Griechischen Kritiker sind, in jeder andern Litteratur aber wahre Unkritiker, weil sie fremd darin sind und ohne Einsicht. Lessing hingegen behandelte alles mit kritischem Geiste; Philosophie und Theologie nicht minder als Dichtkunst und Antiquitäten. Dass Classische behandelte er oft | mit der Leichtigkeit und Popularität, in der man sonst nur von dem Modernen zu reden pflegt, und das Moderne prüfte er mit der Strenge und Genauigkeit, die man ehedem nur bei Behandlung der Alten nothwendig fand. Er studirte, wie erwähnt, die einheimische alte Litteratur, und war doch mit der ausländischen neueren bekannt genug, um wenigstens den Weg richtig anzuzeigen, wohin man sich zu lenken, und was man zu studiren habe; die ältere Englische Litteratur nämlich, statt der bis auf ihn prädominirenden Französischen, und dann die Italiänische und Spanische.

So umfassend aber seine Kritik war, so ist sie doch durchaus populär, ganz allgemein anwendbar. Wenn ein allumfassender Gelehrter mit großem Geiste, wie Sir William Jones, nicht blos das Gebäude der Dichtkunst, sondern das ganze Gewebe aller Sprachen durch die Kette der Verwandschaften bis zu ihrem Ursprunge verfolgt, die verborgene Werkstätte zuerst enthüllend; wenn ein Wolf mit unvergleichlichem Scharfsinn durch das Labyrinth aller Vorurtheile, Zweifel, Misverständnisse, | grundlosen

Annahmen, Halbheiten und Uebertreibungen, gröbere und unmerklich feinere Verfälschungen und Verwitterungen der Zeit, zum größten Vergnügen des Forschers endlich durchdringt bis zur Quelle und zur wahren Entstehung des ältesten Kunstdenkmahls der kunstreichen Nation des Alterthums, so ist es in der Natur der Sache gegründet, daß nur wenige an diesen Untersuchungen Theil nehmen können und Theil nehmen sollen. Es ist genug, wenn es einige Kritiker dieser esoterischen Art in einem Zeitalter gibt, und einige wenige, die sie verstehen.

Der Geist der Lessingschen mehr populären Kritik aber liegt ganz in dem Kreise des allgemein Verständlichen. Er sollte überall verbreitet seyn in dem ganzen Umkreise der Litteratur; denn nichts ist so groß und nichts ist so anscheinend geringfügig in der Litteratur, worauf er nicht anwendbar wäre; dieser freimüthig untersuchende, überall nach richtigen Kunstbegriffen strebende, es immer strenger nehmende, und doch sich so leicht bewegende Geist, besonders aber jene billige Verachtung | und Wegräumung des Mittelmäßigen oder des Elenden.

Für Deutschland insonderheit wäre dieß ganz vorzüglich angemessen und wünschenswerth. Wir sind eine gelehrte Nation, diesen Ruhm macht uns niemand streitig, und wenn wir nicht durch Gelehrsamkeit und Kritik unsrer Litteratur, die größtentheils erst noch entstehen soll, eine sichre Grundlage geben, so fürchte ich, werden wir bald auch das wenige verliehren, was wir bis jetzt schon haben.

Jetzt noch einige Worte, um zum Beschluß dieser Einleitung wenigstens anzudeuten, wie man sich den Begriff der Kritik noch genauer und wissenschaftlicher zu bestimmen habe, als in der bis hieher gegebenen Geschichtsentwickelung geschehen konnte. Man denke sich die Kritik als ein Mittelglied der Historie und der Philosophie, das beide verbinden, in dem beide zu einem neuen Dritten vereinigt seyn sollen. Ohne philosophischen Geist kann sie nicht gedeihen; das gibt jeder zu; und eben so wenig ohne historische Kenntniß. Die philosophische Läuterung und Prüfung der Geschichte und Ueberlieferung ist unstreitig Kritik; |aber eben das ist eben so unstreitig auch jede historische Ansicht der Philosophie. Es versteht sich von selbst, daß hier nicht die Compilationen der Meinungen und Systeme gemeint seyn können, die man wohl so nennt. Eine Geschichte der Philosophie, wie die, von welcher hier die Rede ist, könnte auch wohl nur ein System, nur einen Philosophen zum Gegenstande haben. Denn nichts Leichtes ist es, die Entstehung auch nur eines Gedankensystems und die Bildungsgeschichte auch nur eines Geistes richtig zu fassen, und wohl der Mühe werth, wenn es ein origineller Geist war. Es ist nichts schwerer, als das Denken eines Andern bis in die feinere Eigenthümlichkeit seines Ganzen nachconstruiren, wahrnehmen und charakterisiren zu können. In der Philosophie ist dieß bis jetzt bei weitem am schwersten, liege es nun daran, daß ihre Darstellung bis jetzt weniger vollkommen ist, als die der Dichter, oder sey es im Wesen der Gattung selbst gegründet. Und doch kann man nur dann sagen, daß man ein Werk, einen Geist verstehe, wenn man den Gang und Gliederbau nachconstruiren kann. Dieses | gründliche Verstehen nun, welches, wenn es in bestimmten Worten ausgedrückt wird, Charakterisiren heißt, ist das eigentliche Geschäft und innere Wesen der Kritik. Man mag nun die gediegenen Resultate einer historischen Masse in einen Begriff zusammen fassen, oder aber einen Begriff nicht bloß zur Unterscheidung bestimmen, sondern in seinem Werden construiren, vom ersten Ursprung bis zur letzten Vollendung, mit dem Begriff zugleich die innere Geschichte des Begriffs gebend; beides ist eine Charakteristik, die höchste Aufgabe der Kritik und die innigste Vermählung der Historie und Philosophie.

Bruchstücke aus Briefen.

Vorerinnerung.

Lessings Briefe enthalten nicht nur in der frühern Zeit die ersten Anfänge und Versuche seines Nachdenkens über Leidenschaft und Darstellung, sondern auch in der spätern, besonders manche vertrauliche Aeußerung über die wahre Absicht seiner theologischen Streitschriften. Da nun jene Gedanken nie völlig ausgeführt worden, seine Aesthetik überhaupt immer nur ein Versuch und Bruchstück geblieben ist, die eigentliche Tendenz und Absicht aber seiner theologischen Schriften so allgemein verkannt zu werden pflegt, so sind diese Briefe schon deswegen ein fast unentbehrliches Hülfsmittel des richtigen Verständnisses seines Geistes, die | beste Vorrede zu einer Darstellung desselben. Daß sie auch noch außer dem erwähnten manches andre enthalten, was seine Gedanken und Meinungen in diesem oder jenem Stücke am besten zu erkenne giebt, oder am deutlichsten erklärt, daß sich mit einem Worte die Eigenthümlichkeit dieses Geistes hier sehr deutlich zu erkennen giebt, das versteht sich von selbst, und einzig auf diesen Zweck bedacht, haben wir bei der Anordnung und Auswahl nur darauf Rücksicht genommen; alles aber, was nicht der Wißbegier, sondern der Neugier allein Nahrung geben kann, weggelassen.

Um aber diese Briefe nicht unbillig zu beurtheilen, um Lessingen nicht hie und da Unrecht zu thun, ist es nothwendig, sich lebhaft in die Zeit der deutschen Litteratur zu versetzen, in der sie geschrieben wurden, – oder vielmehr der Deutschen Nichtlitteratur. Denn einen größern Verfall der Litteratur, eine größere Nullität und Gemeinheit hat es nie in Deutschland gegeben, als die, aus der sich Lessing herausarbeiten mußte, und sich wirklich zum Erstaunen herausgearbeitet hat.

Es sey vergönnt, einen Augenblick in die | Geschichte zurück zu gehen, um in den Ereignissen der vergangnen Zeitalter und in ihren Folgen die Gründe aufzufinden, warum die Deutschen in der Mitte des achtzehnten Jahrhunderts so ganz in Gemeinheit versunken waren.

Es erfreut sich diese Nation einer Sprache, die schon in den frühesten Zeiten zur Poesie gebildet war, wie die herrlichen Denkmale altdeutscher Dichtkunst beweisen. Den Ruhm der gelehrtesten, der unterrichtetsten hat ihr nie eine andre streitig gemacht. Man sollte denken, damit wären die Grundbedingungen einer blühenden Litteratur gegeben; und erstaunt fragt man nun: wie kam es denn, daß die Deutschen dennoch keine Litteratur hatten?

Die Antwort liegt in folgendem, doch werde ich, um sie geben zu können, etwas weit aushohlen müssen.

Die eigentliche Blüthezeit der Deutschen Sprache und Dichtkunst fällt in das zwölfte und dreizehnte Jahrhundert. Damals hatte die Deutsche Sprache eine Allgemeinheit der Ausbildung, eine Kraft und Fülle und zugleich eine Weichheit und Süßigkeit, welche sie | schwerlich so bald wieder erreichen wird. Es war freilich vorzüglich nur die Dichtkunst unter den redenden Künsten, welche da geübt ward; aber eine Dichtkunst, welche die Deutsche Sage eben so wohl umfaßte, als die provenzalischen Erfindungen, und auch das gegenwärtige Leben selbst in herrlichen Gesängen und Lehrgedichten durch ihre Schönheit von neuem belebte. Nach dem Fall der großen Kaiser des Hohenstaufischen Hauses, da bürgerliche Kriege ohne Ende die Verfassung zerrissen, ging auch jene Poesie zu Grunde. Und da sie nicht mehr geübt wurde, mußte sie auch bald in Vergessenheit gerathen; denn hier war keine Gelehrsamkeit und Kritik vorhanden, welche, wie in Griechenland, da die alte Poesie mit der Verfassung und den Sitten der Nation zugleich untergegangen war, die Stelle der Poesie einigermaßen ersetzen, wenigstens die alten Reichthümer derselben, treu hätte bewahren können. Zwar es fehlte auch in Deutschland damals nicht an Gelehrten jeder Art, besonders späterhin gegen die Zeit der Reformation; aber eher war alles andre der Gegenstand ihrer Untersuchung als Poesie, | und vollends einheimische, vaterländische Poesie, Dichtkunst und Gelehrsamkeit waren getrennt; eine Trennung, die jederzeit Barbarei zur Folge haben muß. Dazu kam nun noch, daß die Deutsche Sprache von Natur so ganz ausschließend zur Poesie sich neigt, daß die Prosa in derselben nur sehr spät und sehr mühsam hat entstehen können, und lange sehr unvollkommen hat bleiben müssen; ein Mißverhältniß, welches noch jetzt nicht ins Gleichgewicht gekommen ist. Derselbe Fall ist es mit der Griechischen Sprache; von Natur ganz poetisch, hat ihr die Prosa nur durch fortgesetzte Anstrengung abgezwungen werden können. Aber durch gemeinschaftliche, vielseitige, und doch in sich selbst zusammengedrängte Ausbildung und Uebung ist in jener vortrefflichen Sprache doch, was so äußerst schwer für sie war, endlich vollkommen erreicht worden. In Deutschland aber konnte dieß nicht der Fall seyn, da die Gelehrten daselbst, der allgemeinen Sitte von Europa folgend, Lateinisch schrieben. In Italien, in Spanien mochte dieß weniger schaden, da die Sprachen dieser Länder in ihrer ersten Anlage schon prosaisch, in ihrer Ausbildung | dadurch nicht sehr gehemmt wurden, und früh genug, Beispiele vortrefflicher Prosa in der vulgaren Sprache aufzuweisen hatten. In Deutschland hatte es wichtigere Folgen; nur durch von allen Seiten gemeinschaftlich unternommene und ununterbrochen fortgesetzte Bestrebungen hätte das mögen erreicht werden, was nun nicht erreicht wurde, weil es zu groß war, und zu schwer, um durch eine einzelne abgerißne Bestrebung erreicht werden zu können.

Man halte dieß nicht für unwichtig; wie ganz anders würde es um gewisse Dinge stehen, wie viel früher würde der Deutsche Geist wiederum erwacht seyn, wenn Keppler und Leibnitz Deutsch geschrieben hätten! Was den letzten insonderheit betrifft, so würde es für ihn selbst wenigstens von dem größten Vortheil gewesen seyn. Unmöglich hätte er die einzelnen göttlich lichten Gedanken, die er hatte, in ein solches Meer von Halbheiten verschwemmen können, wenn nicht das barbarisirte Latein der Schule, und die seichte Beschaffenheit der französischen Hofsprache es gethan hätten. Hätte er Deutsch geschrieben, so würde mit dieser männlichen und großen | Sprache vielleicht auch seine Art und sein Verfahren größer und freimüthiger, gründlicher und rechtschaffener, er selbst aber Lessingen etwas ähnlicher geworden seyn.

Das Größte, was in Rücksicht auf Sprache seit dem Untergange jener alten Dichtkunst hervorgebracht worden, sind Böhme's theosophische Werke. Diese aber würden gar nicht vorhanden seyn, hätten gar nicht entstehen können, ohne Luthers Bibelübersetzung, die also wenigstens durch den Erfolg gerechtfertigt ist. An einzelnen großen Geistern jeder Art hat es überhaupt in Deutschland in keinem Jahrhundert gefehlt; und man darf wohl sagen, daß oftmals hier in Einem vereinigt war, was bei andern Nationen unter Hunderte vertheilt ist. Doch war das alles nur einzeln, und blieb ohne Folgen. Die alte Dichtkunst war verlohren und vergessen, die Ausbildung der Prosa gleichsam schon vor ihrer Entstehung gehindert, und immer mehr und mehr zerstörte die Nation sich selber. Eine Zerrüttung und Ein Bürgerkrieg folgte dem andern, und da die Reformation endlich durch die unglückliche Wendung, welche sie nahm, die Trennung der Nation gleichsam | auf ewig sanctionirte, da ganze Provinzen in eingebildeter Freiheit sich losrissen, um endlich, wie es sich voraus sehen ließ, unter fremdes Joch zu sinken; da Ausländer jeder Art sich einnisteten; da die Fürsten selbst nach ausländischen Besitzungen und Verbindungen strebend, die vaterländischen Sitten vergaßen; was war natürlicher und unvermeidlicher, als daß die Sprache selbst entarten und verwildern mußte? Auch da noch, selbst aus der letzten Verwüstung des Greuelvollen dreißigjährigen Krieges hob der Deutsche Genius sein Haupt, wiewohl an Kraft gebrochen, noch siegreich empor; auch damals noch hatten wir Dichter, wie Flemming, Wekherlin, Opitz; Dichter, auf die jedes Zeitalter stolz seyn könnte. Aber auch diese und ihr edles Bestreben, in wenig Menschenaltern war es mit verschlungen in den allgemeinen Abgrund von Vergessenheit, und verlohren in die Oede, die übrig blieb, nachdem die Verwüstung vollendet war.

Zu verwundern ist es noch, daß wenigstens auf Schulen und Universitäten Gelehrsamkeit sich erhielt, obgleich die Gründlichkeit durch barbarische Unwissenheit der eignen Sprache | und Sprachschätze verunziert ward. Aber so überlebt oft eine einzelne Stiftung das Jahrhundert, aus dem sie entsprang, und bleibt allein stehen wie eine Ruine besserer Zeiten. Barbarisch mußte, aus den angegebenen Gründen, die ganze Zeit der Deutschen Litteratur seyn, von dem Untergange der alten Dichtkunst bis zu der neuen Litteratur und Poesie, die erst jetzt nicht sowohl entstanden, als zu entstehen im Begriff ist. Aber auch in dieser ungeheuern barbarischen Zwischenzeit bewährte sich die Größe des Deutschen Geistes in einzelnen weit über ihr Jahrhundert hervorragenden Männern; die dieser Nation eigenthümliche Wissenschaftlichkeit und Gründlichkeit aber in der vortrefflichen Einrichtung der Universitäten und Schulen. Der Vorzüglichkeit dieser Institute danken wir es vorzüglich, daß es möglich gewesen ist, uns von dem Uebel zu befreien, was noch weit schlimmer war, als alle bis jetzt erwähnten: die vom Auslande her einbrechende Wasserfluth allgemeiner Seichtigkeit, das Uebel des französischen Geschmacks. Nicht als wäre er hier erfunden worden, aber doch am meisten ausgebreitet und sanctionirt. – |

Es war damals überhaupt eine unglückliche Zwischenzeit in der Poesie und Litteratur, selbst bei denen Nationen, deren Sprache durch die größten Dichter am schönsten gebildet worden ist. Die alte romantische Poesie hatte ausgeblühet; es entstand durch die Bekanntschaft mit dem Alterthum, was in mittelmäßigen Köpfen den Sinn für die romantische Poesie um so schneller zu ersticken pflegte, ein Bestreben dasselbe nachzuahmen; ein Bestreben, das nothwendig nur ein dürftiger stümperhafter Versuch bleiben mußte. Denn nur aus einer durchdringenden, ganz umfassenden Kenntniß des griechischen Alterthums, verbunden mit einer eben so gründlichen des romantischen Wesens, kann eine dauerhafte und gründliche Nachahmung, oder vielmehr Wiederbelebung und Einverleibung der großen Ideen des Alterthums in unser eignes Wesen hervorgehen. Diese Bedingungen aber fehlten damals ganz, oder sie waren doch nur einzeln vorhanden, und zwar oft nur bei solchen, die keine Dichter waren, wo es also fruchtlos blieb. Die letzten schwächsten Italiänischen und Spanischen Dichter wandeln daher schon auf dem Irrwege, | der durch die Franzosen zur Heeresstraße gemacht ist; man kann sagen, sie sind im Französischen Geschmack geschrieben. In Frankreich nun war das große Ziel der Italiänischen Politik, unbedingte Herrschaft, früher und vollkommner erreicht, als in irgend einem andern Lande; um das Meisterwerk zu vollenden, fiel man darauf, auch die Sprache und die Denkart der Menschen zu despotisiren. Man vereinigte alle Gelehrte, Schriftsteller, Künstler und Dichter; beschützte, belohnte, und ehrte sie, um desto sicherer über sie zu herrschen. Der Stoff bequemte sich herrlich dazu; die Geschichte zeigte das Vorbild des Augustus, der seine Römer, um ihnen die Republik vergessen zu machen, auch mit Litteratur und Protection unterhalten und sein Zeitalter damit so trefflich getäuscht hatte, daß er selbst von den nachfolgenden dafür vergöttert wurde. Da man Schriftsteller und Dichter verlangte, konnte es in einer so zahlreichen und lebhaften Nation daran nicht fehlen, die sich von jeher bereitwilliger als jede andre dem Wunsche eines geliebten Herrschers fügte; und so entstand nun das, was die Franzosen das Zeitalter Ludwig | des Vierzehnten nennen; als eine Epoche der Litteratur betrachtend, was vielmehr ein wohlausgeführter Plan einer sehr unsittlichen Politik war. Von solchen unächten Nachahmungen des völlig misverstandnen, oder nur ganz oberflächlich, obenhin aufgefaßten, und gar nicht begriffnen Alterthums, wie sich bei Italiänern, Spaniern, Engländern einzelne als falsche Tendenz der Einzelnen finden, ist hier ein ganz vollständig ausgebildetes System; eine Unterwürfigkeit und Beschränkung der Sprache, in der es fast unmöglich ist, etwas Großes und Kühnes zu sagen; eine Auswahl vortrefflicher Schriftsteller, deren Vortrefflichkeit genau nach ihrer Unterwürfigkeit unter eben jene Irrthümer abgemessen ist; diese selbst als Grundsätze festgestellt, gelehrt, ausgebreitet, und immer wieder gelehrt; und dabei um das Ganze in sich zu beschließen, die feste Einbildung, daß dieß das einzig Rechte, nichts anders der Mühe werth sey, – ein unerhörter Dünkel, daß die Welt noch niemals etwas so Vortreffliches gesehen und gehört habe, als diesen guten Geschmack, wie man es nannte.

Auch auswärts fand dieses Uebel Eingang, | da politisches Uebergewicht und andre Gründe schon allmählig die französische Sprache an die Stelle gebracht hatten, die sonst die spanische und die italiänische einnahmen, in die diplomatischen Geschäfte und an die Höfe der Fürsten. Und was ist es sehr zu verwundern! wer recht an sich selbst glaubt, der findet leicht auch Andre, die an ihn glauben; je inhaltsleerer der Glaube ist, desto leichter kann er oft epidemisch werden. In Deutschland war der Raum wenigstens leer, denn eine eigne Litteratur gab es hier nicht, da die alte vergessen war; an Thätigkeit und gutem Willen fehlte es nicht, der Buchhandel war organisirt, und so war man denn gutmüthig genug, sich jene französische Thorheiten aufbürden zu lassen, und allerlei Art Werke des guten Geschmacks wuchsen in allen Provinzen des römischen Reichs auf wie die Pilze. Schwer dürft' es seyn, ja fast unmöglich, Worte zu finden, welche die Leerheit und Verkehrtheit, und besonders auch die Gemeinheit dieses ganzen Wesens hinlänglich darstellen und deutlich machen könnten. Die letzte äußerte sich besonders auch durch einen elenden Provinzialismus, wodurch | die damalige Deutsche Litteratur noch unter die französische hinabsank, die doch wenigstens eins war, und eben durch diese Einheit als Phänomen der Nationalität einiges historische Interesse behält. In Deutschland hatte man schon die Dichter des siebzehnten Jahrhunderts zu einer schlesischen Schule gemacht, weil die meisten Schlesier waren; dann kamen die Schweizer und wollten auch eine Sekte für sich seyn; freilich die bessern, gründlichern, aber doch auch Sekte. Dann die Obersachsen, die sich einbildeten, allein richtig Deutsch zu reden; so wie auch jetzt wohl noch hie und da einer es selbst in der Litteratur nicht vergessen kann, daß er ein Schwabe ist, oder ein Preuße, oder dergleichen etwas.

Mitten in dieser Gemeinheit nun, wuchs Lessing auf. Er hat das Joch zuerst abgeschüttelt, er hat der herrschenden Gemeinheit tapfer widerstrebt, hat das französische Geschmacksgespenst kräftig in sein Nichts zusammengerüttelt, und die ersten Keime zur bessern Deutschen Litteratur ausgeworfen. Seine Denkart in diesem Stücke ist ganz klar, und was er überhaupt mit der Deutschen Litteratur | vorhatte. Die Nachahmung der französischen Irrthümer wollte er ganz und gar vernichten. Das Zeitalter Ludwig des Vierzehnten war ihm lächerlich, aber das Alterthum ehrte er von Herzensgrunde, und wollte die wahrhaft auf Einsicht gegründete Nachbildung und Wiederbelebung desselben herbeiführen, unter den Neuern aber die weniger bekannte, und doch ungleich reichere Litteratur der Engländer, Italiäner und Spanier in der unsrigen bekannt machen. Eine große und würdige Absicht; aber eben weil das Streben zu groß war für einen Menschen, zu groß vielleicht für die vereinten Kräfte eines Menschenalters, konnte es nur ein Streben bleiben. Nur den Grundriß konnte Lessing entwerfen zu einer bessern Deutschen Litteratur; nur die ersten Anfänge, die ersten Linien ziehen. Und unter welchen Hindernissen, unter welchen abschreckenden Umständen, begann er dieß rühmliche Werk!

Als er auftrat, gab es neben den Französischgesinnten nichts als Wolfianer; Professoren, die einige wenige gute, oft aber grade von ihm nicht verstandne Lichtblicke in einer unabsehlichen und unendlichen Fülle eines unaus|sprechlich unlateinischen Latein ableierten; (derselbe zähe Stoff, aus dem nachher die Kantianer entstanden sind;) oder aber populäre Schriftsteller, die in einem Deutsch, das nur aus Gallizismen und Anglizismen bestand, mit erlernter Seichtigkeit und steifer Eleganz sich brüsteten. Als die Zeiten sich änderten, und diese Krisis überstanden war, was bot da in Lessings letzter Lebenshälfte die Deutsche Litteratur ihm für Früchte dar? – Die Kraftgenies, und die Aufklärer! – die Kraftgenies; in dem Worte beinah liegt schon alles. Und wenn einer darunter war, von dem sich voraussehen ließ, daß er ein großer Künstler werden würde; einer oder der andre, der nicht ohne Anlage war, so konnte doch die ganze Tendenz Lessingen eben nicht sehr tröstlich seyn; die meisten wollten einiges nur halbverstandne Gute mit eben der Wuth und Rohheit durchsetzen, mit der jetzt ein Pöbelhaufen verdorbner Zeitungsschreiber, Speichellecker und Verläumder alles Edle und Vortreffliche in der Litteratur anzutasten sich nicht entblödet. Hatte Lessing darum die Freiheit verkündigt, um sie so zur Fratze verunstaltet zu | sehen? Natürlich genug war das Uebel; auf lange Knechtschaft und Niederträchtigkeit folgt eine scheuseelige ungestaltete Freiheit. Doch war dieß wenigstens ein Uebel sthenischer Art, nur indirekte Schwäche. Ganz rein erschien diese in dem leeren Treiben der Aufklärer, die Lessing so herzlich verachtete; in dieser ausgebildeten Schwächlichkeit eben schon ganz die Vorläufer der süßlichen Humanisten. Auch die äußere Lage war schlimm genug. Ein neuer bürgerlicher Krieg, der sieben Jahre lang die gebildetsten, und der Bildung günstigsten Provinzen Deutschlands verwüstete, ward, so tief war die Nation schon gesunken, nicht einmal mehr für einen Bürgerkrieg gehalten, sondern für einen Krieg der Preußen und Oesterreicher;

sie hatten es vergessen, daß sie Deutsche sind. Und da man nun hoffte, der einzige große Fürst, dessen ausgezeichneter Verstand es erwarten ließ, dessen Staatsinteresse sogar es zu fordern schien, daß er gründliche Gelehrsamkeit und Wissenschaft mit Ernst befördern würde, sollte Hand ans Werk legen; da war er ganz und gar mit dem Uebel des französischen Geschmacks behaftet. Ja er gab | sogar durch persönliche Vergünstigung der Freigeisterei nicht wenig Veranlassung zur Entstehung des Aufklärerwesens. Dieses Uebel war zwar auch aus Frankreich gekommen, doch zuerst entstanden in England, dem sonderbaren Lande, welches alles Gute und Böse, was jede Europäische Nation überstehen zu müssen scheint, einige Jahrhunderte früher erlebt hat, als die andern. In England mußte der protestantischen Religion bald eine ähnliche Philosophie nachfolgen; eine populäre Philosophie, die sich freigeisterisch nannte, weil sie nicht von Gelehrsamkeit beschwert war, und Dünkel genug hatte; die französische Litteratur, da sie von der nicht so scharfsehenden Politik späterer Regenten Freiheit genug erhielt, zu dem guten Geschmack, auf den ihre richtiger denkende Stifter sie eingeschränkt hatten, dieses heterogene Bestandtheil hinzuzuthun, ward dadurch um nichts gebessert; ja was dort nur eine oft gut gemeinte Gemeinheit war, ward hier, wo die Sittenlosigkeit im Gefolge des Despotismus herrschend nur auf das Losungswort harrte, alle Scham und Scheu abzuwerfen, bald zur gräßlichsten Unsittlichkeit | verarbeitet. Die Deutschen aber der vorigen Zeit, nahmen eben beides mit gleicher Gutmüthigkeit auf und an, ohne Arges zu ahnden.

Alles dieß ist, und sey nur gesagt, um zu erklären, warum alles, was Lessing that, bildete, schrieb und wollte, nur Tendenz geblieben ist, Versuch und Bruchstück; nur Tendenz bleiben konnte.

Dieses aber nicht zu vergessen, ist von der äußersten Wichtigkeit. Denn es bestimmt den eigentlich Standpunkt, aus welchem seine Schriften beurtheilt werden müssen. Ganz anders ist unsrer Meinung nach ein Schriftsteller zu beurtheilen einer eben erst werdenden, aus der Gemeinheit sich eben erst emporarbeitenden Litteratur, anders der einer schon reifen, und der höchsten Bildung fähigen. Bei dem Schriftsteller der ersten Art wird alles auf die Frage ankommen: welches war seine Tendenz? Strebte er durchaus und unverrückt nach dem Guten? oder neigte er sich anfangs noch zum Gemeinen und Schlechten, hing er in einigen Stücken etwa immer daran, oder sank er gar, nachdem er eine kurze Zeit dem Bessern nachtrachtete, ermattet wieder in dem | ganzen Umfang seines Wesens in die Plattheit zurück, und machte mit dem Pöbel gemeine Sache? Wie manchen deutschen Autoren ist dieß begegnet, die ihrer Anlage nach zu den bessern gehören zu müssen schienen, denen es aber an Kraft oder Muth, und an rechtschaffnem Willen dazu fehlte! Wie wenige würden die Probe ganz bestehen! Lessing aber geht rein wie Gold aus dieser Feuerprobe hervor. Er kann als Vorbild angeführt werden, wie man immer weiter schreiten, immer strenger werden, immer unerbittlicher das Schlechte verfolgen soll. Ist nun aber die Tendenz des Schriftstellers einer erst werdenden Litteratur untadelhaft, so ist das nächste, wonach gefragt werden muß: die Kraft, womit er das, wonach er trachtete, durchzusetzen und die Hindernisse, die ihn hemmen wollen, aus dem Wege zu räumen weiß.

Was kömmt es dabei auf die Form an? Mag es doch eine Form seyn, welche es will, oder auch ganz und gar keine, wenn nur Keime des Bessern ausgestreut, wenn nur kräftig nach dem Rechten gestrebt, und vor allen Dingen, wenn nur der Irrthum ohne Schonung | vernichtet wird! – So ganz anders also ist der Standpunkt der Beurtheilung einer erst werdenden Litteratur nach der Richtigkeit und Strenge der Tendenz, und nach dem Maaß der Energie, und der Standpunkt der Beurtheilung einer schon reifen Litteratur, von der man vollendete Werke fordert, deren Werth und Bestandheit in der Kunst und Künstlichkeit besteht; in der ausgebildetsten Form und demnächst im Styl, um zu prüfen, ob, was seiner Absicht und auch seiner innern Form und Construction nach, ewig zu seyn verdient, auch der Sprache nach sich eine lange Dauer versprechen darf. Vielleicht ist dieser Standpunkt der Beurtheilung anwendbar auf eins oder das andre Werk der Deutschen Litteratur; gewiß aber nur auf wenige. Zu Lessings Zeit noch auf gar keines, besonders auf keines der seinigen, in denen allen einzig und allein die hohe Tendenz und die Absicht zu ehren, und die Kraft, keines aber für ein ganz vollendetes Kunstwerk zu achten ist.

Dieses muß uns fest im Auge bleiben für die Beurtheilung des Ganzen seiner Schriften und Bruchstücke. Aber auch in Rücksicht | manches Einzelnen dürfen wir nicht vergessen, daß derjenige, welcher zuerst die Fessel eines Vorurtheils abwirft, meistens diese Fessel selbst zuvor getragen hat; und daß auch dann noch, wenn man die Grundsätze, nach denen man misleitet worden war, schon ganz durchschaut und ganz verworfen hat, zwar nicht der Denkart selbst, aber doch in manchem minder Wesentlichen, Spuren der Misleitung sichtbar seyn können. Jeder muß seinem Zeitalter den Tribut entrichten.

Ich erinnere dieß nur deswegen, weil ich besorge, nicht etwa bloß in diesen Bruchstücken aus Briefen, sondern in der ganzen Sammlung, werden einige bloß in der Litteratur der Alten, der romantischen Dichtkunst, oder den besten Schriften der neuesten Zeit lebende, manches einzelne Wort hie und da nicht edel genug, vielleicht trivial, oder gar noch ein wenig mit den Irrthümern behaftet finden, unter denen Lessing aufwuchs, und die er im Ganzen so kräftig abschüttelte.

Man versetze sich aber nur recht lebhaft in diese Epoche, diese sieben magre Jahre der Deutschen Litteratur, so wird man im Ganzen | über die Freiheit und Kraft dieses Geistes erstaunen müssen, wie er sein Haupt über sein Zeitalter emporhob, und es nicht mehr nöthig finden, im Einzelnen an ihm zu mäkeln.

In Lessings Zeitalter und Umgebung aber sich lebhaft zu versetzen, dazu sind seine Briefe sehr gut, aus denen ich nur, was in Rücksicht auf ihn oder auf die Deutsche Litteratur interessiren kann, gewählt habe. Wer sie aufmerksam liest, wird sich manches dabei selbst sagen, was hier weitläuftiger aus einander zu setzen, oder allzunah zu beleuchten mir weder der Raum verstattet, noch auch nothwendig oder schicklich schien.

Vom combinatorischen Geist.

In der gegenwärtigen Auswahl sollten nur die eigenen Gedanken Lessings zusammengestellt werden. Indem nun aber alles, was sich auf die Gedanken andrer bezieht, auf Gegenstände, die jetzt völlig gleichgültig, auf Meinungen, die vergessen, auf Bücher, die so gut als nicht mehr vorhanden sind, weggestrichen werden mußte, blieben von einem großen Theil der Lessingschen Schriften nur Fragmente zurück, die es also ganz ohne unser Zuthun geworden sind, oder vielmehr es gleich von Anfange an waren, und erst jetzt nachdem die störenden Zwischendinge weggenommen worden, in ihrer ursprünglichen Gestalt erscheinen können. In den antiquarischen Versuchen blieb selbst nach Wegnehmen der heterogenen Einmischungen gewissermaßen doch einiger | Zusammenhang, eine Art von Faden, der die einzelnen Gedanken, wenn gleich nur lose, an einander hielt. In dem dramaturgischen Fach, und in der Theologie hingegen, erscheint Lessing ganz absolut fragmentarisch. Die Ursache davon ist die, daß in diesen Fächern noch gar nichts gründliches geleistet worden, noch gar kein Fundament vorhanden war, dergleichen Winkelmann für alle antiquarischen und artistischen Untersuchungen gestiftet hatte. Bei der Auswahl dieser Bruchstücke aber, durfte nicht immer ausschließend auf die Neuheit und innere Vortreflichkeit eines Gedankens allein Rücksicht genommen werden, oder gar auf die unbezweifelte Richtigkeit. Sondern, da es die Absicht war, Lessings Geist im Ganzen zu charakterisiren, mußte vor allen Dingen darauf gesehen werden. Ich leugne nicht, daß manches, weit entfernt daß ich glaubte es ganz zu billigen oder vertheidigen zu können, nur da stehet, um die Schranken des Lessingschen Geistes zu bezeichnen, um lebhaft daran zu erinnern, wie weit man in gewissen Dingen damals noch zurück war. Und wie weit war man es in den allermeisten | zu jener Zeit der deutschen Litteratur, die unstreitig noch um ein gutes Theil schlechter war als die jetzige Epoche, jeder frühern aber gewiß weit nachstehen muß, und eben deshalb per antiphrasin die goldne Zeit genannt wird.

Auch ein Lessing muß seiner Zeit einigen Tribut entrichten, und wenn er auch ihren Vorurtheilen nicht fröhnt, so werden doch ihre Beschränkungen und falschen Richtungen, auch ihn vom rechten Wege ablenken, oder vielmehr der Wahrheit, die er fühlt und gefunden hat, oder doch schon nah daran ist sie zu finden, einen nicht ganz angemessenen Ausdruck geben. Denn auch den Irrthum adelt der freiere Geist; er wird, wo er auch nicht durchdringt, ihn für das was er ist zu erkennen und zu verwerfen, ihn wenigstens so eigenthümlich fassen, so streng durchführen, so neu wenden, daß auch da noch der höhere Stempel des Genies sichtbar ist, und das weitere Nachdenken erregt wird, was von selbst endlich zur Wahrheit führen muß. Diesen Werth finde ich selbst noch in den weniger bedeutenden und schwächern dieser Lessingschen Fragmente. In das Einzelne aber | einzugehen, den Werth oder Unwerth, die Richtigkeit oder Unrichtigkeit eines jeden und aller dieser Fragmente zu prüfen, das dürfte, wenn es gründlich geschehen sollte, und dabei nicht bloß die eignen Principien angewandt, sondern auch, wie billig, alles benutzt werden sollte, was in allen diesen so verschiedenen Fächern seit Lessing geschehen ist, das dürfte ein Werk von sehr großem Umfange werden müssen. So viel Werth aber auch ein solcher fortlaufender Commentar über die Lessingschen Fragmente haben könnte, so sehr diese selbst einen solchen verdienen mögen, so kann doch derselbe gegenwärtig nicht in unserm Plane begriffen seyn; denn ein solcher Commentar würde, die einzelnen Gedanken weiter verfolgend, sich in das ganze Detail sehr verschiedener Fächer so weit versteigen müssen, daß man darüber das Individuum ganz aus den Augen verlieren müßte, die Charakteristik nämlich der Lessingschen Philosophie, um die es doch hier vorzüglich zu thun war; die Geschichte seines Geistes und der Entwickelung desselben nach allen Stufen und bis in die entferntern Nebenzweige seiner Ausbildung. Für | diese Zwecke nun, glaube ich, wird die getroffne Auswahl selbst der beste Commentar seyn, eine Auswahl, welche das endliche Resultat einer nach allen Richtungen unzählig oft wiederhohlten Lectüre ist, einer immer von neuem der Prüfung unterworfenen Durcharbeitung; so daß ich glaube behaupten zu dürfen, daß kein wichtiges Fragment meiner Aufmerksamkeit entgangen ist, und wenn einige der aufgenommenen manchen Lesern vielleicht der Aufnahme unwürdig scheinen mögen, so ist doch gewiß keines, für dessen Aufnahme oder Nichtaufnahme die Gründe oder Gegengründe nicht mehrmals sorgfältig wären abgewogen worden. Ich habe mich dieser mühevollen Arbeit mit Liebe unterzogen, und glaubte, es verlohne sich wohl der Mühe.

Denn ich will nicht in Abrede seyn, daß mir, ungeachtet alles dessen was sich gegen einzelne sagen ließe, diese Fragmente, obwohl sie nur das sind; nichts als ein solcher »Mischmasch von Kritik und Litteratur, wie er einem Autor deutscher Nation nicht übel zu kleiden pflegt;« kein Lehrbuch, sondern nur fermenta cognitionis, – im Ganzen einen sehr ho|hen Werth zu haben scheinen. Vielleicht ist es das Beste, was Lessing uns hinterlassen hat, wenigstens dasjenige, woraus man den Umfang, den Hang und die Eigenthümlichkeit seines Geistes am vollständigsten verstehen kann.

Was sind nun eigentlich diese Fragmente? Was ist es was ihnen den hohen Werth giebt, und welcher Geisteskraft gehören sie vorzüglich an? In wiefern können sie, obwohl Fragmente, dennoch als ein Ganzes betrachtet werden? Nicht ängstlich auf jedes einzelne gesehen, ob es unter diese Benennung gehören könne oder nicht, sondern auf die Masse und den Geist des Ganzen, darf man wohl dreist sagen: die darin vorherrschende Geisteskraft ist der Witz; ihr Werth besteht darin, daß sie das Selbstdenken nicht nur sehr energisch erregen, sondern auch auf eine sehr universelle Weise; und ihre, ungeachtet der Verschiedenheit der Materie, dennoch sichtbare Einheit liegt in der scheinbar formlosen Form; in den Eigenthümlichkeiten des Styls und Vortrages, die Lessing selbst mehr als einmal so geistreich charakterisirt und vertheidigt; welche Eigenthümlichkeiten selbst fast alle mehr oder weniger | das Uebergewicht des Witzes zu erkennen geben; freilich eines energisch ernsten Witzes, der mit klarer Einsicht und streng ihren Weg sich bahnenden Absicht so innig verbunden war, daß man nicht mehr sagen kann, dieß ist Vernunft und dieß ist Fantasie; dieß ist der Ernst, der gemeint ist, und dieß nur das Geistreiche des Ausdrucks.

Um aber den richtigen Standpunkt für diese eigne Gattung und Form zu finden, ist es nöthig die Stelle derselben in dem System aufzusuchen, zu dem sie gehört.

Wir haben versucht, Lessings sämtliche litterarische Versuche unter dem Begriff der Kritik zusammen zu fassen, als dem einzigen, unter den sie sich ohne Zwang vereinigen, und von wo aus sie sich als ein Ganzes mit bequemer Uebersicht fassen und in ihrem successiven Entstehen begreifen lassen können.

Die Nothwendigkeit der Kritik für jede Litteratur war nicht schwer zu zeigen. Der Begriff der Kritik aber, der dabei durchgängig zum Grunde gelegt ward war der historische. Es ward nur von der Kritik gesprochen, die bis jetzt gewesen ist, und wie sie es gewesen ist. Aber | kann es nicht noch ein ganz andre geben? Kann die als Thatsache aus der Geschichte bekannte Kunst und Wissenschaft dieses Namens nicht eine ganz neue Wendung oder vielmehr totale Umkehrung erleben? Dieß ist nicht nur möglich, sondern auch wahrscheinlich, aus folgendem Grunde. Bei den Griechen war die Litteratur lange vorhanden, ja fast vollendet, als die Kritik ihren Anfang nahm. Nicht so bei den Modernen, am wenigsten bei uns Deutschen. Kritik und Litteratur ist hier zugleich entstanden; ja die erste fast früher; allverbreitete und genau prüfende Gelehrsamkeit und Kenntniß auch der unbedeutendsten ausländischen Litteratur hatten wir früher als eine einheimische. Und noch jetzt weiß ich nicht, ob wir uns nicht mit mehrerm Rechte einer Kritik rühmen dürften, als eine Litteratur zu haben. Mit der Veränderung dieses Verhältnisses aber ist auch schon die Möglichkeit und die Idee einer Kritik von ganz andrer Art gegeben. Einer Kritik, die nicht so wohl der Commentar einer schon vorhandnen, vollendeten, verblühten, sondern vielmehr das Organon einer noch zu vollendenden, zu bilden | den, ja anzufangenden Litteratur wäre. Ein Organon der Litteratur, also eine Kritik, die nicht blos erklärend und erhaltend, sondern die selbst producirend wäre, wenigstens indirekt durch Lenkung, Anordnung, Erregung. Die Aufgabe einer solchen die Litteratur in ihrem ganzen Umfange erst constituirenden und organisirenden Kritik zerfällt in mehrere dem einen Zweck gleich sehr dienende, aber doch wesentlich getrennte Geschäfte. Es ist nicht nur noch keine vollendete und classische Litteratur vorhanden, sondern es wird auch die Stelle derselben durch ein Unding, ein Chaos von seynsollender Litteratur eingenommen, deren Unbildung niemand wird leugnen wollen. Diese nun zu vertilgen, um wenigstens Raum zu schaffen für das bessere, ist die erste Bedingung, die Aufgabe zu erreichen. Die Kunst aber das böse Princip der Gemeinheit und Unwissenheit bis in ihre höchsten Potenzen und bis zu der Höhe zu verfolgen, wo sie die Nachäffung des wahren Wissens und Bildens bis zur höchst möglichen Täuschung getrieben hat, diese Kunst ist die Polemik.

Es ist aber nicht zureichend, daß das Un|ächte bei Seite geschafft werde, auch das Rechte soll organisirt werden. Damit nun die Kraft des wahren Wissens und Bildens am leichtesten ihren Zweck erreiche, ist nichts wesentlicher als die Anschauung und Anordnung des Ganzen, welches hervorgebracht, und zu welchem gewirkt werden soll. Um so mehr da in der falschen Litteratur entweder alles chaotisch ist, oder wohl gar eine durchaus falsche Anordnung und Construction der Künste und Wissenschaften herrschend gewesen seyn mag. Diejenige Eintheilung aber, welche bei irgend einem auch noch so gebildeten Volke des Alterthumes herrschend war, unbedingt annehmen zu wollen, das würde sehr unphilosophisch seyn, da doch die äußern Verhältnisse so ganz geändert sind, und sich wohl voraussetzen läßt, daß dieses auch auf jene Anordnung, wenigstens die speciellere Anwendung davon, bedeutenden Einfluß haben müßte. Daraus ergiebt sich nun die Nothwendigkeit, und die Idee einer eignen Wissenschaft, welche die Einheit und Verschiedenheit aller höhern Wissenschaften und Künste und alle gegenseitige Verhältnisse derselben von Grund aus zu | bestimmen versucht. Daß aber, um eine solche Encyclopädie, – wenn gleich es möglich seyn müßte, durch bloßes Nachdenken ganz aus sich selbst von jedem Punkte des höhern Bewußtseyns das Ganze desselben, oder das System des Wissens und Bildens zu finden, – vollständig als Wissenschaft zu vollenden, Prüfung und Vergleichung der bisherigen Construction, sehr umfassende Gelehrsamkeit und Kritik nothwendig, ja sie selbst eigentlich eine durchaus kritische Wissenschaft, und nichts anders als der wissenschaftliche Arm der Kritik sey, das dürfte keines weitern ausgeführten Beweises nöthig haben.

Will man nun nicht darauf warten, ob etwa eine wahre Litteratur von selbst entstehen möchte; sondern ist es die Absicht, eine solche hervorzubringen, und zwar eine durchaus vollständige; so daß nicht etwa nur diese oder jene Gattung, wie es das Glück will, zu einiger Bildung gelangen, sondern daß vielmehr die Litteratur selbst ein großes durchaus zusammenhängendes und gleich organisirtes, in ihrer Einheit viele Kunstwelten umfassendes Ganzes und einiges Kunstwerk sey; so ist die | Vollführung jener unter dem Namen der Encyclopädie bezeichneten, ganz neuen und noch nicht vorhandenen Wissenschaft das erste und wichtigste Erforderniß zur Erreichung dieses Endzwecks.

Es ist schon viel, wenn die organisirende und bildende Thätigkeit das Unächte vertilgend absondert, und die positiven Kräfte verbindend ordnet. Aber doch ist noch eines übrig, was sie thun kann, und thun muß, setze ich hinzu, weil man dem Zufall entweder alles überlassen muß oder nichts, was noch möglich ist ihm zu entreißen. Jeder Versuch die positive Kraft, wo sie nicht da ist, hervorbringen zu wollen, wäre ein gänzliche Verkennung der Gränzen und ein vergebliches Beginnen; aber erwecken, erregen, nähren kann man allerdings das Genie, eben so wohl wie man ihm den Weg zu seinem Ziele, durch eine richtige Vorzeichnung dieses Weges und durch Hinwegräumung des Falschen erleichtern kann. Zu geschweigen, daß man doch eigentlich nie ganz zu der dreisten Voraussetzung berechtigt ist, es fehle an positiver Kraft und Genie, bis die Versuche es zu erregen | und sichtbar zu machen vollständig mislungen sind.

Es sind also eigne litterarische Mittel oder Schriften nothwendig, die ganz bestimmt nur diesen Zweck haben, die producirende Kraft zu erregen, zu prüfen, zu nähren. Universalität muß die Grundeigenschaft solcher Schriften seyn. Je größer der Reichthum und je größer selbst die Verschiedenartigkeit ihres Inhalts, desto erregender, desto nährender wirken sie. Der höchste Reichthum und Mannichfaltigkeit des Stoffs wird um so deutlicher constituirt, und als der Zweck des Ganzen gedacht und gefühlt werden, je weniger darin auf eine künstliche Form gesehen wird, je mehr darin die gediegene Materie allein herrscht. Also wird nicht eine verfehlte Unform, wohl aber eine absichtliche Formlosigkeit hier ganz an ihrer Stelle, und das Fragmentarische bei solchen Mittheilungen nicht nur verzeihlich, sondern auch löblich und sehr zweckmäßig seyn; da es ja ohnehin nicht Kunstwerke der Darstellung, sondern bloß Mittel zur Anregung seyn sollen, wobei die Universalität auch deswegen das wichtigste ist, weil man auf diese | Art sehr viele Verirrungen am besten verhüten kann, die grade daher entspringen, daß man keine Kenntniß und keinen Begriff hat von dem großen Ganzen der Wissenschaft und Litteratur, sondern nur ein kleiner Theil derselben einseitig und unvollkommen gefaßt worden war. Auch wird es niemals zu einer Vollständigkeit und Umfassung des Ganzen in diesen Dingen kommen, wenn nicht gleich beim ersten Anfange der Bildung der Keim dazu gelegt wird. Mit der Fülle und Gediegenheit des Gedachten, muß aber auch die Freyheit und Lebendigkeit des Denkens im Verhältniß stehen; und der Ideenreichthum eines umfassenden Schriftstellers wird dann erst sich wirksam zeigen, wenn darin zugleich eine große Kraft des eignen Denkens, ein eigenthümliches Gepräge, ein kühn combinirender Geist sichtbar ist. Dieses Combinatorische ist es, was ich vorhin im Sinne hatte, und als wissenschaftlichen Witz bezeichnete. Es kann nicht entstehen ohne Universalität, denn nur wo eine Fülle verschiedenartiger Stoffe vereinigt ist, können neue chemische Verbindungen und Durchdringungen derselben vor sich ge|hen. Diese genialische Kraft ist es aber auch, was der Universalität erst ihren wahren Werth giebt, Gültigkeit und Form. Denn absolute Formlosigkeit ist dem Künstler nicht möglich; wo auch die Form der regelmäßigen Verknüpfung wegfällt, bleibt doch die Einheit des Gepräges und des Styls.

Diesen originellen Stempel wird nicht leicht jemand in den nachfolgenden Lessingschen Fragmenten verkennen können; und ich denke, daß auch in Rücksicht der kühnen und überraschenden Combinationen das Ganze derselben, dem Begriff der aufgestellten Gattung so sehr entspricht, als nur immer ein Werk seinem Begriffe entsprechen kann. – Es ist leicht möglich, daß ähnliche Schriften Andrer noch größere Massen von Ideen aus der innern Fülle der verschiedenartigsten Wissenschaften und Künste in noch gedrängterer Kürze enthalten; in Rücksicht jener kühnen

Combinationen aber, und des seine Sprünge und überraschende Wendungen so glücklich nachbildenden und ausdrückenden genialischen Styls, wird Lessing nicht so leicht übertroffen werden.

Daß dieses eine Wirkung des Witzes sey, | ist klar, und eben so klar, daß dies Lessings eigentliche Stärke ist. In den Gattungen, die vorzüglich ein Produkt der Fantasie sind, hat er durchaus nicht vermocht sich selbst ein Genüge zu leisten, und etwas seiner würdiges hervorzubringen. An den wenigen Stellen, wo er reine Vernunft schreibt ohne allen Witz, und dieser Stellen sind sehr wenige, ich wüßte kaum andre als einige aus der frühern Zeit an die Wolfische Philosophie sich anschließende Zergliederungen des Gefühls; an diesen wenigen Stellen ist er unstreitig am wenigsten Lessing. Ganz natürlich mußte es ihm mislingen mit den Kräften isolirt zu wirken, die er nur verbunden besaß. Die Kunst und Fantasie war nicht sein Fach, auch in der eigentlichen Speculation mögen ihn viele übertreffen; aber sein Witz ist sehr speculativ, und gewiß auch besonders in der spätern Zeit sehr fantastisch. Was ist denn aber der Witz ursprünglich als die innigste Vermischung und Durchdringung der Vernunft und der Fantasie?

Alle den originellen und merkwürdigen Configurationen dieses Witzes, und den geniali|schen Wendungen seines Witzes zu folgen, das bleibe dem Leser überlassen; nichts leidet ungerner einen Commentar, oder rächt sich so bitter an demselben, als ein Produkt des Witzes.

Die Ordnung der nachfolgenden Fragmente ist im Ganzen chronologisch, und auch, so viel als möglich war, nach dem Zusammenhange der Materien eingerichtet; einige mehr isolirte Bruchstücke sind willkührlich eingeschaltet, wo es am schicklichsten schien.

Vom Charakter der Protestanten.

Lessing war ein Protestant, und zwar er war es recht; mit aller Kraft seines Geistes und von Herzensgrunde. Wenn man etwas nur recht ist, sey es was es sey, wenn es auch noch nicht ganz das Rechte wäre, das führt unvermeidlich früher oder später dem Rechten wenigstens näher.

Es wird nur ein und dasselbe Geschäft seyn, den Begriff des wahren Protestanten oder das Ideal desselben zu construiren, und die einzelnen Momente und Stufen charakterisirend durchzugehen, in denen Lessing sich als solcher in der letzten Hälfte seiner schriftstellerischen Thätigkeit bewährte. Was ist das Wesen des Protestantismus? Und was war es, was ihn zuerst auszeichnete und eigentlich constituirte? Nicht diese oder jene Meinung, denn darüber fand die größte Verschie|denheit, ja Verworrenheit unter den großen Reformatoren selbst Statt; sondern das, was alle gleich sehr beseelte, worin sie ohne Verabredung Eins waren, und was ihr gemeinsames Band blieb. Die Freiheit war es, mit der sie lehrten; der Muth selbst zu denken und dem eigenen Denken gemäß zu glauben; die Kühnheit das Joch auch der verjährtesten, ja kurz zuvor noch von ihnen selbst unverletzbar heilig gehaltnen Irrthümer abzuwerfen. Der Enthusiasmus für Wahrheit erschien hier und mußte nach so gänzlicher Erschlaffung und alter Anhäufung todter Stoffe erscheinen als göttlicher Eifer und Zorn gegen den Irrthum, und Knechtschaft des Geistes. Sie fühlten es wohl diese Helden und Verfechter der Wahrheit, daß dieselbe Eins sey mit der Freiheit und daß die einzige und alleinige Quelle aller noch so verschieden benannten Irrthümer nichts sey, als die dem erdgebohrnen Menschen so tief eingewurzelte Furcht und Feigheit, die in der Masse vorzüglich als Trägheit erscheint.

Polemik ist daher allen Protestanten, oder allen Bekämpfern des Irrthums, wesentlich, ja es ist ihr ganzer Charakter in diesem Begriffe | beschlossen. Polemik ist das Princip alles ihres Strebens und die Form alles ihres Wirkens.

Will man dieß in einen bestimmtern Begriff fassen, so sage man, Katholizismus ist positive, Protestantismus aber negative Religion. Eine Trennung, welche in der Europäischen Bildung, wo sich überall in allen Theilen des menschlichen Denkens und Wissens die größte Tendenz zur immer weiter sondernden Trennung zeigt, bis jetzt wenigstens sogar in demjenigen Theile desselben der ganz auf unbedingte Einheit zielend jenes Trennen am wenigsten dulden zu können scheint, nothwendig gewesen seyn mag, ja es vielleicht noch länger wird bleiben müssen. Die deutliche Anlage dazu wird man sogar schon bei den Griechen finden; da ihre Dichter mit der positiven Religion bei einer dem Anschein nach noch so großen Verschiedenheit des Stoffs doch wenigstens die Form der Allegorie und den frommen Glauben an die alte Fabel gemein haben. Dahingegen die Opposition der Griechischen Philosophie gegen den alten Glauben und die allerdings damit verbundenen Schlakken, ihr unbedingtes Verwerfen desselben, was oft sogar auf alle | Sinnbildlichkeit und Allegorie ausgedehnt wird, so ganz im Geiste des Protestantismus ist, daß man dieser ihr bestes Thun fast nur als eine Fortsetzung oder Streben zur Wiedererneuerung jener Form und Denkart ansehen, und eben so richtig auch sagen könnte: der Katholizismus ist die poetische Religion, der Protestantismus aber die der Philosophie. Doch dem sey wie ihm wolle, so sind das alles nur variirende Ausdrücke, die immer dasselbe sagen, was schon zum Anfange festgesetzt ward; daß Polemik und Geist des Protestantismus völlig eins und dasselbe sey.

Daß Lessings Tendenz durchaus polemisch war, seine ganze schriftstellerische Laufbahn vom ersten Versuch bis zum letzten Bruchstück, was auch der Stoff oder die äußere Form war, durchaus polemische Farbe und Richtung hatte, und wie geringschätzig er von denen dachte, denen die Polemik weder eine Kunst noch eine Wissenschaft ist, das liegt in allem, was wir von ihm erhalten haben, so klar zu Tage, daß es überflüßig seyn würde, noch ein Wort darüber zu verlieren.

Der hohe Standpunkt, die Dignität aber | seiner Polemik wird aus folgender Betrachtung klar werden.

Ob es Ernst sey mit der Polemik und ihr Ursprung lauter, aus tiefer Sehnsucht nach Wahrheit und muthvoller Freiheit des

Selbstdenkens entsprungen, oder ob sie nur anscheinend nachgebildet und unächt sey; das wird am besten daraus klar, ob sie irgendwo stille steht. Die wahre Polemik ist unendlich, nach allen Seiten hin unaufhaltsam progressiv; wo unlautre Nebenabsicht mit einfließt, oder nur ein anempfundner Muth die Täuschung der Freiheit verursacht hatte, da tritt früher oder später ein Stillstand ein, und es geschieht was schon so oft geschehen ist; der letzte Zweifel wird als der erste Glaubenssatz geheiligt, gegen den noch weiter zu zweifeln nun wieder eben so wie vorher in der alten Verfassung und meist noch weit strenger verboten wird. So ist es auch meistens den Protestanten ergangen. Aber nicht so Lessing, der gegen nichts so eifert als gegen dieses, welches freilich die schwache Seite der protestantischen Parthei ist. Er war gerade der rechte Protestant, weil er nicht auf den Glaubenssätzen der Protestanten fest | bestehen, wohl aber die alten Maximen der Freiheit aufrecht erhalten und so den Geist des Protestantismus von neuem beleben wollte.

Darum eiferte er so heftig gegen das, was nur Buchstabe ist in der Lehre der Protestanten, und gegen die allzugrobe und körperliche Art, wie sie den Begriff von dem ewigen allverbreiteten Worte Gottes verstehen und auf die heilige Schrift anwenden; vertheidigt im Gegensatz dagegen sogar die katholische Regel des Glaubens, nach Ueberlieferung der Vorfahren und Einstimmung der Besten in der Gemeinde.

Ganz mit Recht. Der wahre Protestant muß auch gegen den Protestantismus selbst protestiren, wenn er sich nur in neues Pabstthum und Buchstabenwesen verkehren will. Die Freiheit des Denkens weiß von keinem Stillstande und die Polemik von keinen Schranken; der Protestantismus aber ist eine Religion des Kampfes und des Krieges, bis zur innern Feindschaft und zum Bürgerkriege. Ja eine gewisse Freigeisterei und Irreligiosität von der sthenischen Art, deren Quelle im Grunde doch religiös ist, ist dem Christenthume wesentlich, ihm keinesweges entgegengesetzt, | sondern ein nothwendiges Phänomen seiner, auch alle ursprüngliche Abwege universell umfassenden Entwickelung; als Religion der Religion nemlich ist der Christianismus nothwendig auch Polemik gegen die Irreligion; jedes Unächte in der Religion aber ist unverzeihlich nicht zu duldendende Irreligion, und wo wäre das Aechte in der Religion irgend ganz rein von unächter Beimischung? Daher mag der Protestant mit Lessing aus Haß gegen das Unächte und Intolerante im Christenthum sogar den Judaismus in Schutz nehmen, den Mahomedanismus preisen, und mit Spinosa die reine Vernunft und die reine Liebe allein anbetend, alles Sinnbild verwerfen. Das alles liegt seinen Grundsätzen eigentlich sehr nahe; so lange er nur nicht indifferent geworden, darf man nicht glauben, daß das religiöse Princip in ihm erstorben sey, oder die vorübergehende Krisis des innern Kampfes, ehe er entschieden ist, für das letzte Resultat und bleibendes Abläugnen halten. So lange nur irgend etwas blos Negatives und Endliches vorhanden, so lange noch nicht jede Hülle verklärt und von Geist durchdrungen und das | Wort Gottes allgegenwärtig geworden, so lange nur noch die Möglichkeit eines todten und dürren Buchstabens vorhanden ist, so lange existirt auch noch das böse Princip, gegen welches ohne Unterlaß und ohne Schonung zu kämpfen der hohe Beruf der Polemik ist; ist dieses besiegt, dann mag es ihr letztes Geschäft seyn, sich selbst zu vernichten. Besser wäre es die Waffen nie ergriffen zu haben, als sie so voreilig wieder nieder legen zu wollen, wie es die meisten thun in der Feigheit ihres Herzens, die sie sich selbst für Humanität und Wohlwollen anrechen, da es doch keine Liebe giebt ohne Wahrheit, und keine Wahrheit ohne den Muth dazu.

Das unaufhaltsam um sich Greifende des Protestantismus, zeigt sich auch äußerlich in der Geschichte desselben; aber freilich hier in der gemeinen Masse nicht so edel wie in dem Geiste eines Lessing. Während die positive Religion sich immer mehr fixirt, und gleichsam verfeinet hat, ist im Protestantismus fast nichts unverändert geblieben als die Veränderlichkeit selbst; und während auf der einen Seite die protestantische Denkart aus der Sphäre der | Religion in die bürgerliche Welt hinaus getreten ist, und auch da eine Reformation der gesammten politischen Verfassung hat versuchen wollen, hat man auf der andern Seite die Religion so lange geläutert und geklärt, bis sie endlich ganz verflüchtigt worden, und vor lauter Klarheit verschwunden ist. Beide Ausartungen sind natürlich genug; denn es ist im Wesen der freien

Thätigkeit selbst gegründet, daß sie, je nachdem sie mehr extensiv oder mehr intensiv zu seyn strebt, bald ihre eigentliche Sphäre überspringt und sich in eine fremde hinauswirft, bald aber auf sich selbst zurückgewandt, sich selber bis zur Selbstvernichtung untergräbt. Doch noch einen dritten Weg giebt es, den einzig wahren, die Rückkehr zum Primitiven und Positiven. Das Ursprüngliche in allen Dingen ist gewiß das beste, und allen Neuerern, wenn sie das Alte oft nicht mit Unrecht verwerflich finden, kann man sagen: Geht nur noch weiter zurück und setzet an die Stelle des Alten, das noch Aeltere, das Allerälteste und Erste, und ihr werdet sicher das Rechte und Wahre finden. Vor allem muß dieß aber von der Religion gelten, die keinesweges eine Neuerung | modernerer Zeit ist, sondern selbst das Erste und Aelteste aller Bildung und Freiheit der Menschen. Unstreitig hat es auch im Christenthum eine Epoche gegeben, wo es noch nicht katholisch oder protestantisch war in dem jetzigen Sinn des Worts; sondern beides zugleich, gesetzt auch die Kirchengeschichte wäre zu unvollständig diese Epoche nachweisen zu können.

Diesen vor dem zwiefachen Untergange allein rettenden Rückweg in der Religion wenigstens eingeschlagen, unter den Protestanten vielleicht zuerst eingeschlagen zu haben, das ist Lessings Verdienst, und keines seiner kleinsten. Wie er über die politischen Reformationsversuche dachte, verräth er deutlich genug in den Freimaurergesprächen. Der bis zur Vernichtung aller Religion läuternden und neuernden Aufklärungssucht aber sich aufs kräftigste entgegen zu stellen, damit fing Lessing seine theologische Laufbahn an. Trotz dem Aergernisse, was er seinen Anhängern damit gab, da den seynwollenden Aufklärern das die ärgste aller Ketzereien zu seyn pflegt, wenn ein Denker den alten Glauben vertheidigt. Er würde noch mehr gethan haben zur Vertilgung dieser schädlichen | Tendenz, wenn nicht die Schlechtigkeit der Gegner, die er auch unter den so genannten Orthodoxen fand, ihn anders beschäftigt hätte. Daß er aber gegen die Aufklärerey stets auf demselben Sinne blieb, ist aus seinen vertrauten Briefen klar.

In welchem hohen Sinne Lessing ein Protestant war, das läßt sich nicht blos an seiner Polemik zeigen, und der Tendenz, die diese auch da verfolgt, wo sie, wie im Anfange, da er ewige Höl-

lenstrafen und Dreieinigkeit nach Leibnitz vertheidigte, nur mit
eignen Paradoxien und fremden Irrthümern dialektisch zu spielen
scheint, oder wo sie ganz in Unwillen entbrannt nur vom Genius
des hohen göttlichen Zorns allein begeistert zu seyn scheint. Auch
die milderen Werke des Mannes zeigen von einer andern Seite seinen Protestantismus, in deutlicher Beziehung auf die nicht grade
sein Wesen constituirenden, aber doch mit demselben nahverbundnen Begriffe der Toleranz und Aufklärung, oder Humanität.
Man darf nur sehen, in welcher Dignität diese Begriffe auf Lessing
und seine spätern Schriften allein anwendbar sind, um diesen so
schändlich | misbrauchten und dadurch in Verachtung gerathenen Begriffen ihre Würde und Bedeutung wieder zu geben.

Die neuern Protestanten rühmen sich allgemein der Toleranz.
Mit Recht, wenn sie nur wahre Protestanten sind. Wenn derjenige, der alles gut und nothwendig findet, auch die Form, die ihm
minder bedeutend scheint, friedlich sich gefallen, und gern neben
der seinigen bestehen läßt, das ist nicht zu verwundern, noch bedeutet es viel. Nur wenn derjenige, der auch die Fähigkeit hätte
zu hassen, was er für schlecht erkennt, und den Muth es aus Tod
und Leben zu bekämpfen, etwas was nicht das von ihm als gültig
Anerkannte ist, dennoch duldet, hat es eine Bedeutung. Es zeigt,
daß er über das Verhältniß des Guten und Schlechten darin nachgedacht, daß er die Stelle gefunden hat, wo es eine, wenn gleich
nur relative, Gültigkeit hat; denn wenn er es durchaus schlecht
und ungültig hielte, so würde es ihm ja unmöglich seyn, es, so
weit seine Macht reicht, zu dulden. Toleranz kann nur von dem
gefordert und an dem gelobt werden, von dem seinem Princip
nach eher Intoleranz zu er|warten ist, denn außerdem sollte sie
sich ja wohl von selbst verstehen. Toleranz ist die Tugend der noch
kämpfenden kriegführenden Kirche; in der Religion des Friedens,
in der triumphirenden Kirche, wird sie nicht mehr nöthig und
nicht mehr möglich seyn. Die wahre Toleranz aber kann nicht aus
der Gleichgültigkeit hervorgehen, sondern aus der universellen
Ansicht, welche vorzüglich der historische Standpunkt der Bildung und der Construction ihrer Epochen gewährt. Und diese historische Ansicht der Religion hat in unserm Zeitalter wenigstens,
Lessing zuerst aufgestellt in dem unsterblichen Werke von der

Erziehung des Menschengeschlechts. Freilich nur im Entwurfe, aber doch sind die wesentlichen Principien gegeben. Die weitere Anwendung auf die Religion der Griechen einerseits, und dann das Detail über die verschiedenen Partheien, in die sich das Christenthum getheilt hat, ergeben sich leicht und ganz von selbst.

Aufklärung, oder Vertilgung aller Vorurtheile, wäre an sich ein schönes Unternehmen. Man nehme nur alle die Hemmungen weg und die unächten Zusätze, und es wird das hohe Licht der Vernunft sich schon von | selbst offenbaren, ohne alles äußere Zuthun. Aber wie tief nistet das Unächte sich ein in das Wesen der Menschen, setzt sich überall an, an das wenige Gute und nimmt die Stelle desselben ein, bis alle Ahndung des Aechten verloren geht. Wie mancher, der sich viel damit weiß, daß er die Vorurtheile des Christen abgelegt, oder vielmehr samt allem Guten, womit sie verwebt waren, zugleich abgeworfen hat, ist noch bis in sein tiefstes Wesen ganz umwunden von den Vorurtheilen seiner Nation, seines Standes, des bürgerlichen Lebens, seines Kreises, überhaupt der gebildeten Gesellschaft; des Zeitalters endlich, dessen herrschender Charakter Eitelkeit und Dünkel und die damit nothwendig verbundene Unkenntniß seiner selbst ist. Wie weit Lessing über demselben in Rücksicht auf diese feinern verborgneren Vorurtheile stand, das zeigen die Gespräche über die Freimaurerei. Ob er damit ihre Grundsätze [hat] aufstellen wollen oder was sonst, das mögen die beurtheilen, die Kenntniß von dieser Gesellschaft haben. Gewiß aber ist es, daß die Freimaurerei, so wie er sie aufstellt, etwas Nothwendiges ist, was gar nicht an diese oder an jene Form gebunden | seyn kann; wovon das Wesentliche von selbst entstehen muß, so bald Mittheilung Gemeinschaft unter den Denkenden und Unterrichteten Statt findet, was aber auch öffentlich betrieben werden mag, da die wahren Geheimnisse doch immer geheim bleiben; ja daß die Schriftstellerei selbst, so behandelt wie sie Lessing behandelte, eine solche öffentliche Freimaurerei ist, die ganz frei wirkt und keiner Aeußerlichkeiten bedarf; er selbst der erste dieses Bundes, der immer weiter sich verbreitet und ewig bestehen wird, weil er auf ewigem Grunde ruht. Will man aber diese Schrift Lessings über Freimaurerei lieber auf den Begriff der Humanität beziehen; der Humanität, die wie die Toleranz von den Protestanten gefordert wird, weil sie ihnen so gar nicht natürlich ist, da ihre Religion, so wie sie bei den ersten ganz und gar nicht humanen Protestanten war, vielmehr als eine Religion des Krieges und in der Form des Dualismus, ohne die Milderung der Liebe und Sittlichkeit dem grimmigen und grausamen Prinzip im Menschen allzufreies Spiel lassen möchte; so ist dieser Begriff unstreitig ebenfalls nur in seiner rein|sten ächten Bedeutung auf dieselbe anwendbar. Humanität nemlich ist in diesem Sinne nicht die Sympathie mit fremden Elend und Erbärmlichkeit, sondern die innige Freude und herzliche Theilnahme an der Freiheit und dem Verstande Andrer, der Wunsch diese Geistesfreiheit, so viel an uns ist, zu erregen und zu entwickeln, die stets bereitwillige Mitwirkung dazu, und die rege Aufmerksamkeit auf alle Mittel, die dahin führen.

Alle theologischen Schriften, Werke und Bruchstücke, Entwürfe, Einfälle und Streitigkeiten Lessing athmen im Inhalt wie in der Form unverrückt immer diesen einen selben Geist des freien Denkens und der denkenden Freiheit, und das ist es, was ich seinen Protestantismus nenne. Protestantismus, sagt man, sey die Religion der Vernunft; Vernunft aber ist nichts anders als der eine Gedanke der ewigen Freiheit und schwerlich wird man jenem Begriffe einen andern noch vernünftigen Sinn geben können; denn der bloße Wunsch der Freiheit, die Anlage dazu, entreißt uns noch nicht der Obermacht der Natur; wer aber ohne diese Gedanken räsonnirt, kann | sich wohl Absichten einbilden, ist aber keines Entschlusses fähig. Wollte man nun gegen diesen Geist der Freiheit einige, dem Verständigen allerdings deutliche, Aeußerungen Lessings über Nothwendigkeit und Fatalismus zum Einwurf gebrauchen; so würde ich dagegen erinnern, daß man oft um dasjenige, was man am vollständigsten besitzt, am wenigsten weiß, wie es ja auch Luthern ging, dessen Thun und Wesen doch wahrlich frei und freimüthig genug war; Jener Fatalismus aber floß bei Lessing natürlich aus dem Ganzen, oder vielmehr dem Anfange, den seine Philosophie nahm; schwerlich aber dürfte sich erweisen oder auch nur wahrscheinlich machen lassen, daß er in diesem Mißverständnisse, bei längerer Fortsetzung seiner Philosophie geblieben seyn würde.

Ein Entwurf seines philosophischen Glaubensbekenntnisses wird übrigens am besten seine Religiosität ins Licht setzen können, die ihm seine Verleumder so gern absprechen möchten, und zugleich zeigen, daß er nicht bloß ein protestantischer Philosoph (wie wohl eben die innige Verbindung der Philosophie und der Religion das Wesen des protestantischen aus|macht), sondern ein Verfechter und Verkündiger der wahren Religion war.

Lessings Meinung von der Nothwendigkeit kam daher, weil die erste Stufe seiner Philosophie Pantheismus war. Nun ist zwar das System des Realismus als System gegen die Religion ganz indifferent, derselben weder günstig noch ungünstig; nicht durch sein System, sondern durch sein liebevolles Gefühl wurde Spinosa zur reinsten Religion erhoben. Indessen ist doch auch unläugbar, daß gerade die Unfähigkeit zu dieser Ansicht, die keineswegs die letzte Stufe, wohl aber der vorbereitende Anfang aller Philosophie ist, sich erheben zu können, eigentlich das ist, was die meisten räsonnirenden Menschen von der Religion entfernt. Diese Unfähigkeit zu philosophiren, oder sich zum Unendlichen zu erheben, oder was dasselbe sagen will, die eingewurzelte Gemeinheit ihrer Ansicht und ihres Standpunktes, ist der eigentliche Stein, über den sie nicht fort können, und sie dann nach dem Maaße ihrer Kraft so lange skeptisch ängstet, bis sie sich dem Indifferentismus und der Irreligion in die Arme werfen. Diese Classe ist gegen|wärtig eben so groß, als die Classe der Menschen, die denken, und Denker seyn wollen, ohne das Vermögen dazu zu haben, und glücklicher bei ihrem Gefühl und Glauben geblieben wären.

Auch war das System des Realismus für Lessing gewiß mehr als nur System und Buchstabe; das zeigt sich aus der unmittelbar von ihm daran geknüpften Hypothese der Metempsychose, die, obwohl mit jenem System verträglich, doch schon in einer weit höhern Sphäre liegt, als die ersten Principien desselben. Es setzt diese Hypothese bei einem Manne unsers Zeitalters eine wenn gleich unentwickelte Naturansicht voraus, wie man sie bei Lessing gar nicht vermuthen sollte. Auch führte es zurück zur ältesten Epoche der Religion und er fühlte das wohl. Nicht zu verwundern, daß er das Vergangne zu verstehen anfing, da er die Zukunft so deutlich vor Augen sah! Und das ist der dritte und wichtigste

Punkt seines Glaubensbekenntnisses; seine Verkündigung eines
neuen Evangeliums, seine Meinung von einem dritten Weltalter,
sein Glaube an eine große Palingenesie der Religion; die feste
Zuversicht, mit der er dem Christenthume eine Dauer prophe-
zeyte, | nicht nach Jahrhunderten, sondern nach Jahrtausenden.
Zu einer Zeit, wo die Religion, wenigstens in demjenigen, was
äußerlich so heißt, fast ganz erstorben zu seyn scheint, ist der
dennoch fortdauernde Glaube an ein neues Wiederaufleben derselben, der wesentliche Punkt, der die Gränze zwischen den Religiösen und den Irreligiösen zieht, das einzige, so wenig es ist, was
vor der Hand zu erwarten steht. Es sind dieses Glaubens jetzt
schon einige, es werden ihrer immer [mehr] seyn; laßt es uns aber
nicht vergessen, daß es Lessing zuerst bekannte, wie die einsame
Stimme aus der Wüste, mitten unter dem Hohn des Pöbels.

Ernst und Falk,
Bruchstücke eines dritten Gesprächs über Freimaurerei.
———

F. Sey mir noch einmal herzlich gegrüßt.

E. So sehen wir uns endlich wieder nach langer Zeit! – Wie vieles hat sich seitdem verändert, wie vieles ist geschehen, welche Dinge habe ich selbst erfahren!

F. Geschehen ist wohl mancherlei; wenigstens scheinen die Menschen davon überzeugt. Aber auch verändert?

E. So rechnest du die ungeheuerste aller Revoluzionen für nichts? Für nichts die schrecklichen Uebel des schrecklichsten Krieges? Und endlich die Zerstörung des Vaterlandes und aller alten Verhältnisse für nichts?

F. Entwicklung, nothwendige Entwicklung dessen, was dem hellsehenden Auge lange schon | deutlich, leider nur allzudeutlich war. Neue Formeln für das älteste Unglück. Nichts weiter!

E. Die negative Wichtigkeit wenigstens der Revoluzion kannst du doch nicht läugnen wollen. Wie manches, was uns ehedem wichtig schien, ist nun verschwunden und nichts mehr! Die Freimaurerei z. B. die sonst so oft der Gegenstand unsrer Forschung und Mittheilung war, was ist sie jetzt?

F. Nun? –

E. Es giebt keine Freimaurerei mehr – und wie könnte es noch dergleichen geben; wie könnte man noch auf das Ueberflüßige, auf den Luxus, das Schöne in der allgemeinen Verbindung der Menschen denken, da das Wesen aller Gesellschaften selbst zerstört worden ist?

F. War es das Wesen, so kann es nicht zerstört seyn, nicht ganz, nicht auf immer zerstört seyn. Und die Freimaurerei; meinst du sie selbst, oder nur ihr letztes Schema? –

E. Wie soll ich das verstehen, sie selbst oder ihr Schema? – Nun freilich beides, und alles zugleich.

F. So kann ich nicht deiner Meinung seyn. Zwar das jetzige Schema der Freimaurerei, ja das mag vernichtet, auf ewig vernichtet seyn.

E. Nun, und die Freimaurerei? |

F. Sie wird bestehen. Wie, oder hast du vergessen, was wir darüber fanden und festsetzten?

E. Mit nichten; doch ich bekenne dir, daß ich auf dem von dir gezeigten Weg weiter wandelnd, sogar auf historische Zweifel gestoßen bin, ob auch dieser Bund ursprünglich einen so großen, so weltumfassenden Zweck gehabt habe, als du ihm unterlegtest; oder nicht vielmehr zu einer handwerksmäßigen Beschränkung sich neige.

F. Geliebter Freund, war es die ewige Idee der Freimaurerei, von der wir sprachen, oder eine blos historische Thatsache? – Und gesetzt dem wäre so; hängen nicht alle Künste und Wissenschaften mit der höchsten unmittelbar zusammen? hat nicht auch die mechanische Kunst ihre Mysterien, die niemals jemand ganz ergründen wird, und keiner, der sie erkannt, sagen darf oder mittheilen auch nur kann? –

E. Wohl! doch was soll uns das alles jetzt? Man sorge erst für das Nothwendige, dann für das höhere Ueberflüßige. Jetzt gilt es nicht die unvermeidlichen Lücken auch des besten Staates hülfreich zu ergänzen, sondern das Eine ist Noth, daß nicht aller Staat und alle Menschlichkeit untergehe, daß altes Recht, und alte Sitte, Ehre und Freiheit und Fürstenwürde noch einigermaßen erhalten und wieder herbeigeführt werde. |

F. Wohl gesprochen. Schwerlich aber wird dieß erreicht werden, wenn nicht die innere Verbindung und Gemeinschaft der Geister wieder hergestellt und verjüngt wird durch einen gewaltigen Umschwung.

E. Du deutest auf die Philosophie und die Veränderung, die auch diese erfahren hat.

F. Freilich wohl. Doch meinte ich nicht die Philosophie der Philosophen allein.

E. So meinst du die Ueberzeugung, den Glauben auch des Volks, die Religion mit einem Worte, die von der allgemeinen Erschütterung gewiß nicht allein frei bleiben konnte.

F. Freilich. Aber wie verschieden war doch der Weg, den wir getrennt von einander, jeder für sich betraten, wiewohl in gleicher Gesinnung! Du beklagst den Untergang des Staates und der Verfassung, während ich die Auflösung aller Religion befürchten würde, wenn sie selbst dieser Furcht Raum ließe. Du warst ein Augenzeuge und genauer Beobachter der Revoluzion; mir schien sie in der Einsamkeit der Spekulation nicht sehr bedeutend, wenigstens bei weitem nicht so wichtig, als eine andre größere, schnellere, umfassendere Revoluzion, die sich unterdessen im Innersten des menschlichen Geistes selbst eräugnet hat.

E. Und die wäre? |

F. Die Erfindung des Idealismus.

E. Die neue Schule der Philosophie, von der ich so manches gehört, was meine Neugierde und Wißbegierde rege machte?

F. Eine neue Schule nun eigentlich nicht – wenigstens kein System; sondern nur das, daß der Mensch sich selbst entdeckt hat, und damit ist freilich auch ein neues Gesetz aller öffentlichen und geheimen Gesellschaften gefunden. Doch statt aller Antwort hier ein Blatt, über welches wir nachher reden wollen, wenn du es gelesen hast, und das dir wenigstens von einer andern Seite noch, als ich es ehedem versuchte, zeigen kann, daß die Freimaurerei nie aufhören, und dir andeuten werde, in welchem Schema sie etwa erscheinen werde, nachdem das bisherige zerstört ist.

»Wir unterbrechen hier den Faden des Gesprächs, um den erwähnten Aufsatz mitzutheilen, welcher handelt:«

Ueber die Form der Philosophie.

Zu einer Zeit, wo die Sitten entartet, die Gesetze verdorben, wo alle Begriffe, Stände und Verhältnisse vermischt, verwirrt und verfälscht sind, in einem Zustande endlich, wo in der Religion selbst die Erinnerung an den göttlichen Ursprung nur noch eine Seltenheit ist, da kann durch Philosophie | allein, die Wohlfahrt der Menschen wieder hergestellt und aufrecht erhalten werden. Durch Philosophie, d. h. durch bestimmte und tiefgegründete Erkenntniß des höchsten Wesens und aller göttlichen Dinge; denn wo das Wort uralter heiliger Ueberlieferung einmal vergessen oder verunstaltet wurde, da müssen zuvörderst alle die Irrthümer und Vorurtheile vernichtet und weggeräumt werden, die es verderben und verkennen machten, da kann der Mensch nur durch die Kunst und die Wissenschaft zu seiner urprünglich anerschaffnen Hoheit zurückgeführt werden, und da ruht das Gebäude aller höheren d. h. auf das Göttliche sich beziehenden Kunst und Wissenschaft auf der Anerkennung eben dieses Höhern und der damit nothwendig verbundnen Auflösung des niedrigern Scheines, oder auf der Philosophie.

Jener traurige Zustand ist, wenige Zwischenzeiten abgerechnet, wo das bessere Princip in der Denkart und Verfassung herrschender war, immerfort, so weit die Geschichte rückwärts reicht, der Zustand der Europäischen Länder gewesen; und mehr als jemals ist er es eben jetzt, wo sich alle Niedrigen und Bösen inniger als je verbunden, gleichsam das Wort gegeben zu haben scheinen, jedes Bessere und Höhere mit Füßen zu treten und mit der Ehrfurcht dafür auch sogar jede Er|innerung an das Große und Schöne in der menschlichen Brust auszurotten.

Nichts steht bis jetzt dieser ungeheuren Masse von Schlechtigkeit entgegen, die wie ein weitverbreitetes vielverschlungenes Gewächs überall sich eingewurzelt und so manches Edlere mit ihrem Unkraut verdeckt hat, als das stille Feuer der Philosophie, die wie durch ein Wunder grade jetzt, da es am meisten Noth that, in hellere Flammen als jemals ausgebrochen ist. In dem einzigen Lande, wo es noch möglich war, in dem Lande, wo wenigstens der Begriff von Tugend, Ehre und Ernst geblieben war, und wenigstens einzelne Spuren der alten Denkart und Freiheit noch übrig, wo also auch in der Fülle der Gelehrsamkeit der strenge Kunstsinn eher wieder erwachen, und das Auge einweihen konnte für die Morgenröthe der höchsten Erkenntniß, und ihm das Verständniß öfnen für den verborgenen Sinn der alten Offenbarungen, die der Aberwitz und Unsinn der neuen Zeit verschüttet und vergessen hatten.

Diese bewundernswürdige Lehre des Idealismus der neuen Schule zeigt uns das Aeußerste, was der Mensch bloß durch sich selbst vermag, durch die Kraft und Kunst des freien Denkens allein, und durch den festen Muth und Willen dazu, in steter Befolgung der einmal erkannten | Grundsätze. Mancher vielleicht wird in diesem Beispiele eben, und in den noch daran haftenden Beschränkungen einen Beweis mehr zu finden glauben, daß nur ein

Theil der Wahrheit durch eigne Kraft und Absicht des Menschen allein errungen und gleichsam erzwungen werden kann; ein andrer Theil aber nur wie durch Gunst und gleichsam ohne sein Zuthun dem Geiste des Menschen gegeben und offenbart zu werden scheine. Darauf steht zu erwiedern: Thue nur erst was du kannst und was du sollst, so wird das übrige dir schon von selbst zufallen. Die Natur der Sache bringt es mit sich, daß dieser neue bloß menschliche, d. h. durch Menschengeist und Menschenkunst erfundene und gebildete Idealismus, je höher gesteigert je künstlicher vollendet, je reiner geläutert er seyn wird, von allen Seiten zurückführen muß zu jenem alten, göttlichen Idealismus, dessen dunkler Ursprung so alt ist wie die ersten Offenbarungen, den man nicht erfinden kann, und auch nicht zu erfinden braucht, sondern nur zu finden und wiederzufinden, der überall in den frühesten und unwissendsten Epochen, wie in den verderbtesten und verwildertsten von Zeit zu Zeit hervortrat, die alten Offenbarungen durch neue Göttlichkeiten zu deuten und zu bestätigen, und dessen reichste Fülle himmlischer Erleuchtung sich besonders und vor allen herrlich in Einem deutschen Geiste der vergangenen Zeiten entfaltet hat. |

Zu diesen ältesten Geheimnissen göttlicher Wahrheit führt die vollendete Wissenschaft nothwendig zurück, und so dürfen wir mit kühner Hofnung alle die weiteren Entwickelungen erwarten. –

Eins nur ist dabei zu besorgen. Die Philosophie ist ein himmlisches Licht, ein göttliches Feuer; aber so wie auch dies heilige Element, wo es ganz frei und ungebunden wirkt, nur vorübergehend entflammt oder zerstört, und nur da wo es in den höheren Bildungen auf ein gewisses Maaß beschränkt und an eine bestimmte Gestalt gebunden ist, als sanfte Lebenswärme heilbringend erscheint; so verschwindet auch der philosophische Geist, so selten er erscheint, eben so schnell wieder, ohne bedeutende Wirkung zu hinterlassen, außer wo eine kunstgerechte Form und Gestalt das flüchtige Wesen fest hält und bleibend macht. Nicht die Philosophie selbst, aber ihre Dauer und ihr Werth hängt ab von ihrer Form. Die Wohlfahrt der Menschen und die Begründung aller höheren Wissenschaft und Kunst ruht auf der Philosophie, der Bestand dieser aber auf ihrer Form. Wie wichtig also, und wie bedeutend ist die Form der Philosophie und wie groß ihr Werth! –

Mit völligem Rechte daher denken diejenigen, welche den Idealismus festzustellen und zu vervollkommnen, sich bestreben, vor allen Dingen auf die wahrhafte und beste Form desselben. Nur daß sie | dieselbe meist auf eine verkehrte Weise, und an einem ganz falschen Orte suchen. – Einige vermeinen die vollkommne Form der Philosophie in der systematischen Einheit zu finden; aber völlig mit Unrecht, denn die Philosophie ist nicht ein äußerliches Werk der Darstellung, sondern ganz nur Geist und Gesinnung. Ja auch die wahre productive Methode, in welcher andre alles suchen, und da das Wort des Räthsels zu finden glauben, ist als Gesetz der Erfindung freilich wohl die Form des Selbstdenkens, aber doch nicht der Mittheilung, also auch nicht der ganzen Philosophie; denn was wäre eine Philosophie von bloß einsamen Denkern, ohne lebendige Gemeinschaft der Geister und gegenseitige Einwirkung? – Der Begriff schon, der Name selbst der Philosophie und auch ihre ganze Geschichte lehren es uns, sie sey ein ewiges Suchen und Nichtfinden können; und alle Künstler und Weise sind darin einverstanden, daß das Höchste unaussprechlich ist, d. h. mit andern Worten: alle Philosophie ist nothwendiger Weise mystisch. Wie natürlich; Denn sie hat keinen andern Gegenstand, und kann keinen andern haben, als denjenigen, der das Geheimniß aller Geheimnisse ist; ein Geheimniß aber kann und darf nur auf eine geheimnißvolle Art mitgetheilt werden. Daher alle Nebenformen der Philosophie, die For|men nämlich, die nur für gewisse Zustände, nur unter gewissen Bedingungen ihr eigen zu seyn pflegen. Daher die Skepsis des unvollkomenen noch im Werden begriffenen Philosophen, wenn das Gefühl von dem Einen Höchsten, als des Einen und Höchsten in seiner Unvergleichlichkeit, Unaussprechlichkeit und Undenkbarkeit das herrschende ist. Daher die Polemik der Moralisten, wenn das unendliche Gute, weil es selbst nicht grade zu deutlich gemacht werden kann, als Verneinung und Verwerfung alles nicht unbedingt Guten sich ankündigt. Daher endlich die Allegorie im Ausdruck der vollendeten positiven Philosophie; die Identität seiner Lehre und Erkenntniß mit Leben und Religion, und der Uebergang seiner Ansicht zur höhern Poesie; daher aber auch endlich diejenige Form der Philosophie, welche unter allen Bedingungen und in allen Zuständen die bleibende und ihr eigentlich wesentliche ist; die Dialektische. Nicht bloß an die Nachbildung eines Gesprächs gebunden, findet sie überall Statt, wo ein schwebender Wechsel der Gedanken in fortgehender Verknüpfung d. h. überall, wo Philosophie Statt findet. Ihr Wesen aber besteht eben in dem schwebenden Wechsel, in dem ewigen Suchen und nie ganz finden können; daß unsrer Wißbegierde immer etwas gegeben wird, aber immer noch weit | mehr zurückzubleiben scheint; und in jedem guten philosophischen Gespräch muß wenigstens einer seyn, der wißbegierig die Geheimnisse der höchsten Forschung zu enthüllen strebt, und einer, der im Besitz derselben, sie gern mittheilend immer mehr verräth, aber wenn man glaubt, er werde es, was er weder kann noch darf, nun ganz thun und ganz aussprechen, dann plötzlich abbricht, und durch eine unbestimmte Aussicht ins Unendliche unsre Sehnsucht von neuem erregt. –

So haben wir in dem, was manchem vielleicht nur ein Paradoxon zu seyn schien, den Begriff und die Erklärung für das gefunden, was von jeher von den Einsichtsvollen für die wahre Form der Philosophie ist gehalten worden, so selten dieselbe sich auch seit Plato gezeigt hat. Ein systematisches Werk in vollkommenster Einheit, würde nur als erleichternde Formel, als fester Mittelpunkt für die unendliche Mannichfaltigkeit lebendiger Geistesmittheilung einen philosophischen Gebrauch und Zweck haben können; wäre die Absicht aber eine vollständige Darstellung der ganzen Philosophie selbst zu geben, so würde es nur beweisen, daß es bei so falscher Tendenz an jedem würdigen Begriff derselben ganz fehle. –

Ein schönes Geheimniß also ist die Philosophie; sie ist selbst Mystik, oder die Wissenschaft und die Kunst göttlicher Geheimnisse. Die Mysterien | der Alten waren in der Form vortreflich; wenigstens ein Anfang der wahrhaften Philosophie; die Christliche Religion selbst ward lange nur als das Mysterium eines geheimen Bundes verbreitet, und wie manches Verderben in ihr mag sich nicht gleich aus der ersten Zeit ihrer öffentlichen Bekanntmachung oder Profanirung herschreiben? –

Ja auch wenn Philosophie öffentlich gemacht, und in Werken dargestellt wird, so muß Form und Ausdruck dieser Werke geheimnißvoll seyn, um angemessen zu scheinen. Bei der höchsten Klarheit dialektischer Werke im Einzelnen muß wenigstens die Verknüpfung des Ganzen auf etwas Unauflösliches führen, wenn wir sie noch für Nachbildung des Philosophirens oder des endlosen Sinnens erkennen sollen; denn nur das hat Form, was sich selbst bedeutet, wo die Form den Stoff symbolisch reflektirt. –

Aber nicht in der Darstellung hat die Philosophie ihr vorzügliches Wesen und Treiben, sondern im Leben selbst, in der lebendigen Mittheilung und der lebendigen Wirksamkeit. Mitgetheilt darf sie werden und soll sie werden, nur muß eine profane Form der Mittheilung nicht gleich von vorn an ihrem Wesen widersprechen und es zerstören. Nicht auf den Märkten und in den Buden, und nicht in den Hörsälen, die diesen ähnlich sind, werde die Philosophie verbreitet, sondern auf eine würdigere, heiligere, auf | eine philosophische d. h. auf eine mystische Weise, wie bei den das Würdige würdig behandelnden Alten, wie bei den im Geheimniß verbundenen ersten Bekennern der wahren Religion! Ferne sey es von uns, auch nur die Zwecke der wahren Philosophie, geschweige denn ihren ganzen Inhalt in öffentlichen Reden und Schriften dem Pöbel Preiß geben zu wollen! Nur allzu deutlich hat uns erst die Reformation und mehr noch die Revolution gelehrt, was es auf sich habe mit der unbedingten Oeffentlichkeit, auch dessen was anfangs vielleicht recht gut gemeint und sehr richtig gedacht war, und was für Folgen es mit sich führe. Zwar der erste Grad aller Mysterien kann jedem ohne Gefahr mitgetheilt werden. Es kann und es darf laut gesagt werden, daß es der Zweck der neuen Philosophie sey, die herrschende Denkart des Zeitalters ganz zu vernichten, und eine ganz neue Litteratur und ein ganz neues Gebäude höherer Kunst und Wissenschaft zu gründen und aufzuführen. Es kann und es darf gesagt werden, daß es ihr bestimmter Zweck sey, die Christliche Religion wieder herzustellen, und sich endlich einmal laut zu der Wahrheit zu bekennen, die so lange ist mit Füßen getreten worden. Es kann und es darf gesagt werden, daß es der ausdrückliche Zweck der neuen Philosophie sey, die altdeutsche Verfassung, d. h. das Reich der Ehre, der Freiheit, | und treuen Sitte wieder hervorzurufen, indem man die Gesinnung bilde, worauf die wahre freie Monarchie beruht, und die nothwendig den gebesserten Menschen zurückführen muß zu dieser ursprünglichen und allein sittlichen und geheiligten Form des nationalen Lebens. – Alles das darf laut und deutlich gesagt werden; aber wie vieles andre eben so Nothwendige und eben so Gewisse, ist noch zurück, was entweiht seyn würde, so wie es gesagt wäre, und welches nur näher zu bezeichnen, ich mich hier enthalten muß? –

Nicht in den Schriften also und Buchstaben und Systemen ist die Philosophie beschlossen; so eng läßt sich der unendliche Geist nicht fesseln und binden. Sie will sich verbreiten und mittheilen, lebendig wirken und Gegenwirkung empfangen, und sich mit jedem Gleichartigen verbinden. Was wir in wahrhaft wissenschaftlichen Werken etwa Form der Philosophie nennen dürften, ist nur eine Nachbildung jener ursprünglichen Form der Philosophie oder der Philosophie des Lebens selbst; die Mysterien sind diese ursprüngliche Form der Philosophie, ein heiliger und geheimnißvoller Bund der in die höchste Erkenntniß Eingeweihten, und ein Wandel, der diesem Bunde gemäß sey. –

Daher bildeten alle wahrhaften Philosophen von jeher, so verschieden sie auch ihren Zweck sich construiren und ausdrücken, und wie sehr sie auch über diese Verschiedenheit in Streite zu seyn scheinen mochten, einen unsichtbaren, aber fest geschlossenen Bund von Freunden, wie der große Bund der alten Pythagoräer war, der oft schon in so ganz verschiedenen Zeiten zum Urbilde und Symbol dienen mußte für manche Verbindung, die wohl keinesweges von einem so hohen und göttlichen Geiste belebt seyn mochte. Ehedem war überhaupt ein Geist und eine Kraft der Verbindungen vorhanden, der in Krieg und Frieden, im Handel wie in der Kunst die herrlichsten Erscheinungen hervorgebracht hat; bei keiner Nation aber war immer dieß so rege und so groß als bei der Deutschen in ehemaliger Zeit.

Jetzt da alle äußern Verhältnisse zerstört und aufgelöst sind in eine Chaotische Masse tyrannisch revolutionärer Gleichheit, scheint dieser Geist und diese Kraft beinah verschwunden; aber alles, was nothwendig ist, ist auch ewig und muß früher oder spät wiederkehren.

Wie, nun die beiden Freunde ihre Ansichten von der Freimaurerei sich ferner gegenseitig mittheilten, nachdem diese durch die neuen revolutionären Erfahrungen des einen, und die neuen philosophischen Erfahrungen des andern eine ganz andre Gestalt gewonnen hatten; dieß dem Leser vollständig mitzutheilen, wird sich vielleicht an einem andern Orte eine nähere Gelegenheit finden.

PHILOSOPHIE DES PLATO.

In der Reihe der griechischen Philosophen nimmt Plato die bedeutendste, glänzendste Stelle ein. Die unerschöpfliche Tiefe und Erfindungskraft seines so vollendet ausgebildeten philosophischen Geistes, der Reichthum, die Fülle, die Kühnheit und Erhabenheit seiner Ideen, die ungemeine Höhe, zu der sich seine Speculation erhob, mehr aber wie alles die ganz eigenthümlich ausgebildete Kunst und Schönheit der Darstellung, die ächt classische Vortrefflichkeit und Musterhaftigkeit des Styls zeichnen ihn vor allen seinen Vorgängern und Nachfolgern aus, und haben ihm die Bewunderung der ersten Denker aller Zeiten und Nationen erworben.

Die große Kunst, die Sokrates im Sprechen mag besessen haben, den ausgebreiteten, lebendigen Einfluß, den er dadurch auf die Gemüther erlangte, suchten alle seine Schüler in dem nämlichen Maaße zu erreichen, so wie sie auch in der Lebensart, in der Abgezogenheit von allen bürgerlichen und politischen Zwecken übereinstimmten.

Der mißlungene Versuch, die Philosophie im Leben zu realisiren, führte die Philosophen auf den Grundsatz, blos sich selbst, der Entwicklung und Ausbildung ihrer Ideen, der Vervollkommnung ihrer Wissenschaft zu leben; aber eben durch diese Beschränkung auf die eigne Geistesbildung erlangten sie jene hohe Virtuosität und Kunst in Darstellung und Mittheilung ihrer Ideen, die wir bei Plato auf dem höchsten Gipfel der Vollendung sehen. Eben so entfernt nach dem damaligen Zustand der Schriftstellerei waren die griechischen Philosophen von eigentlich gelehrten Beschäftigungen. Plato kannte nur wenig | Schriften, und so klein auch damals der Kreis der Litteratur und der im Umlauf existirenden Werke war, so hat er sie doch nicht alle gekannt, er hielt dies gar nicht für nothwendig, wollte blos Selbstdenker seyn, strebte nur das Gewebe seiner eignen Gedanken so reich und vollkommen, wie möglich, zu entfalten, seine Ideen in bestimmtem, harmonischem Zusammenhange kunstreich darzustellen, und durch klare und lebendige Mittheilung auch andre zur Erkenntniß des Wahren und Schönen zu führen. – Das vorzüglichste, wirksamste Beförderungsmittel der Belehrung und Ueberzeugung, so wie der lebendigsten Entwicklung des *gemeinschaftlichen Selbstdenkens* schien ihm das mündliche Gespräch, wovon wir auch in seinen Werken vollendete, unübertreffliche Muster finden.

Diese Form der platonischen Philosophie wird also wegen ihrer hohen Kunst und Vollendung und mehr noch wegen ihrer innigen Verschmelzung mit dem Geiste, dem Inhalte, den sie schon in der äußern Form vollkommen darstellt, und ausspricht, unsre Untersuchung zuerst auf sich ziehen.

Plato gibt uns selbst den Grundsatz an, aus dem die ganze Form seiner Philosophie natürlich fließt.

Vorausgesetzt, der Zweck der Philosophie sei die positive Erkenntniß des unendlichen Wesens, so muß zugegeben werden, daß diese nie vollendet werden kann, mithin auch die Philosophie als Wissenschaft nicht; obgleich die ersten sichern Principien sich festsetzen lassen, von denen die Untersuchung ausgehen soll; was aber aus diesen sich entwickeln läßt, ist unendlich, unbestimmbar.

Plato nimmt an, daß durch eigne, sonderbare Beschränktheit des menschlichen Geistes dieser das Positive nur negativ, das Negative hingegen positiv erkenne; – unter dem Positiven verstand er die Gottheit, die intellectuelle Welt, alles Bleibende, Ewige, Wahre, – unter dem Negativen die Sinnenwelt, alles Unsichere, Wandelbare, Vergängliche.

Die unendliche höchste Realität könne der Mensch seiner beschränkten, sinnlichen Natur wegen nur negativ, indirect und unvollkommen erkennen. |

In der Sinnenwelt, der Natur, aber sei der stäten Wandelbarkeit und Veränderlichkeit aller Dinge wegen kein strenges, bleibendes, gewisses Wissen möglich, wir erkennen die Gegenstände der Natur zwar positiv, aber diese positive Erkenntniß ist wie der Gegenstand selbst, worauf sie sich bezieht, dem Wechsel, der Veränderung und mithin der Ungewißheit unterworfen.

Da Plato die Intellectualwelt und die Sinnenwelt so weit von einander entfernt, der menschliche Verstand aber in der Mitte steht, so läßt es sich leicht erklären, wie dieser, bei seiner großen Entfernung von der erstern durch die Sinnlichkeit herabgezogen, bedingt und beschränkt, nur eine unvollkommne Erkenntniß der Gottheit haben könne. Daß dieses nun blos eine negative Erkenntniß seyn könne, folgt freilich hieraus nicht strenge, es könnte auch eine positive, aber verworrene, unvollkommne seyn. Daß die sinnlichen Triebe, Neigungen und Leidenschaften in dem Streben nach Erkenntniß Verwirrungen hervorbringen, nahm Plato zwar auch an, aber diese, behauptete er, müsse man durch Philosophie zu heben suchen; aber die Negativität der Erkenntniß des Höchsten ließe sich dadurch nicht heben, diese sey in der ursprünglichen Beschränktheit des Menschen als Sinnenwesens gegründet.

Nach Plato gibt es von der *Natur* nur ein wandelbares, kein strenges, bleibendes Wissen, – von der *Gottheit* zwar eine reine, aber nur negative Erkenntniß. – Nun wäre also noch das *Verhältniß von beiden* übrig. Da es aber weder von dem ersten, noch von dem zweiten ein System geben kann, so ist dies auch bei dem dritten, als dem Mittelgliede von beiden, nicht möglich. – Von dem Verhältniß der Gottheit zu der Natur gibt es nur eine *bildliche allegorische* Erkenntniß.

Nach dieser Ansicht nun, welche kein *eigentliches System* der Philosophie zuläßt, muß der Geist und die Form der platonischen Werke aufgefaßt und charakterisirt werden.

Plato hatte nur eine Philosophie, aber kein System; und wie die Philosophie selbst mehr ein Streben nach Wissenschaft, | als eine vollendete Wissenschaft ist, findet sich dieses auch bei ihm in einem vorzüglichen Grade. Er ist nie mit seinem Denken fertig geworden, immer beschäftigt, seine Ansichten zu berichtigen, zu ergänzen, zu vervollkommnen, und in diesem immer weiter strebenden Gang seines Geistes nach vollendetem Wissen und Erkennen, diesem ewigen Werden, Entwickeln und Bilden seiner Ideen, das er in Gesprächen künstlich darzustellen suchte, muß das Charakteristische seiner Philosophie gesucht werden, wenn man nicht in Gefahr gerathen will, ihren Geist ganz zu verkennen, und auf dem Wege einer irrigen Untersuchung zu ganz schiefen und falschen Resultaten zu gelangen.

Die Philosophie eines Menschen ist die Geschichte eines Geistes, das allmälige Entstehen, Bilden, Fortschreiten seiner Ideen. Erst wenn er mit seinem Denken fertig und zu einem bestimmten Resultate gekommen ist, entsteht ein System; hat der Philosoph eine bestimmte Anzahl von fertigen Resultaten und Wahrheiten vorzutragen, so mag er immerhin die Form eines geschlossenen Systems wählen; hat er aber mehr zu sagen, als in diese Form sich bringen läßt, kann er den Reichthum, die Mannichfaltigkeit seiner Ideen nicht in diese Gränzen einschließen, oder erlaubt ihm die immer höher steigende Ausbildung und Vervollkommnung seiner Ansichten nicht, die Reihe seiner philosophischen Untersuchungen mit einem Endresultate zu schließen, so kann er nur suchen, in den Gang, die Entwicklung und Darstellung seiner Ideen jenen innern Zusammenhang, jene eigenthümliche Einheit zu bringen, worin wir den hohen objectiven Werth der platonischen Werke zu suchen haben. Nur in dem bestimmten, planmäßigen Fortschreiten seiner philosophischen Untersuchungen, nicht aber einem fertigen Satze und Resultate, das sich am Ende ergebe, finden wir die große Einheit, welche die Form seiner Philosophie charakterisirt.

Plato geht in seinen Dialogen nie von einem bestimmten Lehrsatze aus, meistens fängt er mit einer indirecten Behauptung, oder mit dem Widerspruch gegen einen angenommenen Satz an, den er zu heben sucht. Nun geht es von Glied zu Glied die ganze Reihe von Folgerungen hindurch bis zur un|bestimmten Hindeutung auf das, was seiner Meinung nach das Höchste ist. Der Anfang in den Dialogen ist immer indirect und unbestimmt; ganz einfach, prunklos, leise hebt die Untersuchung an, entfaltet nur allmälig das äußerst spitzfindige, künstliche Gedankengewebe, das bei steigendem Interesse mit bewunderungswürdiger Genauigkeit, mit tief eindringendem, allumfassendem Scharfsinn sich entwickelt und zergliedert, sich in der reichsten Fülle und Mannichfaltigkeit ausbreitet, und endlich nach der vollendetsten, erschöpfendsten Behandlung des Einzelnen (wo eher ein Ueberfluß von Subtilität zu tadeln wäre) das Ganze nicht mit einem bestimmten

Satze oder Resultate sich schließt, sondern mit einer Andeutung des Unendlichen und mit einer Aussicht in dasselbe. Ganz dem Geiste der Philosophie gemäß ist dieser Gang der platonischen Dialogen, sie gehen bis an die Pforte des Höchsten, und begnügen sich, das Unendliche, Göttliche, was philosophisch sich nicht bezeichnen und erklären läßt, unbestimmt nur anzudeuten.

Plato's Gespräche sind Darstellungen des *gemeinschaftlichen Selbstdenkens*. Ein philosophisches Gespräch aber kann nicht systematisch seyn, weil es dann nicht mehr Gespräch, sondern nur eine anders modificirte systematische Abhandlung wäre, und systematisch sprechen überhaupt widersinnig und pedantisch erscheinen müßte. Da nun durch diese unsystematische Behandlung der Dialog unwissenschaftlich wird, so muß dieser Mangel durch streng philosophische, kunstreiche Ausführung, durch innern Zusammenhang des Ganzen ersetzt werden, der Charakter der Sprechenden muß durchaus philosophisch aufgefaßt und dargestellt werden, damit durch höhere Kunstform der philosophische Dialog sich vom gemeinen Gespräch unterscheide.

Plato's Werke, obschon jedes einzelne ein vollendetes Kunstwerk ist, können in Rücksicht auf den Gang seines Geistes, die Entwicklung und Verbindung seiner Ideen nur im Zusammenhange verstanden werden, ein so innig verbundenes, subtiles Gedankengewebe läßt sich nur im Ganzen durch innerliches Mitdenken und Nachdenken dem Geiste nach ergreifen, da sich ein System leicht in Gedanken auffassen und erlernen läßt. |

Von Plato's Werken sind hinlänglich auf uns gekommen, um den Geist seiner Philosophie kennen lernen zu können. Enthalten diese gleich kein System, so läßt sich doch aus ihnen eine äußerst vollständig zusammenhängende Philosophie aufstellen, die man in ihrem Fortschreiten und allmäligen Ausbilden durch alle Stufen ihrer Entwicklung sehr gut verfolgen kann; geben sie gleich nichts absolut Vollendetes, entweder weil Plato als durchaus progressiver Denker mit seiner Philosophie oder mit ihrer Darstellung nicht fertig ward; so zeigen sie uns doch die ganze Tendenz seines Geistes in der schönsten, kräftigsten Fülle, und man kann gewiß keinen seiner Dialogen lesen, ohne auf das stärkste zum Nachdenken angereizt zu werden.

Man hat bisher die Behauptung aufgestellt, daß Plato's Dialogen nicht seine ganze Philosophie enthielten, daß wir nur seine exoterische Philosophie besäßen, daß er aber außer dieser noch eine geheime Lehre gehabt habe, die er in seinen Schriften nicht aufstellte. Die Gründe, womit man diese Behauptung unterstützt, sind 1) die Zurückhaltung, womit er über religiöse Gegenstände spricht, 2) die dialogische Form seiner Philosophie, hinter welcher er seine wahre Meinung zu verstecken gesucht habe, und welche denn doch gar nicht systematisch sey, und endlich beruft man sich 3) auf ein verloren gegangenes Werk, *ungeschriebene Lehren* betitelt, welches vermuthlich diese geheime Philosophie enthalte.

Was die Zurückhaltung betrifft, mit der Plato über religiöse Gegenstände sich geäußert haben soll, so ist diese wirklich nicht sehr groß. Oft greift er die Priester, Volkslehrer und Dichter ohne Scheu und Hülle an, auch hat er im Gegensatz gegen die Mythologie die *Einheit Gottes* überall bestimmt behauptet.

Daß Plato außer der in seinen Dialogen aufgestellten Philosophie noch eine geheime, esoterische, ein eigentliches System gehabt habe, wird durch unsre oben gemachte Bemerkung, daß der Begriff eines Systems nicht einmal vereinbar sey mit dem Begriffe, den Plato von der Form und Methode der Philosophie aufstellt, hinlänglich widerlegt; nur eine grobe Verkennung der höhern Einheit des innern Zusammenhanges, des immer weiter schreitenden, fortbildenden, entwickelnden Geistes der platonische Dialogen konnte an ihnen den strengen Zusammenhang eines Systems vermissen lassen, das für die *werdende* Philosophie Plato's eine allzu strenge, beschränkende Gränze gewesen wäre.

Was endlich jenes verloren gegangene Buch betrifft, worauf sich die Behauptung, daß wir nur die exoterische Philosophie des Plato besitzen, vorzüglich stützt, so war es nicht von Plato selbst, sondern allenfalls von seinen treusten Schülern Speusippus und Xenokrates; es mag wohl aus Erinnerungen von mündlichen Vorträgen bestanden haben, und darum *ungeschriebene Lehren* genannt worden seyn. – Sein Verlust scheint gar nicht von der Bedeutung zu seyn, die man vermuthet. So weit wir Speusippus und Xenokrates kennen, haben diese ihren Meister wenig verstanden, und ihr Werk würde also über seine Philosophie wenig neue und interessante Aufschlüsse geben.

Wir haben daher Gründe genug anzunehmen, daß wir Plato's eigentliche, wahre Philosophie in seinen Schriften besitzen; daß aber die Dialogen nichts absolut Vollendetes liefern, liegt in der Natur der Sache, da Plato als durchaus progressiver Denker entweder mit seiner *Philosophie*, oder mit ihrer *Darstellung* nicht fertig geworden ist. Gegen das dogmatische, zum System eilende Streben ist gewiß der skeptische, allmälig bildende, vollendende Geist seiner Dialogen der fruchtbarste, lehrreichste Gegensatz.

Daß übrigens in den platonischen Dialogen Mängel und Lükken sind, läßt sich aus ihnen selbst darthun; ob diese aber durch wirklichen Verlust entstanden sind, läßt sich nicht bestimmen, vielleicht hat Plato diese Werke nicht vollendet oder ihre Vollendung aufgegeben.

Unvollendet ist der *Parmenides*, wohl das mittelmäßigste seiner Producte, ziemlich verworren gedacht; wahrscheinlich hat er es willkürlich unvollendet gelassen.

Verloren ist aber wohl der *dritte* Theil eines Werks, wovon der *erste* Theil die Definition eines Sophisten, der *zweite* die des Politikers aufstellt, und der dritte dann jene des *Philosophen* enthalten sollte. – Der Verlust dieses letzten Theiles ist sehr zu beklagen, da er wahrscheinlich sehr interessante und wichtige Resultate gegeben hätte, und die beiden ersten Theile zu dem Vortrefflichsten gehören, was Plato geschrieben hat.

Sein Tod endlich unterbrach zweier Dialogen Vollendung, des Timäus und des Kritias. – Auf diese Art sind also Plato' Werke, wie seine Philosophie, unvollendet geblieben.

Eine vorzügliche Aufmerksamkeit verdient die Untersuchung über die Aechtheit aller dem Plato zugeschriebenen Dialogen; hier ist wirklich das größte Mißtrauen nicht genug zu empfehlen. Es war in der damaligen Zeit kein seltener Fall, daß Schüler zu den hinterlassenen Werken des Meisters Zusätze machten, die in seinem Geiste geschrieben, oder ihnen wenigstens so schienen. Die Kritik erwachte erst spät; früher interessirte man sich zu viel für den Inhalt, und nahm daher manches, was mit diesem in den Hauptideen übereinstimmt, ohne Bedenken an.

An der Spitze von den unächten Werken stehen die zwölf Bücher *von den Gesetzen*; sie sind offenbar nicht von Plato, enthalten eine Menge Ideen, die mit seiner Philosophie gar nicht übereinstimmen.

Was die kleinern moralischen Dialogen betrifft, so ließe sich die Unächtheit von mehrern unter ihnen aus historischen und andern speciellen Gründen beweisen; doch ist dies für die Geschichte der platonischen Philosophie eben von keinem bedeutenden Interesse. Der Kratylus z. B. könnte wegfallen, ohne daß in dem Zusammenhange des Ganzen eine störende Lücke entstände; auch das *Gastmahl* gehört unter diejenigen, deren Aechtheit schon bezweifelt wurde, da es Lehren enthält, die mit den platonischen nicht ganz übereinstimmen, so vortrefflich es auch übrigens geschrieben ist; – endlich der Dialog Meno, der ebenfalls von den ächt platonischen Werken abweicht, und viel gemeiner ist. |

Am wichtigsten aber für die Charakteristik der platonischen Philosophie ist die Prüfung der Aechtheit des *Timäus*, da man aus diesem Werke bisher die platonische Philosophie vollständig aufstellte und vortrug. Hier ist entschieden der größte Theil unächt, nur der *Eingang* ist von Plato, und vielleicht außer diesem noch andre kleinere Bruchstücke, zu denen man aber nachher Zusätze machte, bis das Werk zu seiner jetzigen Größe gedieh. Waren Speusipp und Xenocrates die ersten *Ergänzer*, so läßt sich ihre Absicht wohl errathen; sie wollten die Philosophie des Plato vollenden, weiter entwickeln und fortbilden, sie der populären Ansicht näher bringen. – Die spätern Zusätze aber enthalten mehr das *neuplatonische* System, sind ihrem innern Princip nach realistisch, pantheistisch; es finden sich Sätze aus der epikuräischen Moral, orientalische Beziehungen, wie diese bei den *Neuplatonikern* vorkommen, ja sogar die Quintessenz des Aristoteles darin. – Auch in der Sprache ist die Unächtheit unverkennbar.

Wir gehen nach dieser kurzen Untersuchung die *ächten Werke* in der theils historisch, theils durch wechselseitige Beziehung begründeten Folge durch. – Da bei einer so durchaus progressiven Philosophie die allmälige Entwicklung und Ausbildung des Gedankensystems die Hauptsache ist, so muß man, um den Zusammenhang des Ganzen zu übersehen, die Ordnung, wie die Dialogen aufeinander folgen, gefunden haben, da die einzelnen uns oft sehr im Dunkeln lassen, und nur eine vollständige Uebersicht des Ganzen das richtige Verstehen erleichtern kann.

Die Dialogen also, wie sie aufeinander folgen, sind: Phädrus – Parmenides – Protagoras (im Fall er ächt ist) – Gorgias – Kratylus (wenn er von Plato ist) – Theätetus – Sophista – Politikus – Phädon – Philebus – Republik – Fragment des Timäus – Fragment des Kritias. –

Aus diesen Dialogen läßt sich der Geist und die Geschichte der platonischen Philosophie befriedigend aufstellen und erklären, und es bedarf wohl keiner weitern Lobpreisung ihrer hohen Vortrefflichkeit in Behandlung, Styl und Sprache, wovon | sie als unübertroffene Muster für alle Zeiten und Nationen dastehen. – Nur noch einige Worte über die Terminologie der platonischen Philosophie sind zu sagen übrig, um die Untersuchung über ihre Form zu schließen.

Jede Wissenschaft und Kunst hat ihren bestimmten Umfang von eigenthümlichen Begriffen, einen Cyklus, ein System von eignen technischen Worten, Ausdrücken, Formeln und Bildern, ihre *Terminologie.*

Die Philosophie, ganz rein gedacht, hat keine eigne Form und Sprache; das reine Denken und Erkennen des *Höchsten, Unendlichen* kann nie adäquat dargestellt werden. Soll die Philosophie sich aber mittheilen, so muß sie Form und Sprache annehmen, sie muß alle möglichen Mittel versuchen, die Darstellung und Erklärung des Unendlichen so bestimmt, klar und deutlich zu machen, als nur immer geschehen kann; sie wird in dieser Hinsicht das Gebiet jeder Wissenschaft und Kunst durchschweifen, um alle Hülfsmittel, die zu ihrem Zwecke dienen können, sich auszuwählen. Die Philosophie, insofern sie alle Arten des menschlichen Wissens in der Kunst umfaßt, kann sich die Form, die Sprache und Terminologie jeder andern Wissenschaft und der Kunst aneignen, ja es ist sogar nicht einmal nöthig, daß es eine der Form nach vollendete Wissenschaft sey, welche der Philosophie ihre Terminologie hergebe; auch das gemeine, praktische Leben hat seine bestimmte Sprache, die Philosophie kann diese höher potenziren, eine würdigere Bedeutung, einen höhern Sinn hineinlegen, und sie dann zu ihrem Zwecke gebrauchen. So wie aber die Philosophie als Wissenschaft selbst noch nicht vollendet ist, so ist es auch ihre Sprache nicht; auch dieser liegt ein fortgehendes Streben zum Grunde, das Unendliche in immer bestimmtern, schicklichern, klarern Worten, Ausdrücken und Formeln aufzufassen, darzustellen und zu erklären.

Auf diesem Princip der relativen Undarstellbarkeit des Höchsten beruht nun die ganze Form der platonischen Werke. Das Höchste läßt sich nur darstellen, indem man es in ein andres Gewand einkleidet, und es so der menschlichen Fassungskraft näher bringt; – dies versuchte nun Plato auf alle mögliche Weise; jede damals bestehende Kunst und Wissenschaft benutzte er zu diesem Zwecke; von allen Gattungen und Zweigen des menschlichen Wissens holte er Ausdrücke, Wendungen und Worte her; ja sogar aus den Mysterien schöpfte er vieles für seine philosophische Sprache. Die Mysterien hatten bei den Griechen mit der Philosophie einen und denselben Zweck: die Nation, die in eine gar zu oberflächliche Mythologie und Religion versunken war, auf den ersten, reinen Urquell aller Wahrheit und Schönheit zurückzuführen; in ihnen suchte also Plato auch zweckmäßige Hülfsmittel für seine Darstellung.

Im Phädon bediente er sich ganz der Sprache, des *Gewandes der Mysterien*; im Phädrus, worin er seine Ideen über die Liebe, die Erinnerung freilich mehr mythisch, poetisch als scharf philosophisch untersuchend vorträgt, herrscht die *rhetorische Form*; im Parmenides ist sie mehr rein *dialektisch*; im Theätetus *mathematisch*; in der Republik *politisch*; in dem Timäus endlich, wo er sich mit der Kosmogonie beschäftigt, ist die Behandlung *poetisch-physikalisch*.

Nach dieser Untersuchung über die Form der platonischen Philosophie wenden wir uns nun zu der Beurtheilung ihres Inhalts. –

Der Punkt, von welchem die platonische Philosophie ausging, war die weitere speculative Entwicklung und Begründung der sokratischen Lehre vom absolut *Guten und Schönen*, des Princips des Anaxagoras vom *göttlichen Verstande*, und eine versuchte Verbindung der Philosophie des Heraklits und Parmenides.

In fast allen seinen Dialogen beschäftigt er sich mit diesen beiden Ansichten, setzt sie sich immer entgegen, bestreitet sie, sucht die Extreme beider zu vermeiden, zwischen ihnen einen Mittelweg zu finden, der seiner Ueberzeugung nach zur wahren Philosophie führe.

Heraklit leugnete alle Beharrlichkeit, und behauptete ein unendliches Erzeugen, Wechseln, Verändern, Neugestalten, *Werden aller Dinge.*

Parmenides nahm an, die ewige, allvollkommne Welt, das Eine, alleinige Ding und Seyn verharre unwandelbar in beständiger Ruhe, – alle Bewegung, Veränderung sey Schein und Irrthum, das einzig Wahre, Reelle sey nur diese ewig unveränderliche, ewig sich selbst gleiche *Einheit aller Dinge.*

Nun ist Plato überall bemüht, eine *Mittelphilosophie* zu finden, welche beide Ansichten verbinde. Bei diesem Versuche geht er von dem Lehrsatze des Anaxagoras aus, und suchte die *Anschauung des ewigen Wechselns und Werdens zu vereinigen mit dem Glauben an die vollkommne Ruhe und ewige Harmonie einer unendlichen Intelligenz.*

Plato's Lehre von den Ideen fließt aus der Annahme des anaxagorischen Lehrsatzes von einem göttlichen, die Welt beherrschenden Verstande; er dachte sich die Herrschaft der göttlichen Intelligenz über die Welt wie das Verhältniß des bildenden Künstlers zu dem von ihm gebildeten Stoffe.

Nach ewigen, unveränderlichen, in ihm vorhandenen Urbildern habe der göttliche Verstand alle natürlichen Dinge gebildet.

In dieser Nachbildung muß nun nothwendig ein Stoff verhanden seyn, der aber, weil der Verstand wohl bilden und formen, aber nicht schaffen und erzeugen kann, nicht aus ihm hergeleitet, sondern als neben und außer ihm ewig existirend angenommen werden muß.

Diese Materie habe durch ihre ursprüngliche Beschaffenheit und Unvollkommenheit dem göttlichen Verstande bei der Weltbildung Grenzen gesetzt, und sey die Urquelle alles Uebels, aller Mangelhaftigkeit und Unordnung in der Einrichtung der Welt, so wie Gott die Quelle alles Guten, aller Vollkommenheit und Schönheit.

Nach dieser Ansicht nun nahm Plato statt einer einzigen, untheilbaren gleichsam zwei voneinander getrennte Welten an, die Welt der Ideen und die sinnliche Welt der Erscheinungen.

Die erste sey das ewig unveränderliche, beharrliche, vollkommne Wahre.

In der Welt der natürlichen, jenen Urbildern nur unvollkommen nachgebildeten Dinge, entspringe aus der ursprünglichen, durch den göttlichen Verstand nicht zu hebenden Fehlerhaftigkeit des Stoffes nur Veränderlichkeit und Schwanken, nur Beschränkung, Täuschung und Irrthum.

Nun scheint Plato wirklich seinen Zweck, die Philosophie des Anaxagoras zu begründen, und jene des Heraklit und Parmenides zu vereinigen, zum Theil erreicht zu haben, da er beide Principien annahm, die *ewige Unveränderlichkeit und Beharrlichkeit für die Ideen*, die *Veränderlichkeit*, den Wechsel, die Wandelbarkeit für die *Erscheinungen der Sinnenwelt*.

Aber gerade in diesem Streben, die Extreme entgegengesetzter Systeme zu vermeiden, und eine Mittelphilosophie aufzufinden, liegt ein Grund, warum Plato nicht bis zur Vollendung durchgedrungen sey.

Eine Ansicht, die zwei entgegengesetzte Systeme umfassen soll, muß nothwendig in der Mitte von beiden liegen; sucht man aber blos einen Mittelweg, der die Fehler beider vermeide, so ist man zu sehr mit diesen beschäftigt, modificirt so lange, schneidet so viel von der einen und der andern ab, bis endlich nuretwas halbes zurückbleibt.

Die wahre Mitte müßte, wo nicht eine gänzliche innere harmonische Vereinigung zweier entgegengesetzter Ansichten, doch eine Hinweisung auf ihre gemeinschaftliche Quelle enthalten; dringt man bis zu dieser durch, so wird es leicht, beide zu umfassen und zu vereinigen, eine Ansicht zu finden, die beide harmonisch in sich aufnimmt.

Plato suchte den Mittelweg zwar auf der rechten Stelle, im Idealismus; aber sein Idealismus blieb unvollendet; der Grund davon lag nicht allein in dem blos negativen Streben, die Fehler zweier entgegengesetzten Systeme zu vermeiden, sondern auch darin, daß er von vorne an den Charakter des höchsten Bewußtseyns zu einseitig, nicht in der ersten, ursprünglichen Form auffaßte.

Plato hatte ganz Recht, dem Geist, der Intelligenz den Vorrang vor dem Körper zu geben, ihn zum ersten Princip zu | erheben, die Quelle alles Daseyns im Bewußtseyn zu suchen; aber er faßte dies Bewußtseyn blos als Verstand, als Vernunft auf; Verstand und Vernunft sind aber schon sehr abgeleitete, verwickelte, künstliche Formen des Bewußtseyns, keineswegs aber die Wurzel, die Urquelle.

Der vollendete Idealismus soll alles aus dem Geiste herleiten und entstehen lassen. Geht man aber, wie Plato, von dem Verstande als erstem Princip aus, so ist man gezwungen, außer diesem noch eine Materie anzunehmen, die sich nun nicht aus ihm erklären läßt.

Denkt man sich die Herrschaft des Geistes über den Stoff, das Verhältniß der Welt zu ihrem ersten Ursprunge, wie das Verhältniß des bildenden Künstlers zu dem von ihm gebildeten Kunstwerke, des Nachgebildeten zum Urbilde, so muß ja doch ein Stoff vorausgesetzt werden, auf den der Verstand habe wirken, den er nach den ewig in ihm vorhandenen Urbildern habe bilden und gestalten können, den der Verstand nicht ursprünglich erzeugen und erschaffen kann.

Mit dieser außer dem Geiste ursprünglich vorhandenen Materie sind aber zugleich zwei Principien angenommen worden, und die Intellectual-Philosophie verfällt in den Dualismus, und verfehlt ihren Zweck, den Geist zum ersten, höchsten, einzigen Princip zu machen. Auch werden sich dann Mängel und Widersprüche genug auffinden lassen. – Ist der göttliche Verstand bei der Weltbildung durch die ursprüngliche Beschaffenheit, Formlosigkeit und Rohheit der Materie beschränkt und bedingt gewesen, hat er diese Unvollkommenheit, die die Quelle alles Uebels ist, nicht heben können, so war er ja durch eine höhere Nothwendigkeit, ein unabänderliches Fatum gebunden, das in dieser Hinsicht die Stelle über ihm einnimmt. Und preise man dann auch die Macht und Weisheit des göttlichen Bildners noch so hoch, so hat sie doch, durch die ursprünglichen Gesetze der Materie gebunden, aus dieser nur ein unvollkommnes Kunstwerk hervorbringen können.

Diesen *Grundfehler* zu vermeiden, hätte Plato das Bewußtseyn nicht einseitig als Vernunft, als Verstand, sondern | in der höchsten, ursprünglichsten Form auffassen sollen. Kann gezeigt werden, daß dies in der *Natur* wie im *Menschen* ist, so ist der einzige Weg, alle Schwierigkeit zu heben, gefunden. In uns gibt es aber außer dem Verstande, der Vernunft ein *Begehrungsvermögen*; fände sich in diesem die Quelle, der Anfang, die Wurzel des Bewußtseyns, welches in dieser ursprünglichen Form als ein Sehnen, als ein Streben, als *Liebe* aufgefaßt würde, so wäre alle Schwierigkeit in Rücksicht des Stoffes gehoben. Denn wie aus dem Streben der Liebe – *Leben*, aus dem Leben aber der *Stoff* gleichsam *niederschlagen*, und körperliche Organisation hervorgehen kann, dies zeigt uns schon die Physik sehr deutlich.

Wäre Plato bis zu dieser Ansicht des vollendeten Idealismus durchgedrungen, hätte er das Bewußtseyn bis zur ersten Quelle verfolgt, als Sehnen, als Liebe aufgefaßt, so wäre er auch im Stande gewesen, den Stoff, die Materie daraus entstehen zu lassen, und nicht genöthigt gewesen, neben dem höchsten, göttlichen Verstande auch eine ewige Materie anzunehmen, die zwar durch diesen gebildet wird, aber durch die ihr eignen Gesetze den göttlichen Künstler bei dieser Bildung beschränkte und bedingte.

Plato ging aus von der versuchten Vereinigung des Systems des Heraklit mit dem des Parmenides; aber offenbar neigt er sich auf die Seite des letztern. Auch in diesem Einfluß des eleatischen Pantheismus liegt ein Hauptgrund, der seine Philosophie hinderte, zur Vollendung fortzuschreiten. – Der Begriff der *Beharrlichkeit*, übergetragen auf den göttlichen Verstand, entfernt jeden Gedanken an eine lebendige Gottheit, die aus ewig thätiger, wirksamer Fülle und Kraft alle Dinge erzeugt und entwickelt; daher muß denn neben ihr eine Materie als ewig vorhanden angenommen werden, aus der die Welt gebildet wird. Plato, insofern er dem Beharrlichen ein Primat vor dem Veränderlichen, dem *Seyn* vor der Thätigkeit, dem *Werden* entschieden zuschreibt, konnte nicht zum vollendeten Idealismus durchdringen.

Der Punkt, wo Plato stehen blieb, ist die Lehre von den Ideen, von der Herrschaft des Verstandes über den Stoff, und | der Bildung aller natürlichen Dinge, nach den Urbildern einer ewigen

Vernunft; die höchsten Punkte zwischen beiden, wo er bis zum Idealismus durchdrang, ist die Lehre von der Erinnerung, und seine Ideen über die Liebe.

Plato lehrte, die wahre Erkenntniß entspringe im Menschen aus der Erinnerung. Der Mensch habe ehedem in einer nähern Verbindung mit der Gottheit gestanden, in der intellectuellen Welt habe der menschliche Geist die *Urbilder* des göttlichen Verstandes in der Wahrheit angeschaut, wovon in der sinnlichen Welt nur unvollkommne, schwache Abbildungen, nur Schatten seyen; so wie der Mensch diese erblicke, erwache in ihm die Rückerinnerung an jene ehemalige Anschauung, die freilich der sinnlichen Beschränkung und der großen Entfernung von jenem bessern Zustande gemäß nur verworren und undeutlich seyn könne.

Diese Lehre sollte die sonderbare Lage des Menschen zwischen Vollkommenheit und Unvollkommenheit, Wahrheit und Irrthum erklären. Der Charakter der Unvollkommenheit der menschlichen Erkenntniß wird sehr gut erklärt durch das Anfangen eines Wiedererkennens von etwas, was halb erloschen, halb vergessen ist, und das Erwachen aus einem dunkeln, verrworrenen Zustande. Auch macht jene Lehre das Entstehen jener erhabenen Gedanken und Ideen begreiflich, die aus den Anschauungen und Empfindungen der sinnlichen Welt nicht zu erklären sind, und in dem Geiste des Menschen wie Fremdlinge aus einer höhern, bessern Sphäre dastehen. – Der Mensch gelangt zur Wahrheit nur durch Erinnerung an jenen ehemaligen Zustand.

Die Philosophie war also nach dieser Voraussetzung dem Plato die Kunst, jene Erinnerung in dem Geiste vollkommner zu entwickeln, das verlorne Bewußtseyn des Unendlichen wieder hervorzurufen, und ihn so zur Urquelle der Wahrheit wieder zurückzuführen. –

Die Ableitung des einzelnen, beschränkten, endlichen Bewußtseyns aus dem höchsten, unendlichen ist vollkommen philosophisch, und würde Plato zum vollendeten Idealismus geführt haben, wenn er das Bewußtseyn in der ursprünglichsten Form, | als Liebe aufgefaßt und aus dieser den Verstand, die Vernunft hergeleitet hätte.

Plato dachte sich das Ideal des Bewußtseyns als Verstand, und bezieht also auch hierauf die Erinnerung; aus dieser leitet er denn auch die *Liebe* her, sie ist ihm die vollkommne Erkenntniß der *ewigen Schönheit*. Es ist die Frage, ob er nicht einen bessern Weg eingeschlagen hätte, die Erinnerung auf die Liebe zu beziehen, als einzig auf das Wissen und Erkennen?

Ein reines Sehnen, reine Liebe kann nur aus der Erinnerung erklärt werden, das reine Sehnen ist immer ein Streben nach einem bekannten, aber unbestimmten Etwas, also nach einem Etwas, das man schon vorher gekannt, einem Gute, einer Herrlichkeit, die man schon einmal genossen hat; es ist ein dunkles Vorgefühl eines unbekannten Gegenstandes, das Streben in eine unermeßliche, dunkle Ferne.

Ist jeder endliche Geist nur Ausfluß aus dem Unendlichen: dann ist auch nothwendig das, was in jedem endlichen Geiste das höchste ist, abgeleitet aus dem Unendlichen, ist göttlichen Ursprungs. Das reine Sehnen, die Liebe des endlichen Wesens kann daher auch nur aus dem Urquell aller Liebe, der göttlichen herfließen; das einzelne Wesen, welches die Liebe in sich erfunden hätte, würde zugleich die Welt erschaffen haben, selbst Gott seyn.

Plato leitet die Liebe zwar auch aus der Erinnerung her, aber diese bezieht er blos auf den Verstand. Die Liebe, wie er sie darstellt, ist nur die undeutliche Erkenntniß der ewigen Schönheit, die Bewunderung des von dem höchsten Verstande entworfenen Urbildes.

Die Lehre von der Rückerinnerung setzt die Präexistenz der Seele nothwendig voraus; an diese schließt sich nun die Lehre von der Seelenwanderung. In der intellectuellen Welt konnte der Mensch nicht unsern unvollkommenen Körper haben, ohne allen Körper konnte er nicht anschauen; dies ist ja aber schon eine Art Seelenwanderung, aus einem vollkommnern in einen schlechtern Körper, aus der vergangenen folgt die künftige nun ziemlich von selbst. |

Der Grad der Annäherung des Menschen in diesem Leben zur höchsten Vollkommenheit, oder, im entgegengesetzten Falle, seine Entfernung von dem höchsten Gute und seine Hinneigung zum Schlechten bestimmen den Weg, den die Seele in ihrer Wanderung zu nehmen hat. Die schlechten sinken herab zu Thierseelen, die bessern nähern sich der Wiedervereinigung mit der vollkommenen Welt.

Die Unsterblichkeit der Seele liegt ohnehin in dem Charakter des Systems; obwohl ein Anfang der Weltbildung angenommen ist, wird doch nichts absolut geschaffen, also auch nichts absolut vernichtet, da *aller Stoff* und *alle Grundkräfte ewig* sind.

Ueber das Entstehen der Seele läßt sich Plato nirgend aus; kommt den Geistern wie den Ideen die Einheit und Beharrlichkeit zu, so sind sie nicht erschaffen, und er nahm dann drei Principien an, *den göttlichen Verstand, die Seelen und die Materie.*

Wäre der Timäus ächt, so sind die Seelen Emanation aus der Gottheit; beides aber verträgt sich sehr gut mit seinem Systeme. Entweder hält er sie identisch mit der Gottheit, oder von der Gottheit geschieden; in beiden Fällen sind sie ewig, da, wie gesagt, aller Stoff und alle Grundkräfte ewig sind.

Viele haben geglaubt, Plato habe sich die Seele, wie mehrere ältere griechische Philosophen, als Complexion, als Harmonie, als Resultat des Organismus gedacht, wie z. B. *der Laut in der Leyer*; allein er verwirft diese Vorstellungsart allzu bestimmt, als daß man sie für die seinige halten könnte.

Die Voraussetzung von der Präexistenz der Seele, wenn gleich sehr einfach, befriedigend und erklärend, ist doch immer sehr willkürlich. Es ist schon früher bemerkt worden, daß historisch nachgewiesen werden kann, daß manche der vorerwähnten platonischen Lehren fremden Ursprungs sind. – Die Art, wie Plato sie näher charakterisirt, die nicht nothwendig in dem Grundprincip liegt, die große Uebereinstimmung des Details seines Systems mit den einzelnen, nicht strenge aus dessen Prämissen folgenden Ideen, mit der indischen Philosophie ist es grade, was eine fremde Mittheilung so wahrscheinlich macht; denn ungeachtet des Zusammenhangs, der ihnen in dem platonischen System nicht abgesprochen werden kann, ist es doch unläugbar, daß sie aus der indischen Philosophie viel besser und strenger herfließen, und da ihr vollständiger Zusammenhang ganz klar einleuchtet.

Die indische Philosophie geht aus von dem Begriffe der Gottheit, als eines einigen, allverständigen, allmächtigen Wesens, aus dessen Fülle und Kraft alle Dinge hervorgegangen seyen. – Hier ist die Gottheit nicht nur ein lebendiges Thier, wie bei den ältesten griechischen Philosophen, sondern ein Geist, ein Ich, wo das geistige das vorherrschende ist. Aber auch nicht blos ein vollkommener Verstand wie bei Plato, sondern zugleich der Inbegriff aller materiellen Kräfte und Wesen, die Quelle alles Lebendigen, aus deren Fülle und Kraft alle Dinge sich entwicklen und entstehen.

Hier wird nun der Grundfehler, eine Materie neben der Gottheit anzunehmen, vermieden; auch diese Idee der Vernunft, dem Gefühl entsprechender, und eine viel würdigere Vorstellungsart, als die des göttlichen Künstlers bei Plato, der durch die ursprüngliche Unvollkommenheit und Schlechtigkeit des Stoffes bei der Weltbildung beschränkt, aller Macht und Weisheit ungeachtet, doch nur ein halbverpfuschtes Werk zu Stande bringen konnte.

In diesem Systeme sind alle Geister, alle Wesen und Dinge nur eine Reihe von Entwicklungen und Ausflüssen aus der allvollkommnen Urkraft, und zwar ist dieser Ausfluß aus der Gottheit ein Herabsinken auf eine niedrigere Stufe des Daseyns, in einen Zustand der Unvollkommenheit und Beschränkung. Die Welt ist nach dieser Ansicht ein Unglück, ein Uebel, und das bedingte Daseyn ein Abfall von dem ursprünglichen Vollkommenseyn, etwas höchst tragisches, welches jedoch durch die trostreiche Aussicht gemildert wird, der angestrengten Bemühung des gesunkenen Wesens sey eine erhebende Rückkehr zur Gottheit möglich. |

Anmerk. Auch gegen diese indische Vorstellungsart lassen sich mit Recht die Fragen aufwerfen: Was ist der Grund jener Emanation? Was ist der Zweck der Welt? Warum blieb die Gottheit nicht ruhig in sich selbst? Diese Fragen werden auch hier nicht befriedigt beantwortet, wenn gleich besser, wie bei Plato.

Aus diesem System nun folgen die früher erwähnten Lehren des Plato ganz streng und unvermeidlich.

Sind alle Geister Ausfluß aus der Gottheit, so ist es schlechthin Folge, daß, so tief sie auch immer sinken mögen, in Unvollkommenheit, Beschränktheit und Finsterniß, doch immer ein Funke dunkler Erinnerung ihres ehemaligen Daseyns in Gott ihnen bleiben muß; diejenigen Begriffe nun von göttlicher Vollkommenheit, die in dieser unvollkommenen Welt im menschlichen Geiste erwachen, sind das, was Plato seine Ideen nennt.

Da jene Emanationen aus der Gottheit der Zahl nach unendlich sind, wie ihr Urheber, so folgt die physikalische Metempsychose, das Verändern, das Wechseln der Hülle und Umgebung, einer unendlichen Reihe von Entwicklungen von selbst.

Daß nun jene Metempsychose auch eine moralische sey, ist eben so begreiflich, indem nach der Weisheit des höchsten Urhebers sich wohl kein andres als ein moralisches Verhältniß für diese Seelenwanderung denken läßt; die schlechten sinken immer tiefer in Unvollkommenheit, in dunklere Umhüllungen, die bessern steigen immer höher zur lichten Urquelle hinauf.

Es versteht sich, daß im indischen System Geist und Körper als identisch gedacht werden; auch den Pflanzen werden Seelen zugeschrieben, aber in ein noch viel tieferes, düstereres Dunkel gehüllt. Der Gedanke, daß alles beseelt sey, hängt viel besser mit der Seelenwanderung zusammen, und diese fließt aus dem System der Emanation weit natürlicher, als bei Plato, wo sie sich doch wegen der großen Trennung zwischen Geist und Körper nicht recht erklären läßt.

Die Wahrnehmung der vielen Leiden und Plagen, denen die Menschheit unterworfen ist, führte natürlich auf die Frage, warum viele Menschen so ausgezeichnet unglücklich wären. Die Antwort ist hier sehr einfach. Man darf nur annehmen, der Grund aller Uebel liege in Verschuldungen, die man in einem frühern Leben sich zugezogen habe. Dieselbe Antwort gibt auch Plato, doch fließt sie zugleich nicht nothwendig aus seinen Grundprincipien.

Ueber das Verhältniß der Gottheit zur Welt erklärt sich Plato in einem unbezweifelt ächten Dialoge; Gott bilde anfangs die Welt, dann aber überlasse er sie sich selbst, wo sie aus eigner Kraft sich ganz verkehrt und rückgängig bewege, bis sie sich wieder in das Chaos auflöse, wo dann die Gottheit dieselbe Operation noch einmal vornehmen muß.

In der indischen Philosophie wird angenommen, daß die Gottheit abwechselnd schlummere und wache; wacht die Gottheit, so entsteht und bildet sich die Welt, schlummert Brahma, so vergeht, versinkt alles. Diese Vergleichung der einzelnen platonischen

Philosopheme, die nicht nothwendig aus den Prämissen seines Systems folgen, mit der indischen Philosophie, wo sie aus dem Grundprincip ganz einfach, natürlich und strenge folgen, führen uns billig auf die Vermuthung, daß wohl Plato sie aus dieser Quelle geschöpft haben könnte. Alle diese Ideen waren mit der griechischen Denkart so wenig vereinbar, der herrschenden religiösen Ueberzeugung so widersprechend, daß die Annahme eines fremden Ursprungs sehr begründet wird; keineswegs aber soll Plato mit dieser Behauptung das Verdienst der Originalität abgesprochen werden; er hat jene Ideen, wenn sie auch ursprünglich aus einer frühern Quelle geschöpft waren, doch eigenthümlich entwickelt, gestaltet und ausgebildet, und sie dadurch sich ganz angeeignet; nur von ihrem ersten Ursprunge ist hier die Rede, der aller Eigenthümlichkeit des Plato unbeschadet wohl in der orientalischen Philosophie liegen dürfte.

Die Lehre Plato's von den *Ideen*, die der menschliche Geist nicht aus der Sinnenwelt geschöpft hat, sondern die aus der Rückerinnerung an eine ehemalige Anschauung entspringen, war immer eine willkürliche Voraussetzung: diese zu begründen, muß die *Erinnerung* eben so willkürlich angenommen werden, an die sich dann die *Seelenwanderung* anschließt, doch hangen diese Lehren nicht nothwendig mit dem Grundprincip seiner Philosophie zusammen, wie dies in der indischen der Fall ist. –

In der Lehre von den Ideen finden überhaupt große Streitfragen statt, die sich aus ihm selbst nicht leicht befriedigend erklären lassen; besonders über das Verhältniß der Ideen zur Gottheit, ihrer Urquelle, bleiben noch manche Fragen zurück, die nicht ohne Schwierigkeit zu beantworten sind. Ueber das Verhältniß der Ideen zu den Geistern sucht man eben so wenig eine genügende Auskunft. Aber der schwierigste und gar nicht zu lösende Punkt ist das Verhältniß der Ideen untereinander; das Verhältniß der Ideen zu den Gattungen, und dieser zu den Individuen; wie viel solcher Ideen es dann gäbe; gibt es welche für jede Gattung? jedes Individuum? und welches sind die ursprünglichen wahren Gattungen, die im Universum existiren? gäb es Ideen, Urbilder und alles Mögliche, so müßte außer der *Wahrheit, Schönheit* auch z. B. eine *Tischheit* etc. existiren.

Indessen führt diese Lehre von den Ideen, übertragen auf die Natur, die Kunst und die Moral, zu den schönsten und annehmlichsten Resultaten.

Alle Dinge sind nach den vollkommenen Urbildern des göttlichen Verstandes gebildet; doch konnte diese Nachbildung wegen der ursprünglichen Mangelhaftigkeit des Stoffes nur unvollkommen gerathen. Diese Unvollkommenheit nun so viel wie möglich zu heben, dem göttlichen Urbilde so ähnlich wie möglich zu werden, ist die höchste Bestimmung jedes endlichen Wesens. Trägt man diese Idee, alle Dinge seyen nur *Nachstrebungen* nach den vom göttlichen Verstande entworfenen Urbildern, über auf die Ansicht der Natur, so erscheint alle Entwicklung und Bildung in ihr auch nicht anders, als ein Streben nach der höchsten Aehnlichkeit mit jenen vollkommenen Urbildern; aber auch hier, wie in der Kunst, gibt es Abweichungen vom Urbilde, mißlungene Versuche, Mißgeburten. |

Wie diese platonische Ideenlehre, Intellectual-Philosophie mit der *Kunst* verwandt sey, ist schon früher gezeigt worden. – Angewandt auf die Moral, ergibt sich aus ihr das Princip, daß der Mensch sich jenen Urbildern des Schönen, Guten, Wahren etc. mit allen Kräften zu nähern suchen soll, und daß er desto mehr Antheil an dem ewigen, wahren, vollkommenen göttlichen Seyn und Leben haben wird, je größer diese Annäherung war.

Indessen zeigt sich hier in der Moral auch vorzüglich der Grundfehler, der die ganze platonische Philosophie drückt.

Geht man wie Plato aus von einem höchsten Verstande, und denkt sich die Herrschaft dieses Verstandes über den Stoff, wie das Verhältniß des Urbildes zum Nachgebildeten, so wird der praktische Theil einer solchen Philosophie nothwendig sehr unvollkommen seyn. Das Gute erscheint dann als Forderung, als Pflicht, als Gesetz, mit einem Worte, als *Ideal*; gleich von vorne wird dann schon zugegeben, das wirkliche Leben werde diesem nie entsprechen; und demnach ist das Ideal ewig schön, die Pflicht ewig geboten; so wie die Wirklichkeit ewig unbesiegbar widerstrebt, – so wird nun der Mensch mit sich selbst in Zwiespalt gesetzt, denn wer diesen trostlosen Glauben hat, wird sich bald der Wirklichkeit hingeben, bald mit furchtsamem, unthätigem Bewundern das

Ideal anstaunen, und sich mit dem Gedanken trösten, daß man es nie erreichen, ihm nie in der Wirklichkeit entsprechen könne. – Aber auch in speculativer Rücksicht führt diese Philosophie zu keiner ächten Moral. Die reine Philosophie hat mit dem Leben nichts zu thun, die Moral aber soll in dieses bestimmt und wirksam eingreifen, sie soll die Philosophie in das Leben einführen, dieses idealisiren, sich selbst aber realisiren, sich ganz mit ihm identificiren; sie soll nicht blos unfruchtbar lehren, sondern selbst Thaten und Leben erzeugen; dies ist aber nicht möglich, wenn Idee und Leben so absolut getrennt sind, das Ideal so sehr erhoben, die Wirklichkeit so sehr herabgesetzt wird, daß an eine Realisirung des erstern in der letztern nicht zu denken ist.

Eine Philosophie, die wie jene des J. Boehme das Ur|princip als Sehnen, als Streben, als Liebe auffaßt, wird selbst *Leben* hervorbringen, wird mit productiver, magischer Kraft neue Kräfte im Bewußtseyn hervorrufen, da sie das Bewußtseyn selbst in der höchsten, lebendigsten Kraft aufgefaßt hat.

Ein andrer bedeutender Fehler, auf den diese Philosophie durch die zu große Entgegensetzung von Idee und Wirklichkeit führt, ist, daß man dann auf der einen Seite der Idee nur eine Art von Schattenwirklichkeit zugesteht, während auf der andern Seite die Wirklichkeit durch das Gefühl ihre Rechte behauptet, ohnerachtet man sie theoretisch für bloßen Schein erklärt, und zu vernichten strebt; dies führt nun natürlich zu dem Resultate, daß man die Wirklichkeit, als dem Ideale nicht entsprechend, zu sehr verachtet, während man an die Idee als bloßes Schattenwerk nicht glaubt, man mag auch theoretisch davon lehren, was man will.

Ungeachtet dieser Mängel, deren Grund wir angegeben haben, behauptet Plato unter den Selbstdenkern aller Zeiten und Nationen den ersten Rang; er ist uns Quelle zugleich und Urbild, dieses wegen der hohen Vortrefflichkeit des Styls und der Form, jenes, weil er uns mehr, wie alle andere, in den Geist der Philosopheme seiner Vorgänger führt. Das Verhältniß, in dem er zu diesen steht, ist schon früher angegeben worden.

Er ging aus von dem Gegensatze der Systeme des Heraklits und des Parmenides. Die Philosophie, worauf er sich als mit ihr übereinstimmend bezieht, ist jene des Anaxagoras. Mit seinem Princip ist er sehr wohl zufrieden, aber er befriedigte ihn nicht; er behauptete, Anaxagoras habe seine Princip nicht weit genug geführt, sey nicht consequent und treu dabei geblieben, habe nicht alles aus diesem *Einen* Princip hergeleitet, sondern späterhin zur Erklärung aller natürlichen Dinge noch andere Principien angenommen. Daß Plato selbst in den nämlichen Fehler fiel, ist schon gezeigt worden.

In einem ähnlichen Verhältniß, wie zum Anaxagoras, stand er auch zum Sokrates. Die Lehre des absolut Guten und Schönen nahm er von diesem an, er wollte nur die speculative Begründung und Entwicklung hinzufügen. Man hat mehrmals die Beschränktheit des Sokrates mit Plato's hohem speculativem Geiste in Gegensatz bringen wollen, allein dieser ist nicht so groß, wie man gewöhnlich annimmt. Sokrates war nicht so ganz von aller Speculation entfernt, seine Beschränkung war willkürlich. Daß Plato seinem speculativen Geiste gemäß bei dieser nicht stehen blieb, ist leicht erklärlich. Ein Hauptcharakter der sokratischen Beschränktheit, daß er sich in die Physik nicht einließ, findet sich bei Plato in einem hoch höhern Grade; er leugnete ausdrücklich, was Sokrates nur unentschieden ließ, daß es eine Physik als *Wissenschaft* geben könne; weil der Gegenstand der Physik, die äußere Natur, durchaus veränderlich und wandelbar sey, lasse er auch kein strenges, bleibendes Wissen, sondern nur ein *Meinen* zu; er beschränkte seine Philosophie blos auf *Dialektik*; diese war ihm, als Wissenschaft vom höchsten Gute, zugleich Logik, Moral und Theologie. –

Der Pythagoräer erwähnt Plato mit der höchsten Achtung; aber er gibt uns keine Auskunft, was in seiner Philosophie wohl von ihnen hergenommen seyn möchte, welches doch wohl der Fall war. Auffallend ist es immer, daß, ungeachtet er des pythagoräischen Systems mit so großem Ruhme erwähnt, auch mit der politischen Tendenz dieser Philosophie ganz einverstanden war, doch die Principien seiner Philosophie mit jener, so weit wir sie kennen, nicht so genau verwandt sind.

Indessen ließen sich doch durch Vergleichung wohl mancherlei Beziehungen und Aehnlichkeiten auffinden; – so könnte man wohl annehmen, Plato habe seine *Ideen* an die Stelle der pythagoräischen Zahlen setzen wollen; beide nehmen wenigstens intellectuelle Principien an, und sind nur in den Bestimmungen von diesen verschieden. Ueberhaupt wäre es nicht unwahrscheinlich, daß Plato mehrere seiner Philosopheme andern pythagoräischen entgegengesetzt habe, nicht um sie zu bestreiten, sondern bessere an ihre Stelle zu setzen.

Plato's Lehre von der Einheit und Vielheit kann mit der Lehre der spätern Pythagoräer in Beziehung gesetzt werden; die | Gottheit ist ihm die Einheit, das Beharrliche; die Materie die Vielheit, das Wandelbare. Die Einheit ist bei ihm das bildende Princip, die Vielheit das leidende, wenn gleich nicht ganz im Sinne der Pythagoräer. Auch setzt er der Einheit nicht die Zweiheit, sondern die Mannichfaltigkeit entgegen, und läßt sich nicht ein in Zahlenconstructionen.

ANMERKUNGEN DER HERAUSGEBER

1 Gemeint sind Sensualisten wie z. B. Étienne Bonnot, Abbé de Condillac (1714–1780).

2 Hierzu findet sich im Druck folgende Anmerkung des Herausgebers, d. h. Friedrich Immanuel Niethammers: »Will man die Totalität (oder auch nur einen Theil) des Geschehenen als Darstellung einer Idee betrachten, und die Geschichte des Geschehenen nach dieser Idee darstellen: welches allerdings der Geschichtschreiber zu leisten hat, wenn sein Product mehr als ein bloßes Mannichfaltige in Reih und Glied gestellt, wenn es ein Ganzes, mit einem Wort, ein Kunstwerk sein soll: so muß das Geschehene | für die Idee, und die Idee für das Geschehene passen, d. h. es muß nicht eine gewaltsame Verdrehung des Geschehenen nöthig sein, um die Idee darinn dargestellt zu finden; und es muß nicht eine gewaltsame Behandlung des Stoffes nöthig sein, um ihn nach der Idee darzustellen. Fähigkeit, die Idee aufzufassen, und Kenntniß des Stoffes, der als Darstellung der Idee betrachtet wird und den man nach dieser Idee darstellen will, bilden mit einander vereint den *historischen Künstler*. Wer bloß die Idee irgendwoher aufgefaßt hat, mit dem Stoff der Geschichte aber im Ganzen und im Einzelnen noch nicht vertraut genug ist, um zu wissen, ob er der Idee entspreche: der hat noch nicht einmal Anspruch auf den Namen eines *Historikers*, und ist noch lange kein *historischer Künstler*. Wem aber die Fähigkeit fehlt, die Idee aufzufassen, der ist mit aller seiner ins kleinste Einzelne herab sich erstreckenden Geschichtskenntniß, die er im Schweiß seines Angesichts gesammelt hat und oft mit so viel Dünkel vor sich herträgt, doch nichts weiter als ein *Chronikenschreiber*, und kann nie ein *historischer Künstler* werden. Anm. d. H.«

3 Vgl. J. G. Fichte: *Beitrag zur Berichtigung der Urtheile des Publicums über die französische Revolution*, o. O. [Danzig] 1793: »Durch das Sittengesetz in mir wird die Form meines reinen Ich unabänderlich bestimmt: ich soll ein Ich – ein selbstständiges Wesen, eine Person seyn« (J. G. Fichte: *Werke*, hg. v. I. H. Fichte, Bd. 6, Berlin 1971, S. 170 f.).

4 Der Preußische König Friedrich II. (1712–1786) und der Römische Kaiser Marc Aurel (121–180); beide galten als Philosophen auf dem Thron und standen, ungeachtet ihrer militärischen Unternehmungen, im Ruf der Toleranz und Gerechtigkeit.

5 »Polizieren« meint: in eine (bürgerliche) sittliche Ordnung bringen, bürgerlich bilden, befrieden.

6 »heel«; »verborgen«.

7 Vgl. Friedrich Heinrich Jacobi: »Zufällige Ergießung eines einsamen Denkers, in Briefen an vertraute Freunde«, in: *Die Horen eine Monatsschrift*, hg. v. Friedrich Schiller, 1 (1795), 8. Stück, S. 4 ff.; der vorletzte Absatz lautet: »Kein Mensch hat *Gott* je gesehen; weder *Ihn* selbst, noch *Seine* Handlungen. Unsre Bekanntschaft mit *Ihm* nennen wir *Religion*. Sie kann durch nichts äusserliches mit Wahrheit dargestellt werden. Dennoch kann sie gelehrt werden: der besseren Seele, durch die bessere; nicht der thierischen; nicht wie die mechanischen Künste dem, der auch ohne allen Geist der Erfindung ist, und nur Erwerb zur Absicht hat; sondern, wie die freye Kunst, dem allein, der Genie hat – dem *Geisterseher*.«

8 Friedrich Heinrich Jacobi: *Eduard Allwills Briefsammlung*. 1. Bd., Königsberg 1792.

9 Die erste Ausgabe des »Woldemar« (*Woldemar, eine Seltenheit aus der Naturgeschichte*, 1. Bd., Flensburg und Leipzig 1779) enthielt eine Widmung an Goethe.

10 Thomas Reid (1710–1796), entwickelte eine Philosophie des *common sense*, die großen Einfluß auf Jacobi hatte; auch der Historiker und Philosoph Adam Ferguson (1723–1816), der vor allem durch seine Schrift »Versuch über die Geschichte der bürgerlichen Gesellschaft« (1767; deutsch 1768) wurde von Jacobi rezipiert.

11 Homer: *Ilias*, IX, 134 und 276.

12 Im Druck: Kirche.

13 Homer: *Odyssee*, X, 333–335.

14 Mehrere berühmte Hetären im antiken Griechenland trugen den Namen »Lais« (»Die allgemein Bekannte«).

15 Iohannes Amos Comenius: *Orbis sensualium pictus hoc est Omnium principalium in Mundo Rerum, et in Vita Actionum,. Pictura et Nomenclatura* (zuerst 1658); in diesem Werk findet sich eine sinnbildliche Darstellung Gottes als schwebendes Auge (CXLIX, *Providentia Dei*), nicht jedoch die weitverbreitete Darstellung des göttlichen Auges in einem – die Trinität symbolisierenden – Dreieck.

16 Schlegel bezieht sich auf die zweite, erweitere Auflage von Jacobis Schrift »Ueber die Lehre des Spinoza in Briefen an den Herrn Moses Mendelssohn. Neue vermehrte Ausgabe« (Breslau 1789; zuerst 1785).

17 F. H. Jacobi: *David Hume über den Glauben oder Idealismus und Realismus. Ein Gespräch*, Breslau 1787.

Anmerkungen der Herausgeber 227

18 Die Widmung an Goethe in der ersten Ausgabe des »Woldemar«.
19 Shakespeare: *Romeo and Juliet*, 3. Akt, 3. Szene.
20 Bruchstücke des zweiten Bandes des »Woldemar«, der in der ersten Fassung nicht realisiert wurde, hatte Jacobi 1779 in der Zeitschrift »Deutsches Museum« publiziert und in veränderter Fassung unter dem Titel »Der Lustgarten. Ein philosophisches Gespräch« in den ersten Teil seiner Sammlung *Vermischte Schriften* (Breslau 1781) aufgenommen.
21 Vgl. Immanuel Kant: Vorrede zur zweiten Auflage der der *Kritik der reinen Vernunft*: »Daß die Logik diesen sicheren Gang schon von den ältesten Zeiten her gegangen sei, läßt sich durchaus ersehen, daß sei seit dem *Aristoteles* keinen Schritt rückwärts hat thun dürfen [...]. Merkwürdig ist noch an ihr, daß sie auch bis jetzt keinen Schritt vorwärts hat thun können, und also allem Ansehen nach geschlossen und vollendet zu sein scheint.« (*Werke*, Akademie-Ausgabe, Bd. 3, Berlin 1904, S. 7)
22 Vielleicht die Dichterin Elizabeth Singer Rowe (1674–1737).
23 Johann Christian August Grohmann (1769–1847), Philosoph, Kantianer; die erwähnte Schrift konnte nicht ermittelt werden, möglicherweise liegt hier auch ein Lesefehler von Ernst Behler vor. – Jakob Sigismund Beck (1761-1840), Philosoph, Kantianer; Salomon Maimon (1753 oder 1754 bis 1800), Philosoph, der Kant kritisch weiterdenken wollte; Johann Schul(t)z (1739–1805), Theologe und Philosoph, Kantianer.
24 Vgl. das Fragment von Chrysippos Nr. 654 in: *Stoicorum veterum fragmenta* collegit Ioannes ab Arnim, vol. 3: *Chrysippi fragmenta moralia, fragmenta successorum Chrysippi*, Reprint Leipzig und Berlin 1923, S. 164: »μόνον δέ φασι τὸν σοφὸν καὶ μάντιν ἀγαθὸν εἶναι καὶ ποιητὴν καὶ ῥήτορα καὶ διαλεκτικὸν καὶ κριτικόν«.
25 Es ist unklar, auf welche Poetik Schlegel sich hier bezieht.
26 »Die Thätigkeit Y (in dem, was hernach als Object gesetzt seyn wird) sey gegeben (es bleibt ununtersucht, wie, und welchem Vermögen des Subjects): auf sie wird eine Thätigkeit des Ich bezogen; es wird demnach gedacht eine Thätigkeit ausser dem Ich (= -Y), die jener Thätigkeit des Ich gleich wäre. Wo ist bei diesem Geschäft der Beziehungsgrund? Offenbar in der Forderung, dass alle Thätigkeit der des Ich gleich seyn solle, und diese Forderung ist im absoluten Sein des Ich gegründet. – Y liegt in einer Welt, in der alle Thätigkeit der des Ich wirklich gleichen würde, und ist ein Ideal. – Nun kommt Y mit -Y nicht überein, sondern ist demselben entgegengesetzt. Daher wird es einem Objecte zuge-

schrieben; und ohne jene Beziehung und die absolute Forderung, welche dieselbe begründet, wäre kein Object für das Ich, sondern dasselbe wäre Alles in Allem, und gerade darum, wie wir tiefer unten sehen werden, Nichts.« (Johann Gottlieb Fichte: *Grundlage der gesammten Wissenschaftslehre*, in: *Werke*, hg. v. Immanuel Hermann Fichte, Bd. 1, Reprint Berlin 1971, S. 261)

27 Vgl. hierzu Schlegels Aufsatz »Versuch über den Begriff des Republikanismus« im vorliegenden Band.

28 Zur Lehre vom Ephorat vgl. Fichte: *Grundlage des Naturrechts nach Principien der Wissenschaftslehre*, in: *Werke*, hg. v. Immanuel Hermann Fichte, Bd. 3, Reprint Berlin 1971, S. 171 ff.

29 Justus Möser (1720–1794), national und konservativ geprägter Staatsmann, Staatstheoretiker und Schriftsteller; einen thematischen Schwerpunkt seines Werkes bilden ökonomische Probleme.

30 »Die meisten Menschen würden leichter dahin zu bringen seyn, sich für ein Stück Lava im Monde, als für ein Ich zu halten. Daher haben sie Kant nicht verstanden, und seinen Geist nicht geahndet; daher werden sie auch diese Darstellung, obgleich die Bedingung alles Philosophirens ihr an die Spitze gestellt ist, nicht verstehen. Wer hierüber noch nicht einig mit sich selbst ist, der versteht keine gründliche Philosophie, und er bedarf keine. Die Natur, deren Maschine er ist, wird ihn schon ohne alle sein Zuthun in allen Geschäften leiten, die er auszuführen hat. Zum Philosophiren gehört Selbstständigkeit: und diese kann man sich nur selbst geben. – Wir sollen nicht ohne Auge sehen wollen; aber sollen auch nicht behaupten, dass das Auge sehe.« (Johann Gottlieb Fichte: *Grundlage der gesammten Wissenschaftslehre*, in: *Werke*, hg. v. Immanuel Hermann Fichte, Bd. 1, Reprint Berlin 1971, S. 175 f.)

31 Anspielung wohl auf Christian Wolff.

32 Vgl. Fichte: *Grundlage der gesammten Wissenschaftslehre*, § 1. Der erste, schlechthin unbedingte Grundsatz der Wissenschaftslehre ist seinem Gehalt und seiner Form nach unbedingt.

33 Vgl. Friedrich Wilhelm Joseph Schelling: *Vom Ich als Princip der Philosophie oder über das Unbedingte im menschlichen Wissen* (1795), §§ 9–15.

34 Fichte: *Grundlage der gesammten Wissenschaftslehre*, §§ 1–3.

35 Vgl. Schelling: *Über die Möglichkeit einer Form der Philosophie überhaupt*, in: *Werke*, hg. v. K. F. A. Schelling, Bd. I, 1, Stuttgart und Augsburg 1856, S. 102 f. – Schelling will hier zeigen, daß bereits Leibniz durch die Annahme sowohl des Satzes des Widerspruchs als auch des

Satzes des zureichenden Grundes die Philosophie nicht auf *einen* Grundsatz (wie Reinhold) gebaut habe.

36 Vgl. ebd., S. 106: »Er [Kant] versteht nämlich unter *analytischen* Sätzen bloß diejenigen, die sonst *identisch* genannt wurden, unter *synthetischen* die *nichtidentischen*. [...] Der Satz z. B. A = B ist nach Kant ein synthetischer Satz, im Grunde aber ein analytischer, denn es ist schlechthin und unbedingt etwas in ihm gesetzt. Dagegen ist jener Satz kein *identischer* Satz.«

37 Vgl. Friedrich Wilhelm Joseph Schelling: *Vom Ich als Princip der Philosophie oder über das Unbedingte im menschlichen Wissen* (1795), §§ 9–16.

38 »Das Wesen des Ichs ist Freiheit, d. h. es ist nicht anders denkbar, denn nur insofern es aus absoluter Selbstmacht sich, nicht als irgend Etwas, sondern als bloßes Ich setzt.« (Schelling: *Vom Ich als Princip der Philosophie*, in: *Werke*, hg. v. K. F. A. Schelling, Bd. I, 1, Stuttgart und Augsburg 1856, S. 179)

39 Johann Benjamin Erhard (1766–1826), Arzt und Philosoph, der aus Kants Lehre radikale Konsequenzen zog (*Ueber das Recht des Volks zu einer Revolution*, Jena und Leipzig 1795).

40 »Das Ich kann durch keinen bloßen Begriff gegeben sein. Denn Begriffe sind nur in der Sphäre des Bedingten, nur von Objekten möglich. Wäre das Ich ein Begriff, so müßte es etwas Höheres geben, in dem er seine Einheit – etwas Niedereres, in dem er seine Vielheit erhalten hätte, kurz: das Ich wäre durchgängig bedingt. Mithin kann das Ich nur in einer Anschauung bestimmt sein. Aber das Ich ist nur dadurch Ich, daß es niemals Objekt werden kann, mithin kann es in keiner sinnlichen Anschauung, also nur in einer solchen, die gar kein Objekt anschaut, gar nicht sinnlich ist, d. h. in einer intellektualen Anschauung bestimmbar sein. – Wo Objekt ist, da ist sinnliche Anschauung, und umgekehrt. Wo also kein Objekt ist, d. i. im absoluten Ich, da ist keine sinnliche Anschauung, also entweder gar keine, oder intellektuale Anschauung. *Das Ich also ist für sich selbst als bloßes Ich in intellektualer Anschauung bestimmt.*« (Schelling: *Vom Ich als Princip der Philosophie*, in: *Werke*, hg. v. K. F. A. Schelling, Bd. I, 1, Stuttgart und Augsburg 1856, S. 181)

41 Vgl. ebd., S. 189: »Das Nicht-Ich hat also so lange *keine* Realität, als es dem Ich nur *entgegen*gesetzt, d. h. reines, absolutes Nicht-Ich ist; sobald ihm Realität mitgetheilt wird, muß es in den Inbegriff aller Realität, ins Ich, gesetzt werden«.

42 Vgl. ebd. S. 193 (Zusatz zur 1. Auflage): »Auf meinem Ich ruht alles

Daseyn: mein Ich ist alles, in ihm und zu ihm ist alles, was ist: ich nehme mein Ich hinweg und alles, was ist, ist nichts.«

43 Schlegel mildert damit Schellings Reinhold-Kritik ab; vgl. ebd., S. 238 f.

44 Vgl. ebd., S. 242.

45 Vgl. Schelling: *Über die Möglichkeit einer Form der Philosophie überhaupt*, in: *Werke*, hg. v. K. F. A. Schelling, Bd. I, 1, Stuttgart und Augsburg 1856, S. 89: »Die Philosophie ist eine *Wissenschaft*, d. h. sie hat einen bestimmten Inhalt unter einer bestimmten Form.«

46 »Das absolute Ich ist also weder bloß formales Prinzip, noch Idee, noch Objekt, sondern reines Ich in intellektualer Anschauung als absolute Realität bestimmt.« (Schelling: *Vom Ich als Princip der Philosophie*, in: *Werke*, hg. v. K. F. A. Schelling, Bd. I, 1, Stuttgart und Augsburg 1856, S. 208)

47 »Leibniz, oder besser noch, der konsequente Dogmatismus, sieht die Erscheinungen als ebenso viele Einschränkungen der unendlichen Realität des Nicht-Ichs an; nach dem kritischen System sind sie ebenso viele Einschränkungen der unendlichen Realität des Ichs.« (Ebd., S. 215)

48 Vgl. Schelling: *Über die Möglichkeit einer Form der Philosophie überhaupt*, in: *Werke*, hg. v. K. F. A. Schelling, Bd. I, 1, Stuttgart und Augsburg 1856, S. 89 (»Die Philosophie ist eine *Wissenschaft*«); *Vom Ich als Princip der Philosophie*, in: ebd., S. 162 (»Gibt es überhaupt ein Wissen, so muß es ein Wissen geben, zu dem ich nicht wieder durch ein anderes Wissen gelange, und durch welches allein alles andere Wissen Wissen ist.«).

49 »Das Problem also, das wir zur Lösung aufstellten, verwandelt sich nun in das bestimmtere, *etwas zu finden, das schlechterdings nicht als Ding gedacht werden kann.*« (Schelling: *Vom Ich als Princip der Philosophie*, in: *Werke*, hg. v. K. F. A. Schelling, Bd. I, 1, Stuttgart und Augsburg 1856, S. 166)

50 Schlegel bezieht sich wohl auf Fichtes »Einige Vorlesungen über die Bestimmung des Gelehrten« (1794), in denen die Wahl des Standes auf freier Willkür beruht.

51 Athenaeum-Fragment 344, KFSA 2, S. 226.

52 Vgl. John Locke: *An Essay Concerning Human Understanding*, Book 3 (»On Words«).

53 F.W.J. Schelling: *Philosophische Briefe über Dogmatismus und Kriticismus* (1795); die Auseinandersetzung mit Spinozas *Ethik* findet

sich dort vor allem im 8. Brief. Der 5. Teil der *Ethik* Spinozas handelt »Von der Macht des Verstandes oder von der menschlichen Freiheit«.

54 H. ist Friedrich von Hardenberg (Novalis).

55 Anadyomene, die Herausgehende, Auftauchende. Beiname der Aphrodite (Venus), die nach dem griechischen Mythos aus dem Schaum des Meeres emporstieg.

56 Der antike Onkel ist eine Figur in Goethes Roman »Wilhelm Meisters Lehrjahre«; er gehört – wie der Marchese (der Italiener) – der Turmgesellschaft an, die Wilhelms Erziehung lenkt. Zu den hier erwähnten pädagogischen Grundsätzen des Onkels vgl. den vorletzten Absatz in Buch 8, Kap. 5 des Romans; zu den Grundsätzen des Marchese dessen Erzählung in Buch 8, Kap. 9.

57 Anspielung auf den Kugelmenschen-Mythos in Platon: *Symposion*, 189c – 191d.

58 Vgl. Goethe: *Die Mitschuldigen*, 1. Aufzug, 4. Auftritt, Vers 186.

59 Bernard Le Bovier de Fontenelle, französischer Aufklärer (1675–1757); in seinem berühmten Dialog *Entretiens sur la pluralité des mondes* (»Unterhaltungen über die Vielheit der Welten«; 1686) wird einer überwiegend aus Frauen bestehenden Gesellschaft das astronomische Wissen erklärt. – Francesco Algarotti, italienischer Aufklärer (1712–1765); von ihm erschien 1737 *Il newtonianesimo per le dame*.

60 L'hombre, ein damals verbreitetes Kartenspiel.

61 dessein, französisch: Absicht, Zweck, Entwurf.

62 Vgl. Johannes 1, 6–8.

63 Doryphoros (Speerträger), eine Statue des griechischen Bildhauers Polyklet, die durch Maßverhältnisse und Darstellungsweise in der Antike als mustergültig galt.

64 Nach Cicero: *De inventione* II, 1 sollte der Maler Zeuxis den Junotempel in Kroton mit einem Gemälde der Helena (nicht, wie Schlegel irrig schreibt, der Venus) ausschmücken; hierfür wählte der Maler die fünf schönsten Jungfrauen als Modelle aus, um in der Kombination ihrer Vorzüge ein vollkommenes Frauenbild zu schaffen.

65 Der Popularphilosoph und Aufklärer Christian Garve (1742–1798).

66 Friedrich Schlegels Roman »Lucinde« war 1799 erschienen.

67 Den Ausdruck hatte Kant geprägt; vgl. KrV A XI, Anm.; Kants Diktum von 1781 wiederholt 1790 auch J. G. Buhle: »Unserem Zeitalter gebührt das Lob, mehr als die vorhergehenden mit Kritik untersucht [...] geläutert und aufgeklärt zu haben; deswegen es auch von einigen

mit Recht den Beynamen des *kritischen* erhalten hat« (*Grundzüge einer allgemeinen Encyklopädie der Wissenschaften*, Lemgo 1790, S. 39).

68 Der Göttinger Arzt und Chemiker Christoph Girtanner (1760–1800) hatte diese Behauptung in seinem »Mémoire. Dans lequel on examine si l'azote est un corps simple ou composé« aufgestellt (Annales de Chimie 34, 1800, S. 3–40, hier S. 38): »Dans le 19e siècle, la transmutation des métaux sera généralement connue et exercée. Tout chimiste, tout artiste fera de l'or; la batterie de cuisine sera d'argent et méme d'or«.

69 Im »Berlinischen Archiv der Zeit und ihres Geschmacks« 6 (1800), Bd. 1, 5. Stück (Mai 1800), S. 366–373 war eine anonyme Rezension des *Athenaeum* erschienen, die sich v.a. mit den Fragmenten auseinandersetzte und diese verteidigte. Die Rezension stammt von Johann Christian August Ferdinand Bernhardi (1769–1820), der zum Kreis der Berliner Frühromantiker gehörte.

70 Athenaeum-Fragment 216; KFSA 2, S. 198.

71 Johann Gottfried Dyk (1750–1815), Buchhändler und Schriftsteller in Leipzig. Worauf Schlegel sich hier bezieht, konnte bisher nicht ermittelt werden (vgl. auch Heinz Härtl: »›Athenaeum‹-Polemiken«. In: *Debatten und Kontroversen. Literarische Auseinandersetzungen in Deutschland am Ende des 18. Jahrhunderts*, hg. v. Hans-Dietrich Dahnke und Bernhard Leistner, 2 Bde., Berlin und Weimar 1989, Bd. 2, S. 345, Anm. 233). Möglicherweise handelt es sich um eine kolportierte mündliche Äußerung Dyks.

72 Lyceum-Fragment 108; KFSA 2, S. 160. – Das Fragment wird von Schlegel gekürzt zitiert.

73 Lyceum-Fragment 48; KFSA 2, S. 153.

74 Stanislas de Boufflers (1738–1815): »Les Cœurs, poèmes érotiques« (1763).

75 Ludwig Tiecks Drama »Leben und Tod der heiligen Genoveva« war 1800 im zweiten Band seiner »Romantischen Dichtungen« in Jena erschienen (S. 1–330).

76 Vgl. August Wilhelm Schlegel: *Gedichte*, Tübingen 1800, S. 219–255.

77 Lyceum-Fragment 20; KFSA 2, S. 149.

78 Das Gedicht spielt an auf Goethes »Beherzigung« (zuerst gedruckt 1789) »Ach, was soll der Mensch verlangen? / Ist es besser, ruhig bleiben? / Klammernd fest sich anzuhangen? / Ist es besser, sich zu treiben? / Soll er sich ein Häuschen bauen? / Soll er unter Zelten leben? / Soll er auf die Felsen trauen? / Selbst die festen Felsen beben. / Eines

Anmerkungen der Herausgeber 233

schickt sich nicht für alle! / Sehe jeder, wie er's treibe, / Sehe jeder, wo er bleibe, / Und wer steht, daß er nicht falle!«

79 Georges Louis Leclerc, Comte de Buffon (1707–1788), französischer Naturwissenschaftler, der eine evolutive Naturtheorie vertrat.

80 Lyceum-Fragment 2; KFSA 2, S. 147.

81 Lyceum-Fragment 74; KFSA 2, S. 156.

82 Lyceum-Fragment 10; KFSA 2, S. 148.

83 Lyceum-Fragment 102; KFSA 2, S. 159.

84 Lyceum-Fragment 127; KFSA 2, S. 163.

85 Lyceum-Fragment 68; KFSA 2, S. 155.

86 Lyceum-Fragment 118; KFSA 2, S. 162.

87 Lyceum-Fragment 98; KFSA 2, S. 158.

88 Lyceum-Fragment 99; KFSA 2, S. 159.

89 Lyceum-Fragment 25; KFSA 2, S. 149.

90 Lyceum-Fragment 79; KFSA 2, S. 156.

91 Lyceum-Fragment 81; KFSA 2, S. 157 (verändert).

92 Lyceum-Fragment 12; KFSA 2, S. 148 (verändert).

93 Athenaeum-Fragment 17; KFSA 2, S. 168 (verändert).

94 Athenaeum-Fragment 19; KFSA 2, S. 168.

95 Shakespeare: *Twelfth Night, or What you Will*, 2. Aufzug, 5. Szene.

96 Athenaeum-Fragment 21; KFSA 2, S. 168.

97 Athenaeum-Fragment 25; KFSA 2, S. 169.

98 Athenaeum-Fragment 72; KFSA 2, S. 175.

99 Athenaeum-Fragment 88; KFSA 2, S. 178.

100 Lessing: *Nathan der Weise*, 3. Aufzug, 1. Auftritt (Recha). – Athenaeum-Fragment 99; KFSA 2, S. 180.

101 Athenaeum-Fragment 143; KFSA 2, S. 188.

102 Athenaeum-Fragment 245; KFSA 2, S. 206.

103 Athenaeum-Fragment 275; KFSA 2, S. 212.

104 Athenaeum-Fragment 270; KFSA 2, S. 211.

105 Athenaeum-Fragment 278; KFSA 2, S. 212.

106 Athenaeum-Fragment 300; KFSA 2, S. 216.

107 Athenaeum-Fragment 301; KFSA 2, S. 216.

108 Athenaeum-Fragment 321; KFSA 2, S. 220.

109 Athenaeum-Fragment 322; KFSA 2, S. 220.

110 Athenaeum-Fragment 346; KFSA 2, S. 226 f. (verändert).

111 Athenaeum-Fragment 347; KFSA 2, S. 227.

112 Vgl. G.W. Leibniz: *Prinzipien der Natur und Gnade* (*Principes de la nature et de la grace, fondés en raison*), 4.

113 Athenaeum-Fragment 358; KFSA 2, S. 229; einige Formulierungen dieses Fragments gehen auf Friedrich Schleiermacher zurück.
114 Athenaeum-Fragment 382; KFSA 2, S. 236.
115 Athenaeum-Fragment 360; KFSA 2, S. 229.
116 Athenaeum-Fragment 401; KFSA 2, S. 241.
117 Athenaeum-Fragment 402; KFSA 2, S. 241.
118 Vgl. G. E. Lessing: *Die Erziehung des Menschengeschlechts*, §§ 43–50; §§ 72–76.
119 Athenaeum-Fragment 357; KFSA 2, S. 228 f.
120 Athenaeum-Fragment 399; KFSA 2, S. 240 (verändert).
121 Athenaeum-Fragment 431; KFSA 2, S. 251.
122 Athenaeum-Fragment 264; KFSA 2, S. 210.
123 Athenaeum-Fragment 389; KFSA 2, S. 238.
124 Carl von Linné (Carl Nilsson Linnaeus; 1707–1778), begründete das System der Klassifikation der Natur.
125 Athenaeum-Fragment 345; KFSA 2, S. 226.
126 G.W. Leibniz: *Monadologie*, § 45.
127 Athenaeum-Fragment 333; KFSA 2, S. 223.
128 Athenaeum-Fragment 147; KFSA 2, S. 188.
129 Athenaeum-Fragment 117; KFSA 2, S. 183.
130 Athenaeum-Fragment 120; KFSA 2, S. 184.
131 Athenaeum-Fragment 220; KFSA 2, S. 200 (verändert).
132 Athenaeum-Fragment 109; KFSA 2, S. 181.
133 Athenaeum-Fragment 112; KFSA 2, S. 181.
134 Athenaeum-Fragment 103; KFSA 2, S. 180.
135 Athenaeum-Fragment 54; KFSA 2, S. 173.
136 Athenaeum-Fragment 41; KFSA 2, S. 171.
137 Athenaeum-Fragment 45; KFSA 2, S. 172.
138 Athenaeum-Fragment 39; KFSA 2, S. 171 (verändert).
139 Vgl. I. Kant: *Versuch den Begriff der negativen Größen in die Weltweisheit einzuführen*, Königsberg 1763. – Athenaeum-Fragment 3; KFSA 2, S. 166.
140 Lyceum-Fragment 5; KFSA 2, S. 147.
141 Lyceum-Fragment 8; KFSA 2, S. 148.
142 Athenaeum-Fragment 66; KFSA 2, S. 175.
143 Lyceum-Fragment 57; KFSA 2, S. 154.
144 Athenaeum-Fragment 23; KFSA 2, S. 169 (verändert).
145 Athenaeum-Fragment 123; KFSA 2, S. 185 (verändert).
146 Lyceum-Fragment 32; KFSA 2, S. 150 (verändert).

Anmerkungen der Herausgeber 235

147 Lyceum-Fragment 47; KFSA 2, S. 153.
148 Gemeint ist die Kategrientafel in KrV B 102–109 (»Von den reinen Verstandesbegriffen oder Kategorien«).
149 Die Anhänger des Popularphilosophen Christian Garve (1742–1798).
150 Lyceum-Fragment 80; KFSA 2, S. 157 (verändert).
151 Athenaeum-Fragment 12; KFSA 2, S. 167.
152 »stätisch« ist eine damalige umgangssprachliche Nebenform zu »stätig« (»stetig«).
153 Athenaeum-Fragment 326; KFSA 2, S. 221.
154 Athenaeum-Fragment 323; KFSA 2, S. 220.
155 Lyceum-Fragment 85; KFSA 2, S. 157 (verändert).
156 Vgl. Heraklit, Fragment 40 (»Vielwisserei lehrt nicht Verstand haben«).
157 Athenaeum-Fragment 318; KFSA 2, S. 220.
158 Lyceum-Fragment 121; KFSA 2, S. 162.
159 Lyceum-Fragment 123; KFSA 2, S. 163 (verändert).
160 Lyceum-Fragment 77; KFSA 2, S. 156 (verändert).
161 Lyceum-Fragment 37; KFSA 2, S. 151.
162 Lyceum-Fragment 54; KFSA 2, S. 154 (verändert).
163 Lyceum-Fragment 55; KFSA 2, S. 154.
164 Lyceum-Fragment 33; KFSA 2, S. 150 (verändert).
165 Lyceum-Fragmente 90 und 34; KFSA 2, S. 158.150 (verändert).
166 Lyceum-Fragment 16; KFSA 2, S. 148 (verändert).
167 Vgl. I. Kant: »Erklärung wegen der von Hippel'schen Autorschaft« vom 6. 12. 1796, die in mehreren Zeitungen und Zeitschriften verbreitet worden war (Kant: *Werke. Akademie-Ausgabe*, Bd. 12, S. 360 f.). Darin heißt es u. a.: »Oeffentlich aufgefordert [...] wegen der Zumuthung, ich sei der Verfasser der anonymischen, dem sel. von Hippel zugeschriebenen Werke, des Buchs über die Ehe und der Lebensläufe in aufsteigender Linie, erkläre ich hiermit: ›daß ich nicht der Verfasser derselben, weder allein, noch in Gemeinschaft mit ihm sei.‹ Wie es aber, ohne hiezu ein Plagiat annehmen zu dürfen, zugegangen, daß doch in diesen ihm zugeschriebenen Werken so manche Stellen buchstäblich mit denen übereinkommen, die viel später in meinen auf die Kritik der reinen Vernunft folgenden Schriften als meine eigenen Gedanken noch zu seiner Lebenszeit vorgetragen werden können; das läßt sich [...] gar wohl begreiflich machen. Sie sind nach und nach fragmentarisch in die Hefte meiner Zuhörer geflossen [...]. – Diese Hefte

[...] fielen in des sel. Mannes Hände und wurden in der Folge von ihm gesucht, weil sie großen Theils neben trockenen Wissenschaften auch manches Populäre enthielten, was der aufgeweckte Mann in seine launigten Schriften mischen konnte, und so, durch die Zuthat des Nachgedachten, dem Gerichte des Witzes einen schärferen Geschmack zu geben die Absicht haben mochte.« – Theodor Gottlieb von Hippel (1741–1796) hatte seine Schriften »Ueber die Ehe« (Berlin 1774) und »Lebensläufe nach aufsteigender Linie« (Berlin 1778–1781) anonym publiziert.

168 Lyceum-Fragment 43; KFSA 2, S. 152.
169 Lyceum-Fragment 95; KFSA 2, S. 158.
170 Lyceum-Fragment 104; KFSA 2, S. 159.
171 Lyceum-Fragment 114; KFSA 2, S. 161.
172 Lyceum-Fragment 117; KFSA 2, S. 162 (verändert).

173 Honoré-Gabriel-Victor du Riqueti, Comte de Mirabeau (1749–1791), Abgeordneter und Wortführer des Dritten Standes in den Französischen Generalständen, Vorsitzender des Jakobinerklubs und 1791 Vorsitzender der Nationalversammlung. – Sébastian Roch Nicolas, dit Chamfort (1741–1794); Chamfort hatte der geistlichen Laufbahn entsagt und war als Schriftsteller hervorgetreten. Als Anhänger der Französischen Revolution wurde er während der Schreckensherrschaft Robespierres verhaftet; einer zweiten Verhaftung entzog er sich durch Freitod.

174 Lyceum-Fragment 111; KFSA 2, S. 161 (verändert).
175 Lyceum-Fragment 86; KFSA 2, S. 157.

176 Chamforts heute bekanntestes Werk, die »Maximes, pensées, caractères et anecdotes«, wurde 1797 aus seinem Nachlaß publiziert; eine deutsche Ausgabe erschien ebenfalls 1797 in zwei Bänden in Leipzig unter dem Titel »Maximen, Charakterzüge und Anekdoten«. In dieser Schrift heißt es: »dans le monde [...] vous avez trois sortes d'amis: vos amis qui vous aiment; vos amis qui ne se soucient pas de vous, et vos amis qui vous haïssent« (Chamfort: *Maximes et pensées. Anecdotes et caractères*, ed. Louis Ducros, Paris 1929, S. 147).

177 Athenaeum-Fragment 82; KFSA 2, S. 177 (verändert).
178 Athenaeum-Fragment 137; KFSA 2, S. 187 (verändert).
179 Athenaeum-Fragment 367; KFSA 2, S. 232 (verändert).
180 Athenaeum-Fragment 387; KFSA 2, S. 237.
181 Roués, Vagabunden, Schurken; wits, geistreiche Köpfe.
182 Lyceum-Fragment 67; KFSA 2, S. 155 (verändert).

183 Lyceum-Fragment 20; KFSA 2, S. 149.
184 Lyceum-Fragment 108; KFSA 2, S. 160 (verändert).
185 Lyceum-Fragment 48; KFSA 2, S. 153.
186 Schlegel könnte an Lessings »Theatralische Bibliothek« denken, die 1754–1758 bei Voß in Berlin erschienen war. – Christian Wolff (1679–1754) hatte die rationale Psychologie als Disziplin begründet und ihr eine empirische Psychologie zur Seite gestellt.
187 Das sogenannte »Heldenbuch« ist eine Sammlung von Epen, die vom Ende des 15. Jahrhunderts bis 1590 mehrfach im Druck erschienen ist; Lessings Anmerkungen »Ueber das Heldenbuch« wurden aus dem Nachlaß zuerst 1795 gedruckt; vgl. Gotthold Ephraim Lessing: *Sämtliche Werke*. Hg. v. Karl Lachmann und Franz Muncker, Bd. 14, Reprint Berlin 1979, S. 205–219. Die Geschichten vom heiligen Gral und der Tafelrunde gehören in den Umkreis der Artussage.
188 William Jones (1746–1794) war durch seine vergleichenden Sprachstudien Wegbereiter der indogermanischen Sprachwissenschaft.
189 Der Altphilologe Friedrich August Wolf (1759–1824) hatte in seiner Schrift *Prolegomena ad Homerum* (1795) die These vertreten, daß die antiken Kritiker aus mündlich tradierten Rhapsodien die Homer zugeschriebenen Gesänge *Ilias* und *Odyssee* hervorgebracht hätten.
190 Paul Flemming (1609–1640); Georg Ro(u)dolf Weckherlin (1584–1653); Martin Opitz (1597–1639); die Zusammenstellung dieser drei Autoren findet sich auch in der Vorrede zu Ludwig Tiecks Sammlung *Minnelieder aus dem Schwäbischen Zeitalter*, Berlin 1803, S. XXIV.
191 Gemeint ist die zweite Schlesische Schule der späteren Barockzeit, zu der u. a. Andreas Gryphius (1616–1664), Christian Hoffmann von Hoffmannswaldau (1617–1679) und Daniel Casper von Lohenstein (1635–1683) gerechnet werden.
192 Friedrich II. (1712–1786), König von Preußen seit 1740.
193 Johann Joachim Winckelmann (1717–1768); epochemachend war sein Werk *Gedanken über die Nachahmung der Griechischen Werke in der Malerei und Bildhauer-Kunst*, o. O. (Dresden) 1755.
194 Als »Religion der Religionen« hatte Friedrich Schleiermacher das Christentum in der fünften seiner *Reden über die Religion* (1799) bezeichnet; vgl. Friedrich Schleiermacher: *Schriften aus der Berliner Zeit 1796–1799*, hg. v. Günter Meckenstock, Berlin und New York 1984 (Kritische Gesamtausgabe I, 2), S. 325.
195 Schlegel meint die Privatkorrespondenz Lessings.
196 Schlegel meint Lessings 1773 in der Schriftenreihe »Zur Ge-

schichte und Literatur. Aus den Schätzen der Herzoglichen Bibliothek zu Wolfenbüttel« erschienenen Abhandlungen *Leibniz von den ewigen Strafen* und *Des Andreas Wissowatius Einwürfe wider die Dreyeinigkeit* (*Sämtliche Werke*. Hg. v. Lachmann und Muncker, Bd. 11, S. 461–487; Bd. 12, S. 71–99).

197 Metempsychose; Seelenwanderung. Vgl. Lessing: *Erziehung des Menschengeschlechts*, § 94 ff.

198 Vgl. Lessing: *Erziehung des Menschengeschlechts*, § 86 ff.

199 Im Druck folgt das Sonett »Etwas das Lessing gesagt hat«; vgl. oben S. 117.

200 Anspielung wohl auf Jakob Böhme.

201 Die Entgegensetzung des sinnenfälligen und ideelen Seienden wird namentlich in den Dialogen *Phaidon* (78c–79a; 80b) und *Timaios* (27d–28a; 37c–38b) hervorgehoben.

202 Vgl. *Politeia* 506d ff.; 509b. – Die Idee des Guten als der höchste Gegenstand des Denkens bleibt nach Schlegels Ansicht unaussprechlich und läßt sich nur durch eine bildlich-allegorische Erkenntnis erfassen.

203 Die Behauptung, daß möglicherweise Schriften mit Platons esoterischer Philosophie verloren gegangen seien, die Aristoteles (der in *Physik* IV, 2, 209b ausdrücklich von Platons »ungeschriebener Lehre« spricht) noch vorgelegen hätten, geht auf Wilhelm Gottlieb Tennemann zurück. Es bleibt jedoch auch für Tennemann »ungewiß, ob dieses [die esoterischen Texte] wirklich eine Schrift gewesen ist, oder ob Aristoteles nur diejenigen Lehrsätze verstehet, welche Plato in seiner Akademie mündlich vortrug.« (*System der Platonischen Philosophie*. Bd. 1, Leipzig 1792, S. 114). – Speusippos (um 408–339) war Neffe und Schüler Platons und dessen Nachfolger als Leiter der Akademie; Xenokrates (396–314) war Schüler Platons und wurde Nachfolger des Speusippos in der Leitung der Akademie.

204 Vgl. Tennemann: *System der Platonischen Philosophie*. Bd. 1, Leipzig 1792, S. 93.

205 Zur Kritik an Heraklits Wirklichkeitsvorstellung vgl. *Theaitetos* 152 d.e.

206 Zur Wiedererinnerungslehre vgl. *Menon* (80d–86c; 97a–98b), *Phaidon* (72e–76), *Phaidros* (249b.c) und *Timaios* (41d.e).

207 Das Schicksal der Seele nach dem Todes wird durch das von ihr geführte Leben bestimmt, worüber Platon in verschiedenen Mythen spricht (*Phaidon* 81e–82b; *Politeia* 619d ff.; *Phaidros* 248d, 249c; *Timaios* 42a.d)

208 Im dritten Unsterblichkeitsbeweis (*Phaidon* 85e) wird die Seele mit der Harmonie eines Musikinstruments verglichen.

209 Vgl. *Timaios* 37b.c.

210 Jakob Böhme (1575–1624), Mystiker und Naturphilosoph.

211 Im *Phaidon* (97b–98c) wird die Inkonsequenz der Nous-Lehre des Anaxagoras kritisiert, weil dieser den Nous nicht als universelles Prinzip angewandt, sondern durch Zusatzprinzipien ergänzt habe.

212 Aristoteles berichtet im ersten Buch der *Metaphysik* (987b 1–2), daß sich Sokrates primär mit den ethischen Fragen befaßt und kein Interesse an der Erforschung der Natur gehabt habe.

213 Der Weg des Dialektikers führt, wie aus den Deutungen der drei Gleichnisse ersichtlich ist, zum obersten Prinzip des Denkens, womit die Idee des Guten gemeint ist; Vgl. *Politeia* 511a; 532b; 534b.

214 Vgl. *Phaidon* 61c ff.; 79a – 82b.

215 Nach Aristoteles: *Metaphysik* (A6 987b 10–15) hat Platon die pythagoreischen Zahlenlehre durch die Ideenlehre ersetzt.

PERSONENREGISTER

Algarotti, F. 76
Anaxagoras 210–212, 222 f.
Aristoteles 3, 208
Augustus 167
Beck, J. S. 57
Bernhardi, A. 107
Böhme, J. 164 f., 222
Boufflers, S. de 111
Buffon 118
Cervantes, M. de 101, 123
Chamfort, N. 132 f.
Christus, Jesus Christus 53, 183–185, 187, 190, 197
Condorçet, N. de 3–11
Corneille, P. 118
Descartes, R. 66 f.
Dyk, J. G. 108
Erhard, J. B. 63
Ferguson, A. 33
Fichte, J. G. 16, 54–68, 90 f., 102, 107–109, 124, 139 f., 144 f.
Flemming, P. 165
Fontenelle, B. de 76
Friedrich II. von Preußen 23, 170
Garve, C. 105
Girtanner, C. 106 f.
Goethe, J. W. 57, 75 f., 107–109, 115 f.
Grohmann, C. A. 57

Hardenberg, F. v. (Novalis) 72
Hemsterhuis, F. 49, 71, 94
Heraklit 18, 129, 210–212, 214, 222
Hippel, Th. G. v. 131
Homer 38, 51
Jacobi, F. H. 30–53, 55, 140
Jones, W. 159
Kant, I. 12–29, 51, 54, 57, 60, 62, 64, 90, 105, 108, 121, 123, 125–128, 130 f., 140, 169
Kepler, J. 55
Leibniz, G. W. 66, 108, 122–125, 186
Lessing, G. E. 49, 117–200
Linné, K. v. 125
Locke, J. 6, 67
Ludwig XIV. 167 f.
Luther, M. 165
Maimon, S. 57
Marcus Aurelius 23
Mirabeau 132
Möser, J. 58
Mohammed 184
Mozart, W. A. 127
Nero 22
Opitz, M. 165
Parmenides 210–212, 214, 222

Plato 49, 60, 62, 71, 90 f., 94, 142, 197, 201–224
Pythagoras 199, 223 f.
Plutarch 33
Reid, Th. 33
Reinhold, K. L. 64, 108
Rousseau, J. J. 89, 118, 132
Schelling, F. W. J. 61–66, 68
Schiller, F. 63 f.
Schlegel, A. W. 109, 114
Schultz, J. 57
Shakespeare, W. 46, 101, 112, 121, 123, 129
Singer-Rowe, E. 57
Sokrates 44, 110, 134, 201, 223
Speusippos 206–208
Spinoza, B. de 45, 49, 55 f., 64, 67 f., 71, 91 f., 99–102, 122 f., 139 f., 184
Tieck, L. 109, 114
Voltaire (F. M. Arouet) 89, 118
Weckherlin, G. R. 165
Winckelmann, J. J. 173
Wolf, F. A. 159 f.
Wolff, C. 60, 169
Xenokrates 206–208